Unbehaun
Filmtricks als Hobby

Klaus Unbehaun

Filmtricks als Hobby

Ein Knapp Filmbuch

Wilhelm Knapp Verlag Düsseldorf

Vom Autor vollständig überarbeitete,
aktualisierte und ergänzte deutsche Ausgabe

Niederländische Originalausgabe:
Perfecte Filmtrucs

Überarbeitung der deutschen Fassung durch
den Verfasser: April 1979

Alle Illustrationen ohne besondere Kennzeichnung
stammen vom Verfasser

Vom gleichen Autor erschien das Knapp-Fotobuch
»Fototricks als Hobby«

Einbandentwurf: Helmut Schwanen
Gesamtherstellung: Clausen & Bosse, Leck
ISBN 3-87420-094-3

Inhalt

1. Effekte aus der Traumfabrik / 7
Die Welt der Special Visual Effects – Super-8-Kameras, Trickvorrichtungen, Zubehör – Effektaufnahmen und Thematik – Die Formen des Filmtricks – Spezialeffekte und Animationsfilm

2. Start-Tips für Kino-Magier / 29
Trick- und Titelgeräte – Background-Tricks – Bildschärfeneffekte – Stopptricks – Filmreproduktion – Blendeneffekte – Modifizierte Schauplätze

3. »Living Camera« in Aktion / 51
Statische und bewegliche Kamera – Horizontal- und Vertikalschwenks – Kamerafahrten (Travelling) aller Art – Subjektive Kamera – Spezial- und Fahrstative

4. Mit Glas und Spiegeln / 58
Tricks mit Klarglas und Ornamentglas – Day- und Miniatur-Verfahren – Simplifilm-Effekte – Spielereien mit Spiegeln – Trickspiegel – Reflexionen

5. Die unentbehrlichen »Props« / 70
Trick-Requisiten aus Kaufhaus und Bastelwerkstatt – Spezialwaffen – Styropor und andere Baumaterialien – Chemische Mittel – Synthetisches Wetter

6. Im Maßstab 1:1 / 81
Realbauten und ähnliche Attrappen – Vorgetäuschte Dekorationen – Kostüme und Ausstattungsstücke – Monster-Darsteller und Stunt-men

7. Die subjektiven Objektive / 87
Effekte mit Superweitwinkel und Supertele – Filmen mit Foto-Objektiven – Konverter – Fisheye und Birdseye – Zooming als Trick – Anamorphose

8. Optische Illusionen / 93
Farbfilter für Schwarzweiß- und Farbaufnahmen – Pop-, Verlauf- und Multicolor-Filter – Diffraktionsgitter mit Variationen – Day-for-Night-Effekte – Tricklinsen en gros

9. XL- und Makro-Kniffe / 106
Super-8-Kameras mit Spezialvorrichtungen – Effektaufnahmen bei Existing Light – Zoom-Objektive und extremer Nahbereich – Dias und andere Minivorlagen als Filmmotive

10. Spielerei mit Licht und Lampen / 113
Tageslicht-Effekte – Experimente mit Kunstlicht – Mischlicht und Farblicht – Spotlight als Spezialscheinwerfer – Imitation beweglicher Lichtquellen – Bounce-Light – Tips
11. Kameras als »Zeitmaschinen« / 122
Filmtransporttricks – Bildfrequenzen – Slow Motion – Laufbild-Zeitraffung – Slapstick und Pixillation – Rückläufige Bewegungen – Einzelbild-Zeitraffung – Selbsttätige Kameras
12. Magische Animation / 138
Bewegungsillusionen durch Einzelbildschaltung – Vielseitige Miniaturmodelltricks – Gelenkpuppen, Biegefiguren, Plastikbausätze, Minilandschaften – Flachmodelltricks – Sachtricks
13. Pyrotechnik für Filmemacher / 161
Kniffe für Kino-Feuerwerker – Realaufnahmen und Miniaturmodelltricks – Chemische Hilfsmittel und Fertigerzeugnisse – Flammen, Rauch, Explosionen, Raketen, Vulkanismus
14. Doppelt, zweifach, mehrfach / 173
Filmrückspulung bei Super-8-, Doppel-Super-8- und Single-8-Kameras – Mehrfachbelichtungen mit Real- und Geistereffekt – Vario-Verschluß – Auf-, Ab- und Überblendung – Insichblenden
15. Faszinierende Kombinationen / 184
Superimposing als Alternative – Große und kleine Rückprojektion – Supertricks mit dem Kompendium – Makro-Sets – Bildkombinationen und Vignettierung – Aktuelle Frontprojektion – Scotchlite-Effekte
16. Die Make-up-Hexenküche / 202
Maskenbildner-Know-how – Schminken, Mastix und Plastikum – Kniffe für den Monster-Maker – Latex-Teile und Perücken – Phantasiegestalten und ihre Schöpfer
17. Tricktitel, Titeltricks / 220
Tricks im Vor- und Nachspann – Buchstaben und Vorlagen-Entwürfe – Ideale Foto-Verfremdungen – Zusatzvorrichtungen für Titelgeräte – Spezialeffekte aus der Titelwerkstatt
18. Das Spezialitäten-Kino / 228
Super-8-Sonderverfahren – CinemaScope und Breitbild – 3-D-(Stereo-) Film – Halbbild-Technik – Hochfrequenz-Kinematografie – Luft- und Unterwasseraufnahmen
19. Geheimnisvolle Profi-Werkstatt / 239
Berufsfilm-Spezialitäten zur ergänzenden Information – Trickmaschinen und Hilfsgeräte – Travelling Matte – Dynarama – Supermarionation – TV-Tricks – Sensurround
20. Phantasie und Montage / 255
Tricks und Filmschnitt – Kniffe für Kombinationsszenen – Fertig bezogene Schauplätze und andere Zwischenschnitte – Wirbelmontagen – Verfilmte Schallplatten
21. Zauberei im Tonstudio / 261
Aktuelle Toneffekte – Live-Tonfilm-Tricks – Synthetische Geräusche – Akustische Verfremdungen – Spezialmikrofone und Hilfsgeräte – Spezialeffekte und Musik
Register / 269

1 Effekte aus der Traumfabrik

Wie alle anderen Medien ist auch das Kino seit seiner Entstehung unaufhörlichen technischen und gestalterischen Wandlungen unterworfen. Für die wechselnden Inhalte und Ausdrucksformen können verbesserte apparative Voraussetzungen und fortschreitende Automatisierung der Geräte ebenso maßgebend sein wie gesellschaftliche Umstrukturierungen, stilistische Einflüsse der bildenden Kunst, Mode-Trends und Geschmackstendenzen. Eins jedoch hat sich in mehr als achtzig Jahren Filmgeschichte nicht geändert: das uneingeschränkte Vergnügen des Publikums an visualisierten Träumen und lebendig gewordenen Illusionen auf der Leinwand des Lichtspieltheaters. Begeisterte man sich gestern für die haarsträubende Groteske und das rührselige Melodram, so erholt man sich heute bei nervenaufpeitschenden Krimis oder spektakulären Zukunftsvisionen von der Alltagsroutine. Unabhängig von Thema oder Machart fand und findet das phantasievoll und unterhaltsam gemachte Kino dankbare Zuschauer. Film bedeutet nämlich immer auch »Show«, wenn er seiner Aufgabe wirklich gerecht werden will. Dabei spielt es zunächst gar keine Rolle, ob mandas visuelle (oder audiovisuelle) Ergebnis aktiv oder passiv, in einem kommerziellen Etablissement oder in den eigenen vier Wänden genießt. Entscheidend ist die Hingabe an ein Medium, mit dem der Praktiker kraft seiner Imagination und seines Fachwissens alle erdenklichen Vorgänge einschließlich fiktiver Ereignisse sichtbar, also vielen Menschen zu beliebigen Zeitpunkten zugänglich machen kann.

Deshalb ist es kaum verwunderlich, daß sich Filmemacher und Zuschauer ins besondere von den »magischen« Aspekten der Kinematografie faszinieren lassen. Das sind alle jene Gestaltungsbereiche, die dem Film aufgrund seiner spezifischen Möglichkeiten von jeher einen ausgezeichneten Ruf als einzigartige Kunst der unterhaltsamen (optischen) Täuschung verschaffen. Zur Erzeugung filmischer Illusionen wenden Traumfabrik-Experten verschiedenartige Tricks und Kniffe an, die im internationalen Sprachgebrauch unter dem Sammelbegriff »Spezialeffekte« (Special [Visual] Effects) zusammengefaßt werden. Dieses Zauberwort kennzeichnet aber auch die Freude seiner Anwender am Erfinden, Realisieren und Präsentieren »lebender« Leinwandträume, an der Umsetzung abstrakter Ideen in eine be- und verzaubernde Pseudowirklichkeit. Bei gezieltem Einsatz kameratechnischer Einrichtungen kinematografischer Sonderverfahren und spezieller Ausstattungsmittel eröffnen Filmtricks völlig neue Dimensionen schöpferischer Gestaltung. Der Filmemacher kann sein Publikum also auch dort mit atemberaubenden Bildern überraschen, wo die klassische Darstellungsweise des Realfilms (Laufbildaufzeichnung vorhandener Motive und zufällig ablaufender oder geplanter Bewegungsvorgänge) nicht mehr ausreicht, die Vorstellungswelt des Filmschöpfers bildmäßig überzeugend wiederzugeben. Spezialeffekte fungieren jedoch keineswegs als »Ersatz« oder »Notbe-

Dank raffinierter Spezialeffekte gelingt dem Kino-Magier die Umsetzung phantastischer Illusionen in lebendige Pseudowirklichkeit (z. B. Flachmodelltrick).

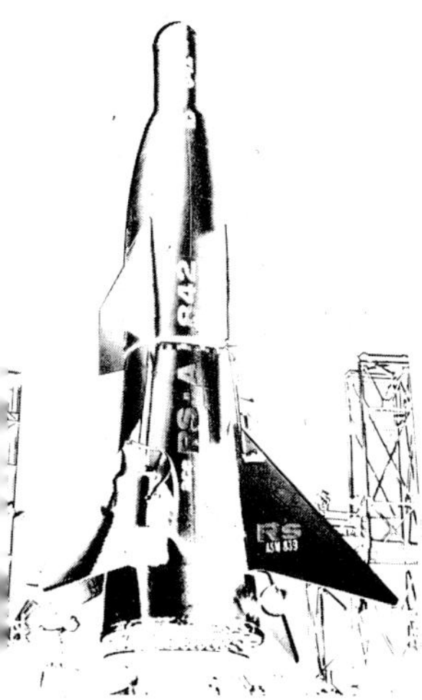

helf«, sondern als legitime Ausdrucksmittel. Ihre visuelle Intensität bewirkt bei beliebigen Filmthemen eine enorme Steigerung der optischen Spannung sowie des Informations- und Unterhaltungswertes! Im übrigen appelliert dieser Gestaltungsbereich an den Spieltrieb des Filmers und fördert seine Experimentierfreude, so daß die Beschäftigung mit der Kinomagie niemals zur Routine erstarren kann. In diesem Zusammenhang ist eine zutreffende Bemerkung des bekannten Regisseurs, Drehbuchautors und Produzenten Francis Ford Coppola (»Der große Gatsby«, »Der Pate«) erwähnenswert: »Das Interesse an technischem Spielzeug, am Schauspiel, an Puppen . . . trifft sich im Film, der eine Art Spielwiese für alle diese Sachen ist«.

Orientierungshilfe

Tricks und Effekte bilden seit Anbeginn der Filmgeschichte einen wesentlichen und durchaus selbstverständlichen Bestandteil der Gestaltungsmittel professioneller Leinwandprodukte. Im offiziellen »Geburtsjahr« der Kinematografie (1895) begnügten sich ihre Erfinder, die Gebrüder Lumière in Paris und das Bruderpaar Skladanowsky in Berlin, mit dokumentarischen Bewegungsaufzeichnungen von Personen und Straßenszenen. Ein junger Illusionist und Kunstmaler namens Georges Méliès hingegen interessierte sich aus ganz anderen Gründen für den Kino-Zauberkasten der Lumières. Er erkannte augenblicklich die nahezu unbegrenzten Möglichkeiten des neuen Mediums, kombinierte Filmtechnik mit Bühnenillusionen und verblüffte das Publikum bereits 1896 mit ersten »Scènes artificiellement arrangées« (künstliche Szenen-Arrangements). Der Schöpfer so erstaunlich phantasievoller und zugleich sympathisch-naiver Wunderfilme (z. B. »Le voyage dans la Lune« oder »La conquête du Pôle«) nahm durch seine unablässigen Bemühungen um die Weiterentwicklung der Tricktechnik Einfluß auf Generationen von Filmemachern. Er entdeckte einige der wichtigsten und seitdem fast unverändert angewandten Spezialeffekte. Der Legende zufolge sind einige seiner aufnahmetechnischen Raffinessen dem Zufall zu verdanken. So soll beispielsweise der Stopptrick durch eine unfreiwillige Aufnahmeunterbrechung und die erste Doppelbelichtung durch einen Defekt der Handkurbelkamera entstanden sein. Méliès begann seine Laufbahn als phantasiebegabter Amateur und vollendete sein Lebenswerk als bedeutendster Pionier des Filmtricks.

Im Laufe der Jahrzehnte traten zahllose Trickexperten in die Fußstapfen des Meisters. Außer Méliès verzeichnet das Geschichtsbuch der Kinematografie zahlreiche illustre Namen und für den Entwicklungsprozeß maßgebende Pionierleistungen. Stellvertretend für das Heer der Kinomagier nenne ich William Friese-Greene (allgemeine Film- und Farbtechnik), Charles Urban (z. B. »Battle in the Clouds«, 1909), Buster Keaton (z. B. »Sherlock Junior«, 1924), Eugen Schüfftan (Spiegeltrick-Verfahren), Willis O'Brien (Trickfiguren-Animation, unter anderem in »King Kong«, 1933), John Oxberry (Konstruktion der »optischen Bank« für Kopiertricks), Walt Disney (Vervollkommnung unterschiedlicher Zeichentrick-Verfahren), Eiji Tsuburaya (»Godzilla« und Nachfolger, seit 1955) und die nach wie vor aktiven Zeitgenossen Karel Zeman (verschiedenartige Kombinationsmethoden), George Pal (Sonderver-

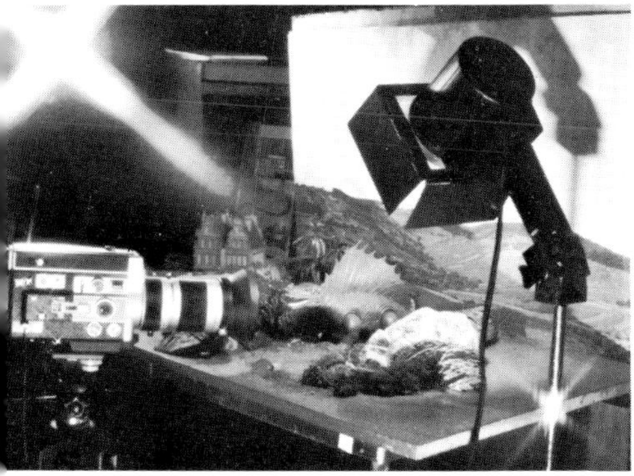

Auf zwei Quadratmetern Dachbodenkammer läßt sich ein komplettes Miniaturmodelltrick-Studio samt Stativkamera und Scheinwerfern unterbringen.

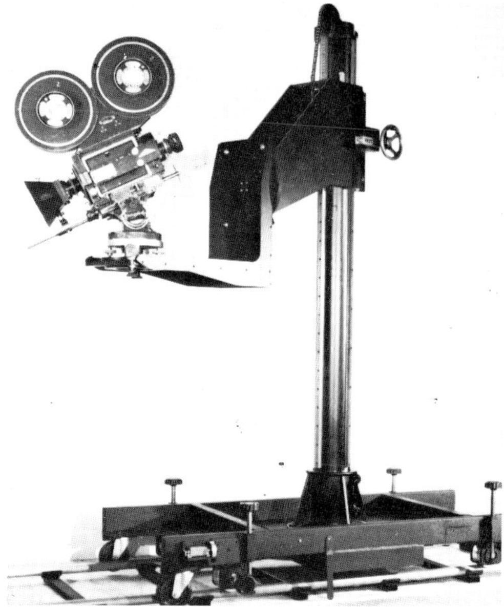

Professionelle Experten bevorzugen aufwendige Trickmaschinen vom Typ »Mobile Special Effects Stand«. Foto: Neilson-Hordell

fahren aller Art), Norman McLaren (Pixillation und Cameraless Animation), Ray Harryhausen (Dynarama-Verfahren), Jim Danforth (Animation), Gerry Anderson und Derek Meddings (Weiterentwicklung realistischer Miniaturmodelltricks, zum Beispiel in »Caprona I und II« oder »Superman«), Douglas Trumbull (verschiedenartige Supertricks, unter anderem in »2001: Odyssee im Weltraum«, 1968 und »Unheimliche Begegnung der dritten Art«, 1977), John Dykstra (vervollkommnete Modelltrick-Techniken, beispielsweise für »Krieg der Sterne«, 1977 oder »Kampfstern Galactica«, 1978). Heutzutage sind Effektspezialisten in irgendeiner Form an Filmen beliebiger Machart oder Thematik beteiligt, und im Profibereich verfügt jedes renommierte Produktionsunternehmen über ein eigenes »Department of Special Effects«. Auf dem Wege zur totalen Visualisierung werden nämlich nicht nur Spielfilme, sondern auch Dokumentationen, Reiseberichte, Unterrichtsfilme und Werbespots mit allerlei Tricks angereichert. Welch eminente Bedeutung den Kino-Hexenmeistern und ihrer Kunst beigemessen wird, geht allein daraus hervor, daß Hollywoods Filmindustrie-Bosse besondere Leistungen auf diesem Gebiet seit einem halben Jahrhundert mit der Verleihung von »Oscars« (Academy Awards) honorieren. Zu den mehrfach preisgekrönten Meistermagiern gehören unter anderem L. B. Abbott, A. D. Flowers, John P. Fulton, A. Arnold Gillespie und Gordon Jennings, die zum Teil auch mit der höchsten Auszeichnung des amerikanischen Fernsehens (»Emmy«) geehrt wurden.

Ich halte es für durchaus empfehlenswert, wenn kandidierende und praktizierende Filmtrickfreunde jede Gelegenheit wahrnehmen, sich über Spezialeffekte zu informieren, sich an professionellen Erzeugnissen zu orientieren und sich von den Leistungen der Kino-Hexenmeister inspirieren zu lassen. Dabei sollen die Studienobjekte natürlich nicht kritiklos nachgeahmt werden, sondern zur Verwirklichung individueller Ideen anregen. Als Anschauungsmaterial kommen sowohl aktuelle Kino- und TV-Filme als auch Klassiker-Retrospektivprogramme in den Filmkunsttheatern und Super-8-Kopien berühmter professioneller Lichtspiele aus den Lieferprogrammen einschlägiger Vertriebsfirmen in Frage. Bei der Auswahl von sehenswertem »Lernstoff« verdienen die ausgeklügelten und perfekt ausgeführten Spezialeffekte in den Filmen Alfred Hitchcocks besondere Aufmerksamkeit. Jede neue Produktion des ungekrönten Königs der »visuellen Regie« beweist, wie souverän ein echter Könner mit Miniaturmodelltricks, Rückprojektion, komplizierten Kamerafahrten und dergleichen umzugehen versteht (»Psycho«, »Die Vögel«, »Familiengrab« und viele andere Titel). Das Prädikat »trickfreundlich« trifft im übrigen nicht nur auf altgediente Regie-Stars (z. B. William Castle, Richard Fleischer, Robert Wise), sondern auch auf Vertreter des neuen Kinos wie Peter Bogdanovich, Mel Brooks, Brian De Palma, John Guillermin, Stanley Kubrick, Roman Polanski, Steven Spielberg oder den Produzenten Irwin Allen zu.

Viel Spaß mit Kinotricks!

Ein Medium wie der Film schenkt natürlich nur dann dauerhaftes Vergnügen und innere Befriedigung, wenn man seinen Geheimnissen auf die Spur kommt und gewonnene Erkenntnisse in immer neuen Variationen auf die persönliche Kinopraxis überträgt. Deshalb sollte sich niemand mit der passiven Rolle des Konsumenten optischer Reize begnügen, sondern alle gebotenen Möglichkeiten ausnutzen, um sich selbst und andere Menschen permanent durch eine faszinierende Liebhaberei zu erfreuen. Der Film ist und bleibt eine stets entwicklungsfähige Kunstform mit einem nahezu unerschöpflichen Reichtum unterschiedlicher Spielarten. Die attraktivsten Gestaltungsmöglichkeiten ergeben sich hinter den Kulissen der Traumfabrik, wo in den Hexenküchen der Filmillusionisten jene Zauberkunststücke kreiert und ausgeführt werden, die beim Publikum stürmischen Applaus auslösen. Der besondere Reiz dieses kinematografischen Spezialbereiches besteht darin, daß man sich tatsächlich jahrzehntelang mit der Umwandlung und Verfremdung lebender Bilder beschäftigen und trotzdem täglich neue Entdeckungen machen kann. Ausgereifte Technik und eine unüberschaubare Vielfalt von Methoden, Mitteln und Motiven gewähren der Phantasie und Kreativität des einzelnen einen enormen Spielraum; sie verhelfen zu individuellen Leistungen, die das Lebensgefühl steigern. So führt die Beherrschung unkonventioneller Gestaltungseffekte zu äußerst angenehmen Erfolgserlebnissen, die aber auch eine ständige Herausforderung darstellen und folglich zu immer neuen Abenteuern im Reich der Kinomagie anregen. Übrigens macht die Realisierung raffinierter Filmtricks am meisten Spaß, wenn man Ehepartner, Junioren oder Freunde als Assistenten engagiert!

Wo außergewöhnliche Resultate erwartet werden, kommt es auch im Zeitalter von Automatik und Elektronik in erster Linie auf den Mann oder die Frau hinter der Kamera an. Filme im allgemeinen und Spezialeffekte im besonderen werden nach wie vor von Menschen gemacht, die ihre Erkenntnisse, ihre Imagination und ihre Geschicklichkeit in dieses

**Top-Regisseur Alfred Hitchcock betrachtet Tricks als selbstverständliche Gestaltungsmittel und baut sie souverän in jeden seiner Spitzenfilme ein.
Foto: Paramount**

einzigartige Medium investieren. Dazu bedarf es jedoch der Anwendung praktikabler Tips und Kniffe aus dem Erfahrungsschatz vielseitig engagierter Experten. Deshalb wurde dieses Buch geschrieben, das wertvolle Anregungen vermitteln und zugleich verstaubte Vorurteile über die angeblich »unüberwindbaren« Schwierigkeiten bei der Realisierung von Filmtricks beseitigen will. Einundzwanzig Kapitel voller Fakten, Vorschläge und technischer Zauberformeln sollen ein wenig von meiner Begeisterung für die interessanteste Sparte der Kinematografie widerspiegeln, vor allem aber das erforderliche Know-how vermitteln, damit Sie stets ungetrübtes Vergnügen am Fabulieren mit der Hobbyfilmkamera empfinden und künftig nur noch Top-Resultate erzielen. Außerdem hat der Inhalt dieses Buches eine aufklärende Funktion, denn er enträtselt zahlreiche Kunstgriffe professioneller Effektspezialisten, um sie teilweise sogar für die Schmalfilmpraxis nutzbar zu machen. Im übrigen wurden sämtliche beschriebenen Hilfsmitteln und Verfahren in meinem eigenen Kino-Workshop wiederentdeckt, verbessert oder gar erfunden, um anschließend erprobt und mit Erfolg angewendet zu werden. Der unmittelbaren Weiterverarbeitung in der Factory des Super-8-Freundes steht also grundsätzlich nichts im Wege. Allerdings muß ich beim Leser wegen des komplexen Sachgebietes ein wenig Erfahrung im Umgang mit kinematografischen Grundregeln voraussetzen, die nur dort wiederholt werden können, wo sie für das Verständnis bestimmter Verfahren unerläßlich sind. Lassen Sie Ihrer Experimentierfreude freien Lauf, bedenken Sie aber auch, daß nur wenige Spezialeffekte spontan gelingen, daß also vorbereitende »Kopfarbeit« mitunter ein besserer Erfolgsgarant sein kann als erst am Drehort wirksames Improvisationstalent.

Erfahrungswerte

Wer die Kniffe der Kino-Hexenmeister beherrscht, macht Filme beliebigen Sujets attraktiver, denn die Tricktechnik (im weitesten Sinne) bietet ihm jede Chance, Unmögliches möglich zu machen und Unglaubliches glaubhaft erscheinen zu lassen. Spezialeffekte dienen aber keineswegs nur als spektakuläre Publikumsattraktionen. Sie sind unentbehrliche Gestaltungsfaktoren mit wichtiger dramaturgischer Funktion, weil sie die visuellen Ausdrucksmöglichkeiten mediengerecht erweitern. Mit Tricks und Effekten können nämlich komplizierte Inhalte auch dort sichtbar gemacht werden, wo alle Mittel des Realfilms versagen. Bei richtiger Anwendung bedeuten Filmtricks also durchaus keine »Flucht in die synthetische Abbildung«, sondern eine wertvolle Bereicherung des Gestaltungsrepertoires, ohne die anspruchsvolle Lichtspiele gar nicht denkbar wären. Ein zusätzliches Argument für den Einsatz von Spezialeffekten ist – nicht nur im professionellen Bereich – die enorme Kosten- und Zeitersparnis durch Vermeidung teurer Reisen, umständlicher Schauplatzsuche, hoher Studio-Mieten oder langwieriger Dreharbeiten unter erschwerten Bedingungen. Im übrigen genießt der Hobbyfilmemacher das unschätzbare Privileg, aufgrund des hohen technischen Standards seines Geräteparks sämtliche Tricks persönlich austüfteln und verwirklichen zu können. In dieser Hinsicht unterscheidet er sich wesentlich vom Berufskameramann, der wegen häufig notwendiger Szenenwiederholungen und aus Termingründen auf dieses Vergnügen ver-

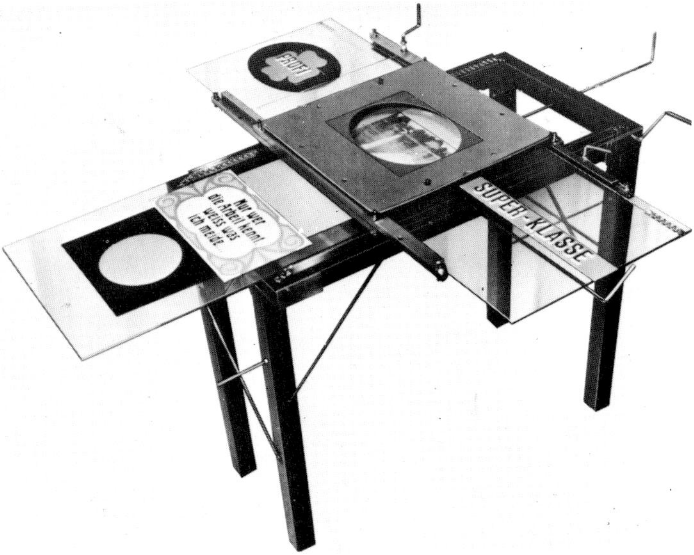

Großzügig ausgestattete Hobby-Tricktitelgeräte ermöglichen die Anwendung von Sonderverfahren unterschiedlicher Machart. Foto: Thiedke

zichten, also die Herstellung der meisten technischen Tricks an das Kopierwerk delegieren muß. Dort erfüllt man seine Wünsche in Form von nachträglich angefertigten Kopiertricks, die auf komplizierten Spezialmaschinen in den Ausmaßen mittlerer Kleiderschränke entstehen (vgl. Kap. 19). Andere Tricks erfordern aufwendige Spezialkameras.

Trotz aller Vorteile mannigfacher Do-it-yourself-Methoden sollte sich niemand veranlaßt fühlen, nun jede einzelne seiner Produktionen mit Spezialeffekten zu überladen. Wer eine Nivellierung der filmischen Aussage vermeiden will, muß sich stets der besonderen Aufgaben solcher kinematografischen Täuschungsmanöver bewußt sein. Sie sollen das Publikum ja nicht einfach verblüffen, sondern als integrierende Bestandteile der Szene akzeptiert werden. Deshalb wirken Trick-Einstellungen nur dort überzeugend, wo sie »Live-Action«-Aufnahmen sinnvoll ergänzen oder modifizieren, den Inhalt akzentuieren und die Filmaussage präzisieren. Allzu häufige Anwendung bestimmter Effekte mindert deren Wirkung und stumpft die Sinne des Zuschauers rasch ab, so daß ihn unter Umständen nur noch ein Teil der audiovisuellen Botschaft erreicht. Versierte Kino-Kenner lassen den gleichen Trick höchstens zweimal im selben Film auftauchen. Wiederholungen sind nur dann zu empfehlen, wenn man mit gänzlich verschiedenartigen Motiven operiert, unterschiedliche Begriffe mit gleichen Mitteln verdeutlicht oder bestimmte Szenerien und Situationen aus dramaturgischen Gründen mehrmals zeigen muß.

Spezialeffekte mit Variationen

Wer ins Märchenland der Kinomagie reisen will, muß sich darüber im klaren sein, daß zwischen ergänzenden Filmtricks (= Spezialeffekte) und »puren« Trickfilmen (= Animationsfilme) einige wesentliche Unterschiede bestehen. Obwohl Techniken und Methoden einander beeinflussen, differieren Aufgabenstellung und Machart in den beiden Bereichen. Der Trickfilm bezieht seine Wirkung vorwiegend aus der Animation (künstliche Belebung) statischer Gegenstände wie Phasenzeichnungen, Silhouetten, Puppen, Miniaturmodellen usw., aus der Stilisierung von Aufnahmeobjekten und aus einem bestimmten, gestalterisch eng begrenzten Trickverfahren als beherrschendem Ausdrucksmittel. Sein Schöpfer muß sich weitgehend spezialisieren und zumeist über ein besonderes Talent als Zeichner, Grafiker oder Modelleur verfügen. Der Effektspezialist hingegen beherrscht das gesamte Instrumentarium variabler Trickgestaltung. Er ist vielseitiger, flexibler, vielfach sogar präziser in der Wahl seiner Mittel und Motive, weil mit Spezialeffekten in realistischen wie in phantastischen Themenbereichen eine möglichst perfekte Wirklichkeitsillusion angestrebt wird. Ergänzende Trickeinstellungen haben in der Regel keine eigenständige Funktion, sondern beziehen sich auf benachbarte Realeinstellungen. Deshalb kommt es bei solchen Zaubereien auf größte Genauigkeit bei der Ausführung und auf eine harmonische Eingliederung in die vorwiegend realen Szenen an. Um Ihnen einen Überblick über die umfassenden Möglichkeiten der Technik, Gestaltung und Anwendung von Spezialeffekten verschaffen zu können, verzichte ich in diesem Buch bewußt auf detaillierte Animationsfilm-Tips. Die beschriebenen Unterscheidungsmerkmale bedeuten jedoch kein Handikap bei der Herstellung »purer« Trickfilme! Wer gesammelte Erfahrungen zum Vergnügen von Kindern und Erwachsenen in Animationsfilme investieren will, wählt beispielsweise das Miniaturmodell- oder das Flachmodell-Verfahren (Kap. 12), die sich in besonderem Maße für die optische Umsetzung einschlägiger Ideen eignen.

Der Komplex »Spezialeffekte« wird von den Experten in mehrere Fachbereiche unterteilt, die sich allerdings nicht klar gegeneinander abgrenzen lassen. Sämtliche möglichen Kombinationen unterschiedlicher Trickverfahren sind nämlich erlaubt, mitunter sogar ausdrücklich erwünscht. Trotz gegenseitiger Beeinflussung und zahlreicher Überschneidungen der einzelnen Bereiche wage ich den Versuch, die Kinomagie in vier Kategorien zu gliedern. Dabei bleiben improvisierte, also mehr oder weniger willkürlich erzeugte Projektionseffekte unberücksichtigt, weil sie keine echte Funktion haben und obendrein nur für Stummfilme in Frage kommen. Den wichtigsten Gestaltungskomplex bilden die sogenannten technischen oder Aufnahmetricks (Special Visual Effects). Sie kommen ausschließlich unter Verwendung der optischen oder mechanischen Ausrüstung von Kamera und Zubehör zustande (Optical/Mechanical Special Effects). Zu ihnen gehören Motivverfremdungen, Kamerabewegungen, Zeitverzerrungen, Bildkombinationen, Mehrfachbelichtungen, Animations- und andere Einzelbild-Effekte. Während der Schmalfilmer alle diese Tricks selbst ausführen kann, entstehen sie im professionellen Bereich – wie bereits erwähnt – zum Teil durch äußerst komplizierte Kopiervorgänge auf der »optischen Bank« (Printing Processes als zweite Kategorie). Der dritten, für Berufs- und Hobbyfilmer gleichermaßen bedeutungsvollen Gruppe gehören Requisiten- oder Ateliertricks (Prop Effects/Set Decoration) an, die natürlich auch im Freien realisierbar sind. Sie entstehen im allgemeinen unabhängig von den verwendeten Kinogeräten, wenn auch bisweilen mit Unterstützung spezieller Aufnahmetechniken. Für die Ausführung solcher »Prop«-

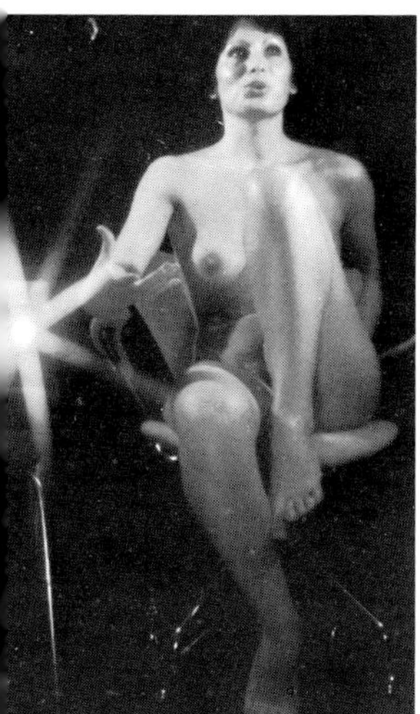

Optische Sterneffekte (hier mit Kreuzgitter-Filter plus Vario-cross-Linse) überstrahlen sogar den Sex-Appeal attraktiver Starlets.

Effekte eignen sich manuell bediente oder automatisch funktionierende Spezialwerkzeuge, Trick-Requisiten, Zauberapparate, Attrappen oder mechanische Hilfsvorrichtungen sowie chemische, pyrotechnische oder kosmetische Mittel und Miniaturmodelle oder Fotos. Für die Ausführung von Sachtricks, wie sie in Unterrichts- und Werbefilmen üblich sind, bedarf es sowohl raffinierter Aufnahme- als auch ausgeklügelter Requisitentricks. Akustische Tricks (Sound Effects) haben insofern einen Sonderstatus, als sie sich nicht unmittelbar auf die visuelle Gestaltung beziehen, obwohl einige sogar während der Live-Tonfilm-Aufnahme anwendbar sind. Bestimmte Toneffekte sind trotz ihrer sekundären Bedeutung für das Medium Film interessant genug, im letzten Kapitel dieses Buches gesondert behandelt zu werden.
Spezialeffekte eignen sich durchaus nicht nur für die Darstellung spektakulärer Situationen und sensationeller Ereignisse. Sowohl Aufnahme- als auch Requisitentricks werden in einem weitaus stärkeren Maße für Themen und Motive verwendet, die der Laie kaum jemals mit kinematografischen Täuschungsmanövern in Verbindung bringt. Von speziellen Aufnahmetechniken abgesehen, unterscheidet der Fachmann »verborgene« und »offensichtliche« Tricks. Beide Ausdrucksformen haben echte gestalterische Funktionen, erfüllen jedoch unterschiedliche Aufgaben. – Verborgene Tricks sind völlig unabhängig vom Filmthema, harmonieren also mit beliebigen Inhalten. Unauffällig in den Handlungsablauf eingeschmuggelt, täuschen sie auf raffinierte Weise Wirklichkeit vor und werden sogar von einem kritischen Publikum als reale Bestandteile der betreffenden Szenen akzeptiert. Spezialeffekte dieses Typs überhöhen, intensivieren oder stilisieren die Realität und eigenen sich infolgedessen hervorragend als Mittel der Zuschauerbeeinflussung (faire Filmemacher vermeiden tendenziöse Manipulationen und hüten sich vor Mißbrauch zu Propagandazwecken). Vorbereitung und Ausführung erfordern besondere Sorgfalt bei strengem Verzicht auf die Abbildung »unechter« Details, »falscher« Bewegungsabläufe oder »verräterischer« Begleiterscheinungen. – Offensichtliche Tricks stammen eindeutig aus der Hexenküche des Kinozauberers und erheben von vornherein keinen Anspruch auf eine authentische Wiedergabe realen Geschehens. Trotzdem brauchen sie nicht im mindesten dilettantisch zu wirken und dürfen äußerst naturalistisch ausgeführt werden. Offensichtliche Spezialeffekte können sich nämlich einerseits eng an die Wirklichkeit anlehnen (märchenhaftes, phantastisches, utopisches Geschehen), andererseits die Realität brechen oder auflösen (Träume und Trugbilder, Symbolik, Surrealismus, Abstraktion). – Natürlich gibt es auch reizvolle Grenzfälle. Das sind jene zunächst verborgenen Tricks, die allein deshalb so verblüffend wirken, weil ihr wahrer Charakter nicht sogleich erkennbar ist, sondern erst allmählich durch den Handlungsverlauf enthüllt wird. Der besondere »Pfiff« solcher optischen Gaukelspiele besteht einerseits in der scheinbaren Verbundenheit der Bildinhalte mit der Wirklichkeit, andererseits in der Veränderung oder Umkehrung von Naturgesetzen (Übergang von einer realen Handlungsebene in eine irreale Vorstellungswelt; psychische Veränderung einer auftretenden Person; zwerchfellerschütternder Gag im Slapstick-Stil; utopische Zeitverschiebung usw.).

Vertikal und horizontal einsatzfähige Hilfsgeräte eignen sich für präzise Spezialaufnahmen mit zwei- und dreidimensionalen Objekten.
Foto: Oxberry

Um Einstellungen mit verborgenen Tricks vollends in Realszenen zu integrieren und naturalistisch ausgeführte Phantasieabbildungen annähernd glaubhaft erscheinen zu lassen, empfiehlt sich die Anwendung tausendfach erprobter und bewährter Kunstgriffe. Als wichtigste Regel gilt, daß Lichtart, Beleuchtungsrichtung, Tageszeit, Witterung, generelle Farbgebung und allgemeine Bildstimmung zusammengehöriger Trick- und Realeinstellungen weitgehend übereinstimmen müssen. Im Hobbybereich sollte deshalb von der vielfach gegebenen Möglichkeit Gebrauch gemacht werden, die ergänzenden Tricks zum gleichen Zeitpunkt und am selben Ort wie die Realmotive zu filmen. Das gilt vor allem für Kombinationsaufnahmen aus tricktechnisch verfremdeten Realobjekten oder zusammengesetzten Bildpartien. Sofern selbständige Trickmotive (z. B. Miniatur- oder Flachmodelle) nicht ebenfalls unmittelbar am Schauplatz der Realszene aufgenommen werden können, sollten reale Bilder zuerst und Spezialeffekte nach deren Begutachtung entstehen. Eine umgekehrte Reihenfolge würde die Koordination der beiden Aufnahmearten beträchtlich erschweren. Besonders erfreuliche Wirklichkeitsillusionen kommen zustande, wenn man unmittelbar aufeinanderfolgende Real- und Effekteinstellungen mit gemeinsamen Merkmalen ausstattet: a) übereinstimmende Requisiten und Dekorationsteile (eventuell in unterschiedlichen Maßstäben, also beispielsweise in Original- und Miniaturausführung), b) in Realaufnahmen begonnene und in Trickeinstellungen fortgesetzte Aktionen (z. B. Mensch/Puppe, Originalfahrzeug/Flachmodell) oder Umkehrung des Vorgangs (im kleinen ausgeführte Gefahren- oder Katastrophen-Szene/Reaktionen lebender Schauspieler), c) in Real- und Trickaufnahmen übereinstimmende Geräusche oder Dialoge, die als akustische Bindeglieder fungieren (Kap. 21). Im übrigen trägt sorgfältige Montage entscheidend dazu bei, unterschiedliche Aufnahmearten in eine homogene Einheit zu verwandeln (Kap. 20). Die nahtlose Verbindung sämtlicher Einstellungen einer Szene wird allein dadurch gewährleistet, daß man Trick- und Realeinstellungen ständig abwechseln läßt. Außerdem werden Trickaufnahmen – unter Berücksichtigung des themenkonformen Montage-Rhythmus – knapp geschnitten, damit der Zuschauer keine Gelegenheit zu »entlarvenden« Analysen hat.

Eine interessante Gegenüberstellung des zeichnerischen Entwurfs und der endgültigen Wiedergabe einer Trickaufnahme auf dem Filmstreifen.
Fotos: Universal/CIC

Tricks und Thematik

Wer Spezialeffekte fachgerecht herzustellen und richtig anzuwenden versteht, kennt auch im Hobbybereich keine aufnahmetechnischen Handikaps, gestalterischen Tabus oder thematischen Limits! Er kann – bis auf wenige Ausnahmen – die Kunststücke professioneller Kino- oder TV-Zauberer nachvollziehen, vor allem aber die Produkte seiner eigenen Imagination in bewegten Bildern lebendig werden lassen. Die unverwechselbare Bildersprache filmischer Spezialeffekte macht nämlich sogar rein fiktive Vorgänge sichtbar. Tricks vermögen in vielfältiger Form den Gehalt realer Motive und Situationen zu ergänzen oder zu übersteigern, um das Publikum im Sinne der beabsichtigten Filmaussage zu beeinflussen. Sie geben Lichtspielen entsprechenden Inhalts eine abenteuerliche oder groteske, spannungsgeladene oder romantische, phantastische oder dramatische, geheimnisvolle oder irreale Atmosphäre. Mit Spezialeffekten werden vergangene Ereignisse wiederbelebt, Träume und Visionen optisch interpretiert, extrem schnelle oder langsame Bewegungsabläufe erkennbar gemacht, Background-Informationen aus wissenschaftlichen und industriellen Bereichen vermittelt, Symbole und abstrakte Begriffe verdeutlicht oder . . . Gespenster, Fabelwesen, Gestalten der Mythologie und futuristische Geschöpfe zum Leben erweckt. Technik und Ausstattungsmittel dienen der Darstellung von historischen, exotischen oder utopischen Schauplätzen, von Unterwasser-, Weltraum- oder Expeditionsabenteuern, von psychischen Vorgängen und übernatürlichen Erscheinungen, von gefährlichen (Krimi-) Aktionen und unglaublichen Heldentaten, von märchenhaften Metamorphosen bei Mensch und Tier, von artistischen Glanzleistungen, Veränderungen der Realzeit, rätselhaftem Surrealismus, überraschenden Gags, Zaubertricks, Sabotageakten, Kriegstragödien, Natur- und anderen Katastrophen.

Ein großer Teil der in diesem Buch beschriebenen und empfohlenen Kino-Illusionen eignet sich naturgemäß besonders für die Vervollkommnung von Kurzspielfilmen, Feuilletons, Filmexperimenten, Grotesken, Unterrichts- und Werbefilmen. Trotzdem kann nicht oft genug betont werden, daß Spezialeffekte ausgezeichnet mit den traditionellen Sujets des Freizeitfilmers (Familie, Umwelt, Ferien, Reisen, dokumentarische Themen) harmonieren, wo sie verschiedenartige Inhalte optisch aufwerten und vielfach eine beträchtliche Wirkungssteigerung herbeiführen. Ich nenne an dieser Stelle nur einige typische Beispiele: visualisierte Kinderträume, in »lebende« Grafiken umgesetzte Reiserouten, historische Rückblenden am Ferienort, Darstellung simultaner Ereignisse, Demonstration von Umweltproblemen (Analysen, Prognosen), Verdeutlichung biologischer oder geologischer Vorgänge, Erläuterung technischer Prozesse auf wissenschaftlichem oder industriellem Sektor. Die Erweiterung der Gestaltungsmöglichkeiten durch Tricks bedeutet aber nicht nur eine willkommene Bereicherung konventioneller Amateurfilmthemen, sondern regt auch permanent zur Verwirklichung extravaganter Ideen an. Als ideale Ausdrucksform bietet sich der Kurzfilm mit Spielhandlung samt seinen unterhaltsamen Variationen an (5 bis 30 Min. Projektionslaufdauer). Ein vielseitigeres Themenangebot kann man sich kaum wünschen: (prä-)historische Stoffe und Balladen aus jüngster Vergangenheit, Ritter- und Räuber-Moritaten, Abenteuer mit Seefahrern und Piraten, Wildwest-Mythen, Antikriegsdramen, Spionage- oder Psycho-Krimis, Sex-Grotesken und Lustspiele nach Slapstick-Manier, Horror- und Science-fiction-Stories, »Sword-and-Sorcery«-Sagen, Märchen und Fabeln oder . . . Geschichten im hypermodernen Stil amerikanischer Katastrophen-, chinesischer »Kung-Fu«-, japanischer Monster- und italienischer Western-Filme. Nach meinen Erfahrungen als Praktiker lassen sich alle branchenüblichen Genres für den Bedarf des Freizeitfilmers abwandeln und umformen, so daß man dem Privatkinopublikum am laufenden Band audiovisuelle Hochgenüsse präsentieren kann. Im übrigen fordern einige der erwähnten Themengruppen zu Satiren auf sattsam bekannte Handlungs- und Spannungsklischees des Berufsfilms

Der phantastische Film hat viele Gesichter. V. l. n. r.: »Eine Million Jahre vor unserer Zeit« (Hammer Films), »King Kong« (Paramount), »Frankenstein junior« (Centfox), »2001: Odyssee im Weltraum« (M-G-M).

heraus. Die Herstellung solcher ironischen und zugleich liebevoll gestalteten Bildergeschichten ist eins von den Privilegien des »freien« Hobbyfilmers, der sich weder dem Diktat kommerziell orientierter »Producer« noch dem niveaulosen Massengeschmack zu beugen braucht.

Im Reigen der Spielfilmthemen nehmen »Action«- und »Fantasy«-Stories eine Sonderstellung ein. Das sind jene kurzweiligen Kinomärchen unserer schnellebigen Gegenwart, die man früher gerne »Sensationsfilme« nannte. Abenteuerliche, kriminalistische, utopische und phantastische Inhalte bieten dem Trick-Experten ein weites Betätigungsfeld und sind deshalb ausdrücklich zu empfehlen. Das rege Publikumsinteresse an diesen Kategorien spannender Filmunterhaltung läßt sich nämlich einerseits durch ein wachsendes Bedürfnis nach romantischer Verfremdung der Realität, andererseits durch die Begeisterung für tricktechnische Zauberkunststücke erklären. Gewiß verdanken Action- und Fantasy-Filme ihren globalen Erfolg aber auch der Tatsache, daß sie ein wenig von den Träumen (und Ängsten) unserer Kindheit widerspiegeln. Eine gute Gelegenheit für Macher und Zuschauer, sich auf völlig legitime (und ungefährliche) Weise der unterhaltsamen Scheinwirklichkeit lebender Bilder hinzugeben. Die gleichen Leinwand-Abenteuer, die dem Erwachsenen eine schillernde Märchenwelt jenseits des Alltags erschließen, vermitteln den Junioren lebendigen Anschauungsunterricht vom immerwährenden »Kampf des Guten gegen das Böse« und zahlreiche Identifikationsmöglichkeiten mit den Helden ihrer Phantasie.

Welch ungeheures Interesse Kinobesucher in aller Welt speziell dem qualitativ hochwertigen und dennoch spannenden Film phantastischen Inhalts entgegenbringen, läßt sich unschwer an den Einspielergebnissen der erfolgreichsten Film-Bestseller aller Zeiten ablesen. Zu diesen Super-Kassenschlagern gehören nämlich so aufsehenerregende Produktionen wie »Krieg der Sterne« von George Lucas, »Der weiße Hai« und »Unheimliche Begegnung der dritten Art« von Steven Spielberg, »Das Omen« und »Superman« von Richard Donner, »2001: Odyssee im Weltraum« und »Uhrwerk Orange« von Stanley Kubrick, »Kampfstern Ga-

lactica« von Richard Colla, »Elliott, das Schmunzelmonster« von Don Chaffey, »Der Exorzist« von William Friedkin, »Flammendes Inferno« und »King Kong« von John Guillermin, »Frankenstein junior« von Mel Brooks, »Caprona I und II« von Kevin Connor, »Erdbeben« von Mark Robson, die »Sindbad«-Trilogie, Inoshiro Hondas Japan-Monster-Streifen, eine lange Reihe aktionsgeladener »James Bond–007«-Filme und die gelungene Multi-Persiflage »Flesh Gordon« von Howard Ziehm. Außerdem rangieren auf der TV-Beliebtheitsskala vor allen anderen Sendungen zahlreiche Serien mit Fantasy-Touch. Als Spitzenreiter der Publikumsgunst gelten neben dem phänomenalen Welterfolg »Star Trek« (Raumschiff Enterprise) die englischen Produktionen »Dr. Who and the Daleks«, »The Avengers« (Mit Schirm, Charme und Melone), »U.F.O.« und »Space 1999« (Mondbasis Alpha 1) sowie »Outer Limits«, »Twilight Zone«, »Time Tunnel« und »Land of the Giants« aus den USA. Da auch seriöse Star-Regisseure (z. B. Chaplin, Cocteau, Godard, Hitchcock, Kramer, Losey, Polanski, Truffaut, Vadim) von Zeit zu Zeit mit besonderer Vorliebe Filme aus dem Bereich des Phantastischen inszenieren, befinden sich Hobbyfilmer mit einem Faible für dieses Genre durchaus in guter Gesellschaft.

Tips für Tonfilmer

An dieser Stelle erscheint mir der Hinweis angebracht, daß die wichtigste Aufgabe von Filmen beliebigen Inhalts darin besteht, Geschichten zu erzählen, und zwar in Bildern statt in Worten! Diese Tatsache darf auch bei fortschreitender Vereinfachung der Vertonungsmöglichkeiten nicht ignoriert werden, wenn man sein Publikum mediengerecht unterhalten und informieren will. Bei der Herstellung von Tonfilmen besteht nämlich stets die Gefahr, daß die Akustik durch bewußte oder unbewußte Überbewertung als – unzureichender – Ersatz für fehlende oder mangelhafte Bilder benutzt wird. Das führt mitunter zu einem unerfreulichen Verlust filmischer Substanz, zumindest aber zu einer Verflachung der Bildaussage, die einer Verminderung des Kommunikationswertes gleichkommt. Deshalb macht es sich selten bezahlt, wenn man das Kino als ausschließliches »Transportmittel« für filmfremde Ausdrucksformen

(Hörspiel, Theater, Musik) benutzt, obwohl akustisches Beiwerk dieser Art in sparsamer Dosierung durchaus zum Gelingen einer Bild-Erzählung beitragen kann. Für echte Könner unter den Filmemachern ist es von jeher ein besonderes Anliegen, sich weitgehend visuell auszudrükken, also ihre eigenen oder die Ideen anderer Drehbuchautoren mit vorwiegend optischen Mitteln in sehenswerte Lichtspiele umzusetzen. Tatsächlich gilt die primär visuelle Bewältigung eines Filmthemas sowohl auf privatem als auch professionellem Sektor als kinematografische Idealmethode. Für diese Behauptung treten die bereits erwähnten Meisterfilmer mit jedem neuen Leinwand-Opus den Beweis an. Daß sogar der Hollywood-Nachwuchs der Maxime vom »Primat des Bildes« folgt und obendrein den großen Vorbildern huldigt, geht aus einer Bemerkung des Schocker-Regisseurs Brian DePalma hervor: »Hitchcock gab uns das filmische Vokabular, visuelle Filme zu machen . . .« Übrigens äußert sich Hitchcock selbst – bei anderer Gelegenheit – in ganz ähnlicher Weise: »Natürlich braucht man den Dialog. Doch die Geschichte muß durch Bilder erzählt werden!« Qualifizierte Filmschöpfer sind sich jederzeit der Tatsache bewußt, daß beim Menschen die optische Wahrnehmung wesentlich stärker entwickelt ist als die akustische. In einem gelungenen Film dient der Ton lediglich als ergänzendes Element, das den Szeneninhalt unauffällig unterstützen soll und manchmal sogar ein wenig modifizieren darf. Das ist keineswegs als Argument gegen den Tonfilm und seine unleugbaren Vorteile zu verstehen. Es soll lediglich daran erinnern, daß auch im Zeitalter »audiovisueller« Kommunikation den vielfältigen optischen Reizen des Films Vorrang vor den akustischen gebührt. Unter diesem Aspekt gewinnen Kino-Spezialeffekte natürlich eine ganze besondere Bedeutung. Wer sich weitgehend durch Bilder ausdrücken und mitteilen will, lernt den »Process Shot« (Filmeinstellung, in der durch Spezialeffekte eine Illusion erzeugt wird) als unentbehrliches Gestaltungsmittel schätzen, das die konsequente Visualisierung eines Themas überhaupt erst ermöglicht.

Fortschrittliche Super-8-Anwender bevorzugen das international genormte »Einbandverfahren«, bei dem der Tonträger in der Regel nachträglich, also nach Beendigung des Filmschnitts, in Form einer 0,8 mm breiten Magnettonrandspur unmittelbar auf die Kante des Filmstreifens (Bildseite) aufgeklebt oder aufgespritzt wird. Auf der Perforationsseite läßt sich zusätzlich eine schmale Balance- oder Ausgleichsspur (0,3 mm) anbringen, die bei maximaler Schonung absolute Planlage des Films garantiert und für die Ausführung interessanter Toneffekte geeignet ist. Da die Vertonung grundsätzlich auf dem Wege der Nachsynchronisation erfolgt, treten im Zusammenhang mit Trickaufnahmen keinerlei Probleme auf. Anders bei Live-Tonfilmaufnahmen mit Direct-Sound-Kameras. Hier erfolgt bekanntlich eine gleichzeitige Bild- und Ton-Aufzeichnung nach dem Kodak-Ektasound-Prinzip (Einbandverfahren), und zwar mit bereits bespurtem Super-8-Tonfilm in Spezialkassetten. Da die Kontinuität des akustischen Ereignisses nur bei ununterbrochener Laufbildaufzeichnung mit 18 B/Sek. gewährleistet ist, muß die Mehrzahl der aufnahmetechnischen Tricks (ausgenommen Kamerafahrten, Zooming, Einstellungen mit Objektivvorsätzen und bestimmten Requisiten) »stumm« gefilmt und später nachsynchronisiert werden. Das gilt speziell

Douglas Trumbulls Spezialeffekte für »Unheimliche Begegnung der dritten Art« gehören zu den eindrucksvollsten tricktechnischen Leistungen unserer Zeit. Foto: Warner-Columbia

für die Anwendung von Sonderverfahren, die den Filmtransport in der Kamera beeinflussen (z. B. Zeitraffung und -dehnung, Überblendungen und Doppelbelichtungen, gewisse Bildkombinationen und Einzelbildtricks aller Art). Allerdings bereitet es dank perfektionierter Projektions- und Bearbeitungsgeräte kaum jemals Schwierigkeiten, fehlende Toninformationen auch noch später nahtlos in Live-Aufzeichnungen »einzuschmuggeln« (Kap. 21).

Eine 16-mm-Kamera für die Trickwerkstatt semiprofessioneller Kinozauberer und anspruchsvoller Hobbyfilmmagier. Foto: Beaulieu

Die idealen Kameras

Trotz des hohen technischen Standards der gegenwärtig angebotenen Schmalfilmgeräte läßt sich auch in der Spitzenklasse keine Kamera finden, die in sämtlichen Details den Anforderungen des Trickexperten entspricht. Bei subjektiver Betrachtung gibt es also gar keine »ideale« Kamera für Kinomagier. Trotzdem entdecken sogar anspruchsvolle Filmemacher im umfangreichen Angebot des Fach- und Versandhandels so manche Aufnahmeapparatur, die ihren Wunschvorstellungen recht nahe kommt. Jedenfalls macht sich beim Kamerakauf eine gewisse Kompromißbereitschaft unter Berücksichtigung der bevorzugten Tricktechniken bezahlt, denn in der Regel übertreffen die Leistungen moderner Industrieprodukte die kühnsten Erwartungen. Alle Requisiten- oder Ausstattungstricks und ein großer Teil aufnahmetechnischer Effekte lassen sich mit jeder Mittelklasse-Schmalfilmkamera ausführen. Natürlich gehören Wegwerfgeräte niedrigsten Preisniveaus nicht in die Hand von Trickfachleuten, die aber durchaus nicht von vornherein einige Tausend Mark in ihre Filmausrüstung investieren müssen. Zahlreiche »Trickmaschinen« sind nämlich auch in Form von externem Zubehör erhältlich. Allerdings ist zu bedenken, daß jedes eingebaute »Extra« einer Kamera die Gestaltungsbereiche erweitert und womöglich zusätzliche Themenkreise erschließt.

Filmformate in Details

Die in diesem Buch beschriebenen Tricks und Effekte sind größtenteils unabhängig vom verwendeten Filmformat realisierbar. Bei ihrer Vorbereitung und Ausführung spielt also die Breite des Filmstreifens im wesentlichen keine Rolle. Unterscheidungsmerkmale bestehen nur insofern, als der Hobbyfilmer die Mehrzahl technischer Spezialeffekte mit einer handelsüblichen Schmalfilmkamera verwirklicht, während der Berufsfilmer wegen andersartiger apparativer Voraussetzungen einen Teil dieser Tricks auf der Kopiermaschine anfertigen läßt oder mit Spezialgeräten (z. B. Hochfrequenz- oder Rostrum-Kameras) aufzeichnet. Obwohl die Filmmaterialien lediglich in Breite, Bildgröße und Perforation differieren, sollte sich der Tricktechniker ein wenig für die Details interessieren. Um einen informativen Überblick zu vermitteln, wurden die wichtigsten Daten aller gegenwärtig verwendeten Filmformate in der folgenden Tabelle zusammengefaßt.
Trotz übereinstimmender Merkmale der Bildträger beziehen sich meine Tips und Kniffe in erster Linie auf den meistgebräuchlichen und universell einsatzfähigen Super-8-(Doppel-Super-8-, Single-8-)Film. Sie lassen sich jedoch gleichermaßen und zumeist auch unverändert von Anhängern anderer Filmformate auswerten. Man kann die Anwendungsbereiche der Aufnahmematerialien heute nicht mehr klar gegeneinander

Filmformat
Aufnahmebildfläche des Einzelbildchen (Stummfilm)
Aufnahmebildfläche des Einzelbildchens (Tonfilm)
Nutzbare Bildfläche bei der Projektion (Stummfilm)
Nutzbare Bildfläche bei der Projektion (Tonfilm)
Anzahl der Einzelbildchen je Meter
Perforation
Tonspur
Trägermaterial
Konfektionierung
Standard-Norm-Bildfrequenz für Aufnahme und Wiedergabe
Verbrauchte Filmmenge je Sekunde bei 18 B/Sek.
Verbrauchte Filmmenge je Sekunde bei 24 B/Sek.

abgrenzen, weil zumindest die gängigen Formate sowohl für berufliche als auch für private Zwecke verwendet werden. Dennoch deklariert man »Schmalfilme« nach wie vor als Materialien für den Amateurbedarf. Dazu gehören das weitverbreitete Super-8 (für Kassettenkameras zahlreicher Fabrikate), das anspruchsvolle Doppel-Super-8 (für Kameras von Canon und Pathé) und das alternative Single-8 (für Fuji-Geräte), aber auch das in vielen Ländern noch häufig angewandte »alte« Standard-8-Format (Regular 8) sowie der seit vielen Jahrzehnten beliebte und stets aktuelle »semiprofessionelle« 16-mm-Film, das gelegentlich noch eingesetzte 9,5-mm-Material und das längst vergessene »Oldtimer«-Format 17,5 mm. Ausschließlich professioneller Nutzung dient der sogenannte Normalfilm von 35 mm Breite, den man in aller Welt für die kommerzielle Kinoproduktion einsetzt (das Trägermaterial entspricht dem handelsüblichen Foto-Kleinbildfilm). Für professionelle Sonder-

Super-8 Doppel-S-8 Single-8	Standard-8	9,5 mm	16 mm	35 mm
5,65 × 4,22 mm	4,80 × 3,50 mm	8,50 × 6,50 mm	10,30 × 7,50 mm	24,00 × 18,00 mm
5,65 × 4,22 mm	4,80 × 3,50 mm	8,50 × 6,50 mm	10,30 × 7,50 mm	21,30 × 15,75 mm
5,36 × 4,01 mm	4,30 × 3,30 mm	8,20 × 6,50 mm	9,60 × 7,00 mm	23,50 × 17,50 mm
5,36 × 4,01 mm	4,30 × 3,30 mm	7,30 × 6,50 mm	9,60 × 7,00 mm	20,80 × 15,25 mm
236 seitlich / einfach / neben dem Bild	263 seitlich / einfach / auf dem Bildstrich	132 Mitte / zwischen den Bildern	131 einseitig (Tonfilm) oder doppelseitig (Stummfilm)	53 doppelseitig
Magnetton (für S-8-Kauffilmkopien auch Lichtton)	Magnetton	Magnetton	Magnetton oder Lichtton	Lichtton oder Magnetton
Umkehrfilm für positive Unikate	Umkehrfilm-Unikate	Umkehrfilm-Unikate	Umkehrfilm oder Negativfilm für Positivkopien	Negativfilm für Positivkopien
Kassette (S-8), Sound-K. (S-8), Spule (DS-8), Kassette (Si-8)	Doppelacht-Spule	Spule	Spule	Spule (Rolle)
18 oder 24 B/Sek.	16 oder 18 B/Sek.	16 B/Sek.	24 (Kino) oder 25 B/Sek. (TV)	24 (Kino) oder 25 B/Sek. (TV)
76 mm	68 mm	134 mm	134 mm	342 mm
101 mm	91 mm	177 mm	182 mm	456 mm

verfahren stehen Spezialfilmbreiten zur Verfügung. Um durch gigantische Vergrößerung der Projektionsfläche eine pseudoplastische Bildwirkung zu erzielen und trotzdem eine ausgezeichnete Wiedergabequalität zu erreichen, entwickelte man zwei Sonderverfahren für Spezialkameras und 65 mm breiten Negativfilm, der wahlweise auf Positivfilm von 70 mm (Spezialprojektor) oder 35 mm Breite (Standardprojektor) umkopiert werden kann. Sowohl »Todd-AO«- als auch »Cinerama«-Filme (ursprünglich drei nebeneinander angeordnete, mit synchronisierten Geräten aufgenommen und projizierte Teilbilder auf 35-mm-Material) sind mit Mehrkanal-Stereo-Magnettonspuren ausgestattet. Das Seitenverhältnis weicht erheblich vom Normalfilm-Standard (4:3) ab; es beträgt bei Todd-AO 2,2:1, bei Cinerama 3,25:1. Das »Vistavision»-Verfahren nimmt insofern eine Sonderstellung ein, als der 35-mm-Filmstreifen im Gegensatz zur allgemein üblichen Methode horizontal statt vertikal durch die Spezialkamera transportiert wird. Die Bilder sind also zunächst quer auf dem Film angeordnet (ähnlich dem Kleinbild-Dia-Prinzip in der Fotografie). Durch diesen technischen Kunstgriff erzielt man eine Verdoppelung der Einzelbildfläche. Sobald vom Negativ eine optische Verkleinerungskopie auf regulärem 35-mm-Positivfilm angefertigt wird, erzeugt die deutliche Verbesserung der Schärfentiefe eine verblüffende Raumillusion. Zu erwähnen bleibt, daß »CinemaScope« und andere anamorphotische Breitbild-Systeme (Kap. 18) keinen Einfluß auf die Filmbreite haben. Da lediglich die Abbildung verändert wird, läßt sich der bekannte Panorama-Effekt bei Einsatz entsprechender Objektivvorsätze und Adapter mit zahlreichen Aufnahme- und Wiedergabegeräten für alle gängigen Formate (35, 16, 8 mm) erzielen.

Schwarzweiß-Effekte

Im Zusammenhang mit dem »Rohstoff« für die Aufzeichnung lebender Bilder ist erwähnenswert, daß außer den bevorzugt verwendeten Color-Materialien nach wie vor Schwarzweißfilme (auch in Super-8-Kassetten) erhältlich sind. Der Trend zum Color-Kino kann grundsätzlich positiv beurteilt werden, denn Farben intensivieren den Wirklichkeitseindruck der Motive (sehr nützlich bei Filmillusionen aller Art), erleichtern die Wahrnehmung von Details, verleihen dem Bild eine gewisse Raumillusion, verstärken die emotionelle Wirkung und erweitern die Verfremdungsmöglichkeiten. Dennoch bietet der Schwarzweißfilm zuweilen gestalterische und ökonomische Vorteile.

Da Effektspezialisten gerne experimentieren, benutzen sie Schwarzweißmaterial einerseits als preiswerten Farbfilm-Ersatz bei vorbereitenden Tests (Kontrolle komplizierter Verfahren oder diffiziler Ausstattungsmittel; individuelle Weiterentwicklung bestimmter Tricktechniken), andererseits als wirkungssteigerndes Ausdrucksmittel. Innerhalb eines Farbfilms dient die Schwarzweiß-Szene bei ausreichender Motivierung dieses Effektes durch den Handlungsverlauf als Blickfang und psychologisches Überraschungsmoment (Darstellung von Alpträumen und düsteren Visionen durch bedrohliche Licht-Schatten-Kontraste). Darüber hinaus ermöglicht Schwarzweißfilm die eigene Herstellung erläuternder Rahmenhandlungsszenen für älteres, ebenfalls »farbfreies« Archivmaterial (Kauffilm-Ausschnitte, Kopien »historischer« Familienfilme) und die Wiedergabe vorgetäuschter Fernsehaufnahmen in Color-

Spielfilmen. Der plötzliche Wechsel von Schwarzweiß zu Farbe bei unverändertem Bildausschnitt (Stopptrick/Kap. 2) wird insbesondere zur Darstellung schockartig einsetzender Ausnahmesituationen in Action- oder Phantasiefilmen angewandt. Kassetten-Prinzip und Belichtungsautomatik der Super-8-Kamera ermöglichen eine präzise und risikofreie Ausführung dieses Tricks durch einfachen Austausch der Filmsorten ohne nennenswerten Zeitverlust.

Willkommene Technik

Nach diesen Abstechern in Bereiche »übergeordneter«, aber für das Verständnis der Zusammenhänge wichtiger Kinotechnik kehre ich noch einmal zu den apparativen Voraussetzungen für das Gelingen verschiedenartiger Filmtricks zurück. Wegen der präzise kalkulierten Funktion von Spezialeffekten müssen gewisse Minimalanforderungen an das Aufnahmegerät gestellt werden. Bei der Ausführung zahlreicher Tricks unterschiedlicher Machart kommt es auch hinsichtlich Motivausschnitt und Bildfeldbegrenzung so sehr auf Genauigkeit an, daß nur eine Spiegelreflexkamera zufriedenstellende Resultate garantiert. Da man die Motive stets durch den Strahlengang des Objektivs betrachtet, stimmen Sucherbild und tatsächlich aufgenommener Motivausschnitt bei beliebigen Brennweiten nahezu hundertprozentig überein. Darüber hinaus ist präzise Scharfeinstellung gewährleistet, und die Wirkung optischer Vorsätze läßt sich im voraus genau beurteilen. Als optische Grundausstattung der »Trick-Kamera« empfiehlt sich ein Zoom-Objektiv (Vario) mit möglichst großem Brennweitenbereich, der manuell und motorisch (Power Zoom) »durchfahren« werden kann. Das optische System sollte Nahaufnahmen zulassen (eventuell in Verbindung mit Vorsatzlinsen) und möglichst auf einen Makro-Bereich einstellbar sein, denn Minimotive eröffnen auch auf dem Trick-Sektor völlig neue Dimensionen. Bei regelmäßigem Bedarf an extremen Tele-Aufnahmen mit hyperlangen Brennweiten bieten sich als Alternative jene Aufnahmegeräte an, die für echten Objektivwechsel eingerichtet sind. Sie lassen sich sowohl mit den Zoom- oder Spezialoptiken des betreffenden Fabrikats als auch (über Adapter) mit den meisten Foto-Wechselobjektiven samt deren Zubehör kombinieren. Gegenwärtig offeriert die Industrie vier Super-8-Kassetten-Kamera-Fabrikate dieses Typs: Beaulieu (mehrere Modelle), Carena (Zoomex 7610-IM), Leitz (Leicina Special), Nalcom (FTL 1000) sowie die Doppel-Super-8-Geräte von Pathé. Als Single-8-Wechselobjektiv-Kamera steht die Fujica-ZC-1000 zur Verfügung. Wissensdurstige Trickfilmer finden in den Kapiteln 7 und 8 ausführlichere Informationen über das optische Handwerkszeug und seine Anwendungsmöglichkeiten. Für die Realisierung von Spezialeffekten geeignete Kameras verfügen über ein zuverlässiges Belichtungsmeßwerk. Innenmessung (TTL = Through The Lens) ist ausdrücklich zu empfehlen, weil einerseits Meß- und Aufnahmewinkel bei jeder optischen Konstellation identisch sind und andererseits eventuelle Filterfaktoren automatisch berücksichtigt werden. Bei bestimmten Tricks (z. B. Mehrfachbelichtungen, extreme Motivkontraste, synthetische Nachtaufnahmen) erfolgt kein selbsttätiger Ausgleich, so daß Korrekturen der ermittelten Blendenwerte notwendig sind. Folglich muß man die Belichtungsautomatik der Kamera abschalten und auf manuelle Blendensteuerung umstellen,

Auf dem »Special Effects Optical Printer« kann der Berufsfilmer nachträglich allerlei Supertricks anfertigen lassen.
Foto: Oxberry

zumindest aber korrigieren können (gewollte Pluskorrektur = Überbelichtung durch eingebaute Vorrichtung; beabsichtigte Minuskorrektur = Unterbelichtung durch eingebauten Vario-Verschluß). Da ein hoher Prozentsatz aller Spezialeffekte auf der Animation, also der künstlichen Belebung statischer Aufnahmeobjekte beruht, gehört die Einzelbildschaltung (Einergang) zu den unerläßlichen Bestandteilen der Kamera-Mechanik. Sie wird ergänzt durch einen hochwertigen Drahtauslöser oder – bei entsprechender Anschlußmöglichkeit – durch einen der zuverlässigen elektromagnetischen Fernauslöser (Handschalter mit Kabel). Soviel zur »Pflicht-Ausrüstung« einer Kamera, mit der man viele Aufgaben gleichsam spielend meistert. Zusätzliche Einbau-Finessen werden, wie aus den folgenden Kapiteln ersichtlich ist, als Komplettierung des aufnahmetechnischen Instrumentariums außerordentlich geschätzt. Dazu gehören unter anderem Zeitraffer- und Zeitdehner-Gänge (niedrigere und höhere Aufnahmebildfrequenzen), Slow-Motion-Automatik, Vario-Verschluß (verstellbare Sektorenblende), Irisblende oder Fader (Auf- und Abblendautomatik), Filmrückspulvorrichtung und Überblendungsautomatik, Intervalometer, Einzelbild-Blitz-Synchronisation und Langzeitbelichtungsautomatik für Einzelbildchen. Für engagierte Praktiker sei angemerkt, daß eine Live-Ton-(Direct-Sound-)-Einrichtung für die Trick-Gestaltung ebenso unmaßgeblich ist wie formschönes Design des Kameragehäuses. Entscheidend sind Leistungsfähigkeit, Zuverlässigkeit und Bedienungskomfort des kinematografischen Werkzeugs.

Trickwerkstatt für Filmemacher

Obgleich über spezielles Zubehör in Form von Geräten oder Requisiten in den betreffenden Kapiteln und im Zusammenhang mit der Beschreibung entsprechender Tricks mehr zu erfahren ist, möchte ich Ihnen schon an dieser Stelle einen kleinen »Vorgeschmack« geben und gleichzeitig auf einige universell verwendbare Hilfsmittel hinweisen. Übrigens können geschickte Bastler einige der hier und in den folgenden Kapiteln erwähnten Zubehörteile aus einfachen Materialien selbst herstellen (gelochte Stäbe aus Metallbaukästen für Kamerahalterungen, bearbeitete Gurkeneimer für Scheinwerfer, umgebaute Möbelstücke für verschiedenartige Trickapparaturen usw.). Bestimmte Hilfsvorrichtungen sind nicht im Handel erhältlich, müssen also zwangsläufig im eigenen Workshop angefertigt werden (z. B. Flachmodellplatte, Aufnahmetisch für Miniaturmodelltricks, Rückprojektionsrahmen oder Spiegelhalterungen). Holz, Glas, Spiegel, Schaumstoff, Plastik und dergleichen können nach Maß in den Hobby-Häusern erworben werden.
Dem Filmemacher stehen alle Möglichkeiten offen, wenn er sich an die Spielregeln hält, also mit fachgerechten »Extras« optimale Aufnahmebedingungen herstellt. Bei der Ausführung technischer (und vieler anderer) Tricks steht sorgfältige Kamerastabilisierung an erster Stelle. Für das Gelingen der meisten Spezialeffekte ist nämlich die Verankerung der Kamera auf einem stabilen Dreibeinstativ unabdingbare Voraussetzung, weil sich sogar geringfügige Erschütterungen katastrophal auf das Ergebnis auswirken können. Um unbeabsichtigte Vibrations- und Schaukeleffekte von vornherein zu vermeiden, die Aufnahmeapparatur aber dennoch beweglich zu erhalten, wählt der Trickexperte ein hochwertiges und möglichst universell einsatzfähiges Dreibeinstativ aus soliden Alu-

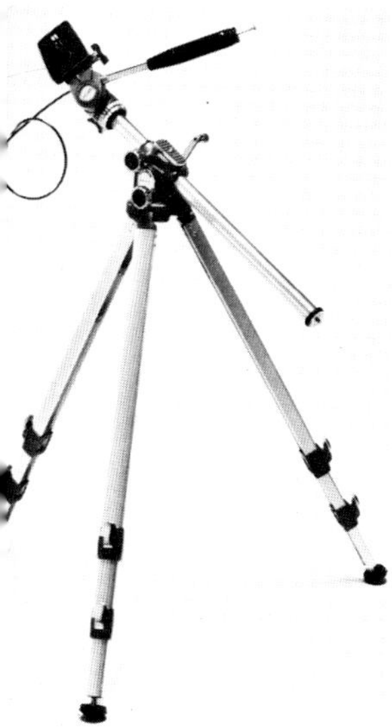

Für Arbeiten im Trickstudio ist ein robustes und obendrein vielseitiges Dreibeinstativ unerläßlich.
Foto: Velbon

miniumprofilen oder -rohren. Die Stativschenkel müssen für mehrfachen Auszug eingerichtet sein, Gummifüße und Metallspitzen (oder ähnliche Vorrichtungen) aufweisen, über haltbare Gelenke für die Arretierung in beliebigen Positionen verfügen und möglichst mit einer Zusatzsicherung gegen ein Verrutschen der Stativbeine geschützt werden können (verstellbare Streben, Ketten, Arretierungshebel). Wichtigster Bestandteil des Stativs ist die Kamerahalterung in Form eines sogenannten Kinoneigekopfes (samt Handgriff), der beliebig oder zumindest in drei Ebenen schwenkbar angeordnet und in jeder gewünschten Lage zu fixieren sein sollte (für horizontale oder vertikale Schwenkung, Neigung, Verkantung). Der Stativkopf ist fest mit der verstellbaren Mittelsäule verbunden. Einwandfreie Gängigkeit für Feineinstellung oder verzögerungsfreie Bewegungsbegleitung setze ich als selbstverständlich voraus (Fluid-Kopf empfohlen). Viele Stativtypen weisen konstruktive Besonderheiten auf oder lassen sich durch separat erhältliche Zusatzteile ergänzen. Bei der Ausführung verschiedenartiger Filmtricks bewähren sich unter anderem: Vorrichtung für bodennahe Kamerabefestigung (extreme Spreizung der Stativbeine oder umsteckbare Mittelsäule mit und ohne Ausleger), stufenlos um 90° schwenkbare Mittelsäule, Kurbeleinsatz (Mittelsäule mit beweglicher Zahnstange und Kurbel), Verlängerungsstücke für Stativschenkel und -säule, Spezialschiene für die Befestigung mehrerer Kameras, Titeltafel, Projektionsplatte (als Aufnahmezubehör für Spiegel-, Modell- und andere Tricks). Das dreirädrige Fahrstativ (zusammenklappbarer Rollenuntersatz für das Dreibeinstativ) erweist sich nicht nur bei Szenen mit der »Living Camera« als unentbehrlich. Wer auf einen extrem ruhigen Bildstand angewiesen ist, erwirbt eins jener berühmten Holzstative, die seit Großvaters Zeiten von professionellen Kameraleuten und Vermessungsingenieuren bevorzugt werden. Mit supermodernen Metallarmaturen ausgestattet, sind diese Holz-Konstruktionen vor allem deshalb so beliebt, weil der natürliche Werkstoff die kaum spürbaren, aber unter bestimmten Voraussetzungen enorm störenden Vibrationen von Kameramotor, Greifersystem und anderen beweglichen Teilen des Aufnahmegeräts völlig absorbiert (besonders wichtig bei überlangen Objektivbrennweiten, Frontprojektion und Kompendiumtricks mit zusammengesetzten Motivpartien). Schraub-, Klemm-, Tisch- und andere Hilfsstative sind nur bedingt und in wenigen Ausnahmefällen für Trickaufnahmen verwendbar (z. B. schwer zugängliche Aufnahmeobjekte oder Selbstbau-Apparaturen). Eine Ausnahme bilden die sogenannten Autostative. Ein solches Zubehör besteht im wesentlichen aus einer soliden Kamerahalterung mit Gummisaugern und Stütze, läßt sich also an Fensterscheiben von Fahrzeugen und anderen glatten Flächen anbringen (Kap. 3 und 11).
Umsichtige Filmemacher schaffen auch dann einen separaten fotoelektrischen Handbelichtungsmesser mit Cine-Skala und Blendenfixierung an, wenn sie über eine Spitzenkamera mit einwandfrei funktionierendem Belichtungsmeßwerk verfügen. Im Bereich der Kinomagie gibt es nämlich viele Grenzsituationen (Extremkontraste, winzige Details in Bildkombinationen, Kurzzeit-Lichterscheinungen in der Pyrotechnik usw.), so daß ein getrennt wirksames Meßinstrument auch bei äußerst diffizilen Beleuchtungsverhältnissen zuverlässige Ergebnisse für die ma-

nuelle Übertragung liefert. Man braucht also weder die Kameraposition zu ändern noch komplizierte Arrangements zu zerstören. – In langjähriger Praxis auf allen Gebieten der Kinematografie habe ich die Sofortbildfotografie als wertvolles Kontrollorgan schätzen gelernt. »Instant Photography« mit Geräten und Filmen von Kodak oder Polaroid erweist sich jederzeit und überall dort als nützlich, wo aus verschiedenen Gründen die Dreharbeiten unterbrochen und Position oder Zustand von Apparaturen und Motiven zwangsläufig verändert oder in den Urzustand zurückversetzt werden müssen. Um bei Fortsetzung der Dreharbeiten nach Tagen oder Wochen dennoch einwandfreie Anschlüsse an die bereits fertigen Szenen zu erzielen, hält man alles Wichtige auf farbigen (!) Sofortbildern fest: Ausleuchtung, allgemeine Farbgebung, Endphasen abgebrochener Bewegungsaktionen, Standort von Miniaturmodellen, Details komplizierter Masken (Make-up) oder Kostüme, Plazierung bestimmter Requisiten, besondere technische Arrangements aus dem eigenen Workshop. Darüber hinaus eignen sich Sofortbilder hervorragend für die Beurteilung von Trickmotiven unmittelbar vor der Filmaufnahme und als Illustrationsmaterial für die Club-Chronik. – Erfahrene Effektspezialisten wissen, daß ihre Aufnahmeobjekte bei der Anwendung vieler Trickverfahren vor schwarzer oder neutraler Hintergrundfläche plaziert werden müssen (bestimmte Mehrfachbelichtungen, einfache Doppelgänger-Aufnahmen, Split-Screen- und andere Bildkombinationen). Um solche Aufnahmesituationen jederzeit meistern zu können, stellt man aus nahtlosem und reflexfreiem schwarzen Tuch eine transportable »Hängewand« in der Mindestgröße von 2 × 2 m her. Auf der Rückseite lassen sich mit Dekorationsnadeln beliebige Backgrounds aus Tuch, Zierpapier, Farbkarton, Tapeten oder Großfotos anbringen. Am oberen und unteren Rand der Tuchfläche befestigte runde Holzstäbe dienen als Halterung; eine dieser Leisten wird mit Haken versehen, so daß sich die Vorrichtung in Ösen an der Decke des »Ateliers« einhängen läßt. Bei Gebrauch sollte die faltenlose Kulisse frei im Raum hängen, also keine Zimmerwand berühren. Je nach Ausstattung kann man die künstliche Wand als Hintergrund für Film- und Foto-Aufnahmen, als großflächigen Reflexionsschirm in der Funktion eines Aufhellers (weiß) oder als Rouleau für die Raumverdunklung bei Filmvorführungen verwenden.

2 Start-Tips für Kino-Magier

Es gibt eine Vielzahl Minitricks, Aufnahmeeffekte und andere Spezialitäten, die trotz einfacher Herstellungsverfahren oder Hilfsmittel verblüffende Resultate versprechen. Kinofilme und TV-Sendungen beliebiger Machart werden prinzipiell durch die Anwendung solcher kleinen Kniffe angereichert, aufgewertet und abgerundet. Folglich sollte auch kein Hobbyfilmer auf das Vergnügen verzichten, seinen Produktionen mit allerlei Kunstgriffen den letzten Schliff zu verleihen. Das ist übrigens auch bei realitätsbezogener Thematik nicht gleichbedeutend mit zwielichtigen Motiv-Manipulationen!
Kritiker vorausgeplanter oder nachträglich ergänzter Szenen (im Gegensatz zu spontan entstandenen Live-Aufnahmen) sollten stets bedenken, daß sich ein Film, der diese Bezeichnung verdient, grundsätzlich als eine gestaltete Einheit präsentiert, geprägt von der Persönlichkeit des Autors und aller angewendeten Ausdrucksmittel. Genaugenommen stellt nämlich jeder Gestaltungsvorgang, beginnend mit der subjektiven Fixierung des Motivausschnitts im Sucher, einen Eingriff in den Wirklichkeitsgehalt der Abbildung dar. Durch variable Aufnahmemethoden wird die Realität jedoch im Sinne der beabsichtigten Aussage modifiziert, also überhöht oder abgeschwächt, bisweilen natürlich auch rekonstruiert oder vorweggenommen. Filme sollen in erster Linie unterhaltsame (Bilder-)Geschichten erzählen, die den Zuschauer aus der Reserve locken und womöglich zu innerer Beteiligung herausfordern. Dieses Ziel ist jedoch nur bei konsequenter Ausnutzung sämtlicher verfügbaren Gestaltungsmittel erreichbar. Deshalb spielen sowohl die unauffälligen als auch die spektakulären Sonderverfahren eine entscheidende Rolle bei der Umsetzung von Ideen in lebende Bilder. Außerdem würden selbst Familien-, Ferien- und Umweltfilme ohne eine Prise »Traumfabrik« nur halb so viel Spaß machen, und zahlreiche Lichtspiele wären von vornherein zu einem kümmerlichen Dasein als »Flops« (= Mißerfolgsprodukte) verurteilt.
Das zweite Start-Kapitel offeriert Ihnen eine abwechslungsreiche Mischung aus Fakten, Tips und Anwendungsbeispielen. Hinweise auf die bereits erwähnten »Einfachmethoden« werden ergänzt durch interessante Informationen und einen Blick ins Warenlager der Hersteller »großen« Filmzubehörs. Auf diese Weise kommen Techniker und Motiv-Designer, Wissensdurstige und überzeugte Praktiker gleichermaßen auf ihre Kosten.

Wie funktioniert das Kino?

Wer perfekte Kino-Illusionen erzeugen will, informiert sich zunächst über die Funktionsweise von Filmgeräten und somit über die Entstehung des »lebenden« Bildes. Um filmische Zusammenhänge verstehen und das Zustandekommen technischer Effekte durchschauen zu können, muß man sich ein wenig intensiver mit dem kinematografischen Prinzip auseinandersetzen. Das erweist sich als nützlich bei der Beschäftigung mit Zeit-Veränderungen durch abweichende Bildfrequenzen, mit Mo-

tiv-Manipulationen durch Mehrfachbelichtung und mit anderen Aufnahmetricks, speziell aber bei Anwendung der ungeheuer vielseitigen Einzelbildschaltung (Stop-motion Photography)! Hier wird im Gegensatz zur üblichen Laufbildaufzeichnung (18 oder 24 B/Sek.) jedes Bildchen auf dem Filmstreifen separat belichtet. Daraus ergeben sich verschiedenartige Möglichkeiten der Animation, also der künstlichen Belebung statischer Objekte (Kap. 12), aber auch der extremen Zeit- und Bewegungsraffung (Kap. 11). Beide Methoden unterscheiden sich nur insofern, als für die Animation von Bild zu Bild gleichbleibende Veränderungsphasen, für die Zeitraffung hingegen gleichbleibende Intervalle zwischen den Einzelbild-Belichtungen maßgebend sind.
Die angedeuteten Gestaltungsbereiche lassen bereits erkennen, daß Filmkameras lediglich Bewegungsillusionen erzeugen, und zwar auf der Grundlage einer raffinierten optischen Täuschung. Die Filmkamera fungiert auch bei Laufbildaufzeichnung lediglich als modifizierter Fotoapparat, der allerdings in »Schnellschuß«-Manier achtzehn oder gar vierundzwanzig Aufnahmen in jeder Sekunde belichtet (Standardbildfrequenzen). Auf dem Filmstreifen entstehen gewissermaßen aneinandergereihte Miniaturdias mit aufeinanderfolgenden Abbildungen statischer, aber von Bild zu Bild geringfügig veränderter Phasen eines fortlaufenden Bewegungsvorgangs. Wenn mindestens 16 solcher kontinuierlich aufgenommenen »Stehbilder« in jeder Sekunde das Zuschauerauge erreichen, ist eine optische Rekonstruktion des aufgezeichneten Vorgangs möglich: das Sehzentrum des Gehirns registriert die einzelnen Momenteindrücke als ununterbrochenen Bewegungsablauf, sobald jedes Einzelbildchen für einen Sekundenbruchteil stillsteht, um vom Auge fixiert zu werden. Die Wahrnehmung »lebender« Bilder auf Leinwand oder Bildschirm hat eine physiologische und eine psychologische Ursache. Die »stroboskopische Verschmelzung« der statischen Bildphasen resultiert aus der Fähigkeit unseres Gehirns, unvollkommene Formen (hier: fehlende Bindeglieder zwischen den einzelnen Bewegungsphasen) aufgrund von Erfahrungen und Vorstellungskraft zu ergänzen. Das Phänomen der »Nachbildwirkung« steuert die Wahrnehmung flüssiger Bewegungsabläufe, denn die Netzhaut des Auges »speichert« für einen winzigen Moment das vorhergehende Phasenbildchen, während das nächste bereits auf der Projektionswand oder dem Bildschirm erscheint.
Wichtigste technische Voraussetzung bei der Aufnahme ist das Greifersystem der Kamera, dessen Klaue während der Transportphase in die Perforation des Filmstreifens eingreift und ihn ruckartig vorwärtsbewegt, so daß jedes Einzelbildchen für einen Sekundenbruchteil für die Belichtung vor dem Bildfenster stillsteht. Der Verschluß einer Filmkamera besteht aus einer rotierenden Umlaufblende. Während der ausgeschnittene Sektor dieser Blende das Bildfenster für beispielsweise 18 Belichtungen je Sekunde freigibt, wird es im gleichen Zeitraum achtzehnmal vom undurchlässigen Teil des Verschlusses abgedeckt, um den Filmtransport zu ermöglichen. Umdrehungs- und Bildwechseltempo (Aufnahmebildfrequenz) sind stets gleich; die Geschwindigkeit der Transportphase richtet sich nach der Größe des Hellsektors, ist also bei Kameras vom XL-Typ (Kap. 9) höher. – Entsprechend abgewandelt, gilt für die Projektion das gleiche Prinzip. Zwar vermitteln 16 B/Sek. bereits

den gewünschten Bewegungseindruck, doch bei sechzehnmaliger Unterbrechung des Lichtstrahls entsteht noch ein heftiger Flimmereffekt. Eine völlig flimmerfreie Wahrnehmung des projizierten Bildes ist erst dann gewährleistet, wenn die Unterbrechungsfrequenz des Lichtstrahls auf das Dreifache der minimalen Aufnahmebildfrequenz, also auf mindestens 48, erhöht wird. Um eine entsprechende Anzahl Hell-Dunkel-Phasen zu erzeugen, sind Filmprojektoren mit rotierenden Mehrflügelblenden ausgestattet. Bei 18 B/Sek. ist eine Dreiflügelblende erforderlich, die den Lichtstrahl einmal während der Transportphase und zweimal während des Bildstillstands unterbricht. Für 24 B/Sek. reicht eine Zweiflügelblende aus (zweimalige Lichtstrahl-Unterbrechung).
Da der Film ausnahmslos als Laufbild projiziert, aber nicht unbedingt als Laufbild aufgenommen werden muß, kann der Trickfachmann das Auge des Zuschauers auf elegante Weise überlisten. Durch separate Belichtung jedes Einzelbildchens konstruiert er synthetische Bewegungsvorgänge (Kap. 12), die sowohl realistisch als auch abstrakt wirken können (von Bild zu Bild geringfügig veränderte Aufnahmeobjekte bei gleichbleibendem Motivausschnitt). Ich möchte die Anwender dieser »Stopmotion«-Methode schon jetzt ausdrücklich darauf hinweisen, daß 18 oder gar 24 Einzelbildbelichtungen nur eine einzige Sekunde Projektionslaufdauer ergeben. Für eine Einstellungslänge von beispielsweise 6 Sekunden muß der Kameraauslöser also hundertacht- oder hundertvierundvierzigmal betätigt werden. – Die kurze Analyse des kinematografischen Prinzips und seiner beiden wichtigsten Möglichkeiten dürfte unter anderem die zentrale Funktion des Mediums Film deutlich gemacht haben, die in der Aufzeichnung von Bewegungsvorgängen und deren Konservierung für die beliebige Wiederholung durch Projektion besteht. Im englischen Sprachgebiet übliche Bezeichnungen wie »Motion Picture« oder »Movie« charakterisieren diese Hauptaufgabe des Films auf unmißverständliche Weise. Kinomagier sollten sich bei Anwendung beliebiger Trickkunststücke der Tatsache bewußt sein, daß Bewegungsaktionen im projizierten Bild vom Zuschauer unter allen Umständen vorrangig wahrgenommen werden (das läßt sich übrigens hervorragend für psychologische Gestaltungskniffe ausnutzen). Der Film bezieht also einen großen Teil seiner Gesamtwirkung aus dargestellten Bewegungsvorgängen, die man jeweils als beherrschendes Element in das betreffende Trickverfahren integriert. Wie notwendig dieser Hinweis vor allem im Zeitalter des Tonfilms und der statischen Dialog-Szenen ist, bestätigte der berühmte Regisseur René Clair bereits vor Jahrzehnten mit folgenden Worten: »Der Film wurde erfunden, um Bewegungen wiederzugeben. Niemand hat diese Wahrheit jemals bestritten, doch ist ständig gegen sie gesündigt worden . . .« Da ein Großteil aller Spezialeffekte ohnehin auf direkten (Objekt) oder indirekten (Kamera), auf natürlichen oder künstlich erzeugten Bewegungen basiert, dürfte es kaum schwerfallen, die hier nur andeutungsweise erwähnten Gesetzmäßigkeiten filmischer Bewegungsdarstellung weitgehend zu berücksichtigen (für Real- und Trickszenen gleichermaßen gültig): Bewegliche Aufnahmeobjekte dominieren; statische dienen der ergänzenden Charakterisierung von Schauplatz oder Milieu. – Die Bewegungsrichtung wird vom Motiv und dargestellten Vorgängen bestimmt. Quer zur Aufnahmerich-

tung verlaufende Bewegungen haben den geringsten, schräg zur optischen Achse der Kamera oder diagonal durchs Bildfeld verlaufende Bewegungen den höchsten Aufmerksamkeitswert. Aktionen von Objekten oder Kamera in Aufnahmerichtung beziehen den Zuschauer förmlich ins Filmgeschehen ein (Blickfang, optischer Schock). – Beweglichen Objekten muß bei statischen Aufnahmen genügend Spielraum für die Bewegungs- und Blickrichtung innerhalb des Bildfeldes zur Verfügung stehen. Nach rechts verlaufende Bewegungen werden vom Zuschauer in der Regel unterbewußt als aktiv (= positiv) empfunden, nach links verlaufende als passiv (= negativ) eingestuft. – Damit keine verwirrenden »Achsensprünge« entstehen, soll in aufeinanderfolgenden Einstellungen einer zusammenhängenden Szene die einmal gewählte Blick- oder Bewegungsrichtung der beteiligten Aufnahmeobjekte im Verhältnis zur optischen Achse der Kamera beibehalten werden (Person, Gruppe, Verkehrsmittel usw.).

Trickmaschinen im Angebot

Die folgende Übersicht über wichtige Zusatzgeräte für den Trick-Kameramann wurde aus zwei Gründen in diesen Start-Teil des Buches eingebaut. Einerseits beziehen sich viele Tricks der übrigen Kapitel auf Hilfsapparaturen dieser Art, andererseits soll die Erwähnung technischer und gestalterischer Möglichkeiten schon jetzt den »Appetit« auf kompliziertere Tricks anregen. Außerdem unterstützen Text und Abbildungen eventuelle Do-it-yourself-Absichten talentierter Bastler. Bei der Kurzanalyse des Angebots begnüge ich mich mit vielseitig einsatzfähigen Trickgeräten, die serienmäßig von der Zubehör-Industrie hergestellt und über den Fachhandel oder direkt vom Hersteller bezogen werden können.

Das Balgenkompendium (Matte Box) gehört zum permanent eingesetzten und somit selbstverständlichen Zubehör jeder professionellen Kamera, der es im täglichen Gebrauch als ideale Schutzvorrichtung gegen störenden Seiten- und Gegenlichteinfall dient. Das kastenförmige Vorsatzgerät ist jedoch in erster Linie für die Realisierung faszinierender Bildkombinationen, Doppelgänger-Aufnahmen, Titel-Effekte und Trick-Blenden (Kap. 15) vorgesehen. Es enthält einen verstellbaren, in der Regel konisch geformten (für Berufsfilmzwecke zweiteiligen) Balgen aus weichem, lichtundurchlässigem und reflexionsfreiem Material, der durch ein ebenfalls verstellbares Gestänge fest mit der Kamera verbunden wird. Die Rückseite dieser Konstruktion ist mit einem Adapter für das (Zoom-) Objektiv, die Vorderseite mit einem Maskenrahmen (Führungsschienen samt Justierschrauben) ausgestattet. In diesem Rahmen lassen sich nach Bedarf Vignetten, Abdeckmasken und präparierte Transparentscheiben befestigen. Während professionelle Anwender mit speziell angepaßten Kompendien arbeiten, benutzt der Hobbyfilmer universelle Versionen dieses wertvollen Zubehörs, die man mit mehreren Kameramodellen und -fabrikaten kombinieren kann. Der einzige gänzlich auf Schmalfilmkameras ausgerichtete Kompendium-Typ (»ewa«) läßt sich dank seiner sinnvollen Halterung problemlos an den meisten Super-8-, Single-8- und Doppel-Super-8-, aber auch an einigen 16-mm-Geräten anbringen. Das Zubehör wird ergänzt durch Glasschei-

Das »ewa«-Kompendium kann ohne Umstände an jede Super-8- oder Single-8-Kamera angepaßt werden.
Fotos: Goedecke Co.

ben, Masken und Schieber. – Als stark vereinfachte, gewissermaßen miniaturisierte Varianten sind sogenannte Kleinkompendien (z. B. »Brun-Universal«) mit naturgemäß begrenzten Einsatzmöglichkeiten erhältlich. Der starre Kunststoff-Tubus enthält eine Maskenführung und wird mit einem auswechselbaren Adapterring (für Durchmesser von 28 mm bis 62 mm) ins Kameraobjektiv eingeschraubt. Kleinkompendien ermöglichen in Verbindung mit dem Makro-Bereich moderner Zoom-Objektive sogar formatfüllende Dia-Reproduktionen. Für den gleichen Anwendungsbereich bieten die Hersteller bestimmter Kameratypen einfache, aber recht nützliche »Makro-Sets« an. Dabei handelt es sich in der Regel um eine verstellbare Schiene mit Stativschraube und eine Vorlagenhalterung, so daß man im extremen Nahbereich sowohl Filmreproduktionen kleiner Objekte als auch raffinierte Schärfenverlagerungen und vereinfachte Kompendium-Effekte ausführen kann (Kap. 9).
Aktive Kino-Illusionisten halten Titelgeräte und verwandte Apparaturen für ebenso unentbehrlich wie das Kompendium, weil die Verwendungsmöglichkeiten durchaus nicht mit der Herstellung von Vorspann-Effekten erschöpft sind (Kap. 17). Entsprechend vervollständigt, eignen sie sich sowohl für die Herstellung aufwendiger Tricktitel als auch für Animationsaufnahmen aller Art, für Rückprojektionseffekte und Bildkombinationen geringer Größenordnung. Mehrere Hersteller bie-

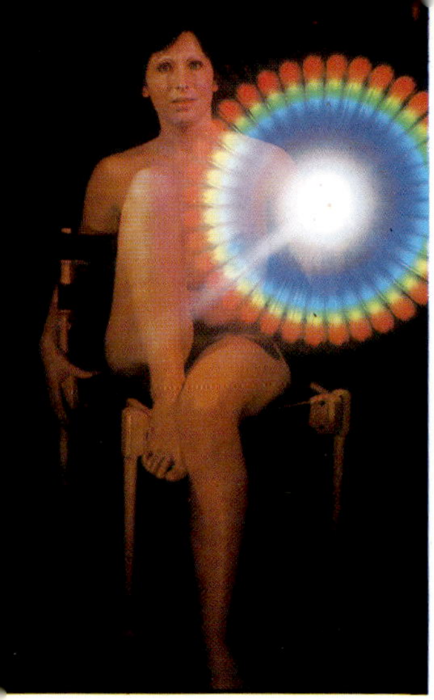

»Beugungsgitter« für Zaubereien mit dem Spektrum des Regenbogens: links »Nebula« von B + W, Mitte »Streaker« von Spiratone, rechts »Color Burst« von Edmund.

Kombinationen dichroitischer Filter in unterschiedlichen Tönungen rufen märchenhafte, romantische oder unheimliche Farberscheinungen hervor.

Makro-Sets machen der Filmkamera sogar die »Psychedelic«-Farben von Color-Infrarotdias zugänglich (links Gelb-, rechts Rotfilterung).

Filmreproduktionen farblich interessanter Oldtimer-Fotos (links 1875, rechts 1930) verhelfen zu »nostalgischen« Inserts.

Drei typische Beispiele: abstrahierende Spiegelung auf Wasser / Porträt hinter Zierglas / Motivverdoppelung im Wandspiegel.

ten Titelgeräte in der bewährten und bevorzugten »klassischen« Bauweise an. Eine solche Trickmaschine besteht im wesentlichen aus vier miteinander verbundenen Teilen, die jedoch verstellbar angeordnet sind, also Aufnahmesituation und -objekt angepaßt werden können. Als Grundgerät dient eine stabile Konstruktion aus Metallrohren mit Verbindungsstegen, an der eine feststehende, aber auswechselbare Titelbühne angebracht ist. Gegenüber befindet sich eine Kamerahalteplatte, die entlang den Rohren in Richtung Vorlagenhalterung verschoben werden kann. Der fest installierte Lampenhalter für zwei oder vier Lichtquellen garantiert von vornherein optimale Beleuchtungsverhältnisse. Ein Titelgerät der Spitzenklasse läßt sich nicht nur für horizontale, sondern auch für vertikale Arbeitsweise einrichten. Außerdem sollte es nach dem Baukastensystem durch separat erhältliche Zusatzvorrichtungen zu ergänzen sein. Tricktechniker interessieren sich speziell für folgende Zubehörteile: durchlässige Titelbühne (für Effekte mit Glas- und Mattscheiben), motorisch oder manuell angetriebene Titelwalzen unterschiedlicher Form und Größe, im rechten Winkel zur Vorlagenhalterung angebrachte Drehscheibe (für rotierende Miniaturobjekte), Passerstifte für Zeichenfilm-Folien, Vorrichtung für mechanische Blenden im Kompendium-Stil. – Bei den handelsüblichen Abarten der klassischen Titelgerät-Konstruktion wird gänzlich auf die starre Verbindung mit dem Aufnahmegerät verzichtet. Das Zubehör besteht lediglich aus einer variablen Vorlagenhalterung, so daß man die Kamera auf dem Dreibeinstativ entsprechend ausrichten muß. Für Titelgeräte dieser Art ist ebenfalls reichhaltiges Zubehör erhältlich. Im übrigen können Heimwerker unter den Filmemachern solche Vorlagenhalterungen mit Foto-Reprogestellen kombinieren oder aus Teilen ausgedienter Vergrößerungsgeräte nach eigenen Plänen und individuellen Wünschen Neukonstruktionen anfertigen.

Willkommene Hilfsgeräte für den Hobby-Trickmeister: Kompendium-Tubus (oben) und neueste »Lexibeam«-Version (unten). Fotos: M. L.-Film

Wer höchste Ansprüche stellt, häufig Spezialeffekte produziert und seine private »Traumfabrik« nach professionellen Gesichtspunkten einrichten will, interessiert sich von vornherein für einen der beliebten »Tricktische«. Solche Spezialgeräte weisen ähnliche Konstruktionsmerkmale auf wie die bereits beschriebenen Titelgeräte und sind in mehreren Ausführungen zu Preisen zwischen zweihundert und einigen Tausend (!) Mark erhältlich. Außer separat verwendbaren Zusatzapparaturen stehen vereinfachte Versionen jener professionellen Gerätekombination zur Verfügung, die man im Fachjargon als »Animation Stand« oder »Rostrum« (speziell für Zeichentricks) bezeichnet. Bei den aufwendigeren Ausführungen ist die Kamera über eine verstellbare Halterung (Gestänge, Säule oder Ständer) mit dem eigentlichen Tricktisch gekoppelt. Tricktische für den gehobenen Hobbybedarf stellen nicht mehr, aber auch nicht weniger dar als weiterentwickelte Titelgeräte für vorzugsweise vertikale Anordnung. Einzelne Modelle (Oxberry) sind auf Wunsch sogar komplett mit modifizierten Super-8-Kameras lieferbar. Speziell für den Amateurbedarf konzipierte Tricktische werden ohne Kamerahalterung angeboten und sind deshalb auch für filmende Einzelgänger mit kleinerem Budget erschwinglich (Fabrikate: PU, Rusillon, Thiedke, TUG). Anspruchsvolle Trickanlagen mit Profi-Touch sind zwar ebenfalls für die Kombination mit Super-8- oder 16-

mm-Kameras vorgesehen, enthalten aber die wichtigsten Teile großer Studiomaschinen und haben infolgedessen ein wesentlich höheres Preisniveau (Supertitelgerät und Tricktisch von HKS, Animator 8 und Media-Pro von Oxberry). Alle diese Geräte wurden in erster Linie als Werkzeuge für die perfekte Einzelbild-Animation »zweidimensionaler« Objekte, also für Zeichen-, Flachmodell-, Collagen- und Titeltricks entwickelt (Kap. 12 und 17). Dank ihrer Ausstattung und ihres ausgeklügelten Zubehörs lassen sie sich jedoch mit gleichem Erfolg bei der Realisierung von Miniaturmodelltricks kleiner Maßstäbe, Spiegeleffekten, extremer Zeitraffung und allerlei Sachtricks, mit Öffnung und Mattscheibe auch für die Aufnahme durchleuchteter Vorlagen oder rückprojizierter Bilder einsetzen (Kap. 15). Ein Tricktisch beliebiger Bauart zeichnet sich vor allem durch die sogenannte Mehrebeneneinrichtung aus, also durch

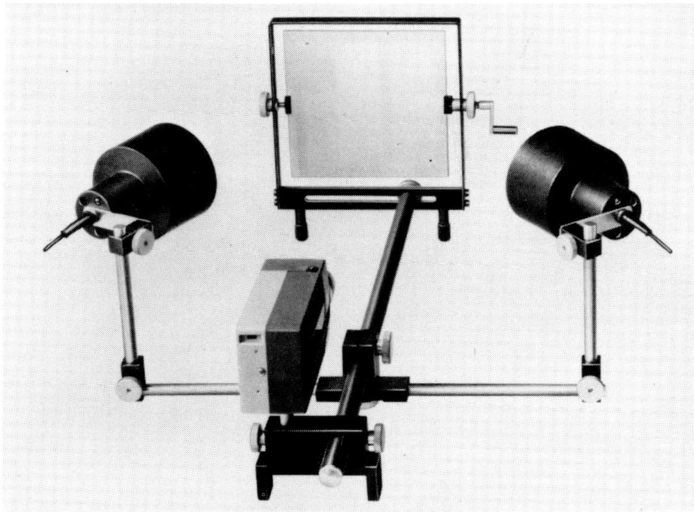

Ausbaufähiges Schmalfilm-Titelgerät (oben) und professionelle Variante eines speziellen Tricktisches (unten).
Fotos: Rowi/Crass

Ausstattungsmerkmale der vier »Lexibeam«-Typen (Vertrieb: M. L.-Film):

Technische Daten	LEXIBEAM-standard	LEXIBEAM-super	LEXIBEAM-motor
eingebaute 220-V-Beleuchtung	ja	ja	ja
eingebauter Auf/Abblender	nein		
(Dimmer)	nein	ja	ja
eingebauter 220-V-Motor	ja	nein	ja
eingebaute Universal-Nahlinse	nein	ja	ja
abnehmbare Frontplatte	ja	nein	ja
kornlose Spezial-Mattscheibe	nein	ja	ja
Maskenvorrichtung (Fernglas usw.)	nein	nein	nein
Komplettsatz Masken		nein	nein
Titeltafel, Titeltrommel, 200 Titelbuchstaben, Abblendrad,			
100-W-Lampe, Anschlußkabel	ja	ja	ja
Ganzmetallgehäuse	nein	nein	nein
»Check-Control« Funktionsüberwachung			
durch 3 Neon-Kontrolleuchten	nein	nein	nein
Schwenkbarer Winkelspiegel	nein	nein	nein
Maße (inkl. Walze) in mm	300 × 250 × 150	300 × 250 × 150	400 × 300 × 1
Gewicht	3,0 kg	3,1 kg	3,3 kg
Farbe	schwarz/silber	schwarz/silber	schwarz/silbe

drei bis fünf übereinander angeordnete, teilweise in mehreren Richtungen einzeln oder gleichzeitig bewegliche Arbeitsflächen aus transparentem oder undurchsichtigem Material (Karton, Gewebe, Glas, Kunststoff, Folien). Zusätzlich sind – ähnlich wie im Kompendium – Masken und Vignetten verwendbar. Als Ausstattungs- oder separat erhältliche Zubehörteile empfehlen sich: Walzen und Folienbänder samt Kleinmotoren oder Handkurbeln, Zeichenfilmrahmen mit Andruckplatte (einschließlich Registriereinrichtung), Transparentscheiben unterschiedlicher Farbe und Struktur, Steuerkabel mit elektromagnetischem Fernauslöser für Hand- oder Fußbetrieb, Beleuchtungseinrichtung. – Zur Information sei erwähnt, daß sich der »Animation Stand« für die rein professionelle Nutzung durch erheblich größeren konstruktiven Aufwand, erstaunliche Ausmaße und enorme Anschaffungskosten von Hobbygeräten unterscheidet. Augenfälliges Merkmal ist eine »Rostrum Camera« mit spezieller und äußerst präzise funktionierender Einzelbild-Automatik, optimalem Bildstand und zahlreichen technischen Finessen. So verfügt beispielsweise die »Oxberry Animation Camera« (16 oder 35 mm) über Wechselobjektivfassung, Automatik für Einzelbildbelichtungen bis zu 180 Bilder je Minute, Vario-Verschluß und »Rack-over Viewfinder« (Winkelreflexsuchersystem). Tricktische des gleichen Fabrikats weisen unter anderem folgende Konstruktionsmerkmale auf: elektronische Steuerung und Funktionsüberwachung, Servomotoren für exakte Bewegungen von Kamera oder Aufnahmetisch, mit der Kamerabewe-

»Umkopiergeräte« sind für nachträgliche Doppelbelichtungen, Einblendungen und Kopierarbeiten vorgesehen.

LEXIBEAM-profi
ja
ja
ja
ja
ja
ja
ja
ja
ja
ja
ja
ja
00 × 300 × 150
4,0 kg
schwarz/silber

gung gekoppeltes Autofocus-System, »Compound Unit« für kombinierte Bewegungen und – als Zubehör – eine integrierte und mit der Kamera synchronisierte Einzelbild-Rückprojektionsanlage (Aerial Image) für Kombinationsaufnahmen aus realen und künstlich belebten Aufnahmeobjekten (natürliche Personen mit gezeichneten Partnern, Flachmodelle in echten Landschaften usw.).

Ausschließlich für den Hobbybedarf gedachte »Umkopiergeräte« (Cinegraphica oder Lexibeam) basieren auf einem völlig andersartigen Konstruktionsprinzip als die gebräuchlichen Titelgeräte oder Tricktische. Sie funktionieren ähnlich wie jene optisch-mechanischen Arrangements, die man für kompliziertere Spiegeltricks verwendet (Kap. 4 und 15). Dieser relativ neuartige Gerätetyp ermöglicht die Kombination vorhandener Dia- oder Filmmotive mit neuen Aufnahmeobjekten durch nachträgliche Überlagerung oder Bildteilung, wobei allerdings ein gewisser Qualitätsverlust in Kauf genommen werden muß. Das Umkopiergerät präsentiert sich als kompaktes Gehäuse, in das sämtliche Bestandteile des optischen Systems fest eingebaut sind. Die Vorrichtung setzt sich zusammen aus zusätzlicher Nahlinse, vacuumversilbertem Spezialspiegel (50% reflektierend, 50% durchlässig), Halterung für Nahmotive (Titeltafel oder -trommel, Foto, Grafik o. ä.), Lampe (100 Watt) und Rückprojektionsschirm in Form einer Feinmattscheibe. Für die Aufnahme befindet sich das Umkopiergerät zwischen Filmkamera und Kino- oder Diaprojektor, die im rechten Winkel zueinander angeordnet sind. Zu beachten ist die fehlende mechanische Synchronisation von Aufnahme- und Wiedergabegerät, die bei Laufbild-Projektion infolge der konkurrierenden Bildfrequenzen mitunter zu Helligkeitsschwankungen der Neuaufnahme führt. Richtige Geräte-Installation vorausgesetzt, erscheinen zwei Motive in zwei Ebenen als kombinierte Abbildung, denn der schrägstehende, teilweise durchlässige Spiegel reflektiert das rückprojizierte Bild und läßt gleichzeitig das dahinter liegende Nahobjekt durchschimmern. Die Intensität dieses Zweitmotivs kann übrigens mit dem eingebauten »Dimmer« durch stufenlose Helligkeitsregelung beliebig variiert werden (für allmähliche Ein- oder Ausblendungen und präzise Steuerung der Bildwirkung). Die beschriebene Gerätekombination verhilft bei Einsatz bereits vorhandenen Szenenmaterials zu verblüffenden Doppelbelichtungen, Titel-Einblendungen, Split-Screen-Tricks und Verfremdungen. Mit zwei Filmprojektoren gelingen sogar nachträgliche Überblendungen, Verdrängungen oder Bildteilungstricks, die ansonsten den Einsatz von Kompendium oder Tricktisch voraussetzen. Wenn das Nahaufnahmefeld schwarz abgedeckt wird, lassen sich außerdem Dias reproduzieren und Filme gleichen oder abweichenden Formats durch Neuaufnahme kopieren (Ausschnitt-Korrekturen durch Zooming und Verfremdungen durch Einzelbildtricks, Farbfilterung oder Prismen-Vervielfältigung möglich). Die Kamera muß bei allen diesen Aufnahmeaktionen auf »Kunstlicht« eingestellt sein. Das relativ preiswerte Umkopiergerät sollte ebensowenig in der Kino-Hexenküche fehlen wie Titelmaschine oder Tricktisch.

»Verrückte« Perspektiven

Wohlüberlegter Einstellungswechsel nach den Erfordernissen von Bildinhalt und Objektbewegungen gehört zu den Selbstverständlichkeiten

fachgerechter Filmgestaltung. Von der Norm abweichende Kamerablickrichtungen werden jedoch noch viel zu selten angewandt, obwohl sie sich hervorragend für die Akzentuierung bestimmter Bilder im Sinne der beabsichtigten Aussage eignen. Die meisten Motive werden aus Augenhöhe des stehenden oder allenfalls knienden Kameramannes gefilmt, so daß Variationen der Aufnahmeperspektive besonders eindringliche Möglichkeiten der Zuschauerbeeinflussung bieten. »Verrückte« Blickrichtungen lassen sich auch in Verbindung mit anderen Methoden der Motivverfremdung auswerten. Da sich die meisten Filmneulinge der »unterschwelligen« Wirkung dieser echten Aufnahmeeffekte gar nicht bewußt sind, passen einschlägige Tips recht gut in eine Abhandlung über Filmtricks.
Die beiden extremen Aufnahmeperspektiven tragen in besonderem Maße zur Intensivierung der äußeren (Blickfang) und inneren Bildwirkung (emotionelle Ausstrahlung) bei. Der Effekt kann im Bedarfsfall durch Zwischenformen gemildert oder abgewandelt werden. Eine Wirkungssteigerung kommt bei kurzen Objektivbrennweiten (Weitwinkel), mitunter auch bei kurzen Aufnahmedistanzen (speziell zum Motivvordergrund) zustande. Visuelle Modifikationen ergeben sich durch die Kombination einer extremen Blickrichtung mit Kamerafahrten und -verkantung (Kap. 3), Zooming (Kap. 7) oder dynamischen Objektbewegungen in Aufnahmerichtung (z. B. Verfolgungsjagden zu Fuß oder mit Fahrzeugen). – Für Aufnahmen aus der »Froschperspektive« nimmt die Kamera in der Regel eine Position unmittelbar auf oder über dem Fußboden ein (Krimi-Freunde filmen gelegentlich sogar aus Straßengräben oder Kanalschächten). Bei horizontaler Aufnahmerichtung wird unmißverständlich das Blickfeld von Kleinkindern, Haustieren oder am Boden liegenden Handlungsfiguren wiedergegeben. Die schräg nach oben gerichtete Kamera bildet Linien und Proportionen mit effektvoller Verzeichnung ab, die sich zusätzlich für die Gestaltung ausnutzen läßt. Durch Aufnahme aus der Froschperspektive lösen sich wichtige Objekte von unruhigen oder ablenkenden Hintergrundpartien und erscheinen gleichzeitig größer und wuchtiger. Vordergrund-Details werden zu monumentaler Größe »aufgeblasen« und vermögen den Bildraum zu beherrschen. Das Zentralmotiv überragt seine Umgebung im wörtlichen und im übertragenen Sinne. Es löst beim Zuschauer zumeist Gefühle der Unsicherheit oder Beklemmung aus. In »Diktatorpose« agierende Personen wachsen symbolisch über sich selbst hinaus und wirken, abhängig vom Szeneninhalt, bedrohlich, einschüchternd, heroisch, entschlossen, glorifiziert, vom Freudenrausch überwältigt. Im übrigen ist die Froschperspektive unentbehrlich, um im Atelier Bühnen-Aufnahmen vorzutäuschen (Theater, Kabarett, Striptease-Bar), um sportliche Leistungen oder Freudensprünge höher und imposanter erscheinen zu lassen, um neunzig Prozent aller Miniaturmodelltricks zusätzlichen Realismus zu verleihen. – Sobald die Kamera das Motiv aus der »Vogelperspektive«, also schräg oder senkrecht von oben anvisiert, wird die innere und äußere Bildwirkung gewissermaßen umgekehrt. Dabei spielt es keine Rolle, ob man aus großer oder geringer Höhe filmt. Auch hier tritt eine ähnliche Verzeichnung der Linien und Proportionen ein, aber die Aufnahmeobjekte verschmelzen sozusagen mit ihrer Umgebung, sie er-

Ein klassisches Motiv für die Anwendung der Vogelperspektive: das Treppenhaus im Kriminalfilm.

Extreme Froschperspektive und Doppelbelichtung lassen trotz des reizvollen Motivs eine bedrohliche Phantasiegestalt entstehen.

scheinen unscheinbar oder gar bedeutungslos. Wo Aufnahmen mit tiefer Kameraposition den Betrachter inhaltsgerecht verunsichern, wecken Einstellungen aus der Vogelperspektive seine Beschützerinstinkte oder veranlassen ihn zu mitleidigen und verächtlichen Reaktionen. Auftretende Personen wirken – aus der Sicht des Zuschauers – wie Riesenspielzeuge; sie erscheinen je nach Bildinhalt einfach nur »putzig« oder aber hilflos, verlassen, bedroht, schutzbedürftig, verängstigt und ohnmächtig einem unerbittlichen Gegner preisgegeben. Bei Miniaturmodelltricks täuscht die Vogelperspektive gelegentliche (!) Aufnahmen aus Kirchtürmen, Bergbahnen oder Helikoptern vor; bei Realaufnahmen stellt sie subjektiv das Blickfeld eines Beobachters dar.

Blendeneffekte »live«

Blendeneffekte sind Überbleibsel aus der Stummfilm-Ära des kommerziellen Kinos, das ohne direkte akustische Erläuterungen auskommen mußte. Trotzdem sollte man auch heute nicht auf ihre Anwendung verzichten, um sich konsequent mit bildgestalterischen Mitteln auszudrücken. Natürliche, mechanische und optische Blenden dienen nämlich als eine Art Interpunktion für die kinematografische Bildersprache, die ihre Wirkung bekanntlich in erster Linie aus visuellen Gestaltungsele-

menten bezieht. Der Blendeneffekt entspricht also in strenger Abhängigkeit vom Szeneninhalt einem Punkt, Komma, Doppelpunkt, Gedankenstrich oder Anführungszeichen der Schriftsprache. Wenn man von eingefügten Zwischenschnittblenden mit abstrakten Ornamenten absieht, ruft jeder Blendeneffekt eine kontinuierliche Veränderung der betreffenden Filmeinstellung hervor, indem er Helligkeit oder Struktur des Bildes deutlich sichtbar beeinflußt. Als markantes Beispiel dient die häufig angewandte Auf- oder Abblendung (Fade-in, Fade-out), bei der die Abbildung allmählich aus undurchdringlicher Schwärze auftaucht oder im Dunkel verschwindet. Es gibt äußerst raffinierte Blendenvarianten wie automatisches Fading, Überblendung oder Bildverdrängung, über die wir uns jedoch an anderer Stelle ausführlicher unterhalten. Hier möchte ich Ihnen nur jene vereinfachten Versionen vorstellen, die man jederzeit und überall, also auch unterwegs, ohne besondere Vorbereitungen ausführen kann.
Die verschiedenartigen Blendeneffekte fungieren vorwiegend als Szenenübergänge, indem sie dem Zuschauer eine Trennung oder Verbindung zweier Sequenzen verdeutlichen. Hier offenbart sich durchaus kein Widerspruch, denn ein optisches Signal dieser Art funktioniert immer nur in enger Anlehnung an den Szeneninhalt. Folglich kann ein bestimmter Blendeneffekt sowohl gleichzeitiges Geschehen (Parallelhandlung) als auch einen Zeitsprung andeuten (Rückblende oder »Flashback«: Darstellung von Erinnerungen auftretender Personen und anderer für den Handlungsablauf wichtiger Ereignisse der Vergangenheit). Die gleiche Blende signalisiert vielleicht aber auch einen Ortswechsel, kennzeichnet den Übergang von realem Filmgeschehen in eine Traumsequenz oder in eine visionäre Vorstellungswelt, deren Bilder obendrein mit tricktechnischen Mitteln verfremdet werden. Man markiert den Szenenwechsel grundsätzlich durch eine Kombination aus Ab- und Aufblendung zweier unmittelbar aufeinanderfolgender Filmeinstellungen. Die Blenden werden derart aneinandergefügt, daß keine Unterbrechung des Bewegungseffektes beziehungsweise nur eine sehr kurze Dunkelpause entsteht. Als einzige Ausnahmen von dieser Regel gelten Start-Aufblendung und Schluß-Abblendung eines Films, die immer einzeln erscheinen und wesentlich länger ausfallen dürfen, wenn sie nicht unmittelbar mit Text-Titeln gekoppelt sind. Mechanische Blendeneffekte überzeugen sogar in ihrer einfachsten Form. Für eine Abblendung nach der »Wischblenden«-Methode schiebt man einfach während der Aufnahme ein Stückchen schwarzen Kartons gleichmäßig und möglichst dicht vor das Kameraobjektiv, das eine oder mehrere Sekunden völlig bedeckt sein muß. Das Bild kann wahlweise horizontal, vertikal oder diagonal verdunkelt werden. Für eine Aufblendung der Anschluß-Einstellung zieht man den Karton mit gleicher Geschwindigkeit und übereinstimmendem Winkel vom Objektiv weg. Durch gleiche oder entgegengesetzte Bewegungsrichtung läßt sich der Effekt variieren. Anstelle des undurchsichtigen Kartons dürfen selbstverständlich auch teilweise transparente Materialien verwendet werden. So schiebt der vielseitige Effektspezialist beispielsweise eine geriffelte Zierglasscheibe vor das Objektiv oder fertigt zum gleichen Zweck eine der klassischen »Verlaufblenden« aus Klarglas-Streifen an, die er verlaufend mit farbloser Vase-

line bestreicht oder nach der Graukeil-Methode mit Farbpartikeln aus der Spritzpistole besprüht (allmählich verschwimmendes oder dunkler werdendes Bild). Aus Sicherheitsgründen wählt man als Format mechanischer Blenden stets die vier- bis fünffache Länge und etwa die doppelte Breite vom äußeren Durchmesser des Kameraobjektivs.
Mit einem kleinen Zubehör, das sich bequem in der Westentasche unterbringen läßt, gelingen reizvolle Blendeneffekte im Stil alter Stummfilm-Grotesken, in denen oftmals kreisförmige Auf- und Abblendungen als Hinweise auf wichtige Motiv-Details oder als Ankündigung des »Happy End« benutzt wurden. Denken Sie nur an den großartigen Charlie Chaplin, der mit seiner Partnerin bei langsamer Verkleinerung des runden Bildausschnittes der aufgehenden Sonne entgegenschreitet . . . Effekte dieser Sorte enstehen mit einer separat erhältlichen ganz schließenden Irisblende, die man einfach im Filtergewinde des Kameraobjektivs befestigt und mit einem Hebel kontinuierlich öffnet oder schließt. Das Bild wird während des Filmens auf- oder zugekreist (Iris-on, Iris-out), die Blende läßt sich aber auch in einer beliebigen statischen Position für die optische Akzentuierung fixieren (Hinweis, Motivrahmen, Fernrohr-Vignette). – Für die Ausführung sogenannter Rauchblenden ist lediglich ein simples Selbstbau-Zubehör erforderlich. Es besteht aus einem genau angepaßten Karton-Tubus, der eine seitliche Öffnung für die Anbringung eines Trinkhalms oder Kabelmantels enthält. Für eine Abblendung bläst man vorsichtig Zigarrenrauch durch das Röhrchen, um das Bild allmählich einzunebeln. Bei der Aufblendung wird pure Luft mit sanftem Druck in den rauchgefüllten Tubus geblasen, bis das Bild völlig klar erscheint. – Bei der Ausführung mechanischer Blendeneffekte muß unbedingt die Belichtungsautomatik der Kamera abgeschaltet und die Blendensteuerung manuell vorgenommen werden, um häßliche Helligkeitsschwankungen zu vermeiden (ausgenommen Aufnahmen mit Riffelglas, Fettblendenstreifen oder Rauchtubus). – Bei der Realisierung »natürlicher Blenden« bedarf es keiner zusätzlichen Hilfsmittel. Sie ergeben sich unmittelbar aus bestimmten Aufnahmesituationen und wirken als unauffälligste Blendenart besonders eindrucksvoll. Zur Abblendung bewegen sich Person oder Fahrzeug auf die Kamera zu (oder in kurzer Distanz quer zur Aufnahmerichtung), bis das Objektiv völlig zugedeckt ist (bei weiter entfernten Motiven Tele-Einstellung wählen). Für eine Aufblendung bewegt sich das gleiche oder ein anderes Objekt von der Kamera weg und in die neue Szenerie hinein. Hübsche »Live-Blenden« sind übrigens auch mit vorhandenen Requisiten möglich, die manuell oder durch mechanische Mittel (Fahr- und Kurbelstativ) in Bewegung gesetzt werden: Zeitungen in Schauspielerhänden, einstürzende Mauern, ins Blickfeld der Kamera gerückte Möbelstücke, auf das Objektiv herunterfallende Blumensträuße oder Popcorn-Fluten (in Froschperspektive).

Méliès und der Zufall

Wenn man den Historikern Glauben schenken darf, wurde einer der ersten echten Filmtricks zufällig entdeckt. An einem schönen Tag des Jahres 1896 hatte der geniale »Vater des Trickfilms«, Georges Méliès, auf der Place de l'Opéra in Paris das Holzstativ aufgebaut und filmte mit seiner Handkurbelkamera einen Pferdebus, als aus unbekannten Gründen der Transportmechanismus des Aufnahmegeräts streikte. Nach kurzer Zeit war der Defekt beseitigt und Méliès konnte weiterfilmen. Bei der Projektion des Filmstreifens gab es jedoch eine große Überraschung, denn der Pferdebus verwandelte sich auf der Leinwand plötzlich in einen Leichenwagen, während die Umgebung unverändert blieb. Die makabre Metamorphose war einfach dadurch zustande gekommen, daß während der zwangsläufigen Aufnahmepause das erste Fahrzeug weggefahren und das zweite an seine Stelle gerückt war. Méliès erkannte sofort die gestalterischen Möglichkeiten des zufällig entdeckten »Bildsprungs« (der bei unbeabsichtigter Entstehung nach wie vor als Aufnahmefehler betrachtet wird) und benutzte ihn von Stund an in immer neuen Variationen als Mittel verblüffender Kinozauberei.

Dieser Effekt, der als »Stopptrick« (Stop-substitute) in die Filmgeschichte eingegangen ist, hat trotz seines ehrwürdigen Alters bis heute nichts von seiner Aktualität eingebüßt. Obwohl er zu den einfachsten aufnahmetechnischen Verfahren gehört, vermag er bei richtiger Anwendung überraschende Ergebnisse hervorzubringen. Der Stopptrick beruht auf einer oder mehreren gezielten und meistens kurzen Aufnahmeunterbrechungen. Während das Kameralaufwerk stillsteht, werden einzelne Details des Motivs verändert, ausgewechselt, entfernt oder hinzugefügt. Auf diese Weise produziert man humorvolle Gags, demonstriert technische oder biologische Vorgänge, belebt Titeltexte, stellt Zauberkunststücke dar und macht Action-Szenen attraktiver. Lebewesen und Gegenstände erscheinen oder verschwinden plötzlich, Tische decken sich selbst, Speisen und Getränke werden scheinbar von unsichtbaren Fabelwesen verzehrt, unentschlossene Warenhaus-Kundinnen wechseln mit gespenstischer Schnelligkeit Kleider oder Hüte, Menschen verwandeln sich in Tiere, Requisiten ändern ruckartig ihren Standort. Besonders eindrucksvoll wirkt die Aufnahmeunterbrechung, wenn Lebewesen oder Fahrzeuge aus der Bewegung heraus blitzartig in Erscheinung treten oder abrupt verschwinden (Auftritte eines Magiers werden von Rauch- oder Lichterscheinungen begleitet, die man nach dem gleichen Verfahren aufnimmt). Der Stopptrick eignen sich sogar für die unauffällige Anwendung. Er wird von professionellen Kino-Illusionisten mit Vorliebe für die Darstellung einschlagender Geschosse und auftreffender Stichwaffen in Krimis und anderen Abenteuerfilmen benutzt. Nach einer Aufnahme des Schützen zeigt man »Opfer« oder »getroffenen« Gegenstand zunächst ohne Auswirkung der Waffe, stoppt dann den Kameramotor und versieht das Objekt für die Fortsetzung der Aufnahme mit Pfeil, Speer, Tomahawk, Wurfmesser, Einschußlöchern (als Abziehbilder erhältlich) oder den Spuren einer Laser-Strahl-Pistole. Der Stopptrick wirkt vor allem durch die Veränderung einzelner Motive in einer ansonsten gleichbleibenden Umgebung. Es versteht sich also fast von selbst, daß während des gesamten Aufnahmevorgangs die Kamera unverrückbar auf dem Dreibeinstativ verankert sein muß und eventuelle Scheinwerfer nicht von der Stelle gerückt werden dürfen, damit Motivausschnitt und Beleuchtung unverändert bleiben. Motive im Sonnenlicht erlauben nur sehr kurze Aufnahmeunterbrechungen, da sonst der »springende« Schatten den Effekt unbrauchbar macht. Wenn sich für die gesamte Aufnahmedauer Personen durch die Szenerie bewe-

Fotografische Kulissen (z. B. Wolken-Motive) verleihen Miniaturmodell-Szenerien den notwendigen »Realismus-Touch«.

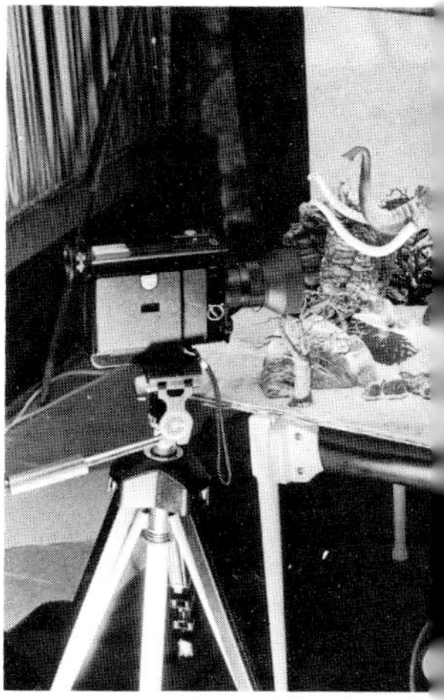

gen sollen, müssen sie in den Stopp-Pausen vorübergehend erstarren. Dadurch entstehende kurze »Reaktionspausen« werden beseitigt, indem man den Filmstreifen bei der Bearbeitung an den betreffenden Stellen auseinanderschneidet, die wenigen Einzelbildchen der erstarrten Bewegung entfernt und die Abschnitte wieder zusammenfügt. Bei ausschließlich statischen (!) Aufnahmeobjekten lassen sich solche Tricks natürlich wesentlich präziser mit der Einzelbildschaltung realisieren (Kap. 12).

Zweidimensionale Filmmotive

Nur bei oberflächlicher Betrachtung steht die erstarrte Bewegung der Fotografie im Widerspruch zur Wirkungsweise und Funktion der Kinematografie. Tatsächlich gibt es zahlreiche Querverbindungen zwischen den beiden visuellen Ausdrucksformen, und im allgemeinen ist der Film ohne ergänzende Fotografie gar nicht denkbar. Fotos werden nämlich keineswegs nur in ihrer klassischen Funktion als »Stills«, Poster-Entwürfe und »Storyboard«-Illustrationen für Kinozwecke herangezogen. Bei vielen Gelegenheiten dienen sie unmittelbar der Filmgestaltung. In bestimmten Aufnahmesituationen eignen sich fotografische und andere zweidimensionale Vorlagen sogar besser als dreidimensionale Originalobjekte für die Visualisierung einer Idee. Sofern auf die Abbildung beweglicher Details (Personen, Tiere, Fahr- oder Flugzeuge, Wasserflächen, Fahnen usw.) verzichtet wird, darf man gelegentlich mit der Filmkamera reproduzierte Fotos als »lebende« Motive offerieren. Realistische Foto-Inserts (Zwischenschnitte) gelangen allerdings nur dort zum Einsatz, wo bestimmte Aufnahmeobjekte aus sachlichen und terminlichen Gründen (z. B. Darstellung exotischer Schauplätze) oder wegen technischer Erfordernisse (z. B. nachträglich notwendige Betonung von Nah-Objekten oder handlungsrechte Manipulation der Szenerie) nicht in Form von Laufbildern gefilmt werden können. Sofern der Kniff mit den fotografischen Zwischenschnitten offensichtlich sein darf oder soll, läßt sich mit farblich interessanten Oldtimer-Fotos (kolorierte Daguerreotypien oder Ferrotypien, getönte Familienbilder oder Postkarten) und verfremdeten Gegenwartslichtbildern (Color-Infrarot-Dias, Negativ- und Reliefdrucke, Color-Key-Kopien, Klebemontagen) der Aufmerksamkeitswert geeigneter Filmszenen beträchtlich steigern. Das gilt vor allem für historisierende oder symbolisierende Inserts. Auch in diesem Bereich sind der Phantasie des fotografierenden Filmers keinerlei Grenzen gesetzt.

Für die Kino-Fotografie spielen Kameratyp und Filmformat eine untergeordnete Rolle. In jedem Falle gelangt die ohnehin vorhandene Ausrüstung zum Einsatz. Wer über eine Spiegelreflexkamera für das Kleinbildformat verfügt, meistert praktisch jede einschlägige Aufgabe. Um sämtliche Anwendungsbereiche erschließen zu können, bevorzugt man Color-Umkehrfilm für Dias, von denen sich bei Bedarf Papierbilder anfertigen lassen (Original-Dias sind in Verbindung mit bestimmten Makro-Zoom-Objektiven von Super-8-Kameras direkt verwendbar). Die Fotos sollten nicht allzu klein ausfallen und mit besonderer Sorgfalt filmisch reproduziert werden. Man bringt die Vorlage auf einer beliebigen Arbeitsplatte an (z. B. Repro-Gestell, Titelgerät, Tricktisch) und richtet die optische Achse der Kamera exakt im rechten Winkel aus.

Eine einfache Glas-Andruckplatte sorgt für die Planlage der Fotos; gleichmäßige, reflexfreie Beleuchtung wird durch zwei oder vier diametral angeordnete Lampen gleicher Leistung gewährleistet (die Bildfeldbegrenzung im Kamerasucher sollte etwas kleiner sein als das Fotoformat). Bei Bedarf läßt sich die fehlende Eigenbewegung der zweidimensionalen Motive durch kurze Kameraschwenks, Zooming, Überblendungen, Farbwechseleffekte oder Vervielfältigungstricks mit Mehrfachprismen kompensieren.
Im Zusammenhang mit zwei speziellen Fototrick-Verfahren, die bereits an dieser Stelle vorgestellt werden, verweise ich auf die entscheidende Bedeutung fotografischer Gestaltungselemente bei der Ausführung von »Simplifilm«-Aufnahmen (Kap. 4), Flachmodell- und Bewegungsphasentricks (Kap. 12), Kompendium-Bildkombination (Kap. 15) oder Titel-Effekten (Kap 17). – Der »Background-Trick« stellt so etwas wie eine moderne Version des alten Kniffes aus der »Nickelodeon«-Zeit dar, als man unbekümmert reale Kulissen nach Art kitschiger Bühnen-Dekorationen durch naturalistisch bemalte Leinwände ersetzte. Filmemacher der Gegenwart verwenden statt solcher recht künstlich wirkenden Hintergrundprospekte ausschließlich fotografische »Backdrops«. Wo Dreharbeiten an bestimmten Originalschauplätzen ausgeschlossen sind, werden als synthetische Kulissen für Naheinstellungen von Personen entsprechend dimensionierte Panorama-Fotos ohne Abbildung beweglicher Objekte oder verräterischer Vordergrund-Details benutzt (eigene Bilder, gekaufte Posters, Fototapeten). Man kann solche Fotos in Fenster- und Türöffnungen einpassen oder zur Vortäuschung von Außenaufnahmen an der Atelierwand anbringen (Ausleuchtung der Personen sorgfältig auf die Lichtverhältnisse des Hintergrundfotos abstimmen). Bei beabsichtigter Hintergrund-Unschärfe kommen sogar Tapeten und Selbstklebefolien, die mit fotografierten Ziegelmauern, Bretterzäunen oder Marmor-Wänden bedruckt sind, für dergleichen Täuschungsmanöver in Frage. – Zuschauer und Hobbyfilmer sind stets aufs neue von einem professionellen Kopiertrick beeindruckt, der mit Vorliebe für Bewegungsstudien (Sport), aber auch als Gag (Kettenreaktionen komischer Mißgeschicke), in Traumbildern oder Showdown-Szenen, als Psycho-Schock und für die Titel-Gestaltung (Einschub des Vorspanns zwischen Einleitungs- und Haupthandlung) angewandt wird. Bei Anwendung des »Stehkader«-Effekts (Freeze Frame) läßt man alle Bewegungsvorgänge trotz fortgesetzter Projektion plötzlich erstarren, um sie nach kurzer Zeit wieder »lebendig« werden zu lassen. Auf die gleiche Weise können sich statische, gewissermaßen »eingefrorene« Bewegungen unversehens in »lebende« Laufbilder verwandeln, können beliebige Bewegungsvorgänge in jedem gewünschten Tempo und Rhythmus ruckweise ablaufen. Während der Berufsfilmer lediglich das betreffende Einzelbildchen mehrmals kopieren läßt, gelangt der private Filmemacher nur auf einem – fotografischen – Umweg zum Ziel. Als technischer Helfer fungiert ein Spezialvorsatz für das Objektiv der Kleinbildkamera, mit dem man formatfüllende Dias oder Negative von Einzelbildern des eingespannten Schmalfilmstreifens anfertigen kann (»Slide Duplicator 8 T« von Hama, »Macro Cinecopy« von Fuji, separates Zusatzgerät »Cinélarger« von IKA). Dias eignen sich natürlich nur für die Aufnahme mit

Mit einem »Wechselbild« können geheimnisvolle Bewegungs- und Farbeffekte erzeugt werden.

Makro-Sets geeigneter Super-8-Kameras. Fotografische Papiervergrößerungen werden mit sorgfältiger Anpassung des Bildausschnittes an das dazugehörige Laufbild nach der bereits beschriebenen Methode filmisch reproduziert. Für eine präzise Zeitplanung empfiehlt sich die Anwendung der Einzelbildschaltung (18 oder 24 Bilder = 1 Sek. Projektionslaufdauer). Beim Schnitt sucht man auf der Mattscheibe des Editors das kopierte Bildchen heraus, trennt den Originalfilm an dieser Stelle und montiert die Reprofilmaufnahme unmittelbar vor oder hinter ihr »lebendes« Gegenstück. Durch die relativ lange Belichtungszeit des Filmeinzelbildchens hervorgerufene Bewegungsunschärfen stören selten; sie tragen mitunter sogar zur Effektsteigerung bei. Zur Information: Agfa- und Kodak-Umkehrdienste stellen farbige Papiervergrößerungen von Super-8-Einzelbildchen her, wenn man die 15-m-Rolle unzerschnitten einsendet und das gewünschte Bild mit einem weißen Faden im Perforationsloch kennzeichnet.

Repro-Spezialitäten

Die filmische Reproduktion von Fernsehschirmbildern sollte aus vier Gründen eine Ausnahme sein und bleiben. Erstens kann man dem Zuschauer solche Aufnahmen wegen der relativ schlechten Wiedergabequalität niemals als »echte« Filmszenen anbieten, zweitens dürfen die Bilder aus urheberrechtlichen Gründen nicht öffentlich vorgeführt werden, drittens muß man mit gegebenen Inhalten vorliebnehmen, viertens langweilt sich das Publikum bei längeren TV-Repro-Sequenzen. Man baut Fernsehbilder also möglichst selten und nur dann in einen Film ein, wenn sie eine echte, durch die Handlung begründete dramaturgische Funktion haben (zeitgeschichtliches Dokument, Instrument der Charakterisierung, bestätigende Illustration der Filmaussage, Szene mit direktem Bezug auf den Inhalt der eigenen Aufnahmen). Man kann entweder den Fernsehempfänger in die Szenerie einbeziehen oder lediglich das Schirmbild filmen. Für die Belichtung ist in jedem Falle die Helligkeit des Bildschirms maßgebend; die Filmreproduktion erfolgt ausschließlich mit der Stativkamera. Sofern nur der Bildschirm aufgenommen wird, schaltet man sämtliche Lampen im Zimmer aus, um Reflexe auf der gewölbten Oberfläche der Bildröhre zu vermeiden. Ist das TV-Gerät nur einer von mehreren Bestandteilen der Szenerie, dann muß man die Zusatzbeleuchtung sorgfältig auf die Helligkeit des Schirmbildes abstimmen. Der Empfänger wird etwas heller, kontrastreicher und mit stärkerer Farbsättigung als für die übliche Betrachtung eingestellt. Saubere Wiedergabe ist nur dann gewährleistet, wenn man mit eingeschwenktem Konversionsfilter beziehungsweise mit Tageslicht-Material filmt (Farbtemperatur eventueller Zusatzleuchten durch Scheinwerferfolien umstimmen). Bekanntlich werden Fernsehsendungen mit 25/Sek. ausgestrahlt, während unsere Fimkamera mit 18 oder 24 B/Sek. aufnimmt. Wegen der divergierenden Bildfrequenzen ist es unvermeidlich, daß hin und wieder ein dunkler Querbalken durch das reproduzierende Fernsehbild wandert. Bei Super-8-Tests hat sich herausgestellt, daß besonders gute Ergebnisse mit XL-Kameras (Kap. 9) und Ektachrome-160-Film erzielt werden. Wer perfekte Filmszenen mit hundertprozentiger Anpassung an den Filminhalt wünscht, sollte gelegentlich mit TV-Imitationen durch Spiegeltricks (Kap. 4) oder Auf- und Rückprojektion (Kap. 15) experimentieren.

Filmer mit einem Faible für skurrile und unkonventionelle Effekte entdecken mit Vergnügen reizvolle Gestaltungsmöglichkeiten mit sogenannten Wechselbildern, die von Daistereoprint, Toppan, Vari-Vue und Xograph als bewegliche Blickfang-Objekte für die Display-Werbung hergestellt werden. Solche Drucke entstehen nach dem gleichen Prinzip wie die bekannten dreidimensionalen Postkarten, zeigen aber primär eine raffinierte Bewegungsillusion und sind in flexibler oder starrer Ausführung sowie in unterschiedlichen Größen erhältlich. Versuche bestätigen, daß sich Wechselbilder vortrefflich als kinetische Kulissen für Miniaturmodelle und statische Objekte, als bewegliche Titelvorlagen (bei Doppelbelichtung oder Anbringung des Textes auf einer separaten Glasscheibe) und als selbständige Motive für eigens hergestellte Zwischenschnittblenden (Szenenübergänge) eignen. Mehrfarbige Wechselbilder werden in kleinen Formaten als Zwei- bis Sechsphasen-Drucke mit vorwiegend figürlichen Motiven angeboten (zwinkerndes Auge, küssender Mund, Animationszeichnungen). Obwohl bei Makro-Einstellung des Zoom-Objektivs winzige Vorlagen aufgenommen werden können, sind Mehrphasendrucke in größeren Formaten besser für die Verwirklichung von Filmeffekten geeignet. Besonders eindrucksvoll wirken die bis zu 35 × 35 cm großen »Vari-Vue«-Wechselbilder mit abstrakten Dessins (rotierende Spiralen, wandernde Punkte oder Linien, konzentrisch »wabernde« Ornamente, changierende Farben). Um den Bewegungseffekt sichtbar zu machen, wird die Vorlage im rechten Winkel zur Aufnahmerichtung plaziert und während des Filmens beliebig oft parallel zu ihrer Oberflächenriffelung verkantet. In der Regel reichen geringfügige Bewegungen aus, weil die einzelnen Druckphasen nicht abrupt, sondern nach Art von Überblendungen wechseln. Grundsätzlich empfiehlt sich eine lange Objektivbrennweite (Tele), damit die notwendige Vorlagenbewegung optisch kompensiert wird, also bei der Projektion nicht mehr erkennbar ist. Zur Vermeidung unerwünschter Reflexe ist »Bounce Light« (indirekte Beleuchtung) oder diffuses Tageslicht (bedeckter Himmel) erforderlich.

Spielerei mit der Schärfe

Die gezielte Steuerung der Bildschärfe fungiert als selbständiges Mittel wirkungssteigernder Bildmanipulation, führt aber auch in Verbindung mit anderen Tricks eine Intensivierung der Aussage herbei. Ich verweise in diesem Zusammenhang auf die Kapitel 7, 9 und 14. Um mit der Bildschärfe zaubern zu können, muß man sich darüber im klaren sein, daß die Ausdehnung des Schärfentiefenbereichs unmittelbar von Objektivbrennweite, Blendenöffnung und Aufnahmeentfernung abhängt. Eine erweiterte Schärfenzone resultiert aus kurzer Objektivbrennweite (Weitwinkel), kleiner Blendenöffnung (z. B. 11) und großer Aufnahmedistanz. Sobald man jedoch besondere Effekte erzielen will, muß der Schärfentiefenbereich verringert werden können. Dies geschieht einerseits durch lange Objektivbrennweiten (Tele), große Blendenöffnungen (z. B. 1,8) und kurze Aufnahmeentfernungen, andererseits durch Verkürzung der Einzelbildbelichtungszeit (nur bei Vario-Verschlüssen) oder durch Einsatz eines lichtdämpfenden Neutralgraufilters (ND-Typ).

Totale Bildschärfe vom nahen Vorder- bis in den fernen Hintergrund betont in Verbindung mit einer kurzen Brennweite die Raumillusion des Bildes, ermöglicht ausgedehnte Bewegungsaktionen in Aufnahmerichtung und verhilft Miniaturmodellen (Kap. 12) zu einer realistischeren Wiedergabe. Selektive Bildschärfe bei geringer Ausdehnung der Schärfenzone ist gestalterisch interessanter, weil sie die Aufmerksamkeit des Zuschauers stets auf die scharf wiedergegebene Bildpartie konzentriert und bestimmten Motiven zusätzlich eine enorme Tiefenwirkung verleiht. Hintergrund-Unschärfe betont Vordergrund-Objekte und verwischt ablenkende Details der Kulisse. Vordergrund-Unschärfe umgibt das Zentralmotiv mit einem attraktiven Rahmen aus verschwommenen Farbtupfen (Blätter, Blüten, Gegenstände), löst bei langen Brennweiten störende Nahmotive optisch auf (Maschendraht, Gräser) und verdeutlicht das subjektive Blickfeld eines heimlichen Beobachters. Schärfenverlagerung während der Aufnahme von einem Nah- auf einen Fernpunkt (oder umgekehrt) gilt als Nonplusultra der Publikumsbeeinflussung durch selektive Schärfe. Allerdings gelingt dieser Effekt nur bei minimalem Schärfentiefenbereich, größerer Distanz zwischen den beiden Motivebenen, genauer Ermittlung der Aufnahmeentfernungen und gleichmäßiger Betätigung des Entfernungsrings am Objektiv. Sowohl bei der herkömmlichen Schärfenverlagerung als auch bei ihrer Makro-Variante (Kap. 9) läßt man die deutliche Abbildungszone allmählich oder rasch entlang den Motivebenen wandern, begleitet bewegte Objekte in Aufnahmerichtung, enthüllt Schock-Motive in Kriminal- oder Fantasy-Filmen und versinnbildlicht positive oder negative Wechselbeziehungen (zwei Lebewesen, Mensch und Umwelt, Handlungsfigur und Requisit). Als reizvoller Szenenübergang empfiehlt sich die »Schärfenblende«, bei deren Anwendung die Schluß-Einstellung der ersten Szene allmählich in völliger Unschärfe verschwimmt und die anschließende Start-Aufnahme der zweiten Szene aus totaler Unschärfe hervortritt. Hier kommen die gleichen Anwendungsbereiche in Frage wie für die bereits erwähnten mechanischen Blenden. – Als ideales Hilfsmittel für präzise Schärfen- und Zoom-Effekte (Kap 7) erweist sich ein ausgeklügeltes Minizubehör mit der Bezeichnung »ewafocus«. Es handelt sich um ein ringförmiges Aluminiumband für Objektiv-Außendurchmesser zwischen 40 und 80 mm, das mit einem zusätzlichen Hebel von wahlweise 50 oder 80 mm Länge verbunden werden kann, um den Einstellvorgang und das »Schärfenziehen« zu erleichtern.

»Wechselbilder« verblüffen als kinetische Kulissen (nicht nur bei »außerirdischen« Trickpuppen).

Psychofarben

Trickfachleute betrachten Farben keineswegs nur als mehr oder weniger selbstverständliche Mittel zur Vertiefung des Realitätseindrucks, der Detailtrennung zur deutlicheren Wahrnehmung oder der Erweiterung des Informationsgehaltes von Filmeinstellungen. Sie wissen, daß dominierende Farbtöne (natürliche oder Atelier-Szenerie, Requisiten, Kostüme usw.) unter günstigen Voraussetzungen (entsprechende Filmhandlung, geeignete Motive) eine emotionelle Lenkung des Zuschauers im Sinne der beabsichtigten Bildstimmung oder Szenenaussage ermöglichen. Das zusätzliche Ausdrucksmittel Farbe kann also mitunter für das Gelingen eines Spezialeffektes von ausschlaggebender Bedeutung sein.

Zu Beginn einer Kurzanalyse der wichtigsten Farben und ihrer Auswirkung auf die Psyche des Betrachters weise ich darauf hin, daß in manchen Aufnahmesituationen eine Stimmungsintensivierung durch Farbfilter-Verfremdung (Kap. 8) oder partielle Farbbeleuchtung (Kap. 10) erreicht werden kann. – Generell ist zu beachten, daß eine einheitliche Farbdominante in mehreren aufeinanderfolgenden Filmeinstellungen dem Publikum Ruhe und längere Zeitdauer suggeriert, während bei ständig wechselnden Farben der Eindruck von Tempo und kürzerer Zeitdauer entsteht. Dabei wirken kräftige Farbtöne (Intensivierung durch leichte Unterbelichtung) »laut«, herausfordernd und gewichtig, Pastellfarben (Betonung durch geringfügige Überbelichtung) hingegen »leise«, zurückhaltend und ätherisch. Auffälligstes Phänomen der Farbpsychologie ist die gefühlsmäßige Unterscheidung »warmer« (Rot, Orange, Gelb, Schwarz) und »kalter« Farben (Blau, Cyan, Violett, Weiß), wobei echtes, leuchtendes Grün eine Sonderstellung einnimmt, denn es hat trotz relativer Kühle eine ausgleichende und beruhigende Ausstrahlung. Warme Farbtöne wirken positiv, aktiv, vital, vermitteln eine heitere oder anheimelnde Atmosphäre und deuten »Nähe« an, kommen also am besten bei der Vordergrund-Gestaltung zur Geltung. Im Gegensatz dazu empfindet man kalte Farbtöne als negativ oder passiv und als Mittler abweisender, distanzierender Stimmungen. Da solche Farben meistens mit »Ferne« oder »Weite« gleichgesetzt werden, eignen sie sich vorwiegend für Motive im Bildhintergrund. Eine bewußte Umkehrung der Farbperspektive läßt sich folglich für die Unterstützung eines optischen Schockeffektes benutzen. Darüber hinaus kann durch unmittelbar aufeinanderfolgende Szenen mit vorherrschend »heißen« und »eisigen« Farbtönen ein äußerer oder innerer Stimmungsumschwung verdeutlicht werden. Eine Steigerung der optischen Spannung und des Aufmerksamkeitswertes von einzelnen Motiven oder kompletten Bildinhalten läßt sich durch die Gegenüberstellung maximal kontrastierender Komplementärfarben-Paare herbeiführen (z. B. Grün und Purpur, Blau und Orange, Gelb und Violett, Rot und Blaugrün).

3 »Living Camera« in Aktion

Sogar die scheinbar alltäglichen Filmeffekte besitzen eine eigenartige Faszination, der sich die Kino-Illusionisten ebensowenig entziehen können wie ihr Publikum. Deshalb legen engagierte Filmemacher besonderen Wert auf die Entwicklung und Förderung ihrer Fähigkeit zu präziser optischer Artikulation durch subtile bildsprachliche Mittel, die in jeder Beziehung zu attraktiven Lichtspielen verhelfen. Allerdings zeichnen auch progressive Kameraleute den größten Teil der Filmsequenzen mit statischer, waagerecht ausbalancierter und weitgehend stabilisierter Kamera auf. Bestimmte Szenen lassen sich jedoch mit zeitweise aus seiner Normallage und statischen Ruhe befreitem Aufnahmewerkzeug dynamischer und spannender gestalten. Um sich nicht dem Verdacht mangel- oder fehlerhafter Bildkomposition auszusetzen, muß man den Einsatz der »Living Camera« stets gewissenhaft durch Film- und Bildinhalt motivieren.

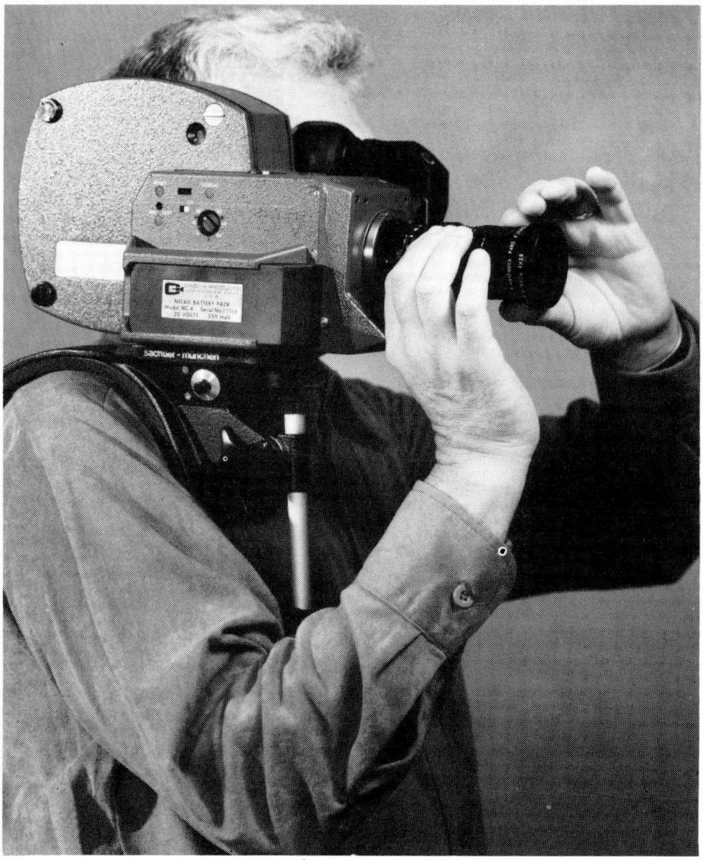

**Gestaltungsmöglichkeiten mit subjektiver Kamera (Körperstativ).
Foto: Cinema Products**

Die Kamera wird aktiviert

Mit »entfesselter« Kamera kann der Operateur aktiv ins Filmgeschehen eingreifen. Er sollte allerdings sehr sparsam mit diesem Gestaltungsmittel umgehen, das selten für die Belebung unbeweglicher Objekte, aber häufiger für die Spannungssteigerung durch Bewegungsbegleitung vorgesehen ist. Eine Intensivierung der Bildaussage ist beispielsweise bei motivlich unergiebigen Dialog-Szenen angebracht, um einen höheren Aufmerksamkeitswert zu erzielen. Hier verfolgt der »wandernde« Kameramann schlendernde Fußgänger oder umrundet Liebespaare und streitende Kontrahenten (Handkamera mit Schulterstütze empfohlen).
Der horizontale Panorama-Schwenk gehört zu den beliebtesten, aber auch am meisten mißbrauchten Kamerabewegungen. Da solche Aufnahmen zumeist langweilig wirken und obendrein einen hohen Filmmaterialverbrauch bedingen, sollten sie nur vereinzelt für die Darstellung

Total entfesseltes Aufnahmewerkzeug (Spezialhalterung). Foto: Eclair

einer ausgedehnten Landschaft verwendet werden. Sind sie unumgänglich, dann beginnt man immer mit der Wiedergabe des weniger wichtigen Bildausschnitts und endet mit dem Blick auf die interessantere Motivpartie. Panorama-Schwenks werden betont langsam (eventuell mit etwas höherer Aufnahmebildfrequenz) und möglichst mit dem Dreibeinstativ ausgeführt. Zwischen mehreren statischen Aufnahmesekunden zu Beginn und am Schluß der Einstellung schwenkt die Kamera gleichmäßig von links nach rechts. Um einzelne Motivpartien nacheinander oder abwechselnd hervorzuheben, kann man kurze Horizontal- und Vertikalschwenks in beliebigen Richtungen ausführen. Mit »Riß« bezeichnet man eine sehr rasche, ruckartige Kameraschwenkung, die den Effekt für Action-Szenen verstärkt oder in Form von »Verreißblenden« als Szenenübergang dient (Beendigung der ersten und Beginn der zweiten Sequenz mit schnellen horizontalen Kamerabewegungen, die keine Motiv-Details erkennen lassen).

Tricks mit schrägen Bildern

Eine deutliche horizontale Verkantung der Kamera (etwa 60^0) entwikkelt sich unter bestimmten Voraussetzungen zum Ausdrucks- und Gestaltungsmittel bester Qualität. Wenn die Übersteigerung des Bildinhalts durch die dargestellten Ereignisse gerechtfertigt ist, können Aufnahmen mit geneigter Kamera heftige Assoziationen beim Zuschauer hervorrufen. Die Schräglage des Bildes drückt nämlich entweder eine bedrohliche oder aber eine übermütige Stimmung aus. Wird die Kamera während der Aufnahme aus der Schräge in die waagerechte Lage gebracht, dann führt man auch rein optisch eine Normalisierung der dargestellten Ausnahmesituation herbei (oder umgekehrt). Abwechselnde Rechts- und Linksverkantung unterstreicht die Dynamik des komprimierten Geschehens in »Wirbelmontagen«, die aus einer Serie von kurzen Aufnahmen charakteristischer Motivfragmente bestehen (geraffte Zusammenfassung längerer Zeiträume oder komplexer Motivbereiche). Darüber hinaus ist die Kameraverkantung als unterstützender Trick nutzbar (Stativ dringend empfohlen). Sofern keine verräterischen Objekte (Bäume, Masten, Gebäude) ins Bildfeld geraten und die auftretenden Personen eine entsprechende Körperhaltung einnehmen, lassen sich Bergsteiger, Skiläufer und Abenteurer auf scheinbar gefährlichen Steigungen oder Gefällen darstellen. Gleichmäßige Kameraverkantung während der Aufnahme dient listiger Vortäuschung schwebender, schaukelnder, schwankender Eigenbewegungen von statischen Miniaturmodellen und Realobjekten: Schiffskabinen, Flugzeug-Cockpits, utopische Interieurs, Astronauten und Raumschiffe vor neutralschwarzen Kulissen.

»Tracking« und »Trucking«

Die echte Fahraufnahme ist Spezialeffekt und Gestaltungsmittel zugleich. Dem Berufsfilmer stehen für die Ausführung einfacher und komplizierter Kamerabewegungen aufwendige Hilfsgeräte zur Verfügung, die man im Branchen-Jargon mehr oder weniger zutreffend als »Dollys« tituliert. Das einschlägige Instrumentarium des professionellen Operateurs reicht von der frei beweglichen Fahrplattform über den ausgeklügelten Schienenwagen bis zum elektronisch gesteuerten hydraulischen

Kamerakran. Mit den motorisierten und automatisierten Versionen dieser Apparaturen sind sogar kombinierte Kamerabewegungen realisierbar, die linear oder bogenförmig in mehreren Richtungen verlaufen können. Auf diese Weise entstehen eindringliche »Soft-Fahrten« wie in den Western von Sergio Leone (z. B. »Spiel mir das Lied vom Tod«) und nervenaufpeitschende »Schwebeeffekte« im berühmten Hitchcock-Stil (z. B. »Psycho«).
Für Fahraufnahmen mit der unvergleichlich leichteren Schmalfilmkamera werden wesentlich einfachere und preiswertere Hilfsmittel verwendet. Das ohnehin vorhandene Dreibeinstativ läßt sich durch einen Kurbeleinsatz (Mittelsäule mit Zahnstange) für reizvolle »Tilts«, also Vertikalfahrten einrichten (»aufsteigender« oder »absinkender« Vordergrund). Außerdem kann es durch einen Stativwagen (Rollenuntersatz mit kugelgelagerten Rädern) für vorwärts, rückwärts oder seitwärts ausgeführte Fahraufnahmen (Tracking Shots) ausgerüstet werden. Spezielle Autostative einerseits und kleine Schraubstative andererseits sind für die Kamerabefestigung an Autos, Fahrrädern, Booten, Straßenbahnen, Kinder- oder Servierwagen und ähnlichen »Verkehrsmitteln« vorgesehen (Trucking Shots). – Bei mechanischen Fahraufnahmen wird eine eigentümliche Verschiebung der Motiv-Perspektiven und Objekt-Proportionen sichtbar, die dem dreidimensionalen Bildeindruck eines Betrachters bei der Bewegung durch den Raum entspricht. In Aufnahmerichtung unterscheidet sich also die echte Kamerafahrt wesentlich von der optischen Fahraufnahme durch Zooming (Kap. 7). Es sind sowohl passive (beobachtend) als auch aktive Kamerabewegungen (subjektiv) möglich; das Tempo der Fahrt hängt von der gewünschten Wirkung ab. Als Kompensation fehlender Objektbewegungen kommen Kamerafahrten nur gelegentlich in Frage (illustrative Einstellungen von Landstraßen, Architektur, ausgedehnten Interieurs). Die Bewegungsbegleitung hingegen kann in geeigneten Szenen eine spürbare Beschleunigung des Handlungstempos herbeiführen (kurze Objektivbrennweite als zusätzlicher Intensivierungsfaktor). Die Skala der Gestaltungsmöglichkeiten reicht von der relativ geruhsamen Begleitung eines Fußgängers bis zur Teilnahme der Fahrkamera an rasanten Verfolgungsjagden im Action-Stil (statisches Motivdetail als ruhenden Bezugspunkt für das Zuschauerauge in den Bildvordergrund einbeziehen, sobald Aufnahmen aus Fahrzeugen in schneller Bewegung gefilmt werden). Dabei kann die Kamerabewegung wahlweise in Aufnahmerichtung (3-D-Wirkung) oder parallel zur Objektbewegungsrichtung erfolgen (»Eisenbahneffekt« durch Verschiebung der Motivebenen in scheinbar unterschiedlichen Geschwindigkeiten). Das gleiche gilt in etwa für den dritten Funktionsbereich der Fahraufnahme, die »innere Montage«. Bei dieser Gestaltungsform wird der »harte« Einstellungswechsel (oder Schnitt) in geeigneten Situationen durch allmähliche Veränderung des Bildausschnitts ersetzt. Die Kamera bewegt sich nach Bedarf vor-, rück- oder seitwärts, um beispielsweise Details zu betonen, die Umgebung des Hauptmotivs nach und nach zu eliminieren oder einzubeziehen, Bewegungsspielraum zu schaffen oder die Bildkomposition zu korrigieren. In längeren Dialog-Szenen führt der erfahrene Filmemacher mitunter sogar kombinierte Fahr-, Schwenk- und Zoom-Bewegungen aus. Ausge-

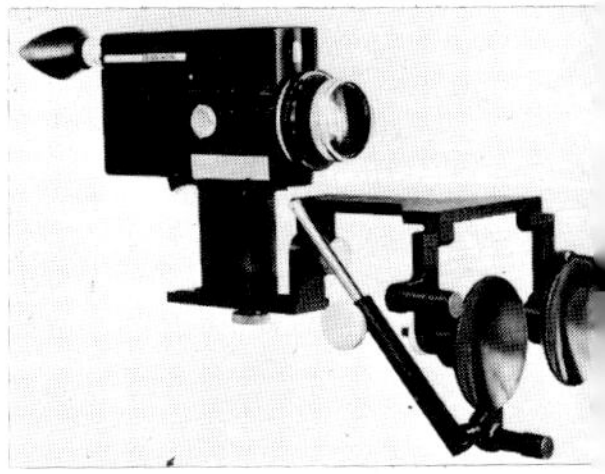

Einwandfreie Fahraufnahmen aus Autos und anderen Vehikeln gelingen nur mit einem Spezialstativ.
Foto: Rowi

Im Hobbybereich dienen Dreibeinstativ und Rollenuntersatz (unten) als vollwertiger Ersatz für die professionelle »Dolly« (oben).
Fotos: Arri und Schiansky

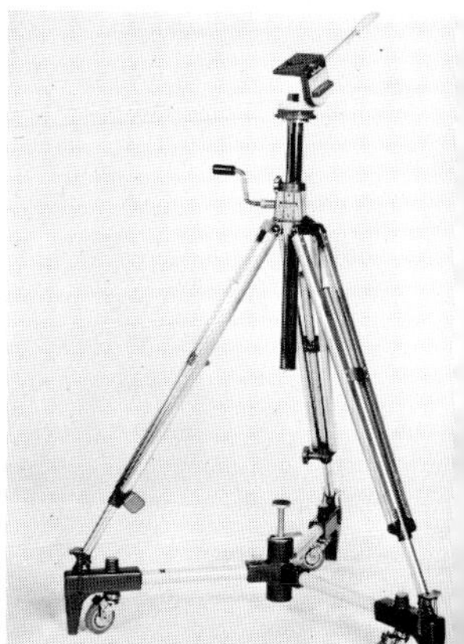

Begleitende Fahraufnahmen steigern die Dynamik von Verfolgungsjagden und ähnlichen Action-Filmszenen.
Foto: Fox/MGM

dehnte Ausflüge des Aufnahmegeräts durch die Szenerie erfordern natürlich sorgfältig ausgeklügelte Start- und Schluß-Phasen sowie statische Unterbrechungen der Kamerabewegung an strategisch wichtigen Punkten der Handlung.

Kameras als Akteure

Die wirkungsvollste, aber auch diffizilste Spielart aller Bewegungseffekte mit »entfesseltem« Aufnahmewerkzeug sollte nur nach reiflicher Überlegung und sehr sparsam angewandt werden. Wenn man jedoch Einstellungen mit der »subjektiven Kamera« (bei Hollywood-Profis als »Camera I« bekannt) sorgfältig plant und behutsam auf den Filminhalt abstimmt, entwickeln sie eine erstaunliche visuelle Kraft, die beispielsweise mit äußerster Konsequenz in dem Spielfilm »Dr. Jekyll und Mr. Hyde« von Rouben Mamoulian ausgenutzt wurde. Für Aufnahmen dieses Typs funktioniert man die Handkamera (!) gewissermaßen zum Akteur um. Sie agiert stellvertretend für eine Handlungsfigur, gibt also deren Blickfeld und Bewegungen wieder, so daß sich die Zuschauer in geeigneten Situationen weitgehend mit dem betreffenden Lebewesen identifizieren können. Besonders eindrucksvolle Szenen sind zu erwarten, wenn man ab und zu die Hände oder Füße des subjektiv dargestellten Akteurs (womöglich vertreten durch den Kameramann) ins Blickfeld einbezieht und die subjektiven Einstellungen mit »objektiven« Aufnahmen des Partners oder Gegenspielers abwechseln läßt. Auf diese Weise erreicht man eine dynamische Konzentration des Bildinhalts, und bei entsprechenden Szenen entsteht eine Atmosphäre »knisternder« Spannung (oder Erotik). Die subjektive Kamera imitiert den Blickwinkel von Kleinkindern und Haustieren oder verbirgt die Identität von Kriminalfilm-Helden und Horror-Gestalten bis zum entlarvenden »Showdown«. Sie drängt dem Zuschauer die Rolle des Teilnehmers an Gesprächen, Liebesszenen, Faustkämpfen, Sahnetorten-Schlachten und Volkstänzen auf. Sie tritt als Verfolger in Erscheinung, rotiert zur Verdeutlichung eines Ohnmachtsanfalls, nähert sich einer ahnungslosen Badenixe, stürzt (durch Seile gesichert) eine Treppe hinab, vergnügt sich an Stelle eines Kindes auf der Schaukel und nimmt an sausenden Fahrten auf der Achterbahn teil.

Rotierende Motive

Zu den erfreulichsten Neuentwicklungen auf dem Zubehör-Sektor gehört die »Wirbeleinrichtung«, mit der man durch Drehbewegungen der Kamera seine Motive in Rotation versetzen kann. Dieses Verfahren wurde einstmals gerne in Kinofilmen angewandt und läßt sich heute dank eines sinnvollen Hilfsgerätes zur Verblüffung des Zuschauers mühelos wiederbeleben. Die Rotationsvorrichtung besteht aus drei beweglich miteinander verbundenen Teilen. Während der eine für die Befestigung auf dem Stativ vorgesehen ist, fungieren die beiden anderen als verstellbare Kamerahalterung mit Spezialgriff und Arretierschraube (für die meisten Super-8- und Single-8-Geräte verwendbar). Die Kamera kann derart auf der Halterung fixiert werden, daß sie sich während der Aufnahme präzise um die optische Achse drehen läßt (exzentrische Anordnung ebenfalls möglich). Als Ergebnis dieser Manipulation werden »unerklärlich« rotierende Bilder auf der Leinwand sichtbar. Natürlich muß auch hier die Anwendung des Effektes motiviert sein, damit er seine Signalfunktion für den Zuschauer voll entfalten kann. Sobald das Motiv aus der Normallage (stillstehende Kamera) heraus mit steigendem Tempo zu rotieren beginnt, wird auf rein visuellem Wege ein Stimmungsumschwung oder Situationswechsel verdeutlicht (ausgelassene Freude / Verluste der Identität / Bedrohung / Konfusion / Schock). Kommt das Bild nach einer Drehphase allmählich zur Ruhe, dann drückt es die Normalisierung einer Ausnahmesituation aus. Wenn eine Blickfang-Wirkung beabsichtigt ist (Werbebotschaft, wirbelnder Titeltext), muß das Bild nach einer kurzen, schnellen Drehbewegung abrupt zum Stillstand kommen. Wird eine Einstellung mit Rotationseffekt beendet und die unmittelbar folgende Aufnahme mit einer Drehung begonnen, so entsteht ein prächtiger Szenenübergang (Zeit- oder Ortswechsel). Die langsam rotierende Kamera täuscht Taumelbewegungen von schwebenden (Miniaturmodell-)Objekten vor schwarzem Hintergrund vor; Aufnahmen ohne Stillstandsphase mit sehr rascher Rotation sind als neutrale Zwischenschnittblenden verwendbar.

Eine Spezialhalterung (Mitte) läßt Filmmotive bei präziser Kamera-Justierung effektvoll rotieren (links/rechts).

Ein simpler Diaprojektor mit entsprechender Maske erzeugt dekorative Hintergrund-Ornamente aus Licht.

Irreale Effekte im Märchenfilm-Stil sind das Ergebnis von Real- und Farblicht-Kombinationen.

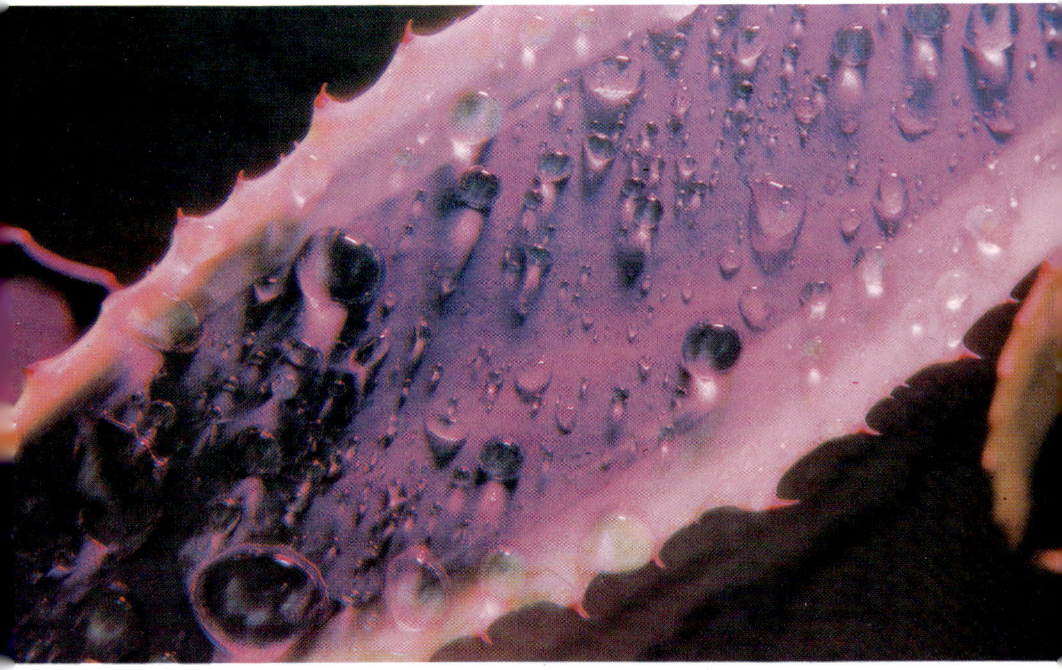

Fluoreszierender Karton, Farblicht und durchstochenes Foto fördern die Entstehung von Porträts mit »Hexenaugen« (rotierender Sterneffekt).

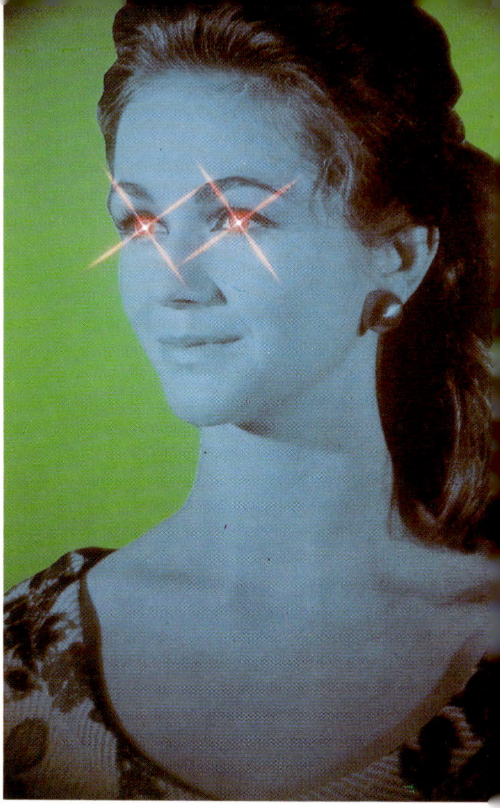

Durch Einzelbild-Zeitraffung läßt man in Sekundenschnelle Rosen aufblühen oder Eisbrocken schmelzen.

4 Mit Glas und Spiegeln

In den vielfältigen Bereichen kinematografischer Zauberkunst gibt es derart interessante Anwendungsmöglichkeiten für Glas, Spiegel und ähnliche Materialien, daß ich diese wertvollen Hilfsmittel in einem besonderen Kapitel behandeln möchte. Vorab sei erwähnt, daß es durchaus nicht erforderlich ist, für Filmzwecke die Wohnung zu plündern, also Küchenfenster aus den Angeln zu heben oder Dielenspiegel in ihre Bestandteile zu zerlegen. Man kann nämlich alle benötigten Glas- und Spiegelsorten in jeder gewünschten Art, Größe und Stärke für wenig Geld vom Fachhandel beziehen oder beschaffen lassen (oftmals sind preiswerte Abfallstücke völlig ausreichend). Und noch ein Tip: Bei glänzenden Oberflächen ist die Gefahr unerwünschter Reflexbildung besonders groß. Experimente mit gläsernen Requisiten erfordern also sorgfältiges Arrangement (z. B. entsprechende Aufstellung der Lichtquellen oder leichte Verkantung der Scheibe) und notfalls eine Kaschierung der störenden Reflexquellen (einschließlich glänzender Kamera-Armaturen) mit schwarzem Tuch oder Plakatkarton.

Die Unentbehrlichen

Glas läßt sich aufgrund seiner vielfältigen optischen Eigenschaften in mancherlei Form zu Trickrequisiten umfunktionieren. Dabei kann die Qualität des verwendeten Materials eine entscheidende Rolle spielen (ausgenommen Effekt- und Farbgläser). Tricks mit Planglasscheiben erfordern in der Regel völlige Transparenz, so daß nur das nahezu hundertprozentig lichtdurchlässige, farblose Kristallglas dafür in Frage kommt. Bei Einsatz von gewöhnlichem Fensterglas oder glasklarem Kunststoff muß die Belichtungsmessung stets durch die Scheibe erfolgen, weil solche Materialien Licht schlucken (Verlust bis zu 1 Blendenstufe). Außerdem können Farbverfälschungen auftreten. Meine Empfehlung bezieht sich übrigens auch auf Glas für Filmreproduktionen und für die Herstellung von Blenden, Masken oder Vignetten mit und ohne Kompendium (Kap. 2 und 15).
»Unsichtbar« zwischen Kamera und Hauptmotiv aufgestellt, verhilft die sauber geputzte und reflexfrei ausgerichtete Kristallglasscheibe zu ganz verschiedenartigen Effekten, die den Zuschauer immer wieder überraschen. – Mit subjektiver Kamera (Kap. 3) lassen sich verblüffende optische Schocks erzielen, wenn gewisse Aktionen auftretender Personen plötzlich und manchmal unerwartet gegen eine solche Scheibe gerichtet werden, so daß sich das Publikum unmittelbar attackiert fühlt. Für solche Vorhaben eignen sich sowohl Wasserstrahlen und Staubwolken als auch »weiche« Wurfgeschosse aller Art: rohes Ei, Inhalt eines Bierkruges, Zeitschrift, Schneeball, Sahnetorte, »Prop« aus Schaumstoff. Nicht minder aufregend wirken Kriminalfilm-Darsteller hinter imitiertem »Panzerglas« mit plötzlich entstehenden »Einschußlöchern«, die man nach dem Stopptrick-Verfahren (Kap. 2) in Form von Abziehbildern anbringt oder einfach auf die Scheibe zeichnet (weißen Fettstift verwenden). Im übrigen dient die »unsichtbare« Glaswand als idealer

Schutzschild bei Explosionstricks. – Mit Nahaufnahmen von Gesichtern hinter präparierten Glasscheiben lassen sich sowohl Stimmungen symbolisieren als auch bestimmte Witterungsverhältnisse oder Jahreszeiten verdeutlichen. Die vorgetäuschte »Fensterscheibe« wird einfach während der Aufnahme mit Wasser aus einer kleinen Gießkanne berieselt, mit »Weihnachtsschnee« aus der Dose besprüht oder im voraus mit »Eisblumen« versehen (starke Salzlösung oder speziellen »Eisblumenlack« auftragen). – Im Gegensatz zu weißer Schrift lassen sich schwarze Titeltexte nur dann in lebende Bilder einbelichten, wenn man für die Überblendung (Kap. 14) eine beschriftete Glasscheibe zwischen Kamera und Motiv anbringt (großer Schärfentiefenbereich erforderlich). Zur Darstellung scheinbar fliegender Objekte wird durch eine Glasscheibe gefilmt, auf der Miniaturmodelle vor geeigneten Kulissen agieren (UFO, Flugzeug, Fabelwesen) oder reale Gegenstände »frei im Raum« schweben (Demonstration von Schwerelosigkeit). Um Buchstaben oder ausgeschnittene Ornamente mit wuchtigen Schlagschatten zu versehen, ordnet man Glasscheibe und geeignetes Hintergrund-Motiv (Foto, Karton, Gewebe) im Abstand von 5 bis 10 mm zueinander an und beleuchtet das Arrangement mit schräg einfallendem Richtlicht (Sonne, Spotlight, Diaprojektor). – Wer Gespenster, visionäre Erscheinungen oder eine »Fata Morgana« sichtbar machen will, aber auf echte Doppelbelichtungen verzichten muß, bringt in gewissem Abstand zur Kamera eine schräggestellte Glasscheibe an, deren Ränder außerhalb der Bildfeldbegrenzung liegen (ideal: 45^0). Das Glas reflektiert eine seitlich und in entsprechendem Winkel zur Aufnahmerichtung agierende Gestalt (z. B. 90^0), während gleichzeitig ein durch die Scheibe gefilmtes, dunkel gehaltenes Hauptmotiv sichtbar wird.

Farblose und getönte Ornament- oder Zierglasscheiben sind als »Gußglas« mit zahlreichen Strukturen erhältlich (feine und grobe Rillen, Karos, Beulen, Wellenmuster, unregelmäßige Vertiefungen). Auf unterschiedliche Weise verwendbar, rufen sie effektvolle Verzerrungen der Motivkonturen hervor. Zufriedenstellende Aufnahmeergebnisse sind allerdings nur dann zu erwarten, wenn lediglich die Objekte hinter der Glasscheibe beleuchtet werden. Für die Scharfeinstellung ist je nach gewünschter Wirkung das eigentliche Motiv oder aber die strukturierte Glasoberfläche maßgebend. Während unmittelbar hinter dem Glas plazierte Objekte noch gut erkennbar sind, lösen sie sich mit Vergrößerung der Distanz allmählich in abstrakte Formen und Farbtupfen auf. Als Aufleger verwendet, bildet die Zierglasscheibe durchleuchtete Farbfotos oder Titelentwürfe mit verfremdender »Rasterung« ab. In Form einer Schiebeblende unmittelbar vor das Kameraobjektiv geschoben, läßt das Glas die Motive auf eigentümliche Weise verschwimmen (Szenenübergang). Grob gewellte, aber relativ klare Zierglassorten täuschen »Unterwasser-Szenen« vor, wenn man sie während der Aufnahme langsam vor dem Objektiv dreht oder verschiebt. Ähnliche, aber feiner gemusterte Scheiben ermöglichen eine sehr realistische Wiedergabe von »vereisten Gewässern« in Miniaturmodelltricks. Als Aufsteller zwischen Kamera und Realmotiv verhilft Ornamentglas in Abhängigkeit vom Szenen- und Bildinhalt zu dezenter Abbildung von Aktmodellen, zu spannungssteigernder Wiedergabe von Kriminalfilm-Silhouetten (Gegenlicht), zur Verdeutlichung des Gemütszustandes einer Handlungsfigur oder zur Darstellung zwerchfellerschütternder Karikaturen. Wenn man einen schwarzen Hintergrund wählt, zeichnet sich das Muster der Glasscheibe lediglich auf dem Motiv ab, dessen Verfremdung besonders beeindruckt. Gelegentlich lassen sich geschliffene Kristall- oder strukturierte Guß- und Preßglas-Produkte wie Vasen, Schalen, Aschenbecher, Glasbausteine und dergleichen für Verzerrungseffekte ausnutzen (als Vorsätze oder integrierte Bestandteile des Motivs).

Allerlei Reflexionen

Bei der Behandlung kinematografischer Probleme ist meistens von Reflexionen als »Störfaktoren« die Rede, und man ist ängstlich um die Beseitigung der »Fehlerquellen« bemüht. Der Effektspezialist hingegen nimmt gerne die Gelegenheit wahr, solche Erscheinungen bewußt für die visuelle Gestaltung auszuwerten. Lichtreflexe entstehen auf glatten, glänzenden oder polierten Flächen und Objekten, sobald natürliches oder künstliches Licht mehr oder weniger schräg gegen die optische Achse der Kamera einstrahlt. Je nach Material und Oberflächenstruktur der beleuchteten Gegenstände wird eine diffuse Reflexion (weiche, konturenlose Lichtflecke) oder eine gerichtete Reflexion (harte, punktförmig strahlende Lichter) sichtbar. Dabei ist zu beachten, daß nach einem unumstößlichen physikalischen Gesetz Einfalls- und Reflexionswinkel eines Lichtstrahls in entgegengesetzten Richtungen stets übereinstimmen. Die Reflexion tritt also um so stärker hervor, je mehr sich der Aufnahmewinkel der Kamera dem Reflexionswinkel des Lichtes nähert (Steuerung durch gezielten Einsatz künstlicher Lichtquellen). Im übrigen ist zu bedenken, daß Polarisations- und Farbwechselfilter (Kap. 8) Reflexionserscheinungen nicht nur abschwächen, sondern auch – in begrenztem Umfang – verstärken können (ausgenommen auf Metall).

Mit einfachen Spiegeleffekten läßt sich so manche (Familien-) Einstellung optisch aufwerten.

Gegenlicht-Reflexe treten auf Parkett, Kacheln, Marmor, Schieferdächern, Schienensträngen, feuchtem Sand oder Straßenpflaster, beschneiten Flächen, Fahrzeugen, Glas, Metall, Porzellan, glatten Kunststoffen, nasser Haut, schimmerndem Haar, Tau- und Regentropfen in Erscheinung. Vor allem in Form von Glanz- und Spitzlichtern (scharf begrenzte Lichtpunkte) betonen solche Reflexe den Motivkontrast und verhelfen bei entsprechenden Aufnahmeobjekten zu einer oftmals willkommenen »Dramatisierung« des Bildinhalts. Sie lassen sich natürlich nicht nur »einbauen«, sondern auch als selbständige Motive verwenden. Das gilt vor allem für Reflexlichter und Zerrspiegelungen auf bewegten Wasserflächen, die man für die Visualisierung psychischer Phänomene (auch in Doppelbelichtung) oder für die Gestaltung abstrakter Zwischenschnittblenden auswerten kann. Hier ergeben sich unter anderem folgende Variationsmöglichkeiten: Aufnahme mit kopfstehender Kamera; Zeitdehnung oder Zeitraffung verzerrter Spiegelbilder; völlig unscharfe Wiedergabe von Reflexlichtern (tanzende Zerstreuungskreise) oder deren Intensivierung durch Sterneffektlinsen und Diffraktionsgitter (Kap. 8). Bei Bedarf zaubert ein rasch bewegter Taschenspiegel den flackernden Widerschein von Lichtreflexen auf Gesichter oder Gegenstände (farblos für die Imitation reflektierenden Wassers, mit Rotfolie für vorgetäuschten Feuerschein). Geschickt eingesetzte reflektierende Flächen dienen als »Aufheller« von Schattenpartien bei Außen- und Innen-

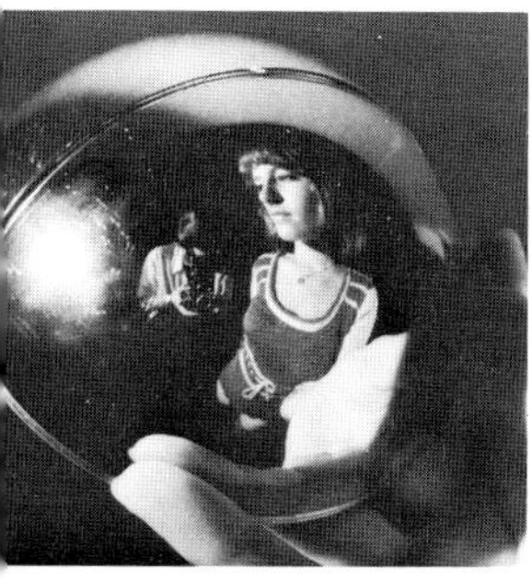

Zerrspiegel aller Art eignen sich für Motivverfremdungen aus der Gag- oder Psycho-Kiste.

Der Cenei-Spiegelvorsatz erzeugt ein deutlich erkennbares Kernbild, das von kaleidoskopartigen Motiv-Fragmenten umgeben ist.

aufnahmen: weiß oder silberfarben für Kunstlicht und bedeckten Himmel im Freien, goldfarben für blauen Himmel. Punktförmige Aufhellung oder Zusatzbeleuchtung ist mit konkav gekrümmten Rasierspiegeln möglich.

Illusionen nach Maß

Requisitentricks der hier beschriebenen Machart zeichnen sich tatsächlich durch Maßarbeit aus, denn die benötigten Hilfsmittel müssen mit äußerster Sorgfalt angefertigt und arrangiert werden. Die eng verwandten Methoden der radikalen (aber für den Zuschauer nicht auf Anhieb erkennbaren) Bildmanipulation werden von Berufs- und Hobbyfilmern mit gleichem Vergnügen angewandt, weil sie sich in vielen Aufnahmesituationen schneller, weniger kostspielig und präziser realisieren lassen als andere Verfahren. Außerdem geben sie der Phantasie des Filmemachers einen besonders großen Spielraum.
Bei allen drei Sonderverfahren kommen »Vorsätze« mit ergänzenden Motivfragmenten in verkleinerten Maßstäben zur Anwendung. Man bringt solche Vorsätze zwischen Kamera und realem Aufnahmeobjekt an, um störende Details des Originalmotivs raffiniert zu kaschieren, fehlende Einzelheiten ins Bildfeld einzuschmuggeln und Gegenwartsszenerien einer historisch belegten Vergangenheit oder einer erahnten Zukunft anzupassen. Auf diese Weise wird entweder Wirklichkeit vorgetäuscht oder eine unwirklich-phantastische Szenerie-Veränderung (mit naturalistischem Touch) bewirkt. »Glass Shots«, »Miniaturverfahren« und »Simplifilm« unterscheiden sich hinsichtlich der angewandten Mittel, lassen sich aber mit gleichem Erfolg für die Ausführung aller hier skizzierten Vorsatz-Tricks benutzen: Vervollständigung beliebiger Schauplätze mit – künstlichem – Wolken- oder Sternenhimmel, mit Bodennebel oder Regenbögen; Umgestaltung von Landschaften oder Straßen zur Darstellung ehemaliger, zukünftiger, märchenhafter oder »katastrophaler« Ereignisse; scheinbare Vergrößerung von Miniaturmodellen oder Verkleinerung von Realobjekten als Mittel der Anpassung an die gewünschten Größenverhältnisse (Astronaut mit Raum-

»James-Bond« und verwandte Filmhelden profitieren von Schock-Effekten mit zerschossenen (= bemalten) Glasscheiben. Foto: United Artists

schiff, Riesen und Zwerge o. ä.); Verwandlung heimischer Szenerien in exotische oder Planetenlandschaften; Vortäuschung von Unterwasser-Szenen im Atelier (Vorsatz-Küvette mit kleinen, sorgsam zu behandelnden Zierfischen) oder üppiger Urwald-Vegetation im Gemüsegarten.

Während für das Miniaturverfahren ausschließlich verkleinerte Modelle realer oder nachempfundener Objekte in Frage kommen, (vorwiegend Bauten, Gebäudeteile, Bruchstücke von Schauplätzen, exotische Bäume, futuristische Verkehrsmittel; vgl. Kap. 12), basieren die beiden anderen Methoden auf der Verwendung zweidimensionaler Motivpartien, die man auf Kristallglasscheiben ausreichender Größe anbringt (selten breiter als 25 bis 50 cm). Dabei kann der Vorsatz wahlweise nur einen kleinen Teil des Bildes einnehmen oder als Hauptmotiv dienen (Aufnahme der realen Motivpartie durch eine entsprechende Aussparung in Form von Fenster- oder Türöffnung, Bullauge, TV-Bildschirm, Höhleneingang usw.). Bei »Glass Shots« nach dem Day-Verfahren (einfachste Version der Anwendung von »Matte Paintings«) wird der Vorsatz naturalistisch bemalt (nur für talentierte Zeichner geeignet); bei »Simplifilm«-Tricks übernehmen ausgeschnittene und aufgeklebte Farbfoto-Fragmente (»Photo Mattes«) die Aufgabe der Bilderganzung (Real- und Trickmotive, eigenes und fremdes Material). In Verbindung mit Glas-Vorsätzen gelingen außerdem hübsche Silhouetten-Imitationen (gemalte oder aufgeklebte Schattenrisse unbeleuchteter Arkaden, Ziergitter, Fensterkreuze, Äste usw.).

Es gibt eine Reihe bewährter Aufnahme- und Gestaltungsregeln, die auf alle drei Verfahren gleichermaßen zutreffen. Vorsatzmodell oder präparierte Glasscheibe werden verstellbar, aber erschütterungsfrei auf einer Halterung befestigt, die in etwa der Aufnahmehöhe entspricht. Als Unterbau bewährt sich ein gutes Dreibeinstativ mit Projektionsplatte oder Halterung für Schraubzwingen ebenso wie ein speziell konstruiertes Lattengerüst. Bei Miniaturmodellen hängt die Art der Anbringung nicht zuletzt davon ab, ob der Vorsatz von oben, von unten oder seitlich ins Bild hineinragen soll. Da Vorsatz und realer Bildteil gleich scharf abgebildet werden müssen, sind wegen der Minidimensionen des Vorsatzes und der meistens enormen Distanzunterschiede zwischen rea-

Der fotografische »Simplifilm«-Vorsatz bildet einen würdigen Rahmen für miniaturisierte Heldentaten.

Dem Realmotiv genau angepaßte Vorsatzmalerei verleiht der Filmaufnahme den Charakter alter Buchillustrationen. Foto: Zeman/IFB

len und synthetischen Motivpartien besondere optische Vorkehrungen erforderlich. Es empfiehlt sich entweder die Aufnahme mit der kürzesten (Weitwinkel-) Brennweite des Zoom-Objektivs oder die Verwendung einer bifokalen »Split Field«-Linse (Kap. 8). Wichtigste Voraussetzung für das Gelingen von Vorsatz-Tricks ist die äußerst sorgfältige Koordination der verschiedenartigen Motivpartien, wobei die Ränder der eventuell verwendeten Glasscheibe niemals sichtbar werden dürfen. Nur wenn der Vorsatz durch Variation von Entfernung, Kamerablickrichtung und Motivausschnitt perspektivisch und proportional genau an den realen Bildteil angepaßt wurde, gelingt die Verschmelzung aller visuellen Elemente zu einer neuen, glaubwürdigen Einheit. Sorgfältige Bildkomposition trägt dazu bei, daß der Zuschauer die ergänzenden Bildfragmente wunschgemäß als Teil des Vorder- oder Hintergrundes empfindet. Während sich dreidimensionale Miniaturmodelle verhältnismäßig mühelos mit realen Motiven koordinieren lassen, muß die Anpassung bei zweidimensionalen Vorsätzen umgekehrt erfolgen, damit sowohl Perspektiven und Proportionen als auch Beleuchtungsart und -richtung weitgehend übereinstimmen (Erleichterung der Anpassung durch Aufnahme von Foto und Realbild bei bedecktem Himmel bzw. indirekter Beleuchtung). In diesem Zusammenhang empfehle ich talentierten Kinofreunden außer Vorsatz-Kombinationen gelegentliche Experimente mit einer »Glass Shot«-Variante im Stil des berühmten Trickfilmschöpfers Karel Zeman, der für seine phantastischen Spielfilme mit Vorliebe altertümliche Vorsatz-Zeichnungen verwendet, um seinen Filmbildern den Charakter von Buchillustrationen aus der Zeit um die Jahrhundertwende zu verleihen. Das Gelingen von Vorsatz-Tricks beliebiger Machart hängt unter anderem davon ab, daß die präzise ausgerichtete Kamera unverrückbar auf dem Stativ verankert wird. Jede Kamerabewegung während der Aufnahme würde den Trick durch die desillusionierende Verschiebung der Bildteile augenblicklich entlarven. Aus ähnlichen Gründen sollten Bewegungen realer Lebewesen oder Fahrzeuge stets quer zur Aufnahmerichtung verlaufen, damit der Effekt nicht durch unkontrollierte Verfälschung der Größenverhältnisse verdorben wird.

1001 Spiegeleien

Die Anwendung von Spiegeln aller Art nimmt in der Tricktechnik einen breiten Raum ein. Durch eine Vielzahl verschiedenartiger Anwendungsmöglichkeiten eröffnen sie ein weites Gestaltungsspektrum, denn selbst komplizierte Spiegeltricks erfordern im allgemeinen nur einen geringen Aufwand. Allerdings hängt das Gelingen solcher Spezialeffekte von gewissen Voraussetzungen und der Beachtung bestimmter Regeln ab, die für verborgene Tricks ebenso bindend sind wie für offensichtliche Spiegelungen und deshalb möglichst selten mißachtet werden sollten.
Im Kinobereich gelangen grundsätzlich drei Spiegeltypen zum Einsatz. Für Planspiegel-Effekte eignen sich Wand- und Garderobenspiegel, Hand- und Schrankspiegel, Taschen- und Reklamespiegel (speziell Oldtimer) mit glatter Oberfläche. Sofern das spiegelnde Objekt nicht als einer von mehreren Motiv-Bestandteilen vorgesehen ist, empfiehlt es sich stets, Trickspiegel der gewünschten Art und Größe beim Glaser zuschneiden zu lassen. Das gilt auch für teildurchlässige Spezialspiegel

Planspiegel als Lichtreflektor (oben) und Zerrspiegel für die surrealistische Vervielfältigung (unten).

(Two-way Mirrors), die oft sogar direkt beim Hersteller in Auftrag gegeben werden müssen. Solche Spiegel erscheinen dem Betrachter transparent, sind aber mit einer aufgedampften Beschichtung versehen, so daß sie – je nach Typ und Verwendungszweck – einen bestimmten Prozentsatz des Lichtes durchlassen und den Rest reflektieren. Teildurchlässige Spiegel werden unter anderem für simulierte Doppelbelichtungen im Stil der bereits beschriebenen Geistereffekte, für Tricks mit Umkopiergeräten (Kap. 2) und für die phantastischen Varianten der »Aufprojektion« (Kap. 15 und 19) verwendet. Zur Gruppe der Zerrspiegel hingegen gehören alle spiegelnden Materialien mit verformter Oberfläche. So zum Beispiel starre Ausführungen wie Konkav- oder Konvex-Spiegel (Rasier-, Auto-, Verkehrsspiegel) und polierte Metalle oder Gegenstände mit Metallglanz (Auto-Radkappen, silberne Teekannen, Spiegelbälle im Diskotheken-Stil, Weihnachtsbaumkugeln usw.), aber auch flexible Spiegelflächen wie polierte Bleche, aluminiumbedampfte Kunststoff-Folien und dergleichen. – Wer nicht auf vorhandene Planspiegel angewiesen ist, bevorzugt oberflächenversilberte Glasspiegel (Front Surface) oder aber Metallspiegel, weil bei konventionellen Kristallspiegeln vielfach störende Doppelkonturen und auffällige Trennlinien entstehen. Wenn Bildkombinationen vorgesehen sind, darf der verwendete Spiegel keinerlei Farbtönung aufweisen. Es ist unbedingt zu beachten, daß Spiegelbilder immer seitenverkehrt erscheinen. Dieses Phänomen läßt sich nur durch einen zweiten Spiegel beseitigen, was aber meistens zu umständlich oder bei der Aufnahme hinderlich ist. Also nimmt man die Motivumkehrung in Kauf und nutzt vielleicht sogar die scheinbar entgegengesetzte Beleuchtungsrichtung von Spiegelbildern als zusätzlichen Effekt aus. Soll das gespiegelte Objekt nicht auf Anhieb als solches erkennbar sein, dürfen natürlich weder Schriften noch verräterische Motiv- oder Körpermerkmale ins Bildfeld einbezogen werden (Schilder, Embleme, Türen oder Fenster, auffällige Kostüme, asymmetrische Objekte, Knopfleisten, Schmuckstücke, Scheitel, Narben, Muttermale). Damit Operateur und technisches Gerät nicht versehentlich ins Bild geraten, muß der Spiegel stets schräg zur Aufnahme- und Beleuchtungsrichtung angeordnet sein. Obwohl man die Bildschärfe jederzeit im Reflexsucher der Kamera kontrollieren kann, weise ich vorsorglich darauf hin, daß für die einwandfrei scharfe Wiedergabe des Spiegelmotivs die Entfernungen zwischen Objekt und Spiegel sowie zwischen Spiegeloberfläche und Kamera (Filmebene) addiert werden müssen. Ein ausgedehnter Schärfentiefenbereich ist also vor allem dort erforderlich, wo Original und Spiegelung gemeinsam im Bild erscheinen.

Die folgende Auswahl enthält erprobte Anwendungsbeispiele für Plan- und Zerrspiegeleffekte, die nicht in anderen Kapiteln auftauchen. – Farblose Spiegel lassen sich als willkommene Aufheller mit Richtlicht-Wirkung einsetzen. Konkavspiegel erzeugen Spot-Effekte für die gezielte Beleuchtung von kleinen Details und Miniaturmodellen. – Ins Motiv einbezogene Spiegel dienen als Blickfang (reizvolle Verdopplung und scheinbare Erweiterung des Bewegungsspielraums), als wirkungsvolle Mittel bei der Andeutung erotischer und kriminalistischer Vorgänge oder als Instrumente phantastischer Symbolik (Pforte zur Unterwelt,

Barriere an der Grenze zur Realität, fehlendes Spiegelbild des Vampirs, Zauberspiegel Schneewittchens und anderer Märchengestalten). – Eine bildfüllende Spiegelung, die erst durch Schwenk, Kamerafahrt, Zooming oder Spiegelbewegung als solche erkennbar wird, läßt sich als Gag, optischer Schock oder als irreführendes Requisit im Kriminalfilm auswerten (Täter attackiert statt des Opfers dessen Spiegelbild). – Die äußerst vorsichtige Zertrümmerung eines Spiegels durch Luftgewehr, Kinderschleuder oder Auslösemechanismus während der Aufnahme, gefilmt mit einem Zeitdehnergang, eignet sich für die Vollendung des soeben empfohlenen Kriminalfilm-Effektes (das typische Spinnwebmuster kann allerdings nur dort entstehen, wo man die gesamte Rückseite der Glasscheibe mit transparenter Selbstklebefolie versehen hat). Es kommt in entsprechender Abwandlung aber auch als unkonventioneller Szenenübergang in Frage (zerfallender Spiegel gibt dahinter angeordnetes Zweitmotiv frei). Das gleiche gilt für einen Spiegel mit Klebeband-Scharnier außerhalb der Bildränder, der während der Aufnahme ausgeschwenkt wird (Bildverdrängung). Im übrigen verdeutlichen Porträts in gegeneinander verschobenen Spiegelscherben bestimmte seelische Ausnahmezustände (»gespaltene Persönlichkeiten«). – Der »Schaufenster-Effekt« macht ein seitenrichtiges (Original) und ein seitenverkehrtes Abbild (Spiegelung) des Objekts auf gleicher Ebene sichtbar. Für solche Aufnahmen eignet sich jede verkantete Spiegelfläche, deren Randbegrenzung vertikal oder horizontal durch die Bildmitte verläuft: Abbildungen beweglicher Objekte tauchen scheinbar aus dem Nichts auf und dehnen sich gleichmäßig nach zwei Seiten aus (Person tritt aus einer Nische hinter dem Schaukasten hervor oder beugt sich über eine polierte Tischplatte). Gleichzeitige Kamerafahrten an gespiegelten Wänden und strukturierten Flächen entlang erzeugen einen unerklärlichen »Korridor-Effekt«. – Einander gegenüberstehende oder winklig aneinanderstoßende Spiegel bringen – für die Darstellung von Konfusion, Zauberei, übernatürlichen Erscheinungen oder komischen Situationen – einen sogenannten Vielspieglereffekt hervor. Wenn die Spiegel in unmittelbarer Nähe des Kameraobjektivs angebracht und entsprechend ausgerichtet sind, wird das Motiv wunschgemäß vervielfältigt. Dabei variiert die Wiedergabe abhängig vom Neigungsgrad der beiden Spiegel (je spitzer der Winkel, desto größer die Anzahl der Spiegelungen). – Bei ausreichendem Schärfentiefenbereich und entsprechendem Arrangement können sogar Aktionen lebender Personen in einem Taschenspiegel dargestellt werden, den man listig in ein Foto oder Miniaturmodell eingefügt hat. – Heftige Verzerrungen im Stil von Spiegelkabinetten auf Jahrmärkten fungieren bei bildfüllender Wiedergabe als Gag oder als visuelles Mittel der Verdeutlichung von Gefühlen und Stimmungen. Bei Einsatz flexibler Metall- oder Polyester-Spiegelfolien ist eine allmähliche Deformierung oder Normalisierung der Abbildung während der Aufnahme möglich.

Im rechten Winkel auf einem Foto stehend, produziert der oberflächenversilberte Spiegel ein Spukporträt (Verkantung während der Aufnahme empfohlen).

Der Trick des Herrn Schüfftan

Vor mehr als fünf Jahrzehnten entwickelte der Architekt und Kameramann Eugen Schüfftan für Fritz Langs »Metropolis« ein nach ihm benanntes Spiegeltrick-Verfahren, das professionellen und privaten Filmern seither zu phantastischen Spezialeffekten verholfen und gleichzeitig horrende Kosten für Großbauten erspart hat. Der Schüfftan-Prozeß ermöglicht ganz erstaunliche Kombinationen von realen und miniaturisierten Teilmotiven, die bei geschickter Handhabung der Hilfsmittel zu einer neuen Einheit verschmelzen, ohne daß irgendwelche Konstruktionsänderungen des Aufnahmegeräts erforderlich sind. Obwohl es sich hier um einen der anspruchsvollsten und vielseitigsten Spiegeltricks handelt, gelangt ein sehr einfaches Prinzip zur Anwendung. Das Gelingen der Aufnahmen hängt nämlich in erster Linie von sorgfältiger Koordination der beiden Motivpartien, aber weniger vom technischen Aufwand ab.

Der Top-Effekt kommt dadurch zustande, daß man vor der Stativkamera (!) auf einer schwingungsfreien Halterung einen Spiegel aufstellt, dessen Ränder über die Bildfeldbegrenzung hinausragen müssen. Für diesen speziellen Zweck kommen ausschließlich Spiegel mit Rückseiten-Versilberung in Frage (Second Surface). Entscheidend ist, daß der Spiegel senkrecht, aber in einem Winkel von genau 45^0 zur optischen Achse der Kamera angeordnet wird. Im Winkel von 90^0 zur Aufnahmerichtung befindet sich rechts oder links der Kamera ein Miniaturobjekt (Modell, Foto, Puppe) oder ein weit entferntes Realmotiv, das seitenverkehrt (!) im Spiegel erscheint. Sobald man auf mechanischem oder chemischem Wege einen Teil des Spiegelbelages entfernt, entsteht ein transparenter Sektor mit entsprechenden Konturen, in dem ein passendes, in Aufnahmerichtung hinter dem Spiegel arrangiertes Zweitmotiv (real oder miniaturisiert) sichtbar wird. Eine nahtlose Verbindung beider Bildpartien kommt natürlich nur dann zustande, wenn sowohl Perspektiven und Proportionen als auch die Beleuchtungsrichtungen von Real- und Miniaturobjekt weitgehend übereinstimmen (diffuses Tageslicht oder Bounce Light bevorzugen). Die Koordination wird erleichtert, wenn man für die Einspiegelung dunkle Motivpartien wählt oder vorhandene Linien als unauffällige Abgrenzung ausnutzt. In der Regel weichen die Aufnahmeentfernungen der beiden Teilmotive erheblich voneinander ab, so daß ein großer Schärfentiefenbereich (kurze Objektivbrennweite) gewährleistet sein muß. Die Größe des Spiegels und seine Distanz zur Kamera werden von Fall zu Fall experimentell ermittelt, denn sie variieren abhängig von der verwendeten Objektivbrennweite, den Dimensionen des reflektierten Motivs und dem erforderlichen Aktionsradius beweglicher Objekte. Bewegungsvorgänge in Aufnahmerichtung sollten sorgfältig geplant und vor Drehbeginn mehrmals geprobt werden, damit keine unerwünschte Verfälschung der Größenverhältnisse eintritt und die Akteure nicht mit den (unsichtbaren) Begrenzungslinien der Motivpartien in Konflikt geraten. Wenn alle Voraussetzungen erfüllt sind, gibt es praktisch keine motivlichen Limits. Man kann fotografierte und miniaturisierte Szenerieteile oder synthetische Hintergrunde in Live-Motive einspiegeln (und umgekehrt), Menschen oder Gruppen in aufwendigen Miniatur-Dekorationen agieren lassen, Schauspieler normaler Größe als sagenhafte oder außerirdische Riesen und Zwerge auf die Leinwand zaubern, beliebige Szenen auf TV-Bildschirmen erscheinen lassen und . . . Lebewesen in Horrorfilm-Attraktionen verwandeln (Dame ohne Unterleib, Flaschengeist, körperloser Cyborg, Däumling, Gigant usw.). – In diesem Zusammenhang sei darauf hingewiesen, daß gewisse hypermoderne »Beam Splitter»-Verfahren (Kap. 15 und 19) auf einer Abwandlung des Schüfftan-Prozesses basieren.

Kaleidoskop-Effekte

Wer durch außergewöhnliche Mehrfachspiegelungen turbulente Bildinhalte betonen, Konfusion versinnbildlichen, ausgelassene und fröhliche Stimmungen optisch intensivieren, mit subjektiver Kamera psychische Zustände von Handlungsfiguren darstellen (seelischer Zwiespalt, Trunkenheit, Angst) oder aufsehenerregende Zwischenschnitt-Blenden produzieren will, benutzt als Objektivvorsatz ein modifiziertes »Kaleidoskop«, das jedem Filmer aus seiner Kindheit bekannt sein dürfte. Sobald man jenen Teil des Kartontubus entfernt, der die Farbsplitter enthält, zeichnen sich beliebige Aufnahmeobjekte vervielfacht und in rosettenförmiger Anordnung der Bildfragmente ab. Unterschiedliche Typen ermöglichen verschiedenartige Spiegelungen. Wenn die Maße des Kaleidoskop-Tubus genau auf den Objektivdurchmesser abgestimmt sein sollen, stellt der Bastler das begehrte Zubehör am besten in der eigenen Werkstatt her. Er läßt vom Glaser oberflächenversilberte Spiegelstreifen von beispielsweise 80 × 250 mm zurechtschneiden und fügt sie mit den reflektierenden Seiten nach innen zu einem gleichseitigen Hohldreieck zusammen. Durch diese Vorrichtung gefilmt, wird jedes Aufnahmeobjekt zu gleichmäßigen kreisförmig angeordneten Strukturen aus seitenrichtigen und seitenverkehrten, aufrecht- und kopfstehenden Abbildungen mit dreieckigem Zentralbild umgewandelt. Die besten Ergebnisse kommen bei mittleren und kurzen Objektivbrennweiten zustande. Langsames Zooming führt zu allmählicher Verstärkung oder Abschwächung des Effekts; gleichmäßige Drehbewegungen steigern die Wirkung. Die Motivwiedergabe unterscheidet sich grundlegend von der optischen Vervielfältigung durch sogenannte Mehrfachprismen (Kap. 8).

Mit dem »Vario-Spiegel-Vorsatz« gefilmt, ist jedes Motiv von neunzehn kaleidoskopartigen Spiegelbildern umrahmt.

Das gleiche gilt für den konkurrenzlosen »Vario-Spiegel-Vorsatz« (Cenei), der speziell für Film- und Fotozwecke entwickelt wurde. Das Zubehör besteht aus einem zweiteiligen, drehbar und verschiebbar angeordneten Metall-Tubus mit Schraubgewinde (für alle gängigen Objektivdurchmesser). Dieser Tubus enthält neunzehn Spiegelstreifen, die kreisförmig um eine freibleibende Öffnung angeordnet sind. Durch den Vorsatz gefilmte Aufnahmeobjekte erscheinen im Bildzentrum als unveränderte Abbildung, die von zahlreichen verkanteten und spiegelbildlich reflektierten Fragmenten außerhalb liegender Motive umgeben ist. Der verstellbare Auszug läßt Größenvariationen des Bildzentrums zu; kürzere Brennweiten erzeugen mehr und deutlichere Spiegelungen, längere Brennweiten weniger und verwischte. Bei kleinen Blendenöffnungen (z. B. 11) erscheinen kreisförmige Zentralabbildung und Spiegelbildfragmente mit scharfen Konturen, bei großen Blendenöffnungen greifen alle Teile der Abbildung mit verlaufenden Übergängen ineinander. Kombinationen des Vario-Spiegel-Vorsatzes mit farbigen »Spot«-Linsen (Kap. 8) werden ausdrücklich empfohlen. Auch jetzt läßt sich der Effekt durch Kamerabewegungen oder Drehung des Vorsatzes während der Aufnahme beträchtlich intensivieren (in Verbindung mit einem Mehrfachprisma rotieren innere und äußere Abbildungen gleichzeitig mit unterschiedlichen Geschwindigkeiten).

Monsieur Fresnel und die Folgen

Als J. A. Fresnel zu Anfang des neunzehnten Jahrhunderts einen neuartigen Linsentyp erfand, ahnte er wohl kaum, daß seine optische Spezialität auch in unseren Tagen noch erfolgreich eingesetzt wird. Die Fresnel-Linse besteht aus einer dünnen Transparentscheibe mit konzentrischer Prägestruktur. Aufgrund ihrer wichtigsten Eigenschaft, der völlig gleichmäßigen Lichtstreuung, wird sie mit Vorliebe in die Suchersysteme von Spiegelreflexkameras und in Stufenlinsen-Scheinwerfer eingebaut.
Fresnel-Scheiben lassen sich aber auch mit zusätzlichen optischen Merkmalen ausstatten und somit für Kino-Spezialeffekte auswerten. Die drei wichtigsten Typen sind in Großformaten und in starren oder flexiblen Kunststoff-Ausführungen erhältlich. Sie ermöglichen reizvolle Verzerrungs-, Bewegungs- oder Vervielfältigungseffekte in ähnlicher Funktion wie Zerrspiegel oder Prismen. Die Scheibe wird einfach in geringer Entfernung vor das Objektiv gehalten, wobei die veränderte Entfernungseinstellung (auf die Oberfläche der Fresnel-Linse) zu berücksichtigen ist. Lichter und Reflexe erscheinen in den Randzonen der Scheibe strahlen- oder streifenförmig. »Positive« Fresnel-Linsen vergrößern das Aufnahmeobjekt und fungieren als eine Art planparallele Lupe. Die »negative« Fresnel-Scheibe ist insofern interessanter, als sie die Motive fast wie ein echtes Weitwinkelobjektiv wiedergibt. Dieser Linsentyp ist gegen sphärische Aberration korrigiert und sowohl in glasklarer als auch in farbigen Ausführungen (blau, rosa, rot, gelb) erhältlich. Trickfreunde interessieren sich insbesondere für eine Plastikscheibe mit fünfundzwanzig negativen Fresnel-Linsen in blockförmiger Anordnung, die jedes Motiv bei variierenden Blickwinkeln entsprechend vervielfältigen (Edmund Co.).

5 Die unentbehrlichen »Props«

Wenn Herkules mit gewichtigen Felsbrocken jongliert, James Bond durch eine Schaufensterscheibe springt, Modesty Blaise unbehelligt dem Kugelhagel böswilliger Zeitgenossen entrinnt, Graf Dracula durch kniehohen Nebel watet und Sheriff Mastersons Schädel mit Stuhlbeinen traktiert wird, dann haben mit ziemlicher Sicherheit »Props« zur Erzeugung der Leinwand- oder Bildschirm-Illusion beigetragen. Auf die gleiche »geheimnisvolle« Weise entstehen winterliche Szenerien im Stil von »Dr. Schiwago«, zertrümmerte Einrichtungsgegenstände à la »Erdbeben«, Schock-Dummies nach Hitchcocks »Psycho«-Rezept und Bestien jenes Typs, der in »Der weiße

Fundgrube für Trick-Requisiteure: diverse »Kunstschnee«Sorten, pyrotechnische Hilfsmittel, Plastikfarben und Spezialklebstoffe.

Hai« die Gewässer unsicher machte. Zur gleichen Kategorie spektakulärer Aufnahmeobjekte gehört natürlich auch der Riesenaffe »King Kong«, dessen zwölf Meter große mechanische Version samt Aluminium-Skelett, Kabeln, Elektronik, Hydraulik, Roßhaar-Füllung und Pseudo-Fell aus Pferdeschwanzhaar annähernd sechstausend Kilogramm wog . . .

Mit »Props« (vom englischen »Properties«) bezeichnet man im Jargon der Filmemacher sämtliche mobilen Ausstattungsstücke, die für die Vervollständigung eines Schauplatzes oder für die Durchführung bestimmter Handlungsabläufe erforderlich sind. Dazu gehören vorhandene, also »echte« Requisiten, vor allem aber künstlich hergestellte Attrappen, Hilfsgeräte für raffinierte Täuschungsmanöver und ausgeklügelte Trick-Requisiten. Genaugenommen schließt der Begriff »Props« auch Dekorationen und Realbauten (Kap. 6), Modellbaumaterial (Kap. 12) und pyrotechnische Mittel (Kap. 13) ein. Im Berufs-

»Geroflaschen« sind Glas-Imitationen vom »Breakaways«-Typ für die gefahrlose Zertrümmerung auf Schauspielerköpfen. Zeichnung: Gerriets

film- und TV-Bereich wird ein so hoher Prozentsatz Nachbildungen, Surrogate und synthetische Requisiten verwendet, daß nicht einzusehen ist, warum der Hobbyfilmer darauf verzichten sollte. Sorgfältig fabriziert und geschickt gehandhabt, tragen Props nämlich in erheblichem Maße zur Verfilmung unkonventioneller Ideen bei. Sie vermögen eine aufwendige oder gar verschwenderische Ausstattung vorzutäuschen, ersetzen gefährdete Wertobjekte, ermöglichen phantastische Aktionen und lassen die Darstellung aller denkbaren Ausnahmesituationen zu. Die meisten Trick-Requisiten können problemlos beschafft oder relativ einfach und preiswert angefertigt werden, und zwar in realen Dimensionen oder in verkleinerten und in vergrößerten Maßstäben. Produzenten von Action-Filmen wissen, daß entsprechend präparierte Kopien echter Ausstattungsgegenstände für bestimmte Aufgaben besser geeignet sind als ihre Vorbilder (Zerstörung, Demonstration von Superkraft, scheinbar aufgehobene Naturgesetze). Welch eminente Bedeutung die Professionals der Herstel-

Waffenattrappen aus vorbildgetreuen Plastikbausatz-Teilen (Matz) sind von echten »Taschenkanonen« nicht zu unterscheiden.

Schocker-Regisseur William Castle begutachtet ein bewegliches Käfer-Prop aus seinem Film »Feuerkäfer«. Foto: CIC

lung und Anwendung von Properties beimessen, geht allein aus der Tatsache hervor, daß Hollywoods angehende »Special Effects Men« während ihrer Lehrzeit ein Pflicht-Praktikum in den Prop-Werkstätten absolvieren müssen, um sich als Kombinationsexperten für Design und Kunsthandwerk ausbilden zu lassen. Als Freizeitspaß sind Requisitentricks übrigens auch deshalb interessant, weil sie in der Mehrzahl völlig ungeachtet der aufnahmetechnischen Ausrüstung des Filmers realisierbar sind.

»Beschädigte« Szenerien dieser Art bestehen in allen Einzelheiten aus synthetischem Stein und anderen Properties.
Foto: Universal

Spaß mit Trick-Requisiten

Wer sich ein wenig in Spielzeugläden, Haushaltswaren-Handlungen, Hobby-Häusern und Fachgeschäften für Theaterbedarf umschaut, entdeckt zahllose Industrieprodukte, die unverändert oder leicht modifiziert als Props und »Action Props« (Requisiten mit eingebauten Funktionen) verwendbar sind.
Um bei der Verfilmung von Action-Themen und entsprechenden Persiflagen »bewaffnete Auseinandersetzungen« stilecht darstellen zu können, benötigt der Requisiteur ein kleines Arsenal vorbildgetreuer Replicas und sorgsam präparierter Trickwaffen. Im professionellen Bereich nimmt man die Dienste spezialisierter Requisiten-Verleiher in Anspruch (Fundus für nachgebaute oder unbrauchbar gemachte Originalwaffen). Gerne engagiert der Berufsfilmer einen jener qualifizierten Experten, die mit speziell konstruierten Gewehren und Katapulten für Blutkugeln, Farbpulver-Kapseln, Pfeilen, Wurfmessern oder ähnlichen Geschossen jede Art von »Einschüssen« während der Aufnahme imitieren können. Hobbyfilmer begnügen sich mit Fertigerzeugnissen und stellen die Auswirkungen ihrer Schießgeräte durch bewährte Kunstgriffe dar. Der Fachhandel hält unter anderem folgende Requisiten bereit: Schreckschuß-Pistolen und -Revolver (stärkste Rauchentwicklung bei Platzpatronen vom Kaliber 9 mm), Dolche oder Schwerter aus flexiblem Kunststoff, Stichwaffen mit versenkbaren Klingen, Äxte und Hämmer aus Schaumgummi, Plastikbausätze für original- und maßstabgetreue

Für Miniatur-Luftschiffe stellen federleichte Styropor-Brocken ideale »Eisberge« dar.
Foto: Walt Disney Prod.

22ND
FLOOR

Zweimal überdimensionale Affenhände aus der Trickwerkstatt, links in »King Kong«, rechts in der Persiflage »Queen Kong«.
Fotos: Paramount und Constantin

Schußwaffen aus Gegenwart oder vergangenen Zeitaltern (Fabrikate Matz und Hales-Life-Like), »Strahlwaffen«-Attrappen vom »Star Wars«-Typ (bei General Mills). Preßluftgewehre und -pistolen, wie sie von Sportschützen benutzt werden, speien eine akzeptable »Rauchwolke« aus, wenn man den Lauf vor dem Abschuß mit Puder gefüllt hat. Die Auswirkungen diverser Waffen lassen sich auf unterschiedliche Weise filmisch wiedergeben. Hier einige erprobte Beispiele: 1. Statt des Schusses nur den Kugeleinschlag zeigen und diesen nach dem Stopptrick-Verfahren (Kap. 2) sichtbar machen; anschließend die qualmende Waffe (Zigarrenrauch) in der Hand des Schützen aufnehmen; – 2. Sogenannte Knallerbsen (als Silvester-Scherzartikel erhältlich) oder hauchdünne Folien-Kapseln, die mit Staub, Ruß oder Farbpulver gefüllt sind und beim Aufprall platzen, mit Luftgewehr oder Kinderschleuder auf Gegenstände und Hintergrundflächen abfeuern; – 3. Fragment einer Stichwaffe oder eines Pfeils schon vor Beginn der Aufnahme an entsprechender Halterung auf Brust oder Rücken des »Opfers« befestigen; Bösewicht mit Duplikat der Trickwaffe ausstatten, Duell in Naheinstellungen filmen, Waffenfragment schockartig durch Körperdrehung des Akteurs und gleichzeitige Veränderung des Kamerablickwinkels (Zooming) sichtbar machen. Mit einer Halterung auf den Körper montierte, unter loser Kleidung verborgene Speerspitzen durchdringen auf verblüffende Weise die Kleidung, wenn sich der Schauspieler im passenden Moment ruckartig aufrichtet. Wird die Entstehung »blutender Wunden« während der Aufnahme gewünscht, greift der Akteur mit einer kräftigen Bewegung nach dem »getroffenen« Körperteil, so daß ein mit Klebeband befestigtes und in der hohlen Hand verborgenes Beutelchen aus hauchdünner Folie, das mit Tomaten-Ketchup oder »Filmblut« (Kap. 16) gefüllt ist, platzt und entsprechende Spuren hinterläßt. – In diesem Zusammenhang empfehle ich ausdrücklich folgende Sicherheitsmaßnahmen: funktionierende Schußwaffen niemals auf Menschen richten; Personen und einschlagende (Trick-)Geschosse grundsätzlich getrennt filmen; bei Verwendung von Platzpatronen ebenfalls

Person und Schußwaffe in separaten Einstellungen zeigen oder einen Mindestabstand von drei Metern einhalten (eventuell Tele-Kontraktion anwenden).

Der Fachhandel hält außer den begehrten Trick- und Replica-Waffen zahlreiche andere Requisiten bereit, die sich hervorragend für Filmzwecke eignen. Hier sind insbesondere »Scherzartikel« in Form von lebensgroßen Meeresungeheuern aus Papiermaché sowie täuschend echt nachgebildete Frösche, Mäuse, Schlangen oder Vogelspinnen aus flexiblem Kunststoff und Plüsch, imitierte Lebensmittel aus Weichgummi (von Kindern fernhalten) und Früchte oder Pflanzen aus Plastik erwähnenswert. – In den Factories der Berufsfilmer werden auch heute noch viele Fensterscheiben, Flaschen und andere Glasgegenstände, die man während der Aufnahme ohne Gefahr für die Stars mit Fäusten oder auf Köpfen zertrümmern will, durch realistisch wirkende Gußteile aus . . . Zucker nachgebildet (und mitunter in der Drehpause verspeist). Ersatzstoffe wie Dow-PS-2 oder Santolite-MHP setzen sich nur zögernd durch. In Ermangelung entsprechender Produktionsmittel verwendet man für private Filmaufnahmen jene ausgezeichneten Plastik-Imitationen von Trinkgläsern, Kristallschalen, Mineralwasserflaschen und Vasen, die von echten Glaswaren nicht zu unterscheiden, aber wesentlich billiger sind. »Falsche« Fensterscheiben lassen sich aus glasklarer Acetat-Folie von 0,5 bis 1 mm Stärke anfertigen. Rezept für die Anwendung der Attrappen: Kunststoff-Requisiten stets in doppelter Ausführung beschaffen; einen der Gegenstände in Splitter zerlegen und mit einem Kitt aus Zuckersirup wieder zusammensetzen; bis zum Höhepunkt der Szene mit einem unbeschädigten Exemplar arbeiten; präpariertes Duplikat nach Beginn der entscheidenden Einstellung zertrümmern. – Wer selbst im Freizeitkinobereich nicht auf stilechte Berufsfilm-Props verzichten will und weder Kosten noch Mühen scheut, kann fertige »Breakaways«-Produkte (Geroflaschen oder -scheiben) direkt beim

Der obligate Chemie-Nebel unterstreicht das Unheimliche oder Irreale des Bildinhalts »sagenhafter« Szenen.
Foto: Ceres

Ein wirkungsvoller utopischer Vereisungseffekt mit Schaufensterpuppe und »Weihnachtsschnee« aus der Sprühdose.
Foto: Paramount-TV

Hersteller erwerben. Die Firma Gerriets in Umkirch stellt verschiedenartige Flaschentypen, Gläser und Fensterscheiben, die höchst zerbrechlich sind und unbesorgt auf Schauspielerköpfen oder mit bloßen Händen zerschlagen werden dürfen, nach amerikanischem »Geheimrezept« in Lizenz der Rosco Ltd. her.

Der Workshop des Filmers

Obwohl dieses Buch nicht in ein Brevier für Heimwerker ausarten soll, möchte ich bastelfreudigen Film-Requisiteuren ein paar Anregungen aus eigener Praxis vermitteln. Die Produktion von Requisiten im Do-it-yourself-Verfahren lohnt sich nämlich vor allem dann, wenn man die gewünschten Ausstattungsmittel nicht im benötigten Endzustand käuflich erwerben kann oder für den regelmäßigen Bedarf einen kleinen Fundus anlegen will. Als »Werkstatt« eignet sich jeder Keller- oder Dachbodenraum, den man entlüften, mit elektrischen Installationen versehen und verschließen kann. Über Einrichtung und Ausstattung eines Hobbyraums dieses Typs informieren sich Interessenten anhand einschlägiger Fachliteratur.
Um bastelnde Filmer nicht mit endlosen Aufzählungen zu langweilen, greife ich nur einige der wichtigsten Werkstoffe für Filmrequisiten heraus. Bei der Verarbeitung sind jeweils die Vorschriften der Hersteller zu beachten. Informationen über zusätzliche Materialien wie Spezialkarton, Miniaturlandschaftsteile oder pyrotechnische Hilfsmittel sind in den Kapiteln 6, 12, 13 und 17 enthalten. – Papiermaché eignet sich vor allem für die preiswerte Herstellung großer Ausstattungsstücke (Kap. 6). Die Masse besteht aus Zeitungspapier-Streifen, die mit einer Lösung aus Wasser und Tapetenkleister getränkt sind, auf einem beliebigen Unterbau modelliert werden und an der Luft trocknen. – Federleichtes Schaumpolystyrol (z. B. »Styropor«), das in erheblichem Umfang als Verpackungs- und Isoliermaterial verwendet wird, gilt als idealer Werkstoff für die preisgünstige Produktion von Props jeder Größenordnung. Der schneeweiße Kunststoff ist in Block- oder Rollenform erhältlich; der Zuschnitt erfolgt mit einem Spezialwerkzeug (erhitzter Draht); für die Bemalung kommen ausschließlich Latex-, Acryl- und Wasserfarben in Frage. Styropor läßt sich mit gleichem Erfolg zu natürlich wirkenden Eisschollen und Miniatur-Eisbergen, künstlichen Ziegelsteinen, »beschädigten« Gebäudeteilen realer Größe, imitierten Interieurs, Keulen für Wikinger, Felsbrocken oder Eisenträgern (für Kraftakte antiker und utopischer Supermenschen), zu Riesenreliefs monumentaler Ausmaße, Skulpturen und Titel-Buchstaben verarbeiten. – Für die Zertrümmerung in Kampfszenen vorgesehene Kleinmöbel und andere hölzerne Requisiten baut man in hohler Ausführung aus dünnem, leichtem Balsaholz nach. Die Einzelteile werden durch Zahnstocher oder Zündhölzer anstelle von Leim oder Nägeln zusammengehalten. – Wo professionelle Prop-Maker ihre Requisiten in großem Stil und mit aufwendigen Spezialformen aus Fiberglas, Latex oder »Plaster of Paris« (Gips) produzieren, verwendet der Freizeitfilmer preiswertere, aber nahezu gleichwertige Mittel. So sind unter anderem glasklar aushärtendes Gießharz (z. B. »Plasticraft«) und selbsthärtende Modelliermasse (z. B. »DAS-Pronto«) in Hobby- oder Großpackungen erhältlich und

auch mit eigens entworfenen Formen leicht zu verarbeiten. Die Materialien bewähren sich vor allem bei der Konstruktion futuristischer und phantastischer Requisiten. – Besonders schöne Stein-Imitationen (archäologische Funde, Fossilien, Mondgestein, Felsbrocken bei simulierten Außenaufnahmen, Miniaturgebirge usw.) entstehen aus »Vermiculit«, einem Material, das mit Gips und Fertigzement angerührt und zu Blöcken geformt wird, die sich mit Messer oder Säge bearbeiten lassen. Für allerlei Holz-Imitationen mit Gußformen empfiehlt sich das »Relo-Gießholz-Set« von Reif; für die Formen-Herstellung nach wertvollen Originalen kommt Silikon-Kautschuk in Betracht (ebenfalls von Reif). – Auf fernen Planeten heimische oder von »Mad Scientists« kreierte fremde Lebensformen überzeugen einerseits als gallertartige Geschöpfe aus farbigem Gelatine-Pudding (bzw. Spielzeug-Substanzen wie »Slime« von Mattel und »Matsch« von

Die Roboter-Kostüme von C3PO und R2-D2 sind wahre Meisterwerke der Prop-Kunst. Foto: Centfox

Schmidt) oder als »atmende« Bällchen aus Nylon-Fell (mit eingebauter »Luftpumpe« aus Plastiksäckchen, Schlauch und Gummiball). – Nahrungsmittel, die durch Scheinwerfer-Hitze oder längere Drehpausen verderben würden, lassen sich durch allerlei – meistens ungenießbare – Surrogate ersetzen. Hierfür ein paar Beispiele: Früchte aus Papiermaché oder Weichplastik, Wurstwaren und komplette Mahlzeiten aus Knetmasse in mehreren Farben, Eiswürfel aus zerknülltem Cellophan oder Gießharz-Imitationen, eß- und trinkbarer Ersatz wie Schmelzkäse (für Butter), kalt anzurührende Instant-Puddingsorten (für Speiseeis), Ginger Ale (für Champagner).

Wetter aus der Retorte

Weder Berufs- noch Hobbyfilmer können es sich leisten, Geld oder kostbare Zeit zu verschwenden, bis die natürliche Witterung dem erforderlichen Filmwetter entspricht. Es wurde jedoch eine Reihe phantasievoller Methoden entwickelt, die gewünschten Witterungsverhältnisse auf eindrucksvolle Weise nachzuahmen. Der folgende Querschnitt durch das Programm der Wettermacher enthält »atmosphärische Tricks« für Realmotive und Miniaturmodelle (Kap. 12), da extreme Wetterbedingungen im Film gerne en miniature nachgebildet werden. Hier weichen Mittel und Methoden oftmals vom Üblichen ab, weil sämtliche Effekte eine entsprechend »verkleinerte« Wiedergabe erfordern. Bei Realaufnahmen ist unbedingt zu beachten, daß keine verräterischen Hintergrundpartien sichtbar werden. Man bevorzugt Nah- und Großaufnahmen vor neutralen Kulissen (Mauern, Hauswände, Bretterzäune) oder dehnt das synthetische Wetter auch auf den Hintergrund aus (z. B. künstliche Pfützen im Gegenlicht oder Passant mit aufgespanntem Regenschirm). Die besten Ergebnisse lassen sich übrigens mit imitierten Außenaufnahmen im Atelier erzielen. Vorsicht empfiehlt sich stets bei der Verwendung von Spray-Dosen mit Treibgasen in der Nähe offenen Feuers oder heißer Scheinwerfer. Der Realitätseindruck synthetischer Wetter-Szenen kann durch ergänzende Zwischenschnitte in Form von neutralen Archiv-Aufnahmen bei natürlichen Witterungsverhältnissen vertieft werden.
Bei der Erzeugung von Wind, Sturm und Böen dienen herkömmliche Tisch-Ventilatoren oder Haartrockner als akzeptabler Ersatz für die aufwendigen Windmaschinen des Berufsfilmers. Sie sind gleichermaßen für Real- und Modell-Aufnahmen verwendbar. Bei Freilicht-Szenen hängt der Aktionsradius natürlich von elektrischen Anschlußmöglichkeiten in unmittelbarer Nähe des Drehortes ab. Wenn Orkane oder Wirbelstürme dargestellt werden sollen, streut der gewitzte Requisiteur außerhalb der Bildfeldbegrenzung geringe Mengen getrockneter Blätter, Styropor-Krümel, Sägemehl oder Wassertropfen aus der Gießkanne in den Luftstrom des Ventilators. Lichteffekte aus dem Kolbenblitzgerät (lange Blitzleuchtzeiten) vermitteln handlungsgerechte Gewitter-Atmosphäre (blaue Blitzfilterung empfohlen). »Springende« Hagelkörner werden durch sorgfältig verstreuten Sago oder Reis dargestellt. – Während im Berufsfilm-Atelier jeder gewünschte Nebel-Typ mit speziell entwickelten »Fogmaker«-Apparaturen erzeugt werden kann, bevorzugt der Hobbyfilmer zwei andere Methoden mit ähnlicher Wirkung. Bodennebel, heiße Quellen, brodelnde Hexenkessel und dergleichen lassen sich nämlich ausgezeichnet mit Trockeneis (gepreßter Kohlensäure-Schnee) darstellen, den man normalerweise für den Versand von Gefriergut verwendet. In Verbindung mit lauwarmem Wasser entsteht dichter weißer Qualm. Wie bei allen chemischen Mitteln müssen die Sicherheitsvorschriften des Herstellers genau beachtet werden (z. B. nicht in Gegenwart von Kleinkindern und Haustieren oder in der Nähe offenen Feuers anwenden, nur im Freien einsetzen, nicht einatmen, keinesfalls mit ungeschützten Händen anfassen). Gleichmäßiger Nebel, Dunst und diesiges Wetter mit natürlicher Motivwiedergabe läßt sich

bei Real- und Modelltrick-Szenen wesentlich einfacher und manchmal sogar wirkungsvoller durch ein »Fog-Filter« darstellen, wie es in Kap. 8 beschrieben ist. – Wolkenbrüche und Dauerregen entstehen nach unterschiedlichen Methoden, aber stets mit einfachsten Mitteln. Bei Totalen und Weitaufnahmen im Freien stammen Regenschauer aus einem nach oben gerichteten Gartenschlauch, dessen Düse auf breite Streuung eingestellt wurde. Ähnlich gute Dienste leistet ein Rasensprenger mit entsprechender Halterung. Die »Regenmaschine« für Naheinstellungen oder Aufnahmen hinter Fensterscheiben besteht aus einem Plastikrohr mit zahlreichen kleinen Bohrlöchern, das man über dem Aufnahmeobjekt befestigt und mit dem Gartenschlauch verbindet. Miniaturisierter Regen für Trickmodelle rieselt aus einer mit Wasser gefüllten Sprühflasche, die man (bei Gegenlicht) in 30 bis 50 cm Höhe über dem Modell rasch hin- und herbewegt.
Tips für synthetische Winterfreuden auf Kino-Schauplätzen erscheinen mir besonders wichtig, weil erfahrungsgemäß in diesem Bereich die meisten Probleme auftauchen. Wo Hollywoods Filmmagier mit Schnee aus chemischen Substanzen (z. B. »Arti-Snow«) und . . . flockenförmig zermahlenen Plastik-Einkaufstüten Winterstimmung simulieren, verwendet der Freizeit-Cineast für liegenden Schnee in Realaufnahmen eine Mixtur aus Salzsorten unterschiedlicher Körnung und einer winzigen Menge glitzerndem »Glasglimmer«. Im Freien und bei größerer Ausdehnung der Szenerie dient Schaum aus dem Feuerlöscher als »Schneematsch«. Rieselnde Schneeflocken lassen sich durch feines Schaumstoff-Granulat herstellen, Graupelschauer durch winzige Styropor-Kügelchen (Mäntel und Hüte beim Übergang von Außen- zu Innenaufnahmen sofort abklopfen!). Beschneite und vereiste Requisiten sind das Ergebnis einer gründlichen Behandlung mit Rasierschaum (nicht lange haltbar), »Weihnachtsschnee« aus der Sprühdose (dauerhaft und kräftig) oder »Trocken-Shampoo-Spray« (sehr fein). Vereiste Fensterscheiben kommen mit Hilfe des bereits mehrmals erwähnten »Eisblumenlacks« zustande, der in Dekorationsgeschäften erhältlich ist. Im Bereich des Miniaturmodelltricks bewährt sich für den Aktionsraum beweglicher Objekte liegender Schnee aus Stärkemehl, das gegebenenfalls durch Kakao- oder Farbpulver-»Schlamm« angereichert wird. Haftender oder rieselnder Miniaturschnee sowie Reif und Eisflächen lassen sich mit speziellen Modellbau-Sprays (Typen »Schnee« und »Frost«) darstellen; als Eisblöcke für Iglus empfehlen sich Würfelzuckerstücke, als Rohmaterial für Schneemänner Wattebällchen. Wer Miniaturen oder Realrequisiten mit Eiszapfen verzieren möchte, läßt Alleskleber, weißes Wachs oder geliertes Gießharz auf glasklare Haltestäbchen abtropfen. Als schwimmende Eisschollen dienen ausgegossenes weißes Stearin (miniaturisiert) oder Bruchstücke von Styropor-Tafeln (Realaufnahmen).

6 Im Maßstab 1:1

Findige Spielfilm-Regisseure wie Méliès, Chaplin, Porter, Griffith oder Eisenstein setzten schon in den ersten Jahrzehnten der Stummfilm-Ära neben technischen Aufnahmeeffekten in verstärktem Maße Ausstattungstricks ein. Sie machten sich die Tatsache zunutze, daß oft allein durch die Dekorationen am Drehort ein Milieu skizziert, ein bestimmter Zeitabschnitt verdeutlicht, Spannung erzeugt oder einfach nur die gewünschte Atmosphäre vermittelt werden kann. Davon profitierten sowohl künstlerisch wertvolle Produktionen als auch »Potboilers« aller Schattierungen (rein kommerzielle Kino-Erzeugnisse). Darüber hinaus erkannten die Schöpfer turbulenter Grotesken und wilder Action-Filme bereits vor Beginn des zwanzigsten Jahrhunderts, in welch hohem Maße der Erfolg ihrer Lichtspiele vom Nervenkitzel der Zuschauer durch halsbrecherische artistische Leistungen tollkühner Sensationsdarsteller abhing. An der Schaulust des Publikums hat sich bis heute wenig geändert, so daß die Filmemacher immer wieder auf bewährte Rezepte zurückgreifen. Obwohl die meisten der hier skizzierten Möglichkeiten im Amateurbereich nur selten wahrgenommen werden können, stellen sie doch eine wichtige informative Ergänzung der Anregungen aus Kap. 5 dar.

Tips für Kino-Architekten

Wenn auf Leinwand oder Bildschirm Ritterburgen, Piratenschiffe, griechische Tempel, Märchenwälder, Hafenkneipen, Weltraumstationen, Bunkeranlagen, Urwelt-Höhlen, orientalische Harems, Goldgräberstädte und ähnliche Szenerien auftauchen, darf man wetten, daß die Mehrzahl dieser »Sets« als künstliche Realbauten im Maßstab 1:1 entstanden sind. Es handelt sich also vorwiegend um sehr realistische, durchaus funktionstüchtige und vielfach aus Originalwerkstoffen bestehende Attrappen, wobei man sich jedoch in der Regel auf die Konstruktion falscher Fassaden und aufnahmegerechter Bruchstücke künstlicher Dekorationen beschränkt. Sobald exotische, historische, utopische oder phantastische Schauplätze erforderlich sind, engagiert der Berufsfilmer für die »Art Direction« einen jener »Production Designer« mit den multiplexen Fähigkeiten von Architekt, Raumausstatter, Requisiteur und Grafiker. Experten dieses Typs gibt es seit der Geburt des Mediums Film. Die Liste berühmter Namen (und mehrfacher »Oscar«-Preisträger) reicht von Cedric Gibbons, Richard Day und William Cameron Menzies (Erfinder der Berufsbezeichnung Production Designer) bis zu den gegenwärtig tätigen Meistern ihres Faches, Glen Robinson (»Erdbeben«, »Die Hindenburg«) oder Rolf Zehetbauer (»Orion«, »Cabaret«). Zu den berühmtesten Mitgliedern dieser Gilde gehört jedoch zweifellos der Engländer Ken Adam mit seiner Vorliebe für spektakuläre und bizarre Szenerien (u. a. »Dr. Seltsam«, »Goldfinger«, »Tschitty Tschitty Bäng Bäng«, »Barry Lyndon«).
Obwohl heute häufig »on location«, also an Original-Außenschauplätzen gedreht wird, genießen Production Designer nach wie vor hohes

Ein von Bäumen (Bildmitte) kaschierter 125-Tonnen-Kran hält den – echten – Riesenbus bei Action-Szenen im Gleichgewicht. Foto: CIC

Hitchcock ließ für seinen Thriller »Psycho« ein komplettes Horror-Haus als Realbau erstellen. Foto: Paramount

Ansehen. In ihren Konstruktionsbüros und Werkstätten entstehen nach sorgfältig ausgearbeiteten Plänen dreidimensionale Realbauten nach Art von Hitchcocks »Psycho«-Haus und der gigantischen Mauer auf »King Kongs« Insel oder funktionsfähige Phantasiefahrzeuge à la »Haarsträubende Reise in einem verrückten Bus« und »Der Spion, der mich liebte«. Außerdem stellt man aus Fiberglas, Latex und ähnlichen Materialien zahllose »Mock-ups«, also Attrappen-Fragmente von Landschaften, Gebäuden, Autos, Eisenbahn-Waggons, Weltraumschiffen oder Sauriern her. Mitunter werden in riesigen Atelierhallen komplette Sets 6Realbauten samt umgebender Szenerie7 errichtet, damit man während monatelanger Drehzeiten orts- und wetterunabhängig filmen kann. Innen- und Außendekorationen sind oftmals so haltbar, daß sie sich nach den Dreharbeiten noch als Touristen-Attraktionen im Stil von »Universal City« eignen. Zu den Aufgaben des Filmausstatters gehören übrigens auch der Entwurf und die Ausführung erstaunlicher Spezialapparaturen von manchmal furchterregenden Ausmaßen. Als typische Beispiele erwähne ich das »Rocker Unit« (Schaukelmaschine für Segelschiff-Teile oder ähnliche Mock-ups) und die »Badewanne« (künstlicher See für Realaufnahmen oder Modelltricks) samt Rundhorizont und Wellenmaschine. – Für ausgefallene Hobbyfilm-Schauplätze verwendet man vorzugsweise Miniaturmodelle. Geschickte Heimwerker können jedoch auch passende Mock-ups anfertigen oder die im nächsten Abschnitt beschriebene Methode der Schauplatz-Ergänzung anwenden. Wenn man seine Akteure bei entsprechenden Szenen lediglich in Nah- und Großaufnahmen zeigt, sind keine überdimensionalen Ausstattungsstükke erforderlich. Überblickstotalen lassen sich dann nach anderen Methoden realisieren (Background-Trick, Rückprojektion, Verwendung von »Stock Shots«).

Dekorationseffekte

Phantasiebegabte Freizeit-Designer machen ausgezeichnete Erfahrungen mit Originalschauplätzen, die durch wenige sorgfältig verteilte Requisiten oder Dekorationsstücke glaubhaft in die gewünschte Szenerie verwandelt werden können. Hier kann man durch Modifikation der

gleichen Ausstattungsmittel und Variation des Kamerablickwinkels auch auf kleinem Raum ausgedehnte Schauplätze vortäuschen. Wenn ein Drehort für ergänzende Aufnahmen als Miniaturmodell nachgebildet wird, dienen gleichartige Props oder Mock-ups in Originalgröße und verkleinertem Maßstab als ideale Bindeglieder zwischen den beiden Aufnahmearten.
Als Beispiel für die filmgerechte Umwandlung von Außenschauplätzen dient eine Sandgrube (in den Ferien: Dünental). Die eindrucksvolle Szenerie läßt sich nach Bedarf folgendermaßen umfunktionieren: Western-Landschaft (verrottetes Brett mit der Aufschrift »Gunpowder City« als Wegweiser), mexikanische Steppe (vorübergehend samt Töpfen in den Boden eingegrabene Kakteen oder Agaven, durch Froschperspektive der Kamera optisch vergrößert), Oase (Palmen-Attrappen aus der Bastelwerkstatt), Kriegsschauplatz (schiefe Zaunpfähle mit Stacheldraht und verlorenem Stahlhelm), Mars-Landschaft (Purpur-Filterung/ zu Phantasiegewächsen umgestaltete Plastikblumen). Ähnliche Verwandlungsaktionen gelingen mit aufgelassenen Steinbrüchen, Flußufern, Waldlichtungen, Alpentälern und Marschen. Ein tückisches »Sumpfloch« für den Abenteuerfilm entsteht im Swimming Pool oder in einer wassergefüllten Grube mit schrägem Boden, auf deren Oberfläche eine dicke Schicht gefärbten Sägemehls mit Styropor-Granulat und künstlichen Pflanzenfragmenten schwimmt. Sollen Darsteller eines Phantasiefilms in aufrechter Haltung Zimmerwände oder -decken entlangspazieren, dann wird die Dekoration auf dem Fußboden nachgebaut und mit kopf- oder querstehender Kamera (um 90° verkantet) aufgenommen; Details des imitierten Fußbodens befinden sich jetzt an Wand oder Decke des Ateliers. Die Umgestaltung von Innenszenerien (auch für simulierte Außenaufnahmen) ist oftmals einfacher, weil in jedem Durchschnittswohnhaus verschiedenartige Räume einschließlich Keller- und Dachbodenkammern mit attraktivem Spinnengewebe zur Verfügung stehen. Auch hier genügen mitunter wenige typische Realrequisiten oder Props, um den Schauplatz wunschgemäß in Büro, Tabakladen, Pub, Diskothek, Saloon, Draculas Gruft, Gangster-Quartier, Sauna oder Räuberhöhle umzugestalten. Darüber hinaus läßt sich jedes beliebige Zimmer durch Raumteiler aus Tuch oder Hartfaserplatten in ein Filmstudio verwandeln, ohne daß die Einrichtung in irgendeiner Weise beeinträchtigt wird. Als ideale Requisiten empfehlen sich fertige Props aus Styropor oder vacuumverformter Plastikfolie, wie sie in Fachgeschäften für Dekorationsbedarf erhältlich sind (Säulen-Fragmente, Balustraden, imitierte Bronze-Skulpturen, Wandverkleidungen usw.). Geeignete Baumaterialien für Selbstbau-Dekorationen sind farbiger und metallisierter Plakatkarton, Mauerstein-Tapete, Selbstklebefolie mit Holzmaserung; Schaumpolystyrol und Gips oder ähnliche Modelliermasse auf einer Unterlage aus Drahtgaze, Stoffstreifen und stabilisierender Latten-Halterung.

Die Fantasy-Modenschau

Durch die Innenstadt von Tokio stapft eine gigantische Gestalt, die entfernt an den »Tyrannosaurus Rex« aus erdgeschichtlicher Vergangenheit erinnert. Krächzend und flammenspeiend verarbeitet das Zwan-

Bei diesem angriffslustigen Darsteller handelt es sich um ein »Dummy«, das nur als Teilstück existiert.
Foto: Constantin

zigmeter-Ungetüm mit hypnotischer Langsamkeit Brücken und Bürohäuser zu handlichem Kleinholz. Doch wenig später unterbricht ein gellendes Regie-Kommando das spukhafte Schauvergnügen in Atelierhalle 12. Lächelnd entledigt sich ein kleinwüchsiger Mann seiner zweiten Haut in Form eines Saurier-Kostüms aus Plastiktuch und wabbelndem Schaumgummi. Er heißt Haruo Nakajima und hat soeben zum wiederholten Male seinen Part als turmhohe Riesenechse »Godzilla« (im Original »Gojira«) absolviert. Das Ungeheuer wurde 1954 von Japans Filmtrickkönig Eiji Tsuburaya und seinem Regisseur Inoshiro Honda kreiert. Es fand inzwischen zahllose Nachfolger und Epigonen, die seither nicht nur Nippons Ateliers unsicher machen. Ganz ähnlich hat es beispielsweise in den Modell-Sets Hollywoods ausgesehen, als Rick Baker, die »menschliche« Version von »King Kong«, auf der Suche nach Dwan die nachempfundenen Straßen New Yorks inspizierte.
Das Erfolgsrezept solcher Filme heißt »Man in a Suit«: Man steckt seinen Akteur in ein sorgsam hergerichtetes Superkostüm samt Spezialmaske (Kap. 16) und läßt ihn in einer präparierten (Stadt-) Landschaft aus Miniaturmodellen agieren. Obwohl sich an diesem Punkt die Aufgabenbereiche von Trickfachmann und Kostümbildnerin überschneiden, sollen sich Hobbyfilmer nicht verpflichtet fühlen, der mehrfachen »Oscar«-Gewinnerin Edith Head nachzueifern. Außer »normaler« Schauspieler-Garderobe aller Epochen können nämlich vielfach auch Spezialkostüme samt entsprechenden Masken oder Kopfbedeckungen und einschließlich passender Hand- oder Fußbekleidung fertig bezogen werden! Als Lieferanten empfehlen sich Versandgeschäfte für Festartikel und Vereinsbedarf, Kostümverleiher und Fundus-Verwaltungen von Theater-Unternehmen. Bastelfreudige Filmer-Familien stellen sogar viele der schwierigeren Kostüme in liebevoller Handarbeit selbst her: Märchenprinzessin, Astronaut, Clown, Ritter, außerirdischer UFO-Insasse, Cowgirl, Samurai, Roboter, Pseudosaurier usw. Als Rohmaterialien eignen sich zweckentfremdete Fertigteile wie Schweißer-Handschu-

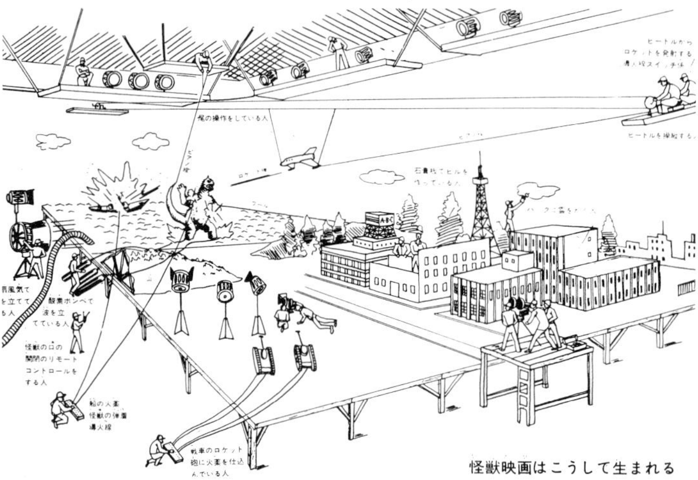

Japans Fantasy-Filmer stecken Schauspieler in »Monster«-Kostüme (oben) und lassen die Pseudogiganten in Miniaturszenerien agieren (unten).
Abbildungen: Toho Co.

he oder Feuerwehr-Helme; für die Umarbeitung kommen Kleidungsstücke oder Hüte aus der Mottenkiste sowie allerlei handelsübliche Werkstoffe (Plakatkarton, Plastiktuch, Metallfolie, Leder- und Textil-Abfälle) in Betracht.

Dummy, Stunt-man, Unsichtbarer

Es gibt drei Typen außergewöhnlicher Schauspieler, denen man als Trick-Experte sowohl mit Vorsicht begegnen als auch gesteigerte Aufmerksamkeit schenken sollte. Die seltsamen Darsteller treten vorwiegend in Action-Filmen oder Grotesken auf und ermöglichen die Realisierung spektakulärer Szenen, bei denen der Zuschauer seinen Augen kaum mehr zu trauen wagt.
Als »Dummy« bezeichnet man jenen Vertreter eines menschlichen oder animalischen Filmdarstellers, der in gleichbleibender Position tagelang

regungslos auf imitierten Schlachtfeldern ausharrt, auf Kanonenkugeln reitet, von Hochhäusern herunterspringt oder samt Auto eine Klippe hinabstürzt. Da solche Prozeduren keinem Lebewesen zugemutet werden können, stellen die Leute vom Prop-Workshop lebensgroße Duplikate aus Schaumpolystyrol her, hüllen sie in passende Kostüme und tauschen sie bei Bedarf unauffällig gegen ihre lebenden Vorbilder aus. Wenn Schauplatzteile als Miniaturmodelle nachgebaut werden, kann man für solche Effekte natürlich auch die hervorragenden Aktionspuppen (Kap. 12) einsetzen. – Zur zweiten Gruppe willkommener Ersatzschauspieler gehören die berühmt-berüchtigten »Stunt-man« oder »Cascadeurs«. Das sind jene Allround-Artisten, von denen sich Filmdarsteller bei waghalsigen Aktionen und in gefährlichen Situationen »doubeln« lassen. Mit entsprechender Frisur (Perücke) und Kostümierung ausgestattet, löst der Stunt-man den »Star« immer dann ab, wenn das Drehbuch Schlägereien oder andere Kampfszenen, turbulente Verfolgungsjagden, pyrotechnische Tricks, Helldriver-Szenen mit halsbrecherischen Auto-Kollisionen, Sprünge aus Flugzeugen auf fahrende Eisenbahnen, bravouröse Reiterkunststücke und dergleichen vorschreibt. Ich erinnere in diesem Zusammenhang an Stanley Kramers Stunt-Feuerwerk »Eine total, total verrückte Welt« (»Das Ding«) und an die grotesken Gag-Schlägereien in Filmen mit Bud Spencer und Terence Hill. Cascadeurs sind für den professionellen Film unentbehrlich, und die lange Liste berühmter Namen in diesem traditionsreichen Berufszweig reicht von Stummfilm-Star Buster Keaton über Yakima Canutt in den dreißiger Jahren bis zum gegenwärtigen König der Stunt-men, Yvan Chiffre. Aus den Reihen der anonymen Spezialisten sind sogar Weltstars wie Burt Lancaster oder Jean Marais hervorgegangen. Obwohl ich unter anderem auch auf diesem Sektor persönliche Erfahrungen sammeln konnte (meine Spezialität waren Sprünge aus fahrenden Autos), empfehle ich diesen

Zu allen Zeiten beliebteste Glanznummer der Stuntmen: umsteigen vom fahrenden Auto ins schwebende Flugzeug.
Foto: CIC

Freizeitsport nur echten Fachleuten zur Nachahmung! Hobbyfilmer realisieren solche Sensationsaufnahmen stets mit Puppen und Miniaturmodellen. Gegen den Einsatz von »Doubles« hingegen bestehen auch im privaten Bereich keinerlei Bedenken. Es ist nämlich durchaus legitim, Star oder Starlet vorübergehend durch ein »Stand-in« zu ersetzen (Statist mit gleicher Statur als Double bei Weit-Einstellungen oder langwierigen Licht- und Einstellproben) oder gegen einen Fachmann auszutauschen (in Totalen oder mit dem Rücken zur Kamera auftretender Pilot, Fallschirmspringer, Froschmann, Lokomotivführer, Spitzensportler usw.). Besondere Bedeutung haben von jeher die sogenannten Hand-Doubles. Das sind Menschen mit besonderen Fähigkeiten (Zauberer, Maler, Musiker, Kartenspieler, Handwerker), deren Hände in Nahaufnahmen anstelle der Schauspieler-Hände gezeigt werden, wobei man allerdings auf übereinstimmende Manschetten, Ärmel, Schmuckstücke und Armbanduhren achten muß. – Unsichtbare Handlungsfiguren können naturgemäß von der Kamera nicht unmittelbar wahrgenommen werden. Als Varianten einer klassischen Horror-Film-Gestalt sind sie mit perfekt funktionierenden Tarnkappen ausgestattet und lassen sich folglich nur indirekt darstellen. Hier entfallen zwar die bisher geschilderten Probleme, aber es gibt andere Schwierigkeiten, die durch gezielte Tips aus der Welt geschaffen werden sollen. Um dem Zuschauer die Anwesenheit unsichtbarer Personen glaubhaft vorzutäuschen, muß man die Auswirkungen ihres Pseudo-Auftritts darstellen. Folgende Methoden haben sich als besonders wirkungsvoll erwiesen: Bewegung leichter Gegenstände durch den gerichteten Luftstrom eines Haartrockners (plötzlich bewegte Vorhänge, umfallende Gegenstände, verrutschende Papiere, mit Sicherheitsabstand verformter Wasserstrahl einer Dusche); Bewegung von Gegenständen durch verborgene Helfer (aufspringende oder zufallende Türen und Fenster, Verformung von Vorhängen und Kissen durch versteckte Zugfäden); in der »Schwebe« dargestellte, scheinbar von unsichtbarer Hand benutzte Bleistifte, Zündholzschachteln, Spielkarten, Zigarren und dergleichen an Halterungen aus Strumpffäden (vgl. Kap. 12); nach dem Sachtrick-Prinzip durch Einzelbild-Animation bewegte Aufnahmeobjekte (Möbel, Schranktüren, Fenster, Requisiten, sich selbst füllende oder leerende Gefäße, nasse Spuren bloßer Füße). Als ideale Methode für das Erscheinen oder Verschwinden eines Unsichtbaren bietet sich die »Insichblende« (Kap. 14) an.

7 Die subjektiven Objektive

Wer die optische Ausstattung seiner Filmkamera lediglich als Voraussetzung für die Erleichterung des Aufnahmevorgangs betrachtet, verzichtet auf reizvolle visuelle Gestaltungsmöglichkeiten. Sobald man Objektive fest eingestellter oder variabler Brennweite bewußt für die Verbesserung der Bildkomposition und die Intensivierung des Bildinhalts ausnutzt, lassen sich nämlich ganz erstaunliche Motivmanipulationen im Sinne der beabsichtigten Filmaussage durchführen. Abgesehen davon, daß bestimmte Objektivbrennweiten bei vielen aufnahmetechnischen Sonderverfahren entscheidend zur Wirkungssteigerung beitragen, darf man gewisse optische Raffinessen durchaus als selbständige Spezialeffekte einstufen. Das gilt sowohl für die unauffällige als auch für die offensichtliche Anwendung. – Bei Objektiven von Kinokameras legt man folgende Normalbrennweiten zugrunde, die vom verdoppelten Diagonalmaß des Filmeinzelbildchens abgeleitet werden: etwa 15 mm für Super-8 und Single-8, etwa 25 mm für 16 mm, etwa 51 mm (= 2 Inches) für 35 mm (Berufsfilm). Während die Normalbrennweite gewissermaßen den Blickwinkel unserer Augen imitiert, die Motive also vergleichsweise wirklichkeitsgetreu wiedergibt, verursachen kürzere, längere oder während der Aufnahme veränderte Objektivbrennweiten leichte bis extreme Verfremdungen der Perspektiven, Proportionen und Dimensionen des Motivs. Variierende Bildwinkel, Abbildungsmaßstäbe und Schärfentiefenbereiche eignen sich hervorragend für die gesteuerte Verwandlung verschiedenartiger Motive.
Bevor wir uns im einzelnen über die wichtigsten Merkmale des »Zooming« und einiger von der Norm abweichender Brennweiten unterhalten, möchte ich Trick-Interessenten auf ein unentbehrliches optisches Zubehör aufmerksam machen. Die meisten Schmalfilmkameras verfügen über Zoom-Objektive, die aufgrund optischer Gesetzmäßigkeiten nicht auf kurze Aufnahmedistanzen einstellbar sind. Bei der Gestaltung von Spezialeffekten gibt es jedoch zahlreiche Aufnahmesituationen, in denen das Motiv durch Tele-Brennweite noch zu klein, durch Makro-Einstellung jedoch zu groß abgebildet wird. Die Einstellücke zwischen Normal- und Makro-Bereich läßt sich nur durch Nahvorsatzlinsen schließen, die mit zahlreichen Gewindedurchmessern, für mehrere Aufnahmeabstände und in unterschiedlichen Qualitäten erhältlich sind (empfohlen werden achromatisch korrigierte, vergütete Nahlinsen). Sorgfältige Handhabung und kleine Blendenöffnungen (mindestens 8) vorausgesetzt, kann man übrigens auch die speziell für fotografische Zwecke entwickelten Zoom-Nahlinsen von Hoya, Spiratone oder WEP mit dem Objektiv der Filmkamera koppeln. Der variable Einstellbereich eines solchen Objektivvorsatzes hängt von der gewählten Brennweite ab. Das gleiche gilt für die universell verwendbaren »Macro-Close-up«-Linsen (+ 10 oder + 20 Dioptrien). – An anderen Stellen dieses Buches finden Sie ausführliche Informationen über Filter und Tricklinsen 6Kap. —7, Makro-Tricks mit Zoom-Objektiven (Kap. 9) und verschiedenartige Spezialobjektive (Kap. 18).

Zooming und Methode

Der Prototyp aller heute gebräuchlichen Zoom- oder Vario-Objektive wurde 1930 von einem gewissen H. J. Grammatzki entwickelt, der dem neuartigen optischen Instrument die zutreffende Bezeichnung »Transfokator« verlieh. Ein variables Kameraauge besteht auch heute noch aus einem teilweise verschiebbar angeordneten Linsensystem, das durch Veränderung der Brennweite eine Variation des Abbildungsmaßstabes bewirkt. Zoom-Objektive lassen sich also innerhalb eines bestimmten Bereiches zwischen Weitwinkel- und Tele-Position stufenlos auf beliebige Brennweiten einstellen. Bei Super-8-Kameras ist in der Regel ein vier- bis zehnfacher Zoom-Bereich üblich (z. B. 8 bis 32 mm, 8 bis 64 mm, 7 bis 70 mm). Neuerdings liefert Schneider sogar Objektive mit einem Brennweitenverhältnis von 1:30 (Variogon 1:1,8/6 – 180 mm). Kluge Filmemacher sind sich stets der primären Funktion variabler Objektive bewußt, vor Aufnahmebeginn eine schnelle und bequeme Ermittlung des optimalen Motivausschnitts zu gewährleisten. Zooming (Travelling), also die manuell oder motorisch ausgeführte optische Fahraufnahme (durch kontinuierliche Brennweitenveränderung während des Filmens) gilt als subtiles Mittel bildsprachlicher Gestaltung. Es ist für viele verborgene und offensichtliche Spezialeffekte nutzbar, darf also nicht durch unmotivierten oder allzu häufigen Einsatz abgewertet werden. Im übrigen ist zu beachten, daß Zooming eine völlig andersartige Bildwirkung hervorruft (flächige Verschiebung der Motivebenen) als eine »echte« Kamerafahrt (Kap. 3). Die beiden Aufnahmemethoden sind folglich nicht ohne weiteres austauschbar. Im übrigen gelingt perfektes Zooming nur bei Einsatz eines erstklassigen Dreibeinstativs!

Die Merkmale optischer Fahraufnahmen lassen sich als gezielt angewandte Effekte auswerten, wenn man Bildaussage und Brennweiten-Charakteristik in Einklang bringt oder durch die Brennweitenveränderung eine symbolische Umkehrung der Motivwiedergabe herbeiführt. Die Veränderung des Abbildungsmaßstabes ist ja zwangsläufig mit einer Verlagerung der »unterschwellig« vom Zuschauer wahrgenommenen Motivbeeinflussung zwischen Weitwinkel- und Tele-Position verbunden. Zu den raffinierteren Anwendungsbeispielen gehört die langsame optische Fahrt in der dramaturgischen Funktion eines behutsamen, übergangslosen Einstellungswechsels zwischen Totale und Nahaufnah-

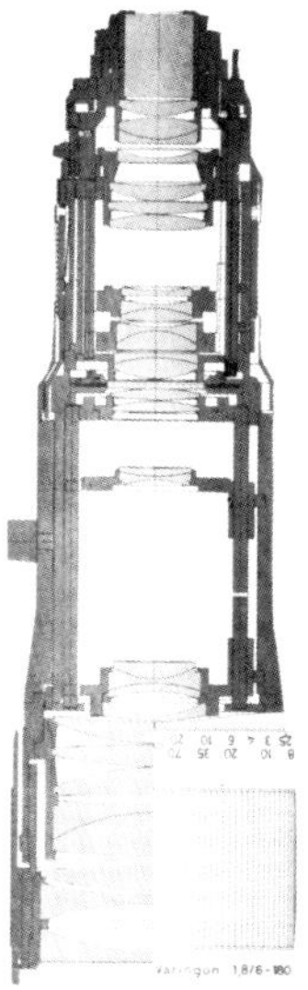

Zoom-Objektive mit extrem großen Brennweitenbereichen. Oben: Variogon 1,8/6–180 mm; unten: Fernsehobjektiv 30 × 33; unten rechts: TV-Kamera »on location«. Zeichnungen: Schneider / Foto: Canon

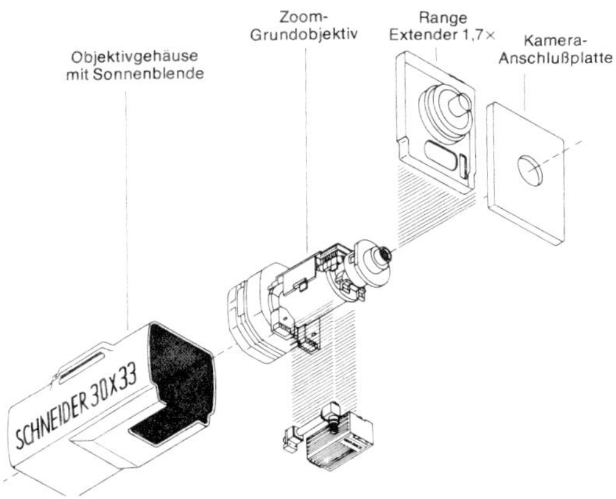

me (auch in Verbindung mit Kamerafahrten angewandte »innere Montage« von zärtlichen, romantischen oder tragischen Szeneninhalten, speziell in Live-Tonfilmen). Bei Flachmodelltricks (Kap. 12), die an sich nur Bewegungen quer zur optischen Achse zulassen, erschließt stufenlose Brennweitenveränderung die dritte Dimension; auf schwarzem oder einfarbigem Grund angebrachte Flachfiguren scheinen in Aufnahmerichtung durch das Bild zu schweben (auch als »Schwelltitel«-Effekt und

Ein separat erhältlicher Konverter verwandelt das Zoom-Objektiv dieses Fabrikats bei längster Brennweite in eine »Tele-Kanone«.
Foto: Noris

mit dreidimensionalen Objekten realisierbar). Sehr rasches Zooming fungiert in Abhängigkeit vom Motiv als optischer Hinweis, als visueller Schock oder als Mittel der Spannungssteigerung: Verkürzung der Brennweite enthüllt die Merkmale der Motiv-Umgebung; Verlängerung der Brennweite betont ein zunächst in der Fülle von Aufnahmeobjekten verborgenes Detail. Gefühlvolle Handhabung des Brennweitenhebels ermöglicht die perfekte Bewegungsbegleitung von Menschen, Tieren, Fahr- oder Flugzeugen mit gleichbleibender (!) Abbildungsgröße während der gesamten Aufnahmedauer (spielende Kinder, Verfolgungsjagden in Krimis, startende Jumbo-Jets usw.).

Weitwinkel mit Variationen

Bei Einstellung auf die kürzeste Brennweite des Zoom-Objektivs (z. B. 7 mm für Super-8) wird das Blickfeld der Kamera erweitert, so daß man auch bei kurzen Aufnahmedistanzen oder in kleinen Räumen große Motivausschnitte erfassen und ausgedehnte Bewegungsvorgänge aufzeichnen kann. Zu manchen Kameramodellen sind sogenannte Konverter (Teilobjektive mit Schraubfassungen) für die Brennweiten-Verkürzung auf beispielsweise –,– mm erhältlich. Weitwinkel-Brennweiten rufen eine optische Vergrößerung der Szenerie hervor, vermitteln den Eindruck von Weite, verstärken die Raumillusion der Abbildung (Betonung durch Vordergrund-Details) und ermöglichen die visuelle Symbolisierung der »Einsamkeit« von Personen im Motiv-Hintergrund. Es ergeben sich scheinbar größere Distanzen zwischen den Motivebenen, und Bewegungen in Aufnahmerichtung scheinen beschleunigt abzulaufen (Ausnutzung für die künstliche Temposteigerung beweglicher Aufnahmeobjekte). Die enorme Vergrößerung des Schärfentiefenbereichs unterstreicht die Dynamik der Motivwiedergabe, ermöglicht raffinierte

Spiegel- oder Split-Screen-Tricks (Kap. 4 und 15) und läßt die Spielzeug-Proportionen von Miniaturmodellen realistischer erscheinen. Für den Kinomagier ist aber auch die perspektivische Verzeichnung durch Weitwinkel-Brennweiten bemerkenswert, die mit Verringerung der Aufnahmedistanz immer deutlicher in Erscheinung tritt. So werden beispielsweise hautnah gefilmte Gesichter mit spukhafter Verzerrung wiedergegeben (Alptraum-Gestalt, Psycho-Schock, Horror-Effekt). Darüber hinaus verfremden sehr kurze Brennweiten alltägliche Aufnahmeobjekte auf eine ganz typische Weise: sie verwandeln schräg anvisierte Kleinwagen in Luxuslimousinen, Eidechsen in Saurier und normale Oberweiten in Superbusen. Gebäude werden imposanter wiedergegeben, Felsbrocken wachsen zu Gebirgen empor, Eisenbahnzüge ziehen sich in die Länge, Gegenstände nehmen nahezu monumentale Ausmaße an. Es versteht sich fast von selbst, daß man die äußere und innere Wirkung »verrückter« Aufnahmeperspektiven (Kap. 2) durch den zusätzlichen Weitwinkel-Effekt beträchtlich intensivieren kann.
Zum Vergnügen von Liebhabern außergewöhnlicher Effekte und extravaganter optischer Zauberkunststücke hat die Industrie drei spezielle Vorsätze für die Ergänzung serienmäßiger Objektive entwickelt. Bestimmte Super-8-Objektive der Marken Bolex, Eumig und Schneider lassen sich mit einem »PMA«-Konverter (Panorama Macro Aspheric) koppeln. Der Objektivvorsatz weist eine asphärische Fläche auf, die das optische Phänomen der »sphärischen Aberration« beseitigt, so daß eine fast unglaublich kurze Objektivbrennweite von ‹ mm ohne die Gefahr irgendwelcher Abbildungsfehler erreicht wird. Das gleiche gilt für jenen »Aspheron«-Vorsatz von Bolex, der bei 16-mm-Kameras eine Brennweiten-Verkürzung von 10 auf 5,5 mm bewirkt. Asphärische Vorsätze für ultrakurze Brennweiten vervielfachen bestimmte Weitwinkel-Effekte bei Ausschaltung der (manchmal willkommenen) Verzerrung: gewaltige Vergrößerung des Aufnahmebildfeldes mit Panorama-Wirkung, phantastische Beschleunigung von Kamera- und Objektbewegungen in Aufnahmerichtung, extreme Ausdehnung der Schärfenzone. – Die beiden anderen Zusatzobjektive bilden sowohl in der visuellen Wirkung als auch hinsichtlich der Anwendungsbereiche einen heftigen Gegensatz zu den asphärischen Konvertern. Bei Einsatz eines »Fish-Eye«-Vorsatzes werden sämtliche herkömmlichen Weitwinkel-Effekte gewaltig über-

Der Fischaugen-Vorsatz ermöglicht »verrückte« Motivverfremdungen in sämtlichen Entfernungsbereichen.

Ultrakurze Objektivbrennweiten verursachen gestalterisch nutzbare Verzeichnungen bei erweitertem Schärfentiefenbereich.

steigert. In Verbindung mit der kürzesten Brennweite des Zoom-Objektivs erreicht man unter Umständen eine Reduzierung bis auf 3 mm! Im Gegensatz zu den gebräuchlichen Objektiven (zentralperspektivische Abbildung) gibt ein Fish-Eye alle Motive mit sphärischer, also kugelförmiger Perspektive wieder. Mit Ausnahme von Horizontalen und Vertikalen, die durch die Bildmitte verlaufen, erscheinen alle Linien heftig verbogen. Die völlig ungewohnte Verfremdung sämtlicher Motive läßt sich für phantastische Gags, Psycho-Effekte, Horror-Schocks und Titel-Tricks ausnutzen, wenn man sparsam damit umgeht. Im übrigen erzeugt das Fish-Eye bei Kameraschwenks alptraumhafte Proportionsverschiebungen, die den Motiven eine gummiartige Konsistenz zu verleihen scheinen. Auf dem amerikanischen Markt wird für Super-8-Kameras ein Wechselobjektiv (C-Mount) mit der schier unglaublichen Brennweite von 2,5 mm angeboten, das nur bei Kameraverkantung verzeichnete Linien abbildet (Century Cine). Aufnahmen mit dem »Birds-Eye« (Spiratone) sollten nur als seltene Ausnahmeeffekte in die Szene eingebaut werden, weil das Ausmaß der optischen Verzerrung fast schon die Grenze des Erkennbaren überschreitet. Der Vorsatz besteht aus einem Glaszylinder mit eingebauter Nahlinse und verstellbar angeordneter asphärischer Spiegel-Halbkugel, die dem Kameraobjektiv zugewandt ist. Diese Vorrichtung entwirft ein rundes Abbild der Umwelt (210°), in dessen

Optisch komprimiert durch lange Brennweite und verlangsamt durch Zeitdehnung, erscheint die Reiterhorde als kompaktes Symbol der Bedrohung.
Foto: Tobis-Filmkunst

kreisförmigem Zentrum Kamera und Operateur sichtbar werden. Das »Vogelauge« eignet sich für ähnliche Anwendungsbereiche wie das »Fischauge«.

Vom Tele zum Supertele

Im Vergleich mit Weitwinkel-Aufnahmen erzielt man bei Einstellung des Zoom-Objektivs auf die längste Brennweite (z. B. 64 mm für Super-8) eine umgekehrte Bildwirkung. Bestimmte Kameramodelle lassen darüber hinaus die Ausdehnung der längsten Originalbrennweite des Zoom-Objektivs auf das Doppelte oder Dreifache zu. Durch das eingeengte Blickfeld der Kamera werden nur noch kleine Motivausschnitte erfaßt. Während weit entfernte Objekte bildfüllend heranrücken (Sport-Stars, seltene Tiere, auf- oder untergehende Sonne, architektonische Details), gelingt im normalen Distanzbereich die überlebensgroße Abbildung von kleinen Aufnahmegegenständen aller Art. Tele-Brennweiten verhelfen zu lebensechten Menschen- oder Tierbeobachtungen mit versteckter Kamera und ermöglichen die Aufzeichnung pyrotechnischer Effekte (Kap. 13) mit ausreichendem Sicherheitsabstand. Wo eine völlig verzeichnungsfreie Wiedergabe von Gesichtern und Gegenständen erwünscht ist, garantiert die lange Brennweite erstklassige Resultate. Durch verkürzte Perspektiven scheinen Bewegungen in Aufnahmerichtung verlangsamt abzulaufen, ein optisches Phänomen, das sich für die künstliche Tempo-Verringerung ausnutzen läßt. Bedeutsam ist, daß infolge der scheinbar zusammengezogenen Motivebenen die Raumillusion des Bildes annähernd aufgehoben wird. Man kann die Tele-Kontraktion einerseits zur Vortäuschung verkürzter Realentfernungen ausnutzen (auf dem Hintergrund »klebendes« Vordergrund-Objekt), andererseits für die optische Symbolisierung verwenden (übertriebene Darstellung räumlicher Enge; Verdeutlichung von Übervölkerung, Verkehrsdichte oder Alpträumen durch komprimierte Motive). Der verringerte Schärfentiefenbereich bei der Aufnahme mit langen Objektivbrennweiten muß sich durchaus nicht nachteilig auswirken; er verhilft unter anderem zu reizvollen Bildschärfeneffekten.
Wie bereits angedeutet, hat die Industrie einige Schmalfilmkameramodelle für echten Objektivwechsel auf den Markt gebracht. Geräte dieses Typs lassen bei Einsatz passender Adapter die Kombination mit Foto-Wechselobjektiven aller gebräuchlichen Systeme zu. Sie machen sich vor allem dort bezahlt, wo der Filmemacher aus aufnahmetechnischen oder gestalterischen Erwägungen extreme Tele-Effekte erzielen will. Die ursprüngliche Brennweite des Foto-Objektivs wird nämlich durch die Verwendung an der Super-8- oder Single-8-Kamera etwa sechsfach verlängert! Ein Kleinbild-Normalobjektiv von 50 mm Brennweite erzeugt also bereits eine Abbildungscharakteristik wie bei 300 mm (Foto) oder 90 mm (Film). In diesem Zusammenhang weise ich noch einmal ausdrücklich darauf hin, daß Tele-Aufnahmen nur dann zufriedenstellend ausfallen, wenn die Kamera erschütterungsfrei auf einem leistungsfähigen Dreibeinstativ verankert wurde. Vor allem bei Einsatz von Foto-Objektiven können sich geringste Schwingungen und Vibrationen so katastrophal auf das Bildresultat auswirken, daß man ausschließlich mit langem Drahtauslöser (besser: elektromagnetischer Fernauslöser) und ohne »körperlichen Kontakt« zur Kamera filmen muß.

8 Optische Illusionen

Mit beispielhaften Leistungen beweisen namhafte Regisseure wie Stanley Kubrick, Claude Lelouch, Jean Rollin und viele ihrer Kollegen, daß Vorliebe und Begabung für optische Effekte wesentlich zur Verbesserung des Unterhaltungswertes von Filmen beliebigen Inhalts beitragen können. Ich halte es deshalb für eine recht erfreuliche Tatsache, daß der Zubehör-Markt seit geraumer Zeit mit Objektiv-»Monokeln« und anderen Vorsätzen, die unter dem Sammelbegriff »Tricklinsen« rangieren, förmlich überschwemmt wird. Solche optischen Hilfsmittel regen die Phantasie an, vermitteln gestalterische Impulse und verhelfen zu völlig neuen Einsichten in alltägliche Motivbereiche. Sie dienen als Quellen der Inspiration und ermöglichen es dem Filmschöpfer, die Wirklichkeit nach seinen ganz persönlichen Vorstellungen zu interpretieren. Bei den Analysen und Aufnahmetips dieses Kapitels konzentriere ich mich gänzlich auf echte Trick-Vorsätze. Um einen möglichst vollständigen Überblick über alle gegenwärtig erhältlichen Effektfilter und Tricklinsen liefern zu können, sollen herkömmliche Filtersorten nur am Rande erwähnt werden: Korrekturfilter für die tonwertrichtige Wiedergabe bestimmter Farbtöne, Kontrastfilter für die Kontraststeigerung oder -minderung, Sperrfilter für die Beseitigung ultravioletter oder infraroter Strahlungseinflüsse, Konversionsfilter für den Ausgleich der Farbtemperatur, Lichtreduktionsfilter für die Dämpfung der Beleuchtungsintensität. Außerdem ist zu erwähnen, daß farbige Spezialfilter ihre Wirkung nur in Verbindung mit Color-Filmmaterialien entfalten können, während alle anderen Vorsätze sowohl für Schwarzweiß- als auch für Farbaufnahmen in Frage kommen.

Das »Cokin«-Filtersystem eignet sich dank neuartiger Konstruktionsmerkmale gleichermaßen für Film- und Foto-Zwecke
Foto: Nikon

Optische Hilfsmittel fordern permanent zu Experimenten heraus, kommen aber nur dort zur Geltung, wo die Motivverfremdung einen echten Gestaltungsfaktor darstellt. Dann allerdings sind zahlreiche Kombinationsmöglichkeiten verwandter oder verschiedenartiger Filtertypen geboten, ohne daß prinzipiell eine Addition sämtlicher Filtereigenschaften zu beobachten ist. Industriell gefertigte Filter und Vorsatzlinsen bestehen aus optisch einwandfreiem, geschliffenem Glas 6vielfach mit Oberflächen-Vergütung7, mitunter aber auch aus Acryl-Glas oder anderen hochwertigen Kunststoffen. Sie sind in allen gängigen Steck- und Schraubfassungen erhältlich, lassen sich also mühelos mit den meisten Kameraobjektiven koppeln. Für die Anpassung an abweichende oder verschiedenartige Objektiv-Durchmesser sind Reduzierringe und Serien-Adapter (gleichbleibendes Filtermaß) lieferbar. Gelatine- und andere Folienfilter können entsprechend zurechtgeschnitten und in leere Filterfassungen oder Spezialhalterungen eingelegt werden. Polarisations-, Fog- und Farbfilter vermindern – zum Teil in erheblichem Maße – die Lichtintensität. Deshalb sind die betreffenden Vorsätze mit einem »Filterfaktor« gekennzeichnet, der Auskunft über die notwendige Vergrößerung der Blendenöffnung gibt. Dabei entspricht jede Blendenstufe einem Filterfaktor 2. Dies nur zu Ihrer Information, denn die meisten Schmalfilmkameras verfügen über TTL-Messung und selbsttätige Blen-

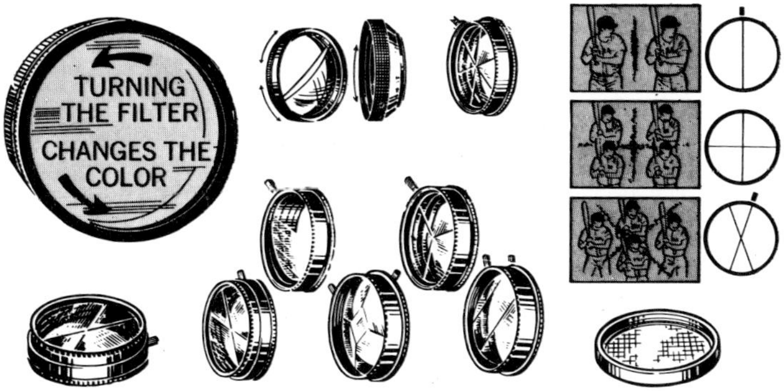

Aus dem Angebot der Zubehörindustrie: Farbwechselfilter, Teilbild-Nahlinse, Mehrfachprismen, variables Prisma, Sterneffektlinse.
Zeichnung: Spiratone

denregelung, so daß die notwendigen Korrekturen völlig automatisch erfolgen. In diesem Zusammenhang ist es wichtig zu wissen, daß getönte Filter nicht nur Verfälschungen sämtlicher Objektfarben hervorrufen, sondern auch Motive ihrer eigenen Farbe heller und deren Komplementärfarbe dunkler wiedergeben (Farbpaare sind beispielsweise Blau und Orange oder Rot und Blaugrün). Außerdem möchte ich die Anwender von Tricklinsen und Teilfarbfiltern vorsorglich darauf hinweisen, daß sämtliche beschriebenen Effekte am besten in Verbindung mit normalen oder nur geringfügig verkürzten und verlängerten Objektivbrennweiten zur Geltung kommen. Die wichtigsten Hersteller und Lieferanten optischer Vorsätze sind: B + W, Cenei, Cokin-Nikon, Edmund, Hama, Heliopan, Hoya, Izumar, Kenko, Nikon, Rowi, Spiratone, Tiffen, Vivitar, WEP.

Zauberei mit Polfiltern

Da natürliches Licht mit linearer Polarisation reflektiert, also bei Reflexion nicht mehr gestreut wird, sondern nur noch in einer Ebene schwingt, gelingen mit Polarisationsfiltern hübsche kinematografische Zauberkunststücke (Verhinderung von Fehlbelichtungen bei selbst polarisierenden TTL-Meßsystemen durch Verwendung von Zirkular-Polfiltern). Die Wirkungsweise dieser Vorsätze gewinnt übrigens auch in Verbindung mit variablen Farbfiltern Bedeutung. Bei einem Winkel von etwa 35° zwischen reflektierender Fläche und optischer Achse der Kamera werden störende Reflexe und Spiegelungen auf glänzenden Materialien (ausgenommen Metall) beseitigt: Fensterscheiben, Brillengläser, Porzellan, Wasser, feuchte Haut, Blätter usw. Durch Veränderung der Filterstellung läßt sich eine entsprechende Intensivierung von Reflex oder Spiegelung herbeiführen. Drehung des Filters während der Aufnahme ermöglicht einen unheimlichen Verwandlungseffekt durch allmähliche Löschung oder Verstärkung. Sobald zwischen Sonne und optischer Achse ein Winkel von 90° gegeben ist, verbessern Polfilter die allgemeine Bildcharakteristik: sie lassen sämtliche Farben ohne Verfälschung brillanter erscheinen, geben das Himmelsblau dunkler wieder, steigern den Wolkenkontrast und durchdringen atmosphärischen Dunst. Speziell für Filmzwecke wurde ein Kombinationsvorsatz aus zwei hintereinander in einer drehbaren Fassung angeordneten Polarisationsfiltern entwickelt. Um 90° gegeneinander verdreht, sind sie praktisch lichtundurchlässig, so daß eine kontinuierliche Dämpfung der Lichtintensität möglich ist (Verringerung des Schärfentiefenbereichs, Auf- und Abblendungen, Überblendungen ohne Vario-Verschluß).

Perfekte Farbeffekte

Farbige Objektiv-Monokel, ursprünglich als Korrektur- und Kontrastfilter für Schwarzweißaufnahmen entwickelt, sind im Bereich des Color-Films längst nicht mehr tabu. Im Gegenteil: heute kreiert die Zubehör-Industrie in jeder Saison neue und neuartige Filtertypen, die speziell für die totale oder partielle Verfremdung von Farbaufnahmen vorgesehen sind. Im übrigen können experimentierfreudige Filmer das Angebot durch selbst konstruierte Kombinationsfilter aus transparenten Scheinwerfer-Farbfolien und ähnlichen »zweckentfremdeten« Materialien ergänzen. Die Farbverfremdung hat auch im Kinofilm einen außerordentlich hohen Aufmerksamkeitswert. Ihr eigenartiger Reiz kommt aber nur dann voll zur Geltung, wenn die Verfälschung aller Objektfarben durch den Szeneninhalt und die beabsichtigte Bildaussage gerechtfertigt ist. Gefärbte Glas- und Gelatine-Filter sind in unterschiedlichen Dichten erhältlich. Neben den für Schwarzweißaufnahmen üblichen Ausführungen (gelb, orange, rot, grün, blau) werden stärker getönte »Pop«- oder »Vibracolor«-Filter sowohl in den gleichen als auch in unkonventionellen Farben angeboten (z. B. rosa, purpurn, violett, braun). Durch die Kombination zweier verschiedenartiger Farbfilter erreicht man, auch in Verbindung mit Tricklinsen, überraschende Ergebnisse. Das Ausmaß der Verfremdung wird einerseits von der Dichte, andererseits vom Farbton des verwendeten Filters bestimmt. Während beispielsweise strenge Rotfilter eine monochrome Verfärbung hervorrufen und lediglich den Sonnenball oder grelle Reflexe gelb wiedergeben, verursachen andere Filter eine wesentlich differenziertere Verfremdung durch individuelle Veränderung der einzelnen Originalfarben. Magenta- und Violett-Filter sind insofern bemerkenswert, als sie in der Regel alle hellen Objekte rötlich bis purpurfarben und alle dunklen Motivpartien mit kräftiger Blautendenz abbilden. Das »Contrast-Blue«-Filter nimmt in zweifacher

Das Hoya-Diffraktionsfilter »Rainbow A« produziert regenbogenfarbige Lineareffekte.

Hinsicht eine Sonderstellung ein. Es reduziert die Motivkontraste in einer für dunstiges Wetter typischen Weise und eignet sich infolgedessen, auch in Kombination mit einem »Fog«-Filter, ausgezeichnet für die Realisierung synthetischer »Nacht-und-Nebel-Effekte« im farbigen Suspense-Film.
In Real- und Modelltrick-Szenen von Märchen-, Fantasy- oder utopischen Filmen fordert die Handlung förmlich zu (sparsamer) Farbfilterung heraus. Ich empfehle beispielsweise die schwefelgelbe Hexenküche, das purpurfarbene Kabinett des Magiers, die blaugrüne Pseudo-Unterwasserlandschaft und die rötlich schimmernde Drachen-Höhle. Auf die gleiche Weise lassen sich irdische Schauplätze in Phantasie- oder Planeten-Szenerien von fremdartiger Schönheit verwandeln. Wählt man beispielsweise für Szenen auf dem Planeten Mars eine Dünen- oder Winterlandschaft, so entsteht bei Vervendung eines Purpur-Filters die Illusion gewissermaßen von selbst: violetter Himmel, rosafarbene Wolken, rötlicher Sand oder Schnee. Das Ganze wirkt noch überzeugender, wenn die Schutzanzüge von Astronauten sowohl in verfremdeten als auch in realen Szenen den gleichen Farbton aufweisen wie das Filter (hier rot oder blau). Vereinzelt läßt sich sogar die außergewöhnliche seelische Verfassung einer Handlungsfigur durch Farbfilterung optisch unterstreichen, vor allem in visualisierten Träumen oder Halluzinationen (Rot für Leidenschaft oder Aggressionslust, Blau für Gefühlskälte oder Verschlossenheit usw.). Wer als Krönung des Kinovergnügens Nachtaufnahmen samt Mondschein in romantische oder schaurige, anheimelnde oder geheimnisvolle Filme einbauen möchte, aber nicht mit XL-Szenen zurechtkommt, bedient sich der altbewährten »Day-for-Night«-Methode im Hollywood-Stil. Ungeachtet des verwendeten Filmmaterials hängt das Gelingen dieses Effektes von folgenden Voraussetzungen ab: Aufnahme bei strahlendem Sonnenschein, direktes oder schräges Gegenlicht, Unterbelichtung um mindestens eine Blendenstufe nach Berücksichtigung des Filterfaktors; Verzicht auf Motivpartien, die bei Nacht anders aussehen als am Tage (Scheinwerfer mitwirkender Autos voll aufblenden). Bei Farbfilm entsteht der künstliche Nachteffekt durch ein kräftiges Blaufilter (speziell Contrast-Blue). Bei Schwarzweißfilm verwendet man ein strenges Rotfilter für die Nachahmung der früher beim professionellen Kino üblichen Infrarotaufnahmen.

Color-Spezialitäten

Über die einfachen Objektiv-Monokel hinaus haben zahlreiche Hersteller optischen Zubehörs besondere Farbfilter entwickelt, mit denen man entweder unauffällig verfremden oder filmische »Farborgien« inszenieren kann. Zur ersten Kategorie gehören halbflächig eingefärbte Filter mit harter Begrenzungslinie (Half Color) und sogenannte Verlauffilter (Color Accent oder Cromofilter), die zur Hälfte, zu etwa einem Drittel oder variabel getönt sind, und zwar mit weich verlaufendem Übergang zum klaren Teil des Filters. Außer den üblichen Filterfarben stehen lichtdämpfende oder akzentuierende Farbtöne zur Verfügung (violett, braun, grau). Teilweise gefärbte Filter sind für die partielle Motivbeeinflussung vorgesehen (»Dramatisierung« des Himmels, Betonung von Details, »magische« Verwandlung durch unnatürliche Verfärbung, Imitation von Sonnenuntergängen oder Nacht-Szenen). Für Supereffek-

te lassen sich zwei Filter gleicher oder verschiedener Tönung übereinander oder mit entgegengesetzter Anordnung verwenden. Der gravierende Unterschied zwischen den beiden Filtertypen besteht darin, daß bei Verlauffiltern der »fließende« Übergang stets erhalten bleibt, während man die Begrenzung zwischen farbigem und durchlässigem Filterteil bei Half-Color-Filtern durch große Blendenöffnungen verwischt, durch kleine hingegen klar getrennt wiedergeben kann (mit natürlicher Horizontale oder Vertikale des Motivs zur Deckung bringen). Als zusätzliche Spielart präsentieren sich die »Color-Spot«-Filter, mit denen man das Bildzentrum farbrichtig wiedergeben kann, während die gesamte Umgebung gelb, rot oder grün vignettiert wird. Das Filter besteht aus einer Farbscheibe mit kreisrunder Öffnung in der Mitte. Die Begrenzung der Aussparung läßt sich durch kleine Blendenöffnungen deutlich hervorheben, durch große verwischen und scheinbar ausdehnen. Besonders raffinierte Farbeffekte entstehen, wenn man das Color-Spot mit normalem Farbfilter oder andersartigem Spot-Typ koppelt.
Hübsche »Multicolor«-Effekte zur Belebung statischer Aufnahmeobjekte, für die Übersteigerung turbulenter Bildinhalte oder als themengerechte Intensivierung fröhlicher Kinder-Szenen sind mit verschiedenartigen Mehrfarbenfiltern realisierbar (Verstärkung des Effektes durch langsame Rotation während der Aufnahme). Auch hier kann man die Wiedergabe durch Variation der Blendenöffnung beeinflussen. Zur Verfügung stehen »Dual-Color«-Filter mit jeweils zwei verschiedenfarbigen Hälften (gelb/violett, rot/blau, orange/grün), (Tri-Color«-Ausführungen mit jeweils drei parallel oder radial angeordneten, hart aneinandergrenzenden Segmenten (gelb/rot/blau oder grün/rot/blau) und »Multi-Color«-Versionen mit radialen und verlaufend ineinander übergehenden Sektoren in sechs Spektralfarben. Während die Mehrfarbenscheiben auch separat verwendbar sind, werden andere Spielarten nur in Form von eingefärbten Mehrfachprismen angeboten (dreifach parallel und fünffach oder sechsfach radial). – Um dem Anwender die Anschaffung mehrerer Farbfilter gleicher Tönung, aber unterschiedlicher Dichte zu ersparen, entwickelten clevere Experten einen neuartigen Filtertyp, der vor oder während der Aufnahme eine stufenlose Veränderung der Farbdichte (Filterhelligkeit) zuläßt. (Colorflow-Monocolor)- oder »Cromo-Blend«-Filter sind in sechs gängigen Farbtönen greifbar; der Effekt wird durch Kombination des Farbfilters mit einem Doppelpolfilter in einer gemeinsamen Fassung bewirkt. Spektakuläre Effekte von der Darstellung magischer Metamorphosen oder utopischer Naturerscheinungen bis zur Visualisierung von Wunschträumen oder psychedelischen Rauschzuständen gelingen mit einer anderen Version dieses Filtertyps, dessen phantastische Eigenschaften bereits durch Bezeichnungen wie »Colorflow-Bicolor«, »Chromostar« oder »Magicpol« angedeutet werden. Hier kommen nämlich durch eine ausgeklügelte Anordnung von je zwei Polarisations- und verschiedenfarbigen Color-Filtern verblüffende Farbwechseleffekte zustande. Bei Drehung des Filters ändert sich der Farbton kontinuierlich, so daß nach und nach sämtliche Abstufungen zwischen den beiden Filterfarben sichtbar werden (Rot-Magenta-Blau, Gelb-Orange-Rot, Grün-Braun-Rot, Blau-Grün-Gelb). Beide Polfarbfilter-Arten bieten zusätzliche Anwendungsmöglichkeiten durch den

Polarisationseffekt. Es muß jedoch ein beträchtlicher Lichtverlust (hohe Filterfaktoren) einkalkuliert werden. Eine kleine Auswahl erprobter Gestaltungsvarianten mag zu eigenen Experimenten anregen (als Testobjekt dient ein Blau-Rot-Filter): Farbwechseleffekte während der Aufnahme wirken besonders verblüffend bei Objekten vor völlig neutralen Hintergründen1 ein Zusatzfilter ändert die gesamte Farbskala (Beispiel: Blau-Rot + Orange = Orange-Grün); bei sorgfältiger Feineinstellung und minimalen Drehbewegungen des Farbwechselfilters kann man rote oder blaue Details ohne merkliche Veränderung der anderen Motivfarben flackernd aufleuchten lassen (Blüte, Titelschrift, Kleidungsstück, Requisit); bei bestimmten Konstellationen der Pol- und Farbfilter erscheinen reflektierende Flächen in der Gegenfarbe des dominierenden Farbtons; durch Kombinationen mit Beugungsgitter- oder Mehrfarbenfiltern lassen sich die gestalterischen Color-Manipulationen auf die Spitze treiben. – Maskenbildner (Kap. 16) wenden gerne einen altbewährten Make-up-Trick an, der mit dem Colorflow-Zweifarbenfilter – im Gegensatz zu bisher üblichen komplizierten Methoden – völlig problemlos ausgeführt werden kann. Allerdings kommt die angestrebte Schauspieler-Metamorphose am besten in Schwarzweißaufnahmen zur Geltung. Bei Color-Einstellungen wird die Wirkung ausnahmsweise durch den gleichzeitigen Farbwechsel beeinträchtigt, so daß der Effekt allenfalls für Großaufnahmen von Gesichtern vor schwarzem Hintergrund zu empfehlen ist. Der geheimnisvolle Vorgang beruht auf der Tatsache, daß jedes Farbfilter seine eigene Farbe absorbiert und seine Komplementärfarbe verstärkt, also dunkler wiedergibt. Wenn man beispielsweise ein Gesicht mit komplettem Horror-Make-up versieht (künstlich gealterte oder entstellte Physiognomie) und dabei ausschließlich grüne Schminke verwendet, bewirkt die einfache Drehung des Grün-Rot-Colorflow-Filters während der Aufnahme eine Verwandlung im Jekyll-und-Hyde-Stil. Solange das Filter auf »grün« eingestellt ist, wird die Gesichtsmaske neutralisiert und bleibt unsichtbar. Dreht man das Filter allmählich in »Rot«-Position, tritt das Make-up auf scheinbar unerklärliche Weise allmählich hervor, und die unheimliche Verwandlung schockt den Zuschauer. Im Gegensatz zum ähnlich funktionierenden Trick mit Überblendungsserien (Kap. 14) braucht der Akteur hier durchaus nicht während des gesamten Vorganges bewegungslos zu erstarren. Eine etappenweise Anbringung des Make-ups ist ebensowenig erforderlich.

Bei der optischen Umsetzung eines Fantasy-Spielfilms entdeckte ich eine Filtermethode, die wegen der bizarren Farberscheinungen unbedingt für die Verdeutlichung romantischer oder mysteriöser Stimmungen zu empfehlen ist. Das ganze Geheimnis besteht darin, daß man dichroitische Farbscheiben, wie sie unter anderem für moderne Scheinwerfer oder für die Farbmischköpfe von Vergrößerungsgeräten verwendet werden, zu Aufnahmefiltern umfunktioniert. Farbfilter dieser Art sind in Blau, Grün, Gelb oder Rot erhältlich (z. B. von Hedler oder Kaiser) und überraschen aufgrund ihrer spezifischen Eigenschaften durch eine eigentümliche Wirkungsweise. Während bei Durchsicht die Originaltönung der Scheibe erkennbar ist, reflektiert deren Oberfläche stets die Komplementärfarbe des Filters. Nach dem Aufnahmerezept in Kap. 15 ist ein dichroitisches Filter ausreichender Größe sogar für

Trickvorsatzlinsen werden von vielen Herstellern für alle erdenklichen Motivverfremdungen angeboten.

»Beam-Splitter«-Tricks samt Farbverfremdung verwendbar. Bei »normalen« Aufnahmen hält man das Filter einfach vor das Kameraobjektiv. Es lassen sich verschiedenartige Farbeffekte erzielen, wobei die Originaltönung des Motivs immer nur teilweise verfälscht wird. Wirklich sensationelle Aufnahmeresultate sind zu erwarten, wenn man zwei dichroitische Scheinwerfer-Filter unterschiedlicher Färbung mit minimaler Verkantung übereinanderlegt (z. B. rot/blau oder blau/gelb). Durch Lichtbrechung und Spiegelerscheinungen variabler Intensität kommen nicht nur phantastische Objektfarben, sondern auch vielfarbige Mehrfachkonturen und Reflexe zustande (siehe Bildbeispiele).

Geheimnisvolle Diffraktion

Der Einsatz transparenter »Diffraktionsgitter« (Spektralfilter), die in Folienform oder als Glasfilter erhältlich sind, führt zu eigenartigen Licht- und Color-Effekten, ohne daß die Originalfarben des Motivs beeinträchtigt werden. Die mikroskopisch feine Prismen- oder Rillenstruktur der Filteroberfläche verursacht Beugungserscheinungen, die das Licht sichtbar in die Farben des Spektrums zerlegen. Bei direkt anvisierten oder knapp außerhalb der Bildränder befindlichen Lichtquellen und Reflexen läßt ein solches Filter strahlenförmige Lichtgarben entstehen, die in sämtliche Regenbogenfarben aufgefächert sind. Nach holographischen Prozessen hergestellte Diffraktionsgitter umgeben kontrastreiche Motive zusätzlich mit mehrfarbigen Aureolen. Erfahrungsgemäß sind in Verbindung mit normalen und kurzen Objektivbrennweiten besonders schöne Aufnahmeergebnisse zu erwarten. Die meisten Filter-Versionen weisen Drehfassungen auf, so daß man Strahlenbündel und -sterne bei Bedarf während der Aufnahme rotieren lassen kann. Alle möglichen Kombinationen mit anderen Trick-Vorsätzen sind erlaubt und erwünscht.

Gegenwärtig gibt es vier Filter-Typen, mit denen verschiedenartige Regenbogen-Effekte erzielt werden können. Die einfache Ausführung (Transparent Diffraction Grating, Cosmos, Lanzett, Rainbow-A, Rayburst Streaker) versieht Lichtquellen oder Reflexe mit zwei schmalen, langgezogenen Spektralstrahlen in entgegengesetzten Richtungen. Die holografische Version (Color-Burst, Spectra, Univers, Pulsator, Vari-Burst, Rayburst Stellar) erzeugt auf Anhieb einen »explodierenden« Stern aus acht bis sechzehn (und mehr) regenbogenfarbigen Strahlen, die sich ebenfalls über einen großen Teil des Bildfeldes ausdehnen. Filter vom Typ »Rainbow Circle«, »Color-Halo« oder »Rainbow Spot« wandeln diesen Effekt in dreifacher Hinsicht ab: in einem zentral angebrachten Klarfleck wird das Aufnahmeobjekt unbeeinflußt abgebildet; alle Motive erscheinen mit vielfarbigen Mehrfachkonturen; die Farbtöne unterscheiden sich von denen der anderen Holo-Filter. Bei Einsatz von »Orbit«-, »Axicon«-, »Galaxie«- oder »Rainbow-N«-Filtern werden intensive Lichter und Reflexe mit einem leuchtenden, rosettenförmig angeordneten Spektralstrahlenkranz umgeben. Unter günstigen Bedingungen sind sogar mehrere konzentrische Strahlenkränze erkennbar. Der »Rainbow Image«-Typ, ein Diffraktionsgitter in Folienform, spaltet Lichter und Reflexe auf andersartige Weise in ein komplexes »Bündel« auseinanderstrebender Regenbogenstreifen mit sternförmigem Zentrum auf. Die Anwendung solcher faszinierender Regenbogen-Effekte ist überall dort sinnvoll, wo man sagenhaftes oder futuristisches Geschehen verdeutlichen, übertriebene Stimmungsmalerei praktizieren, irreale Erscheinungen darstellen, fröhliche Turbulenz unterstreichen oder bestimmte Ereignisse romantisch verklärt wiedergeben will.

Schärfentricks par excellence

Als Ergänzung meiner Bildschärfen-Tips in Kap. 2 möchte ich nun einige unkonventionelle Tricklinsen vorstellen, mit denen bei vielen Gelegenheiten raffinierte Schärfeneffekte ausgeführt werden können. Sie leisten sowohl im Realaufnahmebereich als auch bei der Verwirklichung von Vorsatz- (Kap. 4) und Miniaturmodelltricks (Kap. 12) wertvolle Dienste. »Punktlinsen«, auch »Spot-Vorsätze« oder »Center-Lenses« genannt, ähneln extremen Nahvorsatzlinsen, sind jedoch mit plan geschliffenem, kreisrundem Mittelfeld versehen. Während das Bildzentrum bei jeder beliebigen Entfernungseinstellung scharf wiedergegeben wird, verschwimmt dessen Umgebung in Unschärfe, so daß man wesentliche Motivpartien betonen und störende Details kaschieren kann (stärkste Wirkung in Verbindung mit großen Blendenöffnungen und mittleren bis längeren Objektivbrennweiten). Da die Randzonen des Vorsatzes als Nahlinse wirksam sind, kann man bei sorgfältiger Abstimmung der Aufnahmedistanzen ein weiter entferntes Objekt (Bildzentrum) gewissermaßen in ein umgebendes Nahmotiv »einbelichten«. Das gleiche gilt für die »Prismenlinse«, bei der jedoch ein exzentrisch (!) angeordneter runder Klarfleck umfangreichere gestalterische Variationsmöglichkeiten bietet. Teilbild- oder Spaltlinsen (Splitfield Lens oder Proxifar) werden in zwei Ausführungen hergestellt. In der Regel handelt es sich um halbierte Nahlinsen (+ 1 bis + 3 Dioptrien) in drehbaren Fassungen. Die »Bifo«-Version unterscheidet sich nur insofern von üblichen Spaltlinsen, als sie aus optischem Klarglas mit halbmondförmig geschliffenem Nahlinsen-Feld besteht und somit weichere Übergänge garantiert. Beide Filterarten ermöglichen die scharfe Abbildung zweier Motivpartien in unterschiedlichen Distanzebenen. Bei entsprechend ausgerichteter Drehfassung lassen sich also nahe Vordergrund-Objekte eines bestimmten Entfernungsbereiches (z. B. 25 bis 35 cm) unauffällig mit Motivpartien in beliebigen Abständen kombinieren. Diese Möglichkeit ist vor allem dann zu begrüßen, wenn man totale Bildschärfe wünscht, aber keine Weitwinkel-Verzeichnung in Kauf nehmen will. Die Kombination zweier Schärfenzonen vertieft die Raumillusion des Bildes, ermöglicht gemeinsame Auftritte von »Riesen« und »Zwergen« oder gleich großen Menschen und Puppen, erweitert den Aktionsbereich von Miniaturmodellen und verhilft durch Drehung der Linse während des Filmens zu interessanten Unschärfeblenden (Szenenübergänge). Da die besten Ergebnisse bei kleineren Blendenöffnungen erzielt werden, empfiehlt es sich, die Begrenzung des Nahlinsen-Teils in eine neutrale Fläche zu verlegen oder mit vorhandenen Motiv-Linien zur Deckung zu bringen. Als unkonventionelle Variante der Teilschärfen-Vorsätze präsentiert Kenko die »Linea Focus Lens«, mit der man besonders »geheimnisvolle« Effekte erzielen kann (dekorative Kaschierung unerwünschter Motivpartien, Betonung dynamischer Bildinhalte, Darstellung der »Aura« irrealer Geschöpfe). Die Linse setzt sich aus drei parallel angeordneten

Sektoren zusammen. Während der plan geschliffene Mittelteil das Aufnahmeobjekt unverändert wiedergibt, rufen die beiden zylindrisch geformten Außensektoren eine starke streifenförmige Verwischung an zwei gegenüberliegenden Seiten neben dem Hauptmotiv hervor. Je nach Position des Vorsatzes können die verwischten Zonen rechts und links, oben und unten oder diagonal entgegengesetzt angeordnet sein. Rotation während der Aufnahme läßt den optischen Trick noch rätselhafter erscheinen. Für Top-Resultate empfiehlt sich die Standard-Brennweite des Zoom-Objektivs, weil Tele-Einstellung den Effekt möglicherweise löscht und Weitwinkel-Position allzu deutliche Trennlinien zwischen scharfen und verwischten Bildpartien entstehen läßt.

Die Nebelmacher

»Weichzeichnende« Vorsatzlinsen unterschiedlicher Art dienen in vielen Bereichen als willkommene optische Hilfsmittel. Original-Weichzeichner »Dutoscheiben« weisen entweder eingravierte konzentrische Ringe oder eine Beschichtung aus winzigen Punkten auf und sind in mehreren Stärken beziehungsweise Wirkungsgraden erhältlich. Sie mindern die Motivkontraste und lassen »weichere« Objektkonturen entstehen. Diffusionsfilter »Diffuser« haben eine kräftigere Oberflächenstruktur, die den Weichzeichnungseffekt beträchtlich verstärkt. Im Gegensatz zum herkömmlichen Weichzeichner-Vorsatz, dessen Wirkung bei kleineren Blendenstufen als 8 praktisch aufgehoben wird, liefert das Diffusionsfilter gleichbleibende Effekte, und zwar unabhängig von der Blendenöffnung. Bei beiden Vorsätzen äußert sich die Motivverfremdung durch diffuse Verwischung aller Konturen mit unterschiedlichen Wirkungsgraden. Die eigentümliche malerische Bildwirkung ist jedoch keineswegs mit Unschärfe gleichzusetzen! Obwohl der Soft-Effekt eine »Überstrahlung« heller Motiv-Details verursacht und die Originalfarben zum Teil in gedämpfte Pastelltöne umwandelt, wird die Wiedergabe durchaus als »scharf« empfunden. Abgebildete Lichtquellen sind mit einem strahlenden Halo umgeben; Reflexe leuchten mit verstärkter Intensität auf; Gegenlicht ruft schimmernde Lichtsäume hervor. Eine deutlich wahrnehmbare Weichzeichnung beschert dem Filmemacher märchenhaft und romantisch verklärte Schauplätze. Sie ermöglicht die Darstellung ätherischer Traumgebilde, verhilft zu idealisierenden oder geheimnisvollen Bildern und läßt bei Innenaufnahmen eine unwirkliche oder gar gespenstische Atmosphäre entstehen.

Bei Einsatz von »Nebeleffekt-Filtern« (Mistmakers oder Fog Filters), die der Fachhandel ebenfalls in mehreren Stärken bereithält, werden alle geschilderten Erscheinungen in weitaus stärkerem Maße sichtbar. Die traumhaft-unwirkliche Stimmung überstrahlender Lichter durch synthetische Dunst-Effekte wird von Douglas Trumbull äußerst eindrucksvoll bei der Darstellung von UFO-Phänomenen demonstriert (»Unheimliche Begegnung der dritten Art«). Die Motive sind also trotz prächtigen Originalwetters in »Waschküchen«-Atmosphäre getaucht, wobei eine für die vorgetäuschte Witterung charakteristische Kontrastminderung zu beobachten ist. Dem Effektspezialisten gelingen in Hafengegenden von Rotterdam oder Hamburg ebenso stilechte (Real- und Miniaturmodell-)Szenen wie im Smog industrieller Ballungsgebiete oder im sprichwörtlichen Themse-Nebel Londons. Der Wirkungsgrad des

Das Sechsfach-Radialprisma erlaubt aufregende optische Vervielfältigungen (unten als Doppelbelichtung mit strukturierter Fläche).

Effektes läßt sich durch unterschiedliche Blendenöffnungen von »leichtem Dunst« bis zu »dichtem Nebel« variieren. Die intensivste Wirkung ist bei Gegenlicht und normalen oder geringfügig verlängerten Objektivbrennweiten zu erwarten (zusätzliche Verstärkung durch Gitterfilter möglich«. In Verbindung mit einem Blaufilter (speziell Contrast-Blue) verhilft der Mistmaker zu besonders schaurigen Mondschein-Szenen für Kriminal- und Horror-Filme; eine Kombination von Fog- und Grünfilter erleichtert die Imitation »gefährlicher« Unterwasser-Aufnahmen. – In Ergänzung des »Diffuser«-Programms beschert uns die Zubehörindustrie zwei Typen »Vignettierfilter«. Hier handelt es sich entweder um Diffuser- oder Milchglas-Scheiben (auch kombiniert verwendbar) mit zentral angeordnetem rundem Klarfleck: »Traumeffekt-Linse« oder »Center Image« als Einzelfilter, »Soft-Spot« mit zwei auswechselbaren Filterscheiben, »Vario-Spot« mit verschiebbarem Milchglas-Vorsatz. Das Motiv wird also lediglich in der Bildmitte deutlich wiedergegeben, während die Randzonen entweder verschwommen oder als gleichmäßige Farbflächen erscheinen. Mit variierenden Blendenöffnungen und Objektivbrennweiten beeinflußt man sowohl die Größe des deutlich sichtbaren Bildzentrums als auch die »harte« oder »weiche« Wiedergabe der Übergänge zwischen Zentralmotiv und Randbereichen. Vignettierfilter ermöglichen ähnliche Effekte wie Spot-Nahlinsen. Darüber hinaus verdeutlichen sie Traumszenen oder hypnotische Illusionen und ermöglichen die Realisierung von Filmeinstellungen im Stil von Oldtimer-Fotos aus der Zeit um die Jahrhundertwende.

Stars und Sternchen

Bei der Ausschmückung von Filmstars und anderen Aufnahmeobjekten mit glitzerndem Sternenglanz gibt es dank der reichhaltigen Produktpalette rühriger Zubehör-Lieferanten keinerlei Probleme. Man versieht das Kameraobjektiv einfach mit einem passenden Effektvorsatz. »Gitterfilter« oder »Sterneffektlinsen« (Cross Screen, Crostar, Star Effect Lens) bilden kleine, intensive Lichter und punktförmige Reflexe bei mittleren oder leicht verlängerten Brennweiten gewissermaßen automatisch als strahlende Sternchen ab. Zusätzlich macht sich eine sanfte, stimmungsintensivierende Weichzeichnung bemerkbar. Auch von dieser Tricklinse werden mehrere Spielarten angeboten. Drehbare Fassungen erleichtern die präzise Einstellung der Strahlenrichtung und lassen bei Bedarf eine Übersteigerung durch zusätzliche Rotationseffekte zu. Die optischen Gläser der Spezialfiltertypen unterscheiden sich nur insofern, als sie eingravierte Parallel-, Rauten- oder Kreuzgitterstrukturen aufweisen. Je nach Schliff entstehen zwei-, vier-, sechs-, acht- oder sechzehnstrahlige Sternchen, die besonders deutlich hervortreten, wenn das leuchtende Objekt von dunklen Motivpartien umgeben ist. Bei Toshiba gibt es ein Vierstrahlen-Sternfilter mit zentralem Klarfleck. Als Krönung des Angebots fungieren »Variocross«- oder »Dual Cross«-Filter. Sie sind aus zwei drehbar angeordneten Zweistrahlen-Filtern zusammengesetzt, so daß sich die Sternform durch Veränderung des Winkels zwischen den Strahlen beliebig variieren läßt. Gelegentliche Kombinationen mit gleich- oder andersartigen Trick-Vorsätzen werden ausdrücklich empfohlen.

Sterneffekte sind mehr als hübsche optische Spielereien, denn sie können ganz bestimmte gestalterische Aufgaben erfüllen! Abhängig vom Film- und Bildinhalt vermitteln die strahlenden Lichter und Reflexe eine feierlich-festliche oder unwirklich-märchenhafte Atmosphäre. Sie versetzen in eine irreale Traumwelt, betonen den Glanz von Bühnen-Shows, suggerieren eine »Wertsteigerung« abgebildeter Objekte (Werbung) oder beleben statische »Romantik«-Motive. Zu den bevorzugten Aufnahmeobjekten gehören: Baumgruppen und bewegte Wasserflächen im Gegenlicht, nächtliche Straßen oder Jahrmärkte, Handlampen und Autoscheinwerfer, Feuerzeug- und Kerzenflammen; Reflexe auf Glas, Edelsteinen, verchromtem Metall, polierten Gegenständen oder Spiegeln. Bei Neon-Leuchtschriften entstehen reizvolle Reflexketten. Der von mir entwickelte Repro-Sterntrick stellt eine besonders raffinier-

Vorweihnachtliche »Farborgie« mit drehbarem Achtfach-Sternfilter (Tiffen) plus Edmund-Diffraktionsfolie.

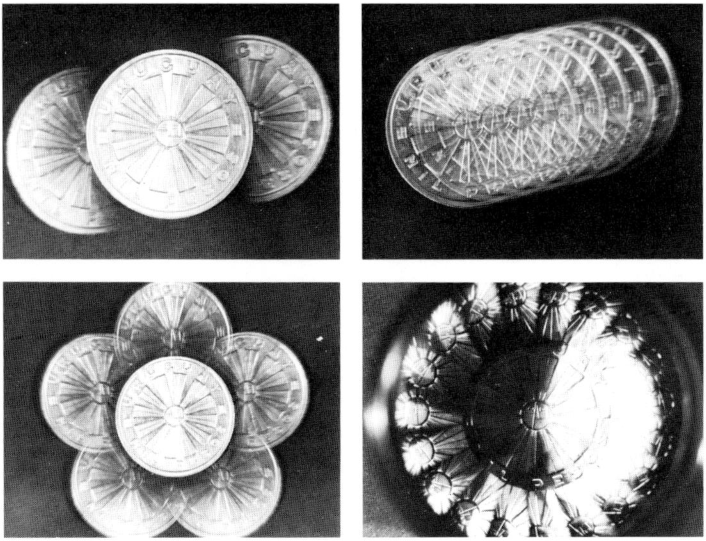

Mehrfachprismen bilden eine Münze in vier Variationen ab: dreifach parallel (Heliopan), sechsfach parallel (Rowi), sechsfach radial (Hoya), Spiegelvorsatz (Cenei).

te Variante des beschriebenen Effektes dar. Als Motive dienen ausschließlich Fotos oder andere zweidimensionale Vorlagen, die entsprechend der gewünschten Wirkung mit einer Nadel durchstochen und zusätzlich durchleuchtet werden (starke Lichtquelle erwünscht). Die winzigen Öffnungen lassen sich auf der Vorlagen-Rückseite mit farbiger Transparentfolie bekleben. Durch Aufnahme mit dem rotierenden Gitterfilter kann man beispielsweise »Hexenaugen«, glitzernde Juwelen oder künstliche Miniatur-»Sternenhimmel« darstellen. Fotos sollten zunächst auf Karton aufgezogen und erst anschließend perforiert werden, damit weder Hitze noch übermäßige Lichtintensität das Bildresultat beeinträchtigen.

Zweifach, dreifach, mehrfach

Mehrfachprismen (Multiple-Image Lenses oder Mirage Lenses) sind bei professionellen und privaten Filmemachern gleichermaßen beliebt, weil sie wegen ihrer vielseitigen Anwendungsmöglichkeiten eine wertvolle Bereicherung der optischen Ausdrucksmittel darstellen. Durch die prismatisch geschliffenen Facetten kommt eine Verdoppelung oder Vervielfältigung des Aufnahmeobjekts zustande, die bei freistehenden Motiven, insbesondere vor dunklen oder völlig unscharfen Hintergrundflächen, am deutlichsten sichtbar wird. Es entstehen entweder mehrere nahezu gleichwertige Abbildungen des betreffenden Objekts oder aber ein dominierendes Kernbild, das von deutlichen beziehungsweise schemenhaften »Geisterbildern« flankiert wird. Da die meisten Tricklinsen mit einer Drehfassung ausgestattet sind, läßt sich die Bildaussage durch zusätzliche Rotationseffekte verdichten (konzentrisch um ein feststehendes Mittelfeld kreisende Abbildungen). Andersartige Bewegungseffekte entstehen bei sanftem Zooming oder langsamen Kameraschwenks. Die Kombination mehrerer unterschiedlicher Trick-Prismen verhilft zu surrealistischer Umgestaltung des Aufnahmeobjekts oder zu dessen Auflösung in abstrakte Ornamente. Der Vervielfältigungseffekt kommt

am besten bei mittleren und leicht verkürzten Objektivbrennweiten zur Geltung. Eine Brennweiten-Verlängerung in Richtung Tele-Position löscht die begleitenden Abbildungen allmählich aus oder läßt sie ineinanderfließen. Kleine Blendenöffnungen rufen eine deutliche Trennung der Teilbilder hervor, große Blendenöffnungen führen zu partieller Durchdringung mit verwischten Konturen.
Nachdem man Mehrfachprismen schon in der Stummfilm-Ära und in den frühen Tonfilm-Jahren als Einzelstücke anfertigte, entstammen solche Tricklinsen heutzutage der Serienproduktion, und es gibt passende Ausführungen für alle gängigen Kameraobjektive. Gegenwärtig sind folgende Typen lieferbar: als Nahlinse konzipiertes Zweifachprisma; Zwei- und Dreifach-Prismen mit Parallelschliff (nebeneinander angeordnete Abbildungen) sowie ein Fünffach- (Sechsfach-) Parallelprisma mit je einer plan geschliffenen und einer in vier (fünf) schmale Streifen unterteilten Hälfte; Drei-, Vier- und Sechsfachprismen mit Radialschliff (sternförmige Vervielfältigung) sowie Fünffach-Prismen mit viereckigem Zentralfeld und radialen Facetten, Sechsfach-Prismen mit Radialschliff und fünfeckigem Mittelfeld, sowie Sechsfach-Prismen ohne separates Zentrum. Außerdem stehen drei Spezialausführungen zur Verfügung: variable Tricklinse mit zwei kombinierten, drehbar angeordneten Zweifach-Prismen für doppelte oder vierfache Wiedergabe des Motivs (Vari-Pair); Dreifach-Parallelprisma und Sechsfach-Radialprisma mit regenbogenartig ineinander übergehenden Farbfeldern. – Um den Zuschauer stets aufs neue verblüffen und gemäß der beabsichtigten Szenenaussage beeinflussen zu können, müssen solche Multiplikationseffekte sparsam und mit Überlegung in den Film eingebaut werden. Kaleidoskopartige Tricklinsen-Verfremdungen bieten unter anderem folgende Möglichkeiten: optischer Hinweis durch mehrfache Betonung eines Details, Übersteigerung von Gags oder turbulentem Geschehen, Akzentuierung rhythmischer Bewegungsvorgänge (Spiel, Sport, Tanz), visuelle Aufwertung von Teilmotiven durch Isolierung und gleichzeitige Vervielfältigung, Belebung statischer Objekte (speziell einzelne Titel-Wörter), subjektive Wiedergabe des Blickfeldes eines fremdartigen Lebewesens, symbolische Darstellung von Ausnahmesituationen (traumatisches Erlebnis, geistige Verwirrung, seelische Konfusion, überschäumende Freude, wilde Leidenschaft). – Es dürfte interessant sein zu erfahren, daß noch 1976 ein Spezialprisma für die Ausführung bestimmter Effekte eines Kinospielfilms in Auftrag gegeben wurde. Um die subjektive Wahrnehmung durch Insektenaugen optisch darstellen zu können, benutzte Bert I. Gordon die eigens entwickelte »Matex«-Prismenlinse, mit der jedes Motiv dreiunddreißigfach vervielfältigt wird (»In der Gewalt der Riesenameisen« nach H. G. Wells).

9 XL- und Makro-Kniffe

Ambitionierte Filmemacher begnügen sich weder im beruflichen noch im privaten Bereich mit der Beherrschung konventioneller Technik und Gestaltung. Spaß an der Kinematografie hängt nämlich ganz entscheidend von anhaltender Experimentierfreude und von der bewußten Ausnutzung sämtlicher Möglichkeiten moderner Aufnahmegeräte ab. Auf dem Super-8-Sektor sind es vor allem zwei relativ neue Spezialvorrichtungen, die serienmäßig in viele Kassettenkamera Modelle eingebaut sind, so daß sie auch für den Trickfreund inzwischen einen besonderen Stellenwert besitzen.

»XL«- und »Makro«-Technik eröffnen tatsächlich neue gestalterische Dimensionen. Durch ungewöhnliche Mittel erschließen sie zusätzliche Motivgruppen und lassen sich infolgedessen mühelos in die Kategorie »Spezialeffekte« einordnen. Es lohnt sich also, den beiden Sonderverfahren ein Extrakapitel zu reservieren. Übrigens dürfte es interessant sein zu erfahren, daß auch hier, wo der Super-8-Filmer entsprechende Aufgaben gewissermaßen spielend meistert, professionelle Kameraleute mit erheblichen Schwierigkeiten zu kämpfen haben und nur mit großem apparativem Aufwand zum Ziel gelangen. Daß im Berufsfilm extreme Nahaufnahmen ebensowenig selbstverständlich sind wie zusatzlichtfreie Innenaufnahmen beweisen zwei Beispiele aus jüngster Vergangenheit, die nach wie vor als »sensationell« eingestuft werden. Im Regie-Debüt des weltberühmten Titel-Experten Saul Bass, »Phase IV«, operiert Top-Kameramann Ken Middleham erstmalig in großem Stil mit

Super-8-Kameras liefern Super-Nahaufnahmen mit speziellem Makro-Wechselobjektiv (links) oder mit dem Makrobereich im Zoom-Objektiv.
Fotos: Carena und Sankyo

Dank vergrößertem Hellsektor der Kamera-Umlaufblende sind echte Nachtaufnahmen problem- und kompromißlos realisierbar.

XL-Technik plus Ektachrome-160-Film: Garantie für Top-Resultate in unverfälschter Originalatmosphäre.

packenden Makro-Szenen lebender Ameisen in der Funktion bizarrer Thriller-Akteure, wie man sie nie zuvor gesehen hat. Stanley Kubricks Meisterwerk »Barry Lyndon« bietet dank eines für die NASA entwickelten Zeiss-Objektivs mit der »sagenhaften« Lichtstärke von 1:0,7 ein absolutes Novum in der Geschichte des professionellen Spielfilms: um die Atmosphäre des 18. Jahrhunderts heraufzubeschwören, drehte man unter anderem sämtliche Spielsaal-Szenen ausschließlich bei Kerzenlicht, also ohne jegliche Zusatzbeleuchtung. Über die eigenständige Wirkungsweise der beiden Sonderverfahren hinaus ergeben sich zahlreiche Kombinationsmöglichkeiten mit anderen filmischen Zauberkunststücken. Während Makro-Effekte beispielsweise auch bei der Gestaltung ungewöhnlicher Titel- oder Miniaturmodelltricks geschätzt werden, bewährt sich die XL-Vorrichtung bei sämtlichen Spezialaufnahmen, in denen unter üblichen Beleuchtungsbedingungen trotz lichtschluckender Objektivvorsätze oder kurzer Aufnahmedistanzen ein maximaler Schärfentiefenbereich erwünscht ist.

Minimallicht-Effekte

Super-8-Kameras, mit denen man sowohl traditionell als auch bei ausgesprochen schwachem Tages- oder Kunstlicht filmen kann, sind durchaus keine vorübergehende Modeerscheinung. Abgesehen davon, daß jede Zusatzvorrichtung die Anwendungsmöglichkeiten des Aufnahmegeräts erweitert, ist es für manche Filmer einfach bequemer und manchmal sogar gestalterisch interessanter, auf Beleuchtungsmanipulationen mit künstlichen Lichtquellen zu verzichten. Da sich herkömmliche Kameramodelle nicht ohne weiteres für derlei Vorhaben eignen, haben die Industrie-Ingenieure zahlreiche Fabrikate mit besonderen konstruktiven Finessen ausgestattet, die selbst bei Minimallicht akzeptable Resultate garantieren. Aufnahmeapparaturen dieser Art tragen die ergänzende Typenbezeichnung »XL«. Diese etwas unglücklich gewählte Buchstabenkombination wird bekanntlich aus dem englischen »Existing Light« abgeleitet. Sie hat sich längst gegenüber den ebenfalls gebräuchlichen Begriffen »Low Light« und »Available Light« durchgesetzt.
Um sowohl bei normalen als auch bei ungünstigen und ausgesprochen schlechten Lichtverhältnissen ohne Zusatzbeleuchtung zufriedenstellende Aufnahmeergebnisse zu erzielen, muß man über eine Kamera mit ganz bestimmten Konstruktionsmerkmalen verfügen können. Wichtig-

ste Voraussetzung für den »Lichtgewinn« ist die Vergrößerung des Hellsektors der in die Kamera eingebauten rotierenden Umlaufblende von den üblichen 150° oder 165° auf 220° bis 225°. Daraus resultiert eine generelle Verlängerung der Einzelbild-Belichtungszeit bei Standardfrequenz (18 B/Sek.) vom gewohnten $\frac{1}{54}$ oder $\frac{1}{43}$ Sek. auf $\frac{1}{30}$ bis $\frac{1}{25}$ Sek. Eine maximale Leistungssteigerung der Kamera um vier, fünf oder mehr Blendenstufen bei voll wirksamer Belichtungsautomatik ist natürlich nur dann erreichbar, wenn gleichzeitig mehrere konstruktive und aufnahmetechnische Bedingungen erfüllt werden. Dazu gehören außer der modifizierten Sektorenblende: 1. Ultralichtstarkes Objektiv (1:1,2 bis 1:1,0), 2. Einstellmöglichkeit auf halbierte Standardfrequenz von 9 B/Sek. und somit auf eine Belichtungszeitverlängerung von beispielsweise $\frac{1}{15}$ Sek. (wegen des Zeitraffer-Effekts weder für Aufnahmen von aktiven Lebewesen noch für auffällige Kamerabewegungen geeignet; Verdoppelung der Aufnahmedauer erforderlich), 3. Umschaltung der Kamera auf Kunstlicht (ausgeschwenktes Konversionsfilter), 4. Einsatz höchstempfindlichen Ektachrome-Rohfilms mit 160 ASA (23 DIN) für Kunstlicht (entsprechend erweiterter Funktionsbereich der Belichtungsautomatik erforderlich). Gegen Schärfenfehler durch schwierige Entfernungseinstellung bei Minimallicht sichert man sich durch Aufnahme mit der kürzesten Zoom-Brennweite ab1 gegen Verwacklung hilft Kamerastabilisierung durch Dreibein- oder Schulterstativ. Durch Verwendung eines 160-ASA-Films bei Sonnenschein (Ausnahme!) kann mit einem Neutralgraufilter (ND = Neutral Density) eine mögliche Überbelichtung verhindert werden. Bei Low-Light-Motiven bezieht man häufig die vorhandenen Lichtquellen ins Bildfeld ein. Um eine Verfälschung des Meßergebnisses beziehungsweise eine Unterbelichtung einzelner Aufnahmeobjekte auszuschließen, verzichtet der Kameramann auf Naheinstellungen heller Beleuchtungskörper oder filmt das Hauptmotiv mit vorher ermitteltem und fixiertem Blendenwert. Einschlägige Experimente beweisen, daß für die Beleuchtung von XL-Motiven oftmals erstaunlich schwache Lichtquellen ausreichen: Haushaltsglühbirnen (normale Raumbeleuchtung), »Bounce Light« einer 100-Watt-Lampe, Leuchtstoffröhren, Handlampen und Autoscheinwerfer (im Kriminal- und Horror-Film), Widerschein von Neontransparenten und Schaufensterbeleuchtung, Kamin- oder Lagerfeuer, Fackeln und Kerzen aller Art. Manchmal erreicht man mit improvisierten Reflexschirmen (Zeitung, weißes Taschentuch) eine willkommene Aufhellung.

Die praktische Anwendung der XL-Technik verspricht überall dort Erfolg und faszinierende Aufnahmeresultate, wo zusätzliche Beleuchtung weder erlaubt noch erwünscht ist, wo keine Anschlußmöglichkeiten für Lampen oder Scheinwerfer bestehen, wo unwiederbringliche Vorgänge ohne zeitraubende Vorbereitungen aufgezeichnet werden müssen, wo echte Nachtaufnahmen unerläßlich sind, wo man Originalatmosphäre und vorhandene Bildstimmung unverfälscht erhalten will, wo der Kameramann mit außergewöhnlich dichten Filter-Kombinationen experimentiert. Erprobte Motivbereiche sind Wohnräume und Büros, Lieblingsspielplätze von Kindern, Supermärkte und Basare, Kathedralen und Moscheen, Theater und Zirkus, Festivals und Parties, Zugabteile und Schiffskabinen, Weihnachtsmärkte und Rummelplätze bei Nacht, Indu-

Überraschende Motivauswahl für die Makro-Kamera: kleine Münze, winzige Wachszündhölzer, Ausschnitt einer Briefmarke, Messingschrauben.

strieanlagen und andere Arbeitsstätten, für dramatische und spannende Filme geeignete Außenschauplätze bei Regen, Schneetreiben oder Nebel. – Die XL-Technik verursacht zwangsläufig gewisse Bildschärfen-Verluste, die aber erfahrungsgemäß erst in der Addition sichtbar werden. Es empfiehlt sich also nur in Ausnahmesituationen, sämtliche Methoden gleichzeitig anzuwenden. Wenn die Kamera ausreichend stabilisiert wurde, äußern sich Bewegungsunschärfen durch Belichtungszeitverlängerung (vergrößerter Hellsektor der Umlaufblende/Zeitraffer-Gang) allenfalls durch weichere, fließendere Wiedergabe der Bewegungen. Die materialbedingte Vergröberung der Bildstruktur durch das verminderte Auflösungsvermögen des 160-ASA-Films wird vom Zuschauer in der Regel nur dann bewußt wahrgenommen, wenn unmittelbare Vergleichsmöglichkeiten bestehen. Die visuellen Unterschiede lassen sich beispielsweise dadurch kaschieren, daß man den Film in mehrere Komplexe mit unauffälligen Szenenübergängen zwischen Sequenzen auf Materialien unterschiedlicher Empfindlichkeit gliedert (z. B. Tages- und Nacht-Szenen. Außen- und Innenaufnahmen).

Reise in die Makro-Welt

Zoom-Objektive von Super-8-Kameras für gehobene Ansprüche enthalten durchweg integrierte Makro-Bereiche. Mit optischen Werkzeugen dieses Typs lassen sich extreme Nahaufnahmen ebenso leicht und präzise

ausführen wie beliebige andere Filmeinstellungen, ohne daß man auf irgendwelches Zubehör angewiesen ist (Ausnahme: separat erhältliche Makro-Optiken für Kameras mit Wechselobjektiv-Fassungen). Um den Einstellbereich des variablen Kameraauges für die kontinuierliche Vergrößerung entsprechend erweitern zu können, enthält es eine verschiebbar angeordnete Grundoptik. Bei Einstellung auf »Makro« wird durch die Veränderung der Schnittweite im Linsensystem eine radikale Verringerung der Aufnahmeentfernung erreicht, so daß Scharfeinstellung auf »0« (Frontlinsen-Oberfläche) oder wenige Millimeter möglich ist. Die maximale Makro-Position läßt das Aufnahmebildfeld derart zusammenschrumpfen (z. B. auf 24 × 18 mm), daß sich die Begrüßungszeremonie zweier Marienkäfer formatfüllend filmen läßt. Die »0«-Distanz kommt natürlich nur für Aufnahmeobjekte in Frage, die durchleuchtet oder als Silhouetten abgebildet werden können. Da Makro-Bereiche bei den meisten Zoom-Objektiven an die Weitwinkel-Position anschließen, führen die winzigen Aufnahmeentfernungen mitunter zu Beleuchtungsschwierigkeiten. Störende Schattenbildung läßt sich jedoch bei Anwendung der folgenden Kniffe von vornherein vermeiden: Gegenlichtblende entfernen, Makro-Motive indirekt beleuchten (diffuses Tages- oder reflektiertes Kunstlicht), für die direkte Beleuchtung Seiten- und Streiflicht bevorzugen, eventuell Spiegel (für Sonnenlicht-Reflexion) oder Goldkarton (bei blauem Himmel) als Aufheller benutzen. Einige wenige Kameramodelle verfügen über einen zweiten Makro-Bereich im Anschluß an die Tele-Position des Vario-Objektivs, so daß man sowohl unter normalen Beleuchtungsbedingungen als auch jenseits der »Tabuschwelle« scheuer Kleinstlebewesen filmen kann.

Bei Spiegelreflexkameras mit Innenmessung (TTL) sind exakte Belichtung und präzise Scharfeinstellung auch im extremen Nahbereich völlig unproblematisch. Wegen des minimalen Schärfentiefenbereichs sollten jedoch günstige Lichtverhältnisse gegeben sein oder geschaffen werden, damit man auf Blendenwerte von mindestens 5,6 bis 8 abblenden kann. In der Makro-Zone erfolgt die Scharfeinstellung entgegen der üblichen

Aufnahmemöglichkeiten im extremen Nahbereich erschließen die Wunderwelt der Minifauna (und -flora).

Praxis ausschließlich durch Betätigung des Brennweitenhebels. Die Aufnahmedistanzen sind also nicht etwa fest eingestellt, sondern auch innerhalb des Makro-Bereiches variabel. Selbst geringfügige Erschütterungen der Aufnahmeapparatur machen sich wegen des extrem kleinen Aufnahmebildfeldes durch äußerst unangenehme Motiv- und Schärfe-Schwankungen bemerkbar. Die Verwendung von Dreibeinstativ und Drahtauslöser oder elektromagnetischem Fernauslöser ist infolgedessen unerläßlich. Aufgrund der vergleichsweise winzigen Einzelbildchen kann man bei kinematografischen Aufnahmen nicht mit den in der Fotopraxis gebräuchlichen »Abbildungsmaßstäben« operieren. Das würde eine Verzerrung der Begriffe bedeuten, weil die schwankenden Dimensionen des projizierten Leinwandbildes in sämtliche Berechnungen einbezogen werden müßten. Ein Objekt, das auf dem Kleinbild (24 × 36 mm) beispielsweise im Abbildungsmaßstab 1:1 erscheint, würde auf Super-8 bei einem Blow-up-Faktor von 1 m Projektionsbildbreite schon im Maßstab von etwa 7:1 wiedergegeben. Umgekehrt würde ein echter Super-8-Maßstab von 1:1 unter diesen Umständen einem Kleinbild-Maßstab von »nur« etwa 1:7 entsprechen.
Extreme Nahaufnahmen enthüllen den erstaunlichen Formen- und Farbenreichtum winziger Objekte. Sie verhelfen durch isolierte Details zu ultimativen visuellen Informationen, zu atemberaubenden Abstraktionen und neuartigen optischen Symbolen. Eine kleine Auswahl aus der Fülle möglicher Motive: Auge, Lippenpaar, Fingerkuppe, Wanderameise oder Grashüpfer-Pärchen, Neonfisch und Seepferdchen im Aquarium, Kohlensäurebläschen, farbig durchleuchteter Wassertropfen, Gewebe oder andere Struktur, antikes Medaillon-Foto aus dem Familienalbum, Räderwerk einer Armbanduhr, aufflammender Zündholzkopf, Briefmarke, Münze. – In Modell-, Flachmodell- und Puppen-Tricks (Kap. 12) ermöglichen die praktisch unbegrenzten Aufnahmedistanzen einen dynamischen Einstellungswechsel inklusive eindringlicher Großaufnahmen. – Bei Kombination der Makro-Technik mit Rückprojektion, Frontprojektion und Split-Screen-Prozeß lassen sich auf »wunderbare« Weise Giganten und Lilliput-Geschöpfe darstellen. – Kino-Illusionisten freuen sich noch ein wenig mehr über zwei spezielle Anwendungsbereiche, die erst durch Makro-Zoom-Objektive endgültig erschlossen wurden, also vorher kaum zugänglich waren. Dazu gehört die filmische Reproduktion von Kleinbild-Diapositiven und beschrifteten Transparentfolien (durchsichtige »Project-a-type«-Anreibebuchstaben von Letraset verwenden). Für derartige Vorhaben entwickelten die Kamera-Konstrukteure sogenannte Macro-Sets (Kap. 2), die in Form von Objektivvorsätzen als Dia-Halterungen fungieren. Zur Aufnahme wird die Kamera einfach gegen eine neutrale weiße Fläche gerichtet, wobei für die Einstellung auf Tages- oder Kunstlicht stets die Art der Reproduktionsbeleuchtung maßgebend ist. Mit der Filmkamera reproduzierte Dias und verwandte Aufnahmeobjekte eignen sich hervorragend als illustrative »Inserts« (ergänzende Zwischenschnitte) oder Titel-Kulissen. Wenn solche Aufnahmen unauffällig in die Szene eingefügt werden sollen, dürfen natürlich keine beweglichen Objekte abgebildet sein. Für die Darstellung von Träumen, Visionen, irrealen Vorgängen oder Zaubertricks empfehlen sich jene phantastischen Dia-Verfremdun-

gen, die nur mit fotografischen Mitteln realisierbar sind: Color-Infrarot, Color-Key, Bewegungsverwischung, Pseudosolarisation usw. – Zoom-Objektive mit Makro-Bereichen lassen die Ausführung faszinierender Varianten der in Kap. 2 beschriebenen »klassischen« Schärfenverlagerung zu. Um beispielsweise eine »Pseudo-Überblendung« zu erzielen, beginnt man den Aufnahmevorgang mit der Einstellung auf ein nicht allzu dichtes Diapositiv in Minimalentfernung. Anschließend verschiebt man den Brennweitenhebel bis zum Endpunkt des Makro-Bereichs, so daß die Schärfe kontinuierlich zu einer zweiten Motivebene in beliebiger Distanz wandert, auf die vor Aufnahmebeginn in der üblichen Weise scharf eingestellt wurde. Der Effekt ist deshalb so verblüffend, weil das Realmotiv bis zur Schärfenverlagerung unsichtbar bleibt und anschließend in gleichem Maße deutlicher wird, wie sich das Dia-Motiv bis zum völligen Verschwinden auflöst. Die Schärfen-Überblendung gelingt natürlich auch mit geeigneten dreidimensionalen Makro-Objekten (vom Wind zerzaustes Haar, feine Gräser, Glasgegenstände). Außerdem darf man zur Verdeutlichung von »Durchblick«-Situationen und zur optischen Symbolisierung schwarze oder farbige Vignetten anstelle der Dias ins Makro-Set einlegen (mit Fernglas-, Schlüsselloch-, Herz-, Stern- oder anderen Ausschnitten versehene Folien). Bei undurchsichtigen Masken verschwimmen die Ränder der Aussparungen durch Schärfenverlagerung, bei transparenten Vignetten bleibt lediglich ein ätherischer Farbschimmer erhalten. Alle diese hübschen Tricks lassen sich durch einen Zusatzeffekt verändern oder intensivieren, wenn man im Anschluß an die beschriebene »Überblendung« den Brennweitenhebel ohne Unterbrechung bis zur Tele-Position verschiebt: die Schärfe verlagert sich wie üblich von der Makro- auf eine zweite Motivebene, die zugleich durch kontinuierliche Veränderung des Bildwinkels heranrückt.

10 Spielerei mit Licht und Lampen

Viele professionelle Filmproduktionen beziehen einen großen Teil ihrer Ausstrahlung aus der spannungssteigernden und stimmungsintensivierenden Wechselwirkung von Licht und Schatten, die vor allem bei künstlicher Ausleuchtung kompromißlos auf Szeneninhalt und -aussage abgestimmt werden kann. Die Tradition gestaltender Beleuchtungstechnik begann schon zur Zeit der Stummfilm-Klassiker; sie war 1922 Gegenstand eines Spielfilms (»Warning Shadows« von Arthur Robison), wurde sogar in Hollywoods »B-Features« (Action-Filme mit »Low Budget«) fortgeführt und ist trotz Farb- und Live-Tonfilm bis heute nahezu unverändert erhalten geblieben. Ausgeklügelte Beleuchtung hat einerseits eine eigenständige Funktion und ist andererseits als zusätzlicher Effekt nutzbar. Deshalb halte ich entsprechende Tips im Zusammenhang mit Filmtricks für außerordentlich wichtig. Licht ist nämlich nicht nur ein Garant für einwandfrei belichtete Bilder. Als psychologischer Gestaltungsfaktor vermag es bei gezieltem Einsatz kleine Wunder gefühlsmäßiger Manipulation des Zuschauers zu bewirken.

Der umfangreiche und aufwendige Scheinwerferpark des Berufsfilmers braucht den Kino-Amateur keineswegs zu entmutigen. Zwar operiert man im Hobbybereich mit wesentlich bescheideneren apparativen Mitteln, erzielt aber ähnlich gute Ergebnisse, denn die Zubehörindustrie erfüllt Beleuchtungswünsche mit erschwinglichen Lichtspendern aller Art. Im übrigen lassen sich tatsächlich schon mit zwei Lichtquellen zahllose Aufnahmesituationen meistern. Drei verschiedenartige Minischeinwerfer ermöglichen bereits eine perfekte Ausleuchtung inklusive gezielter »Lichtmalerei« nach professionellem Vorbild. Man unterscheidet im wesentlichen drei Scheinwerfertypen, die sich ohne Einschränkung für Filmaufnahmezwecke eignen. Halogenleuchten sind als Kompaktgeräte mit unterschiedlichen Reflektorformen und in mehreren Ausführungen erhältlich. Dieser meistgebräuchliche Scheinwerfertyp wird mit einer oder zwei Jodquarzröhren zu je 400 bis 2000 Watt bestückt und spendet infolgedessen reinweißes Licht für beliebige Beleuchtungsarten. Um der oftmals sehr hohen Beanspruchung in extremen Aufnahmesituationen gerecht zu werden, bevorzugen Trick-Experten hochwertige System-Leuchten mit Sonderausstattung (Sicherheitsglas, Gebläsekühlung, Thermoschutzschalter), die sich außerdem durch nützliche »Extras« ergänzen lassen. So findet man beispielsweise im bewährten Hedler-Programm folgende Zubehörteile: Rahmen mit getrennt beweglichen Klappen für die präzise Lichtregulierung, spezielle Konversions- und Farbfilterscheiben, Reflexschirm für die indirekte Beleuchtung, Effektlicht-Tubus und verschiedenartige Halterungen. Apropos Lampenbefestigung: im Bereich der Tricktechnik ist es oft unerläßlich, daß außer der Kamera auch die Scheinwerfer in jeder gewünschten Position erschütterungsfrei aufgestellt und bei Bedarf mühelos verschoben werden können. Für diesen Zweck sind verschiedenartige Lampenstative

Anspruchsvolle Filmer verwenden für Beleuchtungszaubertricks mit Vorliebe »echte« Spotlights. Foto: RDS Co.

einschließlich passender Rollen, Schienen, Leuchtenbügel, Handgriffe und Spezialhalterungen lieferbar. – Fotoglühlampen (250 bis 1000 Watt) werden trotz der fortschrittlichen Konzeption moderner Halogenleuchten nach wie vor für die ergänzende Beleuchtung aus kurzen Distanzen und zur Erzeugung »warmer« Lichtakzente verwendet. Innenverspiegelte Lampen erfordern lediglich Fassungen und Halterungen, unverspiegelte müssen in passende Reflektoren eingeschraubt werden. – Obwohl sämtliche Hobby-Scheinwerfer transportabel sind, gibt es einen speziellen Lampentyp, der sich förmlich als »ständiger Begleiter« des Filmers auf beliebigen Exkursionen im Freien und in geschlossenen Räumen aufdrängt. Halogenleuchten für Batterie- oder Akku-Betrieb sind nämlich nicht nur besonders kompakt, sondern vor allem netzunabhängig, so daß man sie jederzeit und überall ohne Verzögerung einsetzen kann. Bestimmte Modelle lassen sich sogar mit Schnelladegeräten koppeln.

Beleuchtungszauberei

Mit Licht kann der Kameramann 5 abhängig von Filmthema und Motiv – dramatisieren oder romantisieren, Personen und Situationen charakterisieren, Emotionen ausdrücken oder Assoziationen auslösen und eine freundliche oder bedrohliche Atmosphäre entstehen lassen. Außerdem werden durch geschickte Lichtführung einzelne Motivpartien optisch akzentuiert oder zurückgedrängt und bestimmte Objekte überbetont oder kaschiert. Das alles gilt zwar vorwiegend, aber nicht ausschließlich für die gesteuerte Beleuchtung durch künstliches Licht. In gewissen Grenzen sind Beleuchtungsmanipulationen nämlich auch »on location«, also bei Außenaufnahmen am Tage möglich. Allein durch Veränderung der Kameraposition läßt sich unter Umständen schon eine weitgehende Anpassung an die gewünschte Lichtstimmung erreichen. Allzu hartes Sonnenlicht wird durch »Streuschirme« (mit Gaze bespannte Rahmen) gemildert; andere Hilfsmittel fungieren als »Aufheller«, damit bei Bedarf auch Schattenpartien durchzeichnet erscheinen (Metallfolie oder Silberkarton für hartes Reflexlicht, Goldkarton bei blauem Himmel, weiße Flächen zur diffusen Aufhellung). Professionelle Filmer setzen zur Ergänzung des Reallichts auch im Freien prinzipiell Scheinwerfer ein. Es ist also durchaus legitim, gelegentlich (netzunabhängige) Kunstlichtquellen für die Schatten-Aufhellung oder für »außerirdische« und ähnliche irreale Lichteffekte zu benutzen. Um die unterschiedlichen Farbtemperaturen problemlos auszugleichen, verwendet man jene bläulich getönten Konversionsfilterscheiben, die als Zubehör hochwertiger Halogenleuchten angeboten werden. In diesem Zusammenhang erscheint mir erwähnenswert, daß gleichzeitige Beleuchtung durch ungefiltertes Tages- und Kunstlicht charakteristische Farbverfälschungen hervorruft (ausgenommen bei Verwendung des Super-8-Kassetten-Farbfilms vom Typ 160 »G«). »Mischlicht« kann jedoch gelegentlich zum Spezialeffekt umfunktioniert werden. Bei Einstellung der Kamera auf Kunstlicht täuscht die vom Tageslicht beleuchtete Motivpartie bläulich-kühle Abend- oder Winterstimmung vor, während die künstlich beleuchtete realistisch erscheint. Bei Einstellung auf Tageslicht wirken erleuchtete Fenster und beleuchtete Gegenstände durch gelbliche Fär-

Dank Akku-Leuchte und Konversionsfilterfolie ist die Gegenlichtaufhellung im Freien völlig problemlos.

bung besonders warm und anheimelnd inmitten einer farblich »richtig« dargestellten Umgebung.
Die zwei grundsätzlichen Beleuchtungsarten fungieren bereits ohne weiterführende Manipulationen als »Stimmungsmaler«; sie werden in der Regel gleichzeitig angewendet (Kunstlicht). Bei der direkten Beleuchtung ist das Aufnahmeobjekt unmittelbar angestrahlt, so daß allein durch die heftigen Kontraste zwischen Licht- und Schattenpartien optische Spannung und dramatische Bildwirkung erzielt werden. »Bounce Light«, also von einer reinweißen Fläche (Zimmerdecke, Wand, Reflexschirm, Kartontafel) reflektiertes indirektes Licht bewirkt eine ruhige, ausgeglichene Ausleuchtung mit großer Reichweite (auch für simulierte Außenaufnahmen im Atelier geeignet). Im Freien erreicht man eine ähnliche Wirkung durch das diffuse Streulicht bei geschlossener weißer Wolkendecke. – Für die allgemeine Bildstimmung ist primär die Beleuchtungsrichtung einer einzelnen oder der dominierenden Lichtquelle (Key Light) maßgebend. Obwohl in der Regel »Schieflicht« (um 45° zur optischen Achse der Kamera) bevorzugt wird, vermag »Extremlicht« (90°) den Zuschauer mit besonderem Nachdruck gefühlsmäßig zu beeinflussen. Anwendungsbeispiele für die wichtigsten Beleuchtungsrichtungen veranschaulichen deren Effektwirkung. Vorderlicht aus Aufnahmerichtung erscheint kalt, unpersönlich, »bloßstellend« und ist folglich kaum als Gestaltungsmittel brauchbar. Rechtes oder linkes Seitenlicht hingegen betont die Raumillusion der Abbildung, modelliert die Aufnahmeobjekte und verstärkt den mimischen Ausdruck der Akteure. Oberlicht erweckt den Eindruck geheimnisvollen Geschehens (Tarnung von Gesichtern oder Gegenständen durch tiefe Schatten); es erzeugt Spitzlichter, täuscht den Lichtschein von Deckenlampen oder Straßenlaternen vor und imitiert »Sonnenlicht« bei Miniaturmodelltricks. Extremes Unterlicht verleiht Gesichtern oder Gestalten durch verzerrende Schatten ein unheimliches, wenn nicht gar dämonisches Aussehen und ahmt den Widerschein von Kaminfeuern, Rampenlicht oder Handlaternen nach. Die Kombination zweier oder mehrerer Beleuchtungsrichtungen ermöglicht eine beliebige Nuancierung der Bildstimmung (Ausdruckssteigerung, Verstärkung, Abschwächung). Und noch ein Tip: Aus Real- und Miniaturmodell- oder Flachmodell-Einstellungen zusammengesetzte Szenen wirken überzeugender, wenn die gesamte Ausleuchtung bei beiden Aufnahmearten weitgehend identisch ist!

Gegenlicht: Superlicht

Wer Filmszenen von besonderer Eindringlichkeit und stimmungsmäßiger Intensität wünscht, benutzt Gegenlicht als subtiles Gestaltungsmittel. Von jeher hat diese »schwere« (= kontrastreiche) Beleuchtungsart mit ihren extremen Gegensätzen zwischen hell und dunkel eine besondere, mitunter fast mystische Bedeutung. Sie trug zum Weltruhm expressionistischer Stummfilme bei, war bevorzugtes Stilmittel in frühen Filmen von Ingmar Bergman, ist es noch heute bei Hitchcock oder Polanski und hat außerdem zahllosen Action-Filmen zu spannungssteigernden Sequenzen verholfen.
Typische Gegenlicht-Erscheinungen sind zu erwarten, sobald sich die betreffende Lichtquelle (Sonne, Scheinwerfer, reflektierende oder durchleuchtete Fläche) gegenüber der Kamera (180°) beziehungsweise

Gegenlicht und (künstlicher) Nebel sind unentbehrliche Ingredienzien der Spannungssteigerung in Horror- und Kriminalfilmen. Foto: Warner-Columbia

auf der optischen Achse hinter dem Hauptmotiv befindet oder schräg gegen die Aufnahmerichtung einstrahlt (um 130°). Da die Automatik bei direkt anvisierten Lichtquellen das gesamte Bildfeld verdunkelt, filmt man je nach beabsichtigter Stimmung und erforderlichem Informationsumfang entweder mit manueller (korrigierter) oder vollautomatischer Belichtungsregelung. Die charakteristischen Lichteffekte treten bei ausschließlichem Gegenlicht natürlich stärker in Erscheinung als bei Kombinationen mehrerer Beleuchtungsrichtungen. Direktes Gegenlicht betont die Konturen vieler Aufnahmeobjekte durch schimmernde Lichtsäume und erzeugt glitzernde Reflexe auf Wasser oder glänzenden Gegenständen. Es bildet Details zwischen Lichtquelle und Kamera als scherenschnittartige Schattenrisse ab, imitiert durch Silhouetten von Puppen und Miniaturmodellen vor einem farbig durchleuchteten Diffusionsschirm (Zeichenpergament) reale Vorgänge, verleiht aber auch halbtransparenten Motiven scheinbar eigene Leuchtkraft (Blüte, Insekt, Fontäne, Rauch- oder Staubfahne, vom Wind zerzaustes Haar, Schleier, Eisblumen, Kristalle, Glasgegenstände usw.). Darüber hinaus verhilft Gegenlicht zur Dramatisierung von Personen-Aufnahmen (Liebes- oder Kampfszene, Streitgespräch, Verfolgungsjagd) und Landschaftsbildern (nicht nur bei Sonnenauf- und -untergängen). Es verdichtet die visuelle

Atmosphäre durch Glanz- und Spitzlichter, läßt synthetische Nachtaufnahmen oder Weltraum-Szenen glaubhafter erscheinen, macht in Form von Streiflicht Oberflächen-Strukturen sichtbar und suggeriert eine bestimmte Tages- (früher Morgen) oder Jahreszeit (Frühling, Herbst). Bei geschickter Plazierung der Akteure dient kräftiges Gegenlicht als eine Art (Versteck) für Kriminalfilm-Täter, Invasoren aus dem Weltraum und andere Gruselgestalten, deren Aussehen oder Identität bis zum Handlungshöhepunkt in undurchdringlichen Schatten verborgen bleiben (zusätzlicher Schock-Effekt durch rasches Zooming während der »Entlarvung«).

Vor einem durchleuchteten Diffusionsschirm postiert, erscheinen Trickfiguren und andere Objekte als reizvolle Silhouetten.

Experten-Tricks

Nachdem die Ausführung von Nacht-Szenen mit der XL-Technik bereits in Kap. 9 beschrieben wurde, schlage ich nun als zweite Alternative zum »Day-for-Night«-Prozeß (Kap. 8) nächtliche Außenaufnahmen bei ergänzender Zusatzbeleuchtung vor (realisierbar mit Standard- und XL-Kameras, mit normal- und höchstempfindlichem Farbfilmmaterial). Erfahrungsgemäß entstehen die besten Nachtaufnahmen in der Dämmerung, wenn die Straßenlaternen bereits eingeschaltet sind. Zu dieser Tageszeit reicht die Helligkeit des Himmels noch aus, um in tiefblauer Tönung abgebildet zu werden. Durch Einstellung der Kamera auf Kunstlicht erscheint das gelbliche Licht von Schaufenstern, Laternen oder Lagerfeuern völlig farbstichfrei, während Neontransparente, Himmel und Motive im restlichen Schimmer des Tageslichts »kühle« Farbtöne aufweisen. Im Haus angeschlossene oder netzunabhängige Halogenleuchten dienen der gezielten Aufhellung nächtlicher Schauplätze. Die Zusatzbeleuchtung wirkt allerdings nur dann überzeugend, wenn sie möglichst unauffällig den Lichtschein von Fenster- oder Türöffnungen, Schaukästen, Straßenlaternen, Autoscheinwerfern und anderen vorhandenen Lichtquellen imitiert.

Bei gezieltem Einsatz und sparsamer Dosierung können mit partieller Farbbeleuchtung sowohl übertriebene Stimmungen dargestellt als auch

BEA

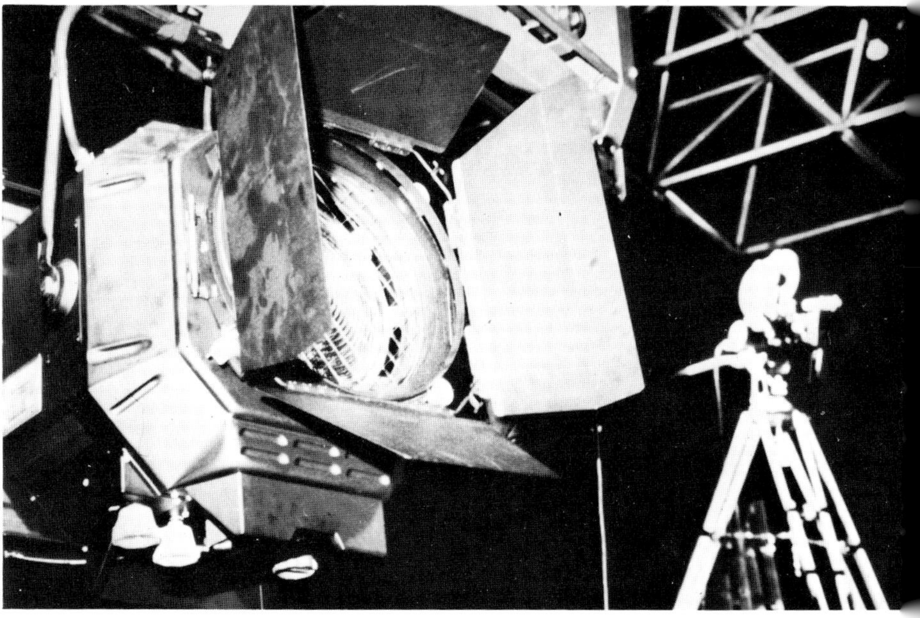

Mit Spotlight und Schablonen werden auf raffinierte Weise Motiv-Details betont und Titel-Texte aufprojiziert.
Fotos: Beam

Für die Ausführung zahlloser Weiß- oder Farblichteffekte sind Normal- und Spezialscheinwerfer erhältlich.

märchenhafte oder utopische Effekte erzielt werden, wie sie beispielsweise in Stanley Kubricks »2001: Odysee im Weltraum« und Mario Bavas »Planet der Vampire«, in »Sindbads gefährliche Abenteuer« von Harryhausen und Hessler, in Collas »Kampfstern Galactica« oder anderen phantastischen Kinofilmen zu bewundern waren. Im Gegensatz zur Farbfilterung, die eine gleichmäßige und oftmals monochrome Verfälschung sämtlicher Objektfarben verursacht und nur wenige weiterführende Variationsmöglichkeiten bietet, läßt farbige Beleuchtung weitaus diffizilere Experimente zu. Derart behandelte Motive beziehen ihre Wirkung entweder aus der Kombination weißen und farbig gefilterten Kunstlichts oder aus beleuchtungstechnischen Arrangements zweier und mehrerer unterschiedlicher Farbtöne. Für die Ausführung solcher Effekte sind als Zubehör hochwertiger Halogenleuchten gefärbte Sicherheitsgläser in Rot, Gelb, Grün und Blau lieferbar. Farbige Spezialscheinwerferfolien, wie sie von Film- und TV-Professionals bevorzugt werden, lassen sich im gewünschten Format auf einem einfachen Rahmen befestigen und mit ausreichendem Sicherheitsabstand vor jedem beliebigen Lichtspender aufstellen. Von Lee und Rosco angebotene, universell anwendbare Folien bestehen aus einem weitgehend hitzebeständigen Material, dessen Durchlässigkeit je nach Farbton und Fabrikat zwischen 20 % und etwa 75 % schwankt. Scheinwerferfolien gibt es in zahlreichen Farbtönen, unter anderem auch für Mondschein-Effekte, Farbtemperatur-Ausgleich, Lichtdämpfung und Lichtstreuung. Durch Kombination mehrerer Filterfolien lassen sich zusätzliche Farbabstufungen erzielen. Partielle Color-Beleuchtung steigert den Aufmerksamkeitswert von Realobjekten und Miniaturmodellen, sobald das Geheimnisvolle oder Irreale von Handlungsfiguren, Schauplätzen oder dargestellten Situationen betont werden soll: Magier, Vampir, Gespenst, Elfe, Idol, UFO-Insasse, Tiermensch, Fabelwesen; Hexenküche, Verlies, Laboratorium, Computer-Zentrum, Raumschiff-Cockpit, Drachen-Höhle; prähistorische Vulkan-Landschaft, Planeten-Szenerie, Mondnacht-Atmosphäre. Besonders aufregende Ergebnisse kommen bei Color-Gegenlicht und farbiger Durchleuchtung halbtransparenter Objekte zustande.

Hier und da sind Farblichtakzente in Verbindung mit entsprechenden Aktionen sogar für die Symbolisierung der seelischen Verfassung auftretender Personen geeignet, wobei die psychologische Wirkung der Farben (Kap. 2) eine entscheidende Rolle spielen kann. – Filmer mit einem Faible für unkonventionelle Experimente bedienen sich einer Variante des UV- oder Schwarzlicht-Effektes. Statt ultravioletter Strahlung verwenden sie blaues, violettes oder grünes Licht, um gewisse Aufnahmeobjekte durch präparierte Details auf ganz verblüffende Weise zu verändern. Man kann sich nämlich auch ohne aufwendige Apparaturen jene verblüffenden Fluoreszenzerscheinungen zunutze machen, die von sogenannten Tageslicht-Leuchtfarben hervorgebracht werden. Da kurzwelliges Licht den Leuchtstoff anregt, langwelliges Licht (seiner Eigenfarbe) nahezu unverändert zu reflektieren, erstrahlen nur die fluoreszierenden Einzelheiten in ihren Originalfarben (Gelb, Orange, Rot, Pink), während alle umgebenden Motive in kräftiges Blau (Violett, Grün) getaucht sind. Der Trick gelingt allerdings nur, wenn die Kamera trotz künstlicher

Beleuchtung ausnahmsweise auf Tageslicht (!) eingestellt wurde. Geeignete Leuchtfarben sind sowohl in verarbeiteter Form (Zierpapiere, Plakatkarten, Plastikfolien, Textilien) als auch für die individuelle Anwendung erhältlich (Schminken, Mal- oder Druckfarben).

Top-Effekte mit dem »Spot«

Für den Filmtrick-Praktiker ist das »Spotlight« einfach unentbehrlich, weil es eine weitaus präzisere Lichtführung zuläßt als alle anderen Lampentypen. Mit seiner Hilfe verleiht man beliebigen Beleuchtungskombinationen den letzten Schliff und zaubert professionelle Lichteffekte hervor. »Spots« sind in zahlreichen Ausführungen einschließlich preisgünstiger Versionen für den Hobbybedarf lieferbar. Es handelt sich um Spezialscheinwerfer mit Kondensor- oder Stufenlinsen, die durch entsprechende Zentrierung des gerichteten Lichts kontinuierlich von Flächenstrahlung bis zu Punktlicht mit deutlicher oder diffuser Randbegrenzung eingestellt werden können. Ein ohnehin vorhandener lichtstarker Diaprojektor mit Wechselobjektiv-Fassung dient vor allem bei Aufnahmen im Nahbereich als vollwertiger Spot-Ersatz. Ohne Optik läßt er einen Lichtfleck mit verwischten Rändern entstehen; mit Objektiv ist er nach Bedarf auf die Wiedergabe verwischter oder deutlicher Konturen einstellbar. – Finanzkräftige Einzelfilmer, Teams und Clubs interessieren sich womöglich für einige jener mit Höchstdruck-Quecksilberdampflampen bestückten, vielseitig verwendbaren Spezialspots vom »Verfolger«-Typ, wie sie für Disco-Lightshows angeboten werden (z. B. von Stiers). Die aufwendigen Beleuchtungsgeräte verfügen in der Regel über eingebaute Irisblenden für die präzise Einstellung des Lichtkreisdurchmessers und über Zoom-Vorrichtungen für die Fokussierung (deutliche oder verschwommene Konturen). Als Einbauzubehör oder separat erhältliche Extras sind Mehrfachfarbscheiben, motorisch angetriebene Multicolor-Farbfilterräder und Spezialhalterungen oder -stative erhältlich. Darüber hinaus lassen sich mit sogenannten Punktstrahlern nach Art von Suchscheinwerfern scharf abgegrenzte, gerichtete »Lichtbalken« in rauchiger Nightclub- oder dunstiger Freilicht-Atmosphäre erzeugen. Als modifizierte Versionen präsentieren sich motorisch bewegte »Rotorstrahler«, die in Dreiergruppen gekoppelt sind, aber unabhängig voneinander kreisen (z. B. für Utopia-Tricks à la »Unheimliche Begegnung mit der dritten Art« . . .).

Die Möglichkeiten zur Realisierung magischer Lichteffekte sind tatsächlich überwältigend. So dienen Spot oder Diaprojektor bei Miniaturmodelltricks als ideale Hauptlichtquellen, indem sie alle erdenklichen Beleuchtungsarten in entsprechender »Verkleinerung« nachahmen. Im Realfilm-Bereich eignet sich der gebündelte Lichtstrahl hervorragend für die partielle Farbbeleuchtung; er erzeugt konturenreine Schlagschatten für spannende Action-Szenen, läßt »Licht-Inseln« im Show-Stil entstehen, versieht die Aufnahmeobjekte mit schimmernden Spitzlichtern und intensiviert strahlende Gegenlicht-Effekte. Zu den wichtigsten Anwendungsbereichen echter und improvisierter Spotlights gehören Hintergrund- und Objektprojektion. Für Beleuchtungstricks dieser Art erwirbt oder bestellt man durchbrochene Schablonen, die in die Halterung des Scheinwerfers beziehungsweise in die Bildbühne des Projektors eingelegt werden. Hintergrundprojektion versieht neutrale Kulissen

Mit Stiers-Rotorstrahlern lassen sich typische »Scheinwerfereffekte« für Real- und Modelltrickszenen erzielen.
Fotos: Stiers

(hell) bei Einsatz entsprechender Masken mit abstrakten Ornamenten (Punkte, Streifen, unregelmäßige Flecke) oder täuscht durch Fenster, Bretterzäune und dergleichen eindringendes Licht vor. Für die Objektprojektion werden Schablonen mit Ausschnitten in Form von Buchstaben oder geometrischen Mustern benutzt, die man nach dem Vorbild der Titel-Effekte zu vielen »James-Bond-007«-Filmen auf bewegten Mädchenkörpern tanzen lassen kann »Ergänzung der Masken durch Farbfolien erlaubt und erwünscht). Last not least bietet sich das »entfesselte« Spotlight samt passenden Schablonen für die Imitation »mobiler« Lichteffekte in Real- und Modelltrick-Szenen an (wandernde Lichtkegel von Handlampen, Leuchttürmen, Autoscheinwerfern, pendelnden Deckenleuchten usw.). Für die Bewältigung aller denkbaren Sonderaufgaben in diesem Spezialbereich stehen verschiedenartige Effektprojektoren mit Motorantrieb für die Verwendung von statischen Dias und rotierenden Bildscheiben zur Verfügung (abstrakte Ornamente). – Unkonventionelle Lichteffekte in nachgestellten Show-Szenen oder bei märchenhaften und futuristischen Bildinhalten kommen im übrigen durch den Einsatz von »Stroboskopen« (für flackernden Serienblitzbeschuß) und »Schlangen-Lauflicht« (wandernde Lichtpunkte im Hollywood-Neonleuchtschrift-Stil) zustande.

11 Kameras als »Zeitmaschinen«

Physische Reisen von der Gegenwart in die Vergangenheit oder Zukunft gehören zu jenen uralten Menschheitsträumen, die vermutlich niemals erfüllt werden können. Dennoch nahm die ehemals nebulöse Wunschvorstellung von der beliebigen körperlichen Bewegung durch die Zeit (statt durch den Raum) spätestens dann konkrete Formen an, als der berühmte englische Schriftsteller H. G. Wells anno 1895 seinen inzwischen mehrmals verfilmten Roman »The Time Machine« (»Die Zeitmaschine«) veröffentlichte. Während sich der Durchschnittsbürger nach wie vor mit psychischen Zeitreisen in Form von Erinnerungen, gedanklicher Rekapitulation, Phantasie und geistigem Extrapolieren begnügen muß, kann der Kinomagier die Zeit insofern überlisten, als er mit technischen Vorrichtungen gewisse Veränderungen ihres gewohnten Erscheinungsbildes sichtbar macht. Seit ein cleverer Filmemacher vor mehr als achtzig Jahren erstmals auf die ausschließliche Herstellung eintöniger Realitätskonserven verzichtete und das kinematografische Werkzeug stattdessen für die Erzeugung von Illusionen benutzte, gehören aufnahmetechnische Manipulationen der Zeit, die stets mit skurrilen oder mysteriösen Bewegungsverfremdungen verbunden sind, zu den wertvollsten visuellen Ausdrucksmitteln.

Bekanntlich basiert die originalgetreue Wiedergabe sämtlicher Bewegungsvorgänge durch den Film auf konstanten, für Aufnahme und Projektion übereinstimmenden Standardbildfrequenzen von 18 B/Sek. für Super-8 und Single-8 oder 24 B/Sek. für 16 mm und 35 mm (TV-Norm: 25 B/Sek.). Wählt man nun bei gleichbleibender *Wiedergabe*frequenz eine abweichende *Aufnahme*frequenz, dann werden Zeit und Bewegungen durch optische Verlangsamung oder Beschleunigung scheinbar verändert. Die zahlreichen Anwendungsmöglichkeiten solcher »Filmtransporttricks« (Speed Effects) verhelfen dem erfinderischen Filmer sowohl zu unauffälligen als auch zu offensichtlichen Spezialeffekten von besonderem visuellem Reiz. Schmalfilmkameras mittleren und höheren Preisniveaus sind deshalb durchweg mit mehreren »Gängen« ausgestattet, lassen sich also nicht nur auf normale, sondern auch auf abweichende Aufnahmegeschwindigkeiten einstellen. Die gebräuchlichsten Bildfrequenzen für das Super-8-Format (nicht in jedem Kameramodell vorhanden) sind: 9, 12, 18, 24 (25), 36, 48 und 54 B/Sek. Einzelne Single-8-, Doppel-Super-8- und 16-mm-Geräte verfügen aufgrund von Filmkonfektionierung und -transportmechanismus (im Gegensatz zum Super-8-Kassettensystem) sogar über Bildwechselgeschwindigkeiten von 64, 72 oder 80 B/Sek. Um Mißverständnissen vorzubeugen, sei vorab das Grundprinzip von Filmtransporttricks erläutert: Wenn man eine gleichbleibende Projektionsfrequenz von 18 B/Sek. zugrunde legt, wird durch »Unterdrehen« mit niedrigeren Aufnahmefrequenzen (Minimum: 9 B/Sek.) eine Bewegungs- und Zeit*raffung* sichtbar; »Überdrehen« mit höheren Aufnahmefrequenzen (Minimum 36 B/Sek.) hingegen bewirkt eine augenfällige Bewegungs- und Zeit*dehnung*. Um bei Standardfrequenzen von 24 oder 25 B/Sek. die gleiche Wirkung zu erzielen, muß natürlich eine entsprechende Anpassung der Aufnahmegeschwindigkeit erfolgen (12 B/Sek. für Zeitraffung, 48 B/Sek. für Zeitdehnung). Das gilt übrigens auch für die extreme Zeitraffung durch den Einzelbildtrick, die in einem anderen Abschnitt dieses Kapitels behandelt wird. Wenn nicht anders erwähnt, beziehen sich jedoch alle folgenden Angaben auf die übliche Hobbyfilm-Norm von 18 B/Sek. – Bedingt durch prinzipielle Konstruktionsmerkmale arbeiten Kinokameras mit konstanter Einzelbildbelichtungszeit, wobei eine Angleichung an wechselnde Motivhelligkeit und Beleuchtungsverhältnisse in der Regel nur durch Variation der Blendenöffnung möglich ist. Lediglich bestimmte Kameramodelle lassen Belichtungszeit-Veränderungen durch gezielte Vergrößerung oder Verkleinerung des Hellsektors der in die Kamera eingebauten Umlaufblende zu (Kap. 1, 9, 14). Die Einstellung einer abweichenden Aufnahmebildfrequenz ist zwangsläufig mit einer Verkürzung (Zeitdehnung) oder Verlängerung (Zeitraffung) der Einzelbildbelichtungszeit mit allen Vor- und Nachteilen der daraus resultierenden größeren oder kleineren Blendenöffnungen verbunden. Beispiel: Von 18 B/Sek. mit Einzelbildbelichtungszeit $\frac{1}{36}$ Sek. und Blende 5,6 ausgehend, resultiert aus 9 B/Sek. eine Belichtungszeitverlängerung auf $\frac{1}{18}$ Sek. bei Blende 8 und aus 36 B/Sek. die Blende 4 bei $\frac{1}{72}$ Sek. Dieser Aspekt der Filmtechnik hat für viele Hobbyfilmer allerdings nur theoretische Bedeutung, weil die Be-

Bewegungen von Akteuren in Ungeheuer-Kostümen erscheinen durch Zeitdehnung wesentlich überzeugender.
Foto: Toei Co.

Katastrophenszenen an und in Miniaturgewässern wirken mit »Slow Motion« imposanter und obendrein überzeugender. Foto: Toho Co.

lichtungsautomatik moderner Kameras die notwendigen Blendenkorrekturen selbsttätig vornimmt. Unabhängig davon ist zu beachten, daß bei höheren Bildfrequenzen unbedenklich mit der Handkamera gefilmt werden darf, Zeitraffer-Aufnahmen hingegen nur bei ausreichender Kamerastabilisierung durch Dreibein- oder 5 notfalls 5 Schulterstativ (besser: Körperstativ) zufriedenstellend ausfallen. Im übrigen muß man die effektive Aufnahmedauer jeweils auf das veränderte Bildwechseltempo abstimmen, um die vorgesehene Einstellungslänge auch wirklich zu erreichen. Während bei Zeitraffung eine Verdoppelung der Aufnahmedauer erforderlich ist, kann sie bei Zeitdehnung mit 36 und mehr Bildern je Sekunde halbiert werden.

Slow-Motion-Tips

Sobald man bei gleichbleibender Standard-Projektionsfrequenz eine höhere Aufnahmegeschwindigkeit wählt, werden alle Bewegungsvorgänge verlangsamt und mit scheinbarer Zeitdehnung wiedergegeben. Diese Form der »echten« Zeitdehnung oder Zeitlupe (Slow Motion/High Speed Filming) ist keineswegs mit der nachträglich vorgenommenen und qualitativ minderwertigen Bewegungsverlangsamung von Fernsehszenen (elektronisches Replay), speziell bei Sportsendungen, zu verwechseln. Ebensowenig läßt sich das im gestalterischen Bereich gebräuchliche Slow-Motion-Verfahren mit der wissenschaftlichen Hochfrequenz-Kinematografie vergleichen, über die in Kap. 19 mehr zu erfahren ist. Super-8-Kameras sind, bedingt durch die begrenzten mechanischen

Möglichkeiten der Filmkassette, in der Regel nur auf abweichende Bildfrequenzen bis zu 36 B/Sek. (halbierte Realgeschwindigkeit) oder höchstens 54 B/Sek. (dreifache Verlangsamung des Realtempos) einstellbar, mit denen sich jedoch die meisten Aufnahmesituationen spielend meistern lassen. Von der Standardfrequenz (18 B/Sek.) ausgehend, kann man die veränderte Wiedergabe aller Geschwindigkeiten bei Zeitdehnung und Zeitraffung bequem errechnen (wichtig für die präzise Darstellung gezielt verlangsamter oder beschleunigter Vorgänge und für die Beurteilung des visuellen Eindrucks von Aufnahmen mit oder aus Fahrzeugen). Einige hochwertige Kameratypen sind mit einer Slow-Motion-Taste ausgerüstet, so daß man die Bildfrequenz bei nahezu verzögerungsfreier automatischer Blendenkorrektur während der Aufnahme (!) steigern oder verringern kann. In realem Tempo begonnene Vorgänge erscheinen also ohne Unterbrechung verlangsamt oder beschleunigt, sobald die »magische« Taste betätigt wird. Eine solche Vorrichtung macht sich vor allem bei Filmreportagen mit teilweise unvorhersehbaren Ereignissen bezahlt (spielende Kinder, Tier-Beobachtungen, sportliche Wettkämpfe, Industrie und Forschung), läßt sich aber auch hervorragend für die Intensivierung dramatischer Handlungshöhepunkte im »Feature Film« auswerten (Showdown-Szenen u. ä.).
Gegenüber der im Hobbyfilmbereich üblichen Standard-Aufnahmegeschwindigkeit ist die professionelle Normfrequenz von 24 B/Sek. wegen der mitunter kaum erkennbaren Verlangsamung von lediglich ⅓ des Realtempos nur ausnahmsweise als echte Zeitdehnung akzeptabel. Dieses Aufnahmetempo eignet sich jedoch sehr gut für die unauffällige Stabilisierung des Bildstandes bei gewissen Aufnahmen aus freier Hand (Panoramaschwenks, Bewegungsbegleitung schneller Objekte, Fahrzeug-Szenen). Für die folgenden Zeitdehnungstricks empfehlen sich Frequenzen von 36 und mehr Bildern pro Sekunde, weil entweder aus aufnahmetechnischen oder aus gestalterischen Gründen eine spürbare Verlangsamung bestimmter Bewegungsvorgänge notwendig ist. Hohe Aufnahmegeschwindigkeiten verhelfen überall dort zu faszinierenden Bewegungsstudien, wo schnell ablaufende Vorgänge vom menschlichen Auge nicht unmittelbar in allen Einzelheiten erfaßt werden können. Kinematografische Zeitdehnung ermöglicht sowohl eine exakte Trainingskontrolle als auch eine allgemein ästhetisierende Darstellung bei zahlreichen Sportarten (Leichtathletik, Fußball, Pferdesport, Auto- und Motorradrennen, Wintersport, Ballett oder Gesellschaftstanz usw.); in technischen, biologischen und anderen wissenschaftlichen oder industriellen Bereichen gelingen aufschlußreiche Bewegungsanalysen. Außerdem vermitteln überdreht aufgenommene Meereswogen, Wasserspiele, Lawinen und dergleichen einen noch majestätischeren Eindruck als in der Wirklichkeit. Der Slow-Motion-Effekt bewährt sich aber auch bei der stilechten Wiedergabe übernatürlichen oder utopischen Geschehens: Gespenster, Fabelwesen und außerirdische Geschöpfe bewegen sich in fremdartiger Langsamkeit; Astronauten oder Aquanauten agieren im »Schwebegang« auf Monden und anderen Himmelskörpern mit geringer Schwerkraft oder in künstlichen Unterwasserlandschaften; harmlose Schauspieler verwandeln sich bei Trampolin-Sprüngen in fliegende Supermänner; geworfene Gegenstände gleiten scheinbar schwe-

relos durch den Raum. In bestimmten Miniaturmodell-Szenen (Kap. 12 und 16), die keine Einzelbild-Animation erfordern, trägt Zeitdehnung wesentlich zur Erzeugung perfekter Wirklichkeitsillusionen bei: Rauch, Raketenflammen, Explosionen, Vulkanausbrüche, Schnee- und Steinlawinen, einstürzende Gebäude oder abstürzende Fahrzeuge. Wasser für Miniaturmodelltricks (sturmgepeitschtes Meer, Flutkatastrophen usw.) wird von Berufskameraleuten in der Regel mit vierfacher Verlangsamung (4 × 24 = 94 B/Sek.) gefilmt; im Hobbybereich erweist sich jedoch etwa dreifache Dehnung als ausreichend. Bei Realaufnahmen läßt sich die Bewegungsverlangsamung sogar als Gag auswerten, ohne daß der Wirklichkeitseindruck beeinträchtigt wird (markantes Beispiel: Schießkunststücke mit Bierkrügen in dem Italo-Western »Mein Name ist Nobody«). Eine außerordentliche Bedeutung gewinnt die Zeitdehnung als sorgsam eingesetztes Mittel visueller Symbolisierung. Die hypnotische Verlangsamung der Vorgänge entrückt auftretender Personen der Wirklichkeit (à la »Love Story«) macht erotische Bildinhalte eindringlicher, verstärkt den psychischen Druck in Alptraum-Szenen, steigert die Spannung bei entscheidenden Kriminal- oder Horror-Filmsequenzen (Fluchtversuch, drohende Gefahr) verdeutlicht subjektives Zeitempfinden (Beispiel: DePalmas »Schwarzer Engel«), entschärft gewissermaßen die übertriebene Brutalität bestimmter Action Szenen und intensiviert den dramatischen Akzent spektakulärer Showdown-Szenen im Stile von Leones »Spiel mir das Lied vom Tod« (Verzögerung als Sinnbild der Ohnmacht gegenüber dem Unabwendbaren oder einer quälenden Erinnerung).

Verfremdung durch Beschleunigung

Mit kinematografischer Laufbild-Zeitraffung (Accelerated Motion/ Low Speed Filming/Fast Motion) erzielte Effekte stehen in krassem Gegensatz zur Slow Motion. Wenn man auch jetzt 18 B/Sek. als Standardfrequenz für Aufnahme und Wiedergabe zugrunde legt, aber »unterdreht«, also mit einer niedrigeren Aufnahmegeschwindigkeit filmt, läuft die Realzeit auf der Leinwand scheinbar schneller ab. Diese Art der Zeitverzerrung ist mit einer überraschenden Bewegungsbeschleunigung verbunden, die sich für verschiedenartige Tricks auswerten läßt. Eingedenk der permanenten Experimentierfreude begeisterter Freizeitfilmer hat die Industrie eine Vielzahl Kameramodelle unterschiedlicher Typen und Fabrikate mit Zeitraffer-Gängen ausgestattet. Einige lassen sich sogar während der Aufnahme von der Normal- auf eine niedrigere Frequenz umschalten. Super-8-Kameras können durchweg auf 9 B/Sek. eingestellt werden, die eine optische Beschleunigung aller dargestellten Geschwindigkeiten um 100% auf das Doppelte bewirkt (bestimmte Modelle sind für dreifache Temposteigerung mit 6 B/Sek. ausgerüstet). Manche Aufnahmegeräte verfügen zusätzlich über eine Zeitraffer-Einstellung von 12 B/Sek. (Beschleunigung um ⅓), die jedoch nur bei Standardfrequenzen von 24 oder 25 B/Sek. in der gleichen Weise nutzbar gemacht werden kann. Beim üblichen Bildwechseltempo von 18 B/ Sek. dient dieser gemäßigte Effekt vor allem als Mittel unauffälliger Beschleunigung langweiliger Bewegungsabläufe (Fahrzeug in Aufnahmerichtung, sichtbar schreibende oder zeichnende Hand).

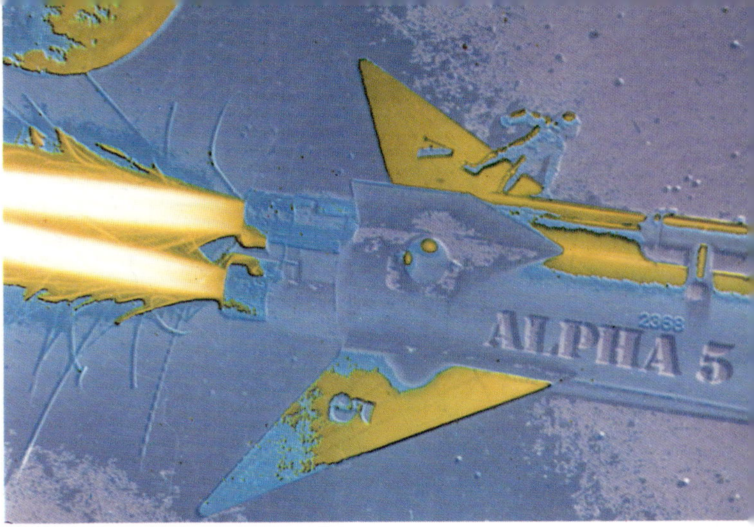

Zylinderförmige »Zimmerfontänen« sind vortreffliche Strahltriebwerke für Raumschiffe aus dem Plastikbaukasten.

Fotografiken (hier: montierte Color-Key-Folien) sind begehrte Flachmodelle für Pop-art-Filme.

Wie bereits erwähnt, resultiert aus der im Hobbybereich gebräuchlichen Accelerated-Motion-Frequenz von 9 B/Sek. eine verlängerte Einzelbildbelichtungszeit. Dadurch entstehen bei schnell agierenden Aufnahmeobjekten zwangsläufig gewisse Bewegungsunschärfen, die sich in der projizierten Abbildung aber lediglich durch weichere, fließendere Bewegungen bemerkbar machen. Weitaus stärker wirkt sich der beabsichtigte Beschleunigungseffekt auf die Motivwiedergabe aus. – Wer die gestalterischen Möglichkeiten der Laufbild-Zeitraffung voll ausnutzen möchte, interessiert sich abwechselnd für sämtliche hier skizzierten Anwendungsbereiche. Naturgemäß kommen auch verringerte Aufnahmebildfrequenzen bei der Realisierung offensichtlicher Spezialeffekte besonders gut zur Geltung. Gerafft wiedergegebene Vorgänge lassen sich beispielsweise als attraktive visuelle Symbole auswerten: chaotische Verkehrsverhältnisse in der »Rush Hour«, Hektik des Arbeitsalltags, Alptraum oder Horror-Trip eines Süchtigen, Flucht einer Handlungsfigur aus der Realität, Demonstration seelischen Gleichgewichts einer regungslos inmitten der gerafft aufgenommenen Menschenmenge stehenden oder sitzenden Person. Laufbild-Zeitraffung eignet sich aber auch hervorragend für die stilisierende Verfremdung von Sex-Szenen wie in Kubricks »Uhrwerk Orange«, für einzelne Szenen (Gags) oder komplette Kurzfilme im Slapstick-Stil, die ihre Wirkung nach »Nickelodeon«-Manier aus beschleunigt wiedergegebenen grotesken Situationen beziehen (jüngstes Beispiel für beabsichtigte Effekte dieser Art in einem professionellen Spielfilm: »Silent Movie« von Mel Brooks). An dieser Stelle sollte vielleicht angemerkt werden, daß die erheiternde Beschleunigung der Bewegungen in vielen historischen Stummfilmen (bei heute stattfindenden Kino-Vorführungen oder TV-Sendungen) ursprünglich gar nicht beabsichtigt war. Sie verstärkt zwar den »nostalgischen Touch« solcher alten Lichtspiele, kommt aber einfach dadurch zustande, daß die damalige Aufnahmefrequenz 16 bis 17 B/Sek. betrug, während Berufsfilme seit Beginn der Tonfilm-Ära im Jahre 1927 stets mit 24 (TV: 25) B/Sek. vorgeführt werden. Kino-Magier aus der Action-Film-Branche verwenden verringerte Aufnahmefrequenzen sogar für die Realisierung verborgener Tricks. Sie erreichen eine natürliche Wiedergabe gefährlicher Aktionen und vorgetäuschter Katastrophen, indem sie die betreffenden Bewegungen aus Sicherheitsgründen mit halbiertem Tempo ausführen lassen, aber mit 9 B/Sek. filmen: Faustkämpfe, Degenfechten und andere Duelle mit gefährlichen Waffen, Auto-Kollisionen, Verfolgungsjagden mit Land- oder Wasserfahrzeugen. Natürlich sind auch gezielte Temposteigerungen aus dramaturgischen Gründen möglich (an Bäumen, Wasserflächen, Rauchfahnen oder Windmühlenflügeln sichtbar gemachte Sturmböen; erhöhte Geschwindigkeiten von Autos, Booten oder Eisenbahnen). Im übrigen erscheinen lodernde Flammen und fließende Gewässer in Miniaturmodelltricks durch Bewegungsbeschleunigung realistischer. Bleibt zu erwähnen, daß mit dem Zeitraffer-Gang bei allgemein ungünstigen Beleuchtungsverhältnissen ein Lichtgewinn erzielt wird, der sich vor allem bei Aufnahmen mit XL-Kameras (Kap. 9) auswirkt. Allerdings sollte man hier keine aktiven Lebewesen ins Bild einbeziehen, um unerwünschte Gags durch Bewegungsbeschleunigung zu verhindern.

Time-Lapse-Methoden

Die Möglichkeiten der Zeit- und Bewegungsbeschleunigung sind mit der Accelerated Motion keineswegs erschöpft. Es gibt einen kinematografischen Trick, mit dem man die soeben beschriebenen Effekte praktisch unbegrenzt forcieren kann. Diese Form der übersteigerten Zeitraffung (Time-Lapse Filming) verhilft dem wissenschaftlich interessierten Kameramann in vielen Bereichen zu faszinierenden Bewegungsanalysen und fordert experimentierfreudige Filmemacher zu eigenwilligen Interpretationen der Wirklichkeit heraus. Bekanntlich lassen sich die meisten Schmalfilmkameras auf den »Einergang« umschalten, so daß man – im Gegensatz zur üblichen Laufbildaufzeichnung – jedes Bildchen auf dem Filmstreifen einzeln belichten kann. Diese vielseitig verwendbare Vorrichtung dient durchaus nicht nur der Animation, also der künstlichen Belebung statischer Objekte (Kap. 12), sondern auch der extremen Zeit- und Bewegungsraffung beweglicher Aufnahmegegenstände. Im Gegensatz zur Animation, bei der flüssige Bewegungsabläufe aus räumlichen Veränderungen der Aufnahmeobjekte zwischen den Einzelbildbelichtungen resultieren, erzielt man brauchbare Zeitraffer-Effekte ausschließlich durch Einzelbildbelichtungen in gleichbleibenden (!) Intervallen. Bei Anwendung dieses filmtechnischen Prozesses werden unmerklich langsame Vorgänge durch Aufzeichnung der Veränderungsphasen innerhalb längerer Zeiträume sichtbar gemacht oder normale Bewegungen auf ein unbeschreibliches Tempo beschleunigt. Erstklassige Aufnahmeresultate sind natürlich erst dann zu erwarten, wenn man die Kamera vibrationsfrei auf einem stabilen Dreibeinstativ verankert und durch einen langen Drahtauslöser (besser: elektromagnetischer Fernauslöser) ergänzt. Außerdem darf während des gesamten Aufnahmevorgangs die Position von Motiven und eventuellen Scheinwerfern in keiner Weise verändert werden. Bei Außenaufnahmen gewährleistet die Belichtungsautomatik der Kamera eine gleichbleibende Bildhelligkeit, bei Innenaufnahmen sind konstante Beleuchtung und unveränderliche Anordnung der Lichtquellen maßgebend. Während für Aufnahme-Zeiträume von weniger als 60 Minuten notfalls noch herkömmliche Lichtspender in Form von Halogenleuchten eingesetzt werden können (Konversionsfilter-Einstellung der Kamera auf Kunstlicht), kommt für die künstliche Beleuchtung sowohl bei Langzeit-Beobachtungen als auch bei wärmeempfindlichen Aufnahmeobjekten nur das Elektronenblitzgerät in Frage (Tageslicht-Einstellung der Kamera).

Wenn alltägliche Vorgänge in einem »Höllentempo« ablaufen sollen, fungieren Time-Lapse-Tricks als Supergags (z. B. Kinderspiele oder Straßenverkehr).

Einzelbildtricks mit Blitzbeleuchtung sind völlig unproblematisch, wenn man einige praxiserprobte Regeln beachtet. Vor allem muß die Filmkamera über einen X-Blitzsynchronkontakt verfügen (eingebaute Buchse mit ϟ -Symbol für die Kabelverbindung zum Blitzgerät). Die günstigste Beleuchtungsrichtung läßt sich im voraus durch einen Test mit dem gebündelten Richtlicht von Spotlight oder Diaprojektor ermitteln (Kap. 10), wenn man nicht ohnehin indirekte Beleuchtung (Bounce Light mit Reflexionsschirm oder -fläche) bevorzugt. Für Filmtricks eignen sich nur hochwertige Blitzlichtquellen mit konstanter Leistung, die durch gleichmäßige Beleuchtung eine flimmerfreie Bildwiedergabe gewährleisten (Netzbetrieb empfohlen, zumindest aber voll aufgeladener Akku oder frischer Batteriesatz). Eine der wichtigsten Regeln besagt, daß die Aufnahme-Intervalle stets eindeutig länger sein müssen als die Blitzfolgezeit

Bei Einzelbild-Zeitraffung über längere Zeiträume erweist sich das Elektronenblitzgerät als idealer Lichtlieferant.

des verwendeten Gerätes. Bei herkömmlichen Elektronenblitzertypen wird der erforderliche Blendenwert nach dem bekannten Foto-Schema errechnet (Leitzahl dividiert durch Blitzdistanz ergibt Blendenöffnung). Ein automatisch funktionierendes Computer-Blitzgerät mit Thyristoren-Sparschaltung bietet insofern entscheidende Vorteile, als es Berechnungen überflüssig macht, vor allem aber kürzere Blitzfolgezeiten und eine wesentlich höhere Energiereserve bei Batterie- oder Akku-Betrieb garantiert. In jedem Falle schaltet man die Belichtungsautomatik der Kamera ab und stellt den erforderlichen Blendenwert manuell ein. Unabhängig vom Blitzgerät-Modell muß jedoch bei Schmalfilmkameras (ausgenommen professionelle Geräte mit Transmissionsblenden-Skala), bedingt durch den Lichtverlust im optischen System, die Blende um 1 Stufe gegenüber dem ermittelten Wert geöffnet werden. Um Fehlbelichtungen auszuschließen, stellt man am Blendenrechner des Blitzgerätes eine um 3 DIN niedrigere Filmempfindlichkeit ein (z. B. 12 statt 15) oder vergrößert die Blendenöffnung bei der Übertragung auf die Kamera (z. B. von 5,6 auf 4). – Vereinzelt sind Super-8-Geräte mit Vorrichtungen für die Langzeit-Belichtung einzelner Filmbildchen ausgestattet, die in gewissen Aufnahmebereichen eine echte Alternative zur Blitz-Synchronisation darstellt. Bei Einstellung auf Einzelbildschaltung wird die – ansonsten konstante – Belichtungszeit automatisch der Motivhelligkeit angepaßt und entsprechend korrigiert. Sie verlängert sich kontinuierlich von 1/8 Sek. bis zu 1 Min., wobei die Kamera selbsttätig Belichtung und Filmtransport in entsprechenden Intervallen übernimmt. Die Langzeit-Automatik ermöglicht, speziell bei Einsatz höchstempfindlichen Super-8-Farbfilms (160 ASA), zahlreiche unauffällige Spezialeffekte in Form von Nacht- und Innenaufnahmen, die bisher unerreichbar waren: angestrahlte Gebäude und andere Sehenswürdigkeiten, Motive bei Mondschein, Interieurs von Schlössern oder Kathedralen. Sensationelle, für den Zuschauer unerklärliche Szenen sind immer dann zu erwarten, wenn man schnelle Bewegungsvorgänge filmt und dabei die Möglichkeiten der Langzeitbelichtung gezielt ausnutzt (Fantasy, Surrealismus, poetisch verklärte Wirklichkeit, utopische Zeitverschiebung).

Eine irreale Phantasiefilmgestalt absolviert ihre Rolle in Dreifachbelichtung mit wechselnder Farbfilterung.

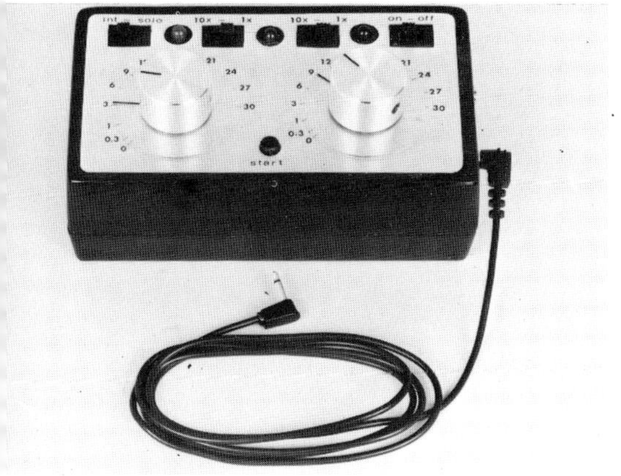

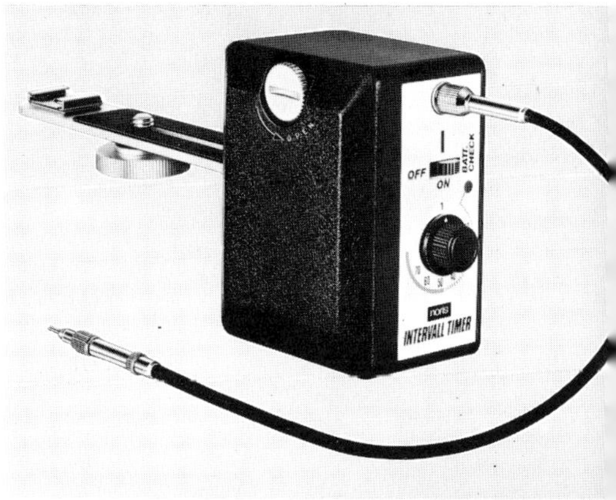

Steuergeräte für automatische Zeitraffer-Aufnahmen verwirklichen den Wunschtraum vieler Trickfilmer.
Fotos: Rowi, Noris, Minolta, Bolex

Durch verlängerte Belichtungszeiten werden nämlich rasch bewegte Objekte auf den einzelnen Filmbildchen mit mehr oder weniger starker Verwischung abgebildet, während statische Motiv-Details unverändert bleiben. Auf diese Weise kann man also drei phantastische Effekte gleichzeitig sichtbar machen: enorme Bewegungsbeschleunigung, unglaubliche Zeitraffung, »magische« Bewegungsverwischung (von »Temposchatten« begleitete Fußgänger, als pulsierende Schleier abgebildete Vegetation im Wind, mit züngelnden Lichtspuren versehene Autos oder Karussells bei Nacht).

Die Skala reizvoller Anwendungsmöglichkeiten für die »normale« Einzelbild-Zeitraffung reicht von der unauffälligen oder irrealen Beschleunigung wandernder Nebel- und Wolkenfelder über die Langzeit-Registrierung naturwissenschaftlicher Phänomene (z. B. sichtbar gemachtes Wachstum von Knospen, Schlingpflanzen, keimenden Samenkörnern oder Blumenzwiebeln) bis zu aufschlußreichen Bewegungsanalysen aus den Bereichen Umwelt- und Verhaltensforschung, Biologie, Meteorologie, Verkehrsplanung oder industrielle Fertigung. Außerdem ermöglicht das Time-Lapse-Filming die Visualisierung verrinnender Zeit durch wandernde Schatten, kontinuierlich wechselnde Tageszeiten, extrem schnell ablaufende Sonnenuntergänge, schmelzende Eisbrocken, abbrennende Kerzen, Kamerafahrten mit vorgetäuschter Überschallgeschwindigkeit usw. Die erforderlichen Zeiträume hängen von der Realgeschwindigkeit des betreffenden Objekts und dem beabsichtigten Wirkungsgrad der Zeit- oder Bewegungsraffung ab. Auf der Basis einer genormten Projektionsfrequenz von 18 B/Sek. lassen sich komprimierte Zeit und gesteigerte Bewegungsgeschwindigkeiten mühelos errechnen. Wenn man beispielsweise alle 5 Sek. ein Bildchen belichtet, dann werden 90 Sek. Realzeit auf 1 Sek. Projektionslaufdauer zusammengedrängt. Intervalle von 1 Min. lassen einen Vorgang von 18 Min. Dauer zu einer einzigen Sekunde zusammenschrumpfen; 3 Stunden Realzeit vergehen dann bei der Vorführung in 10 Sek. usf. Präzise Zeitraffertricks gelingen übrigens nur mit Hilfe einer Stoppuhr, wobei das in die Kamera eingebaute Einzelbildzählwerk eine ständige Kontrolle der Szenenlänge zuläßt. Es ist stets zu beachten, daß der Auslöser achtzehnmal (oder vierundzwanzigmal) betätigt werden muß, bevor eine einzige Sekunde Projektionslaufdauer gespeichert ist. Manuelle Bedienung ist natürlich ausgeschlossen, sobald man Aufnahmeaktionen mit extremer Zeitraffung auf viele Stunden oder gar Tage ausdehnen will. Um dennoch Motiv-Beobachtungen über längere Zeiträume zu ermöglichen, hat die Industrie elektronische »Intervalometer« (Timer, Impulsgeber, Zeitschaltuhren) für automatische Aufnahmen von Einzelbild-Phasen mit unbeaufsichtigter (!) Kamera entwickelt. Einfachere Steuergeräte sind entweder in die Filmkamera eingebaut (Zeitraffer-Automatik) oder als systemgebundene Zubehörteile erhältlich; externe Großmodelle mit professionellem Leistungsstandard lassen sich mit Kameras unterschiedlicher Typen und Fabrikate koppeln. Timer sind innerhalb bestimmter Funktionsbereiche beliebig programmierbar; sie nehmen die gewünschten Einzelbildbelichtungen in vorherbestimmten Intervallen, bei hochwertigen Modellen sogar innerhalb eines im voraus festgelegten Zeitraums, völlig selbsttätig vor. Allerdings können Intervalometer – unabhängig vom Typ – nur mit solchen Film- (oder Foto-) Kameras gekoppelt werden, die über elektromagnetische Auslösesysteme (Anschluß für Fernsteuerung) und elektromotorischen Filmtransport verfügen. Da der Energieverbrauch bei Einzelbildschaltung unvergleichlich höher ist als bei Laufbildaufzeichnung, empfiehlt sich für häufige oder länger andauernde Zeitraffer-Effekte Netzbetrieb der Kamera oder aber die Verwendung einer externen Stromquelle (Akku-Box, Batteriemagazin). Serienmäßig hergestellte Timer weisen Funktionsbereiche auf, mit denen sich die Mehrzahl aller einschlägigen Aufgaben meistern läßt. Bei der folgenden Produktauswahl handelt es sich um externe Zusatzgeräte, die man einerseits für Start und Beendigung des Aufnahmevorgangs, andererseits für automatische Einzelbildbelichtungen in variablen Intervallen programmieren kann: Bolex-Timer (0,5 Sek. bis 16 Min. und 59,5 Sek.), Canon-Mini-Schaltuhr (1 Sek. bis 1 Min.), Canon-Time-Lapse-Programmer (1 Sek. bis 59 Min. und 59 Sek.), Minolta-Intervalometer P/PM (0,5 Sek. bis 1 Min.), Minolta-Intervalometer-S (0,2 Sek. bis 10 Min.), Plato-Zeitraffer-PL-212 (0,2 Sek. bis 3,5 Min.), Plato-Zeitraffer-PL-213 (3 Sek. bis 8,5 Std.), Rowi-Steuergerät (0,3 Sek. bis 5 Min.). Die folgende Tabelle informiert am Beispiel des Minolta-Intervalometers »S« über das Verhältnis der programmierbaren Intervalle zu Aufnahme und Projektionszeiträumen.

Intervalle	Aufnahme-Zeitraum für 10 Sek. Projektionslaufdauer bei 18 B/Sek.	Aufnahme-Zeitraum für 10 Sek. Projektionslaufdauer bei 24–25 B/Sek.
1/5 Sek. (5 B/Sek.)	36 Sek.	49 Sek.
1/4 Sek. (4 B/Sek.)	45 Sek.	1 Min. 1 Sek.
1/3 Sek. (3 B/Sek.)	1 Min.	1 Min. 22 Sek.
1/2 Sek. (2 B/Sek.)	1 Min. 30 Sek.	2 Min. 3 Sek.
1 Sek. (1 B/Sek.)	3 Min.	4 Min. 5 Sek.
1,5 Sek.	4 Min. 30 Sek.	6 Min. 8 Sek.
2 Sek.	6 Min.	8 Min. 10 Sek.
3 Sek.	9 Min.	12 Min. 15 Sek.
4 Sek.	12 Min.	16 Min. 20 Sek.
5 Sek.	15 Min.	20 Min. 25 Sek.
6 Sek.	18 Min.	24 Min. 30 Sek.
10 Sek.	30 Min.	40 Min. 50 Sek.
15 Sek.	45 Min.	1 Std. 1 Min.
20 Sek.	1 Std.	1 Std. 22 Min.
30 Sek.	1 Std. 30 Min.	2 Std. 3 Min.
40 Sek.	2 Std.	2 Std. 43 Min.
1 Min.	3 Std.	4 Std. 5 Min.
1,5 Min.	4 Std. 30 Min.	6 Std. 8 Min.
2 Min.	6 Std.	8 Std. 10 Min.
3 Min.	9 Std.	12 Std. 15 Min.
4 Min.	12 Std.	16 Std. 10 Min.
5 Min.	15 Std.	20 Std. 25 Min.
6 Min.	18 Std.	24 Std. 30 Min.
10 Min.	30 Std.	40 Std. 50 Min.

Die »Pixillation« stellt eine hinreißende Variante der Einzelbild-Zeitraffung für manuelle Bedienung der Kamera dar. Sie stammt, vermutlich aus der Factory des genialen kanadischen Trickfilm-Schöpfers Norman McLaren. Der »verrückte« Aufnahmetrick wird ausschließlich mit Personen realisiert und ruft bei sachgemäßer Anwendung sowohl eigentümliche Bewegungsverfremdungen als auch irreale Bewegungsbeschleunigungen hervor. Es handelt sich hier tatsächlich um eine Art »Animation« echter Lebewesen, die sich als Gag oder Psycho-Effekt, aber auch für die Darstellung außerirdischer Phänomene in Science-fiction-Filmen auswerten läßt. Als Drehorte wählt man ausgedehnte, aber völlig unbelebte Schauplätze aus (Landstraße, Allee, Feldweg, Wiese, Kiesgrube, Dünenlandschaft), weil die überraschende Wirkung solcher Aufnahmen durch plötzlich auftauchende Personen oder Fahrzeuge beeinträchtigt wird. Der ausgewählte Akteur bewegt sich während des gesamten Aufnahmevorgangs in normalem Schrittempo mit starrer Körperhaltung durch das Gelände. Man belichtet jeweils dann ein Einzelbildchen, wenn sein rechter (*oder* linker) Fuß den Boden berührt. Auf der Leinwand scheint dann der Superschauspieler in unglaublichem Tempo und mit

Bei aufnahmetechnischer Zeitumkehrung läßt man herunterfallende Miniaturmodelle scheinbar in eleganter Kurve emporschweben.

gleichbleibender Beinstellung (!) über Straßen, Plätze und Äcker zu gleiten. Die Geschwindigkeit verdoppelt sich, sobald nur bei jedem zweiten Schritt ein Bildchen belichtet wird. Für eine verlangsamte Darstellung (ruckartige Bewegungen) muß die Person bei jedem Schritt verharren, damit man zwei oder drei Einzelbilder aufnehmen kann. Dieses Verfahren hat übrigens auch bei jenen Spielarten der »Pixillation« Gültigkeit, durch die man sitzende oder hockende Akteure auf unvergleichliche Weise und mit Jet-Geschwindigkeit über Fußböden, Treppen, Mauern oder Geländer rutschen läßt.

Mysteriöse Zeitumkehrung

Wer sämtliche Möglichkeiten der Manipulation von Realzeit durch die Filmtechnik ausnutzen möchte, experimentiert gewiß gerne mit einem Aufnahmetrick, der sämtliche Bewegungsvorgänge umgekehrt und die Zeit scheinbar rückwärts ablaufen läßt. Für diesen einfachen, aber immer wieder verblüffenden Spezialeffekt gibt es zwei verschiedenartige Anwendungsbereiche. Wenn man Zeit- und Bewegungsumkehrung als offensichtliche Tricks konzipiert, können Gags erzeugt, Symbole verdeutlicht, Träume visualisiert, psychische Störungen dargestellt und irreale Erscheinungen wiedergegeben werden: Lebewesen und Verkehrsmittel laufen, springen, schwimmen, fahren oder fliegen rückwärts; Bälle rollen Treppen hinauf, Steine hüpfen aus dem Wasser, Kaffee fließt aus der Tasse in die Kanne zurück, zerbrochene Gegenstände setzen sich aus Fragmenten wieder zusammen; Sand- oder Schneelawinen bewegen sich bergaufwärts, weggeworfene Gegenstände kehren in die Hand des Werfers zurück. Nach der gleichen Methode sind aber auch verborgene Tricks realisierbar; man muß lediglich die betreffenden Bewegungsaktionen rückwärts vollziehen! Effekte dieses Typs werden mit Vorliebe dort angewandt, wo die Darstellung gefährlicher Situationen (Faustkämpfe, Autozusammenstöße und ähnliche vorgetäuschte Unfälle) oder miniaturisierte Katastrophen (durch ausgegossenes Wasser oder rieselndes Sägemehl entstandene Modelltrick-Tornados) erwünscht ist. Da man durch Bewegungsumkehrung Flüssigkeiten scheinbar entgegen den Gesetzen der Schwerkraft aufwärts fließen lassen kann, ist beispielsweise im Science-fiction-Film die Aufnahme gallertartiger Amöben-Geschöpfe (aus »Slime« von Mattel), die sogar an Wänden entlangkriechen, völlig unproblematisch (eindrucksvoll demonstriert in dem japanischen Thriller »Das Grauen schleicht durch Tokio« von Inoshiro Honda).

Am bequemsten lassen sich alle diese Tricks mit einem jener vereinzelt erhältlichen Kameramodelle realisieren, die über einen echten »Rückwärtsgang« verfügen, den Filmstreifen also auf Wunsch in entgegengesetzter Richtung durch die Kamera transportieren. Das Bedienungsschema sieht folgendermaßen aus: benötigte Filmmenge bei dicht verschlossenem Objektiv in der gewohnten Weise vorwärts ablaufen lassen, Szene mit dem Rückwärtsgang filmen, belichteten Filmstreifen erneut bei verschlossenem Objektiv vorwärts ablaufen lassen. In der Regel erreicht man eine Zeit- und Bewegungsumkehrung jedoch durch Aufnahme mit »kopfstehender«, also um 180° gedrehter Kamera. Die Rowi-»Wirbeleinrichtung« (Kap. 3) dient als ideales Hilfsmittel für die Montage des Aufnahmegerätes auf dem Stativ. Der echte Rückwärtsgang funktioniert lediglich in Verbindung mit der Standardfrequenz (ausgenommen Pathé-Produkte); bei Einsatz der kopfstehenden Kamera kann man eine Intensivierung gewisser Vorgänge durch zusätzliche Zeitraffung oder Zeitdehnung erzielen. Mit kopfstehender Kamera aufgenommene Szenen müssen später in jedem Falle herausgeschnitten und umgedreht wieder in den Film eingefügt werden. Während bei Filmen mit doppelter Seitenperforation (16 mm, 35 mm) keinerlei Probleme entstehen, wirkt sich die einseitige Perforation des Super-8- und Single-8-Films sowie des 16-mm-Tonfilms nachteilig aus. Man muß den Filmstreifen beim Schnitt nämlich nicht nur umdrehen, sondern auch wenden, so daß alle Motive seitenverkehrt erscheinen (Aufnahme von Schriften und anderen verräterischen Details vermeiden oder gekonterte Abbildung eventuell durch Verwendung eines Spiegels bei der Aufnahme ausgleichen). Außerdem befindet sich die Filmschicht auf der entgegengesetzten Seite, so daß bei der Projektion eine kleine Schärfenkorrektur erforderlich ist. Wer den Film mit einer Magnettonrandspur versehen lassen will, muß die Kopieranstalt unbedingt entsprechend informieren, damit der betreffende Filmteil in der Breite des Minitonbandes von der Schicht befreit wird.

12 Magische Animation

Das Märchenland der Filmtricks ist voller phantastischer Illusionen, die nach ausgeklügelten Verfahren unterschiedlicher Art sichtbar gemacht werden. Es gibt jedoch keinen aufnahmetechnischen Prozeß, der ähnlich vielseitige Anwendungsmöglichkeiten bietet wie die Einzelbildschaltung. Bekanntlich wird mit dem »Einergang« der Kamera jedes Bildchen auf dem Filmstreifen einzeln belichtet, so daß man – im Gegensatz zur üblichen Live-Action-Aufzeichnung mit 18 oder 24 B/Sek. – beliebige Bewegungsvorgänge synthetisch erzeugen kann (Stop motion Photography/Frame-by-frame Shooting). Für diese Methode der künstlichen Belebung statischer Aufnahmeobjekte hat sich in der Kino-Terminologie der Begriff »Animation« eingebürgert. Die Technik der Animation unterscheidet sich insofern wesentlich von der Einzelbild-Zeitraffung (Kap. 11), als es hier nicht auf gleichbleibende Aufnahme-Intervalle, sondern auf willkürlich herbeigeführte, aber gleichmäßige Veränderungen (= Bewegungsphasen) bestimmter Objekte ankommt. Natürlich ergeben auch jetzt 18 (oder 24) belichtete Bildchen nur eine einzige Sekunde Projektionslaufdauer, so daß man die Einstellungslänge präzise vorausplanen muß. Im übrigen verweise ich auf meine Erläuterungen zum kinematografischen Prinzip, die das Verständnis der Zusammenhänge beträchtlich erleichtern dürften (Kap. 2).
Gezielt angewandte Animation bereichert das Repertoire des Trickkameramannes um verborgene und offensichtliche Spezialeffekte, die mit anderen Mitteln nicht realisierbar sind. Diese Erfahrung machen auch jene Hobbyfilmer, die sich nicht unbedingt mit den Lieblingsthemen und -motiven professioneller Stop-motion-Experten wie Ray Harryhausen (z. B. »Herr der drei Welten«, »Die erste Fahrt zum Mond«, »Sindbad und das Auge des Tigers«) oder Jim Danforth (»Die Wunderwelt der Gebrüder Grimm«, »Flesh Gordon«, TV-Serie »Outer Limits« u. a.) anfreunden wollen. Einzelbildtricks dieser Art lassen alltägliche Gegenstände auf geheimnisvolle Weise lebendig werden, erzeugen eine phantastische Pseudo-Realität oder täuschen eine scheinbar perfekte Wirklichkeit vor. Sie eignen sich deshalb ebenso vorzüglich für die Vervollständigung von Live-Action-Szenen in Märchen- und Sensationslichtspielen beliebiger Thematik wie für die visuelle Aufwertung und inhaltliche Bereicherung von Familien-, Kinder- (!), Ferien- oder Umweltfilmen. Darüber hinaus bilden die verschiedenartigen Formen der Einzelbild-Animation eine ideale Basis für die Realisierung eigenständiger Trickfilme. Dieses Genre folgt jedoch besonderen Gesetzmäßigkeiten (Darstellung absurder Komik, allegorische Inhalte, Stilisierung der Motive, vereinfachte oder abgewandelte Aufnahmetechnik). Für den »puren« Animationsfilm gelten deshalb vielfach andere Gestaltungsregeln als für Spezialeffekte, die ja stets eine ergänzende Funktion haben, also in jeder Hinsicht sorgfältig auf die dazugehörigen Realaufnahmen abgestimmt sein müssen. In ihrer Eigenschaft als integrierte Bestandteile von Live-Action-Szenen unterliegen Filmtricks den bildgestalterischen und dramaturgischen Gesetzen des Realfilms, denn sie dürfen vom Zuschau-

er unter keinen Umständen als Fremdkörper im Handlungsgefüge empfunden werden. Das verpflichtet den »Animator« zu äußerster Konzentration und größter Genauigkeit bei der Ausführung filmtechnischer Zauberkunststücke, gewährt seiner Phantasie jedoch sehr viel Spielraum. Wer sein Metier beherrscht, läßt Ereignisse beliebiger Epochen lebendig werden, macht Szenen voller abenteuerlicher Romantik sichtbar, entführt den Zuschauer auf fremdartige Schauplätze oder konfrontiert sein Publikum mit Superhelden und Fabelwesen.

Die konsequente Visualisierung einer Filmidee mit Hilfe ergänzender Einzelbildtricks hängt natürlich auch von gewissen apparativen Voraussetzungen ab. Professionals benutzen für die Animation von Gegenständen, Miniaturmodellen, Puppen, Flachfiguren, Titelbuchstaben, Phasenzeichnungen und dergleichen grundsätzlich Spezialapparaturen, die aber nur für die Filmformate 35 und 16 mm erhältlich sind. Im Hobbybereich kommt für solche Vorhaben jede handelsübliche Schmalfilmkamera in Frage, die über Einzelbildschaltung verfügt und durch passendes Zubehör komplettiert werden kann. Zufriedenstellende Ergebnisse sind auch hier nur bei Verankerung der Aufnahmeapparatur auf schwingungsfreiem Dreibeinstativ oder Titelgerät zu erwarten. Langer Drahtauslöser oder elektromagnetischer Fernauslöser garantieren zusätzlichen Schutz gegen unbeabsichtigte Erschütterungen. Aufnahmegeräte mit eingebautem Einzelbildzählwerk lassen jederzeit eine genaue Überprüfung der verbrauchten Filmmenge zu. Im übrigen sollte stets eine (einfache) Stoppuhr griffbereit sein, um bestimmte Bewegungsabläufe testen und kontrollieren zu können. Speziell bei Stop-motion-Szenen ist während des gesamten Aufnahmevorgangs eine völlig gleichbleibende Ausleuchtung erforderlich, damit kein unerwünschter »Flackereffekt« sichtbar wird. Wer sich für die Beleuchtung durch wärme- und wartungsfreies Blitzlicht (Kap. 11) entschließt, braucht weder die Scheinwerferhitze noch die Nachteile der relativ kurzlebigen Halogenleuchten oder Fotolampen in Kauf zu nehmen. Bei Anwendung der Einzelbildschaltung entsteht ein wesentlich höherer Energiebedarf als bei der üblichen Laufbildaufzeichnung. Länger andauernde Aufnahmeaktionen lassen sich deshalb am besten mit Netzbetrieb oder externen Stromquellen (Batterie-Box/Akku) durchführen. – Zahlreiche Tips und Kniffe zu diesem Sachgebiet sind sowohl auf den folgenden Seiten als auch in anderen Kapiteln zu finden. Ich kann mich also vorab mit einigen allgemeingültigen Hinweisen begnügen, die auf sämtliche Formen der Animation zutreffen. – Für unauffällige kinematografische Täuschungsmanöver vorgesehene Spezialaufnahmen sollten stets mit passenden Realeinstellungen abwechseln und darüber hinaus knapp geschnitten werden, um die Identifikation des Tricks durch den Zuschauer zu erschweren. Die Animation von Fototeilen und dreidimensionalen Objekten erfordert insofern äußerste Konzentration, als man den gesamten Bewegungsablauf im Gedächtnis speichern muß, weil jede eingestellte Bewegungsphase durch die nachfolgende unwiderruflich zerstört wird (im Gegensatz zum Zeichenfilm, wo sämtliche Bewegungsphasen auf bemalten Cello-Folien erhalten bleiben, die Vorgänge also ohne Abweichungen wiederholbar sind). Natürlich wirkende, »fließende« Bewegungen lassen sich bei einer Standard-Projektionsfrequenz von 18 B/Sek. in der

Die unglaublich diffizilen Kombinationstricks in »Krieg der Sterne« entstanden mit Hilfe der »Dykstraflex«-Kamera.
Foto: Centfox

Regel nur durch »Full Animation« darstellen (1 Einzelbildchen für jede Bewegungsphase). Bei Frequenzen von 24 oder 25 B/Sek. ist auch dann noch keine ruckartige Wiedergabe der künstlichen Bewegungen zu befürchten, wenn man »Phasendoppelung« (2 Bilder je Phase) vornimmt. Das Tempo der Animationsobjekte wird allein vom »Phasenschritt« (Maß der räumlichen Veränderung des betreffenden Gegenstandes zwischen den Einzelbildbelichtungen) bestimmt, wobei die gebräuchliche Projektionsfrequenz, für Miniaturmotive aber auch der gewählte Maßstab, zu berücksichtigen ist. Als Grundsatz gilt: Je größer die Anzahl der Phasen, desto geringer die Geschwindigkeit und desto länger die erforderliche Dauer des dargestellten Vorgangs (bei gleichbleibender Phasen-Anzahl läuft das Geschehen mit 24 B/Sek. um ⅓ schneller ab als mit 18 B/Sek.). Sobald Einzelbildtricks dem Publikum eine faszinierende Pseudowirklichkeit vorspiegeln sollen, muß die Animation der Aufnahmeobjekte kontinuierlich, aber gemäß den Bewegungen ihrer realen Vorbilder erfolgen. Dabei wird man unmotivierte Tempo-Schwankungen ebenso auszuschließen versuchen wie abrupte Übergänge zwischen Bewegungen und Augenblicken statischer Ruhe; fast alle Bewegungen sind ja auch im wirklichen Leben von Pausen unterbrochen und beginnen mit allmählicher Beschleunigung oder enden mit allmählicher Abbremsung.

Zauberei mit Requisiten

Obwohl Sachtricks eindeutig der Kategorie offensichtlicher Spezialeffekte zugeordnet werden müssen, stellen sie eine wertvolle Bereicherung der filmgestalterischen Mittel dar. In diesem Anwendungsbereich dominiert die künstliche Belebung realer Gegenstände und Requisiten, ohne daß gleichzeitig Lebewesen im Bild sichtbar sind. Die verblüffende Wirkung ist also vorwiegend auf die irrealen Bewegungsaktionen alltäglicher Aufnahmeobjekte in einer naturalistischen Umgebung zurückzuführen. Sachtricks verhelfen zu herrlich albernen Gags mit Slapstick-Touch, können unter Umständen aber auch eine beklemmend gespenstische Atmosphäre heraufbeschwören. In der Vision einer geplagten Hausfrau geraten Möbelstücke, Küchenmaschinen oder Geschirr auf geisterhafte Weise in Bewegung. In Kinderträumen erwachen Einrichtungsgegenstände, Puppen und Spielzeug zu phantastischem Pseudoleben. In utopischen Märchen verursacht eine »unsichtbare« Handlungsfigur erschreckende Veränderungen der Szenerie: Möbel und Requisiten werden benutzt oder aus dem Weg geräumt; Fenster, Türen und Schubfächer öffnen sich selbsttätig; feuchte Fußstapfen markieren den Weg des unheimlichen Filmhelden (9 Einzelbilder je Abdruck). Einzelbildtricks des beschriebenen Typs eignen sich aber auch hervorragend für die Visualisierung von Trugbildern, als Titel-Effekte (sich selbsttätig zusammensetzende Texte) und als Blickfang im Werbefilm, wo sie dem Zuschauer eine dynamisch-aggressive Eigeninitiative der Produkte suggerieren.

Größere Objekte, die »von Geisterhand« bewegt werden sollen, erfordern einen ausreichenden Aktionsraum, den man ihnen durch Aufnahme mit kurzer Objektivbrennweite verschafft. Damit die Gegenstände nicht unkontrolliert durch die Szenerie rutschen, sollte man Bewegungsrichtung, Wegstrecke und Tempo im voraus durch einen Test festlegen. Für jede Einzelbildbelichtung wird die Lage des Aufnahmegegenstandes geringfügig verändert, wobei die gleichbleibende Maßeinheit (Phasenschritt) einen flüssigen Bewegungsablauf gewährleistet. Kleine Phasenschritte verlangsamen, große beschleunigen die Bewegung. Zwar ist das Bewegungstempo grundsätzlich unabhängig von der Größe des Gegenstandes, muß jedoch in Relation zur Gesamtheit des Bildinhalts gesetzt werden. Man wählt also für winzige Objekte (z. B. Titelbuchstaben) in der Regel kleinere Maßeinheiten als für riesige (z. B. Kleiderschränke). Die Länge der notwendigen Phasenschritte und die daraus resultierenden Geschwindigkeiten lassen sich auf völlig unkomplizierte Weise errechnen. Beispiel: Wenn man eine Wegstrecke von 900 mm ausgemessen hat und das Aufnahmeobjekt vor jeder Einzelbildbelichtung um 10 mm verschiebt, ergibt das bei der üblichen Standard-Projektionsfrequenz von 18 B/Sek. genau 90 Bildchen mit einer Laufdauer von 5 Sek. Ein Phasenschritt doppelter Länge (20 mm) halbiert die Zeitspanne (Bewegungsbeschleunigung auf 2,5 Sek.), ein halbierter Phasenschritt (5 mm) verdoppelt die Zeitspanne (Verlangsamung auf 20 Sek.) bei gleichbleibender Wegstrecke. Unter Berücksichtigung der variierenden Größenverhältnisse gilt dieser Grundsatz auch für alle anderen Methoden

Miniaturmodelltricks harmonieren mit vielen Themenbereichen: Fantasy-Film (1:12), historische Stadt-Chronik (1:90), Utopie (1:100), Expeditionsabenteuer (1:35).

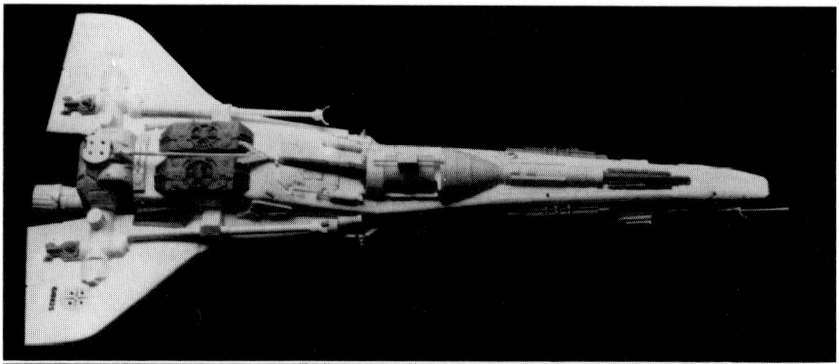

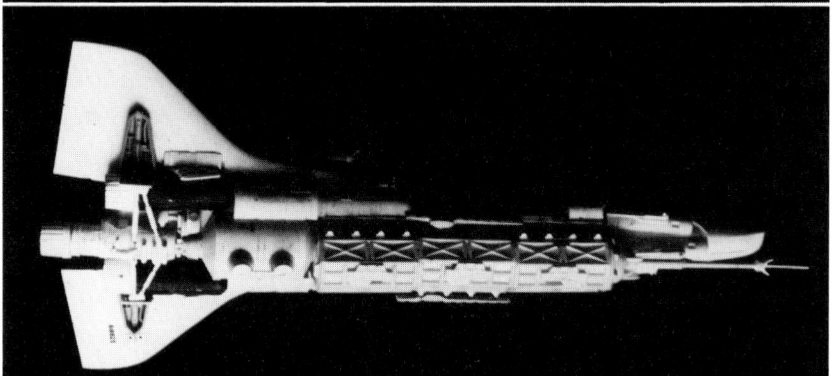

der Einzelbild-Animation. Übrigens präsentiert sich als skurrile Variante des Sachtricks der scheinbar paradoxe »Pixillation«-Prozeß, mit dem man durch »Animation« echter Lebewesen ganz erstaunliche Resultate hervorbringt (Kap. 11).

Gullivers Filmstudio

Während im Roman von Jonathan Swift der Weltreisende Gulliver das Land Lilliput nur zufällig und erst nach langer Irrfahrt erreicht, steuern Filmemacher ihr Ziel direkt und ohne Umschweife an. Sobald gewisse Szeneninhalte weder durch Realfilmmittel noch durch andere Spezialeffekte dargestellt werden können, statten sie ihrem eigenen Lilliput-Atelier einen Besuch ab, um mit selbst entworfenen »Table-Top«-Motiven und ausgeklügelten Miniaturmodelltricks auf raffinierte Weise Wirklichkeit vorzutäuschen. Dabei werden die verschiedenartigen Bewegungsvorgänge einerseits durch Einzelbild-Animation, andererseits durch mechanische Hilfsmittel aller Art sichtbar gemacht. Der Miniaturmodell-Prozeß gilt als wichtigstes und vielseitigstes Sonderverfahren im Bereich der Kinematografie, weil er die meisten Variationsmöglichkeiten bietet und Kombinationen mit zahlreichen anderen Tricktechniken zuläßt. Der besondere Vorteil miniaturisierter Pseudo-Realität besteht darin, daß man tatsächlich jeden gewünschten Schauplatz nachbilden und alle erdenklichen Realsituationen im kleinen nachvollziehen kann. Als Anwender der Modelltrick-Methode brauchen auch Hobbyfilmer nicht länger auf die Verwirklichung außergewöhnlicher (Action-) Spielfilme zu verzichten! Dabei spielt es gar keine Rolle, ob ihre Themen in vorgeschichtlicher Vergangenheit, historischen Epochen, Gegenwart oder ferner Zukunft angesiedelt sind. Das Geschehen kann sich in gewohnter Umwelt entwickeln, aber auch in exotischen Gegenden oder Unterwasserlandschaften, auf verwunschenen Inseln und fremden Planeten, in bizarren Zukunftsstädten oder pittoresken Märchenwäldern. Jedenfalls setzen Arrangement und Aufnahme von Miniaturszenerien der Phantasie keinerlei Grenzen!

Auf dem Sektor kommerzieller TV- und Kino-Filmproduktion entwikkeln sich Modelltricks heute immer häufiger zu einem entscheidenden Gestaltungsfaktor. Das gilt vor allem für die Themenbereiche Sciencefiction und Phantastik. Die Spitzenleistungen profilierter Experten überzeugen sogar skeptische Kenner, denn bei fachgerechter Ausführung sind die Bildinhalte nur für Fachleute als Spezialeffekte erkennbar. Mustergültiges Anschauungsmaterial liefern beispielsweise Sylvia und Gerry Anderson mit TV-Serien wie »Thunderbirds«, »UFO« und »Mondbasis Alpha 1«, Douglas Trumbull mit den Spielfilmen »2001: Odyssee im Weltraum« und »Lautlos im Weltraum« oder John Dykstra mit den Trick-Sequenzen für »Krieg der Sterne« und »Kampfstern Galactica«. Diese und andere Meister des Miniaturmodelltricks sind vor allem deshalb erfolgreich, weil sie konsequent nach tausendfach bewährten Aufnahme- und Gestaltungsregeln verfahren. Designer und Kameraleute, die mit Modellen eine synthetische Wirklichkeit entwerfen wollen, richten ihre Arbeit schon im Planungsstadium auf tatsächliche oder imaginäre Vorbilder aus, verzichten also auf jegliche Stilisierung und streben in jeder Beziehung optimalen Realismus an. Aktives und passi-

Die filminhaltsgemäße Eigenkonstruktion eines 33 cm langen Miniraumschiffs setzt sich aus Einzelteilen verschiedenartiger Plastikbausätze zusammen.

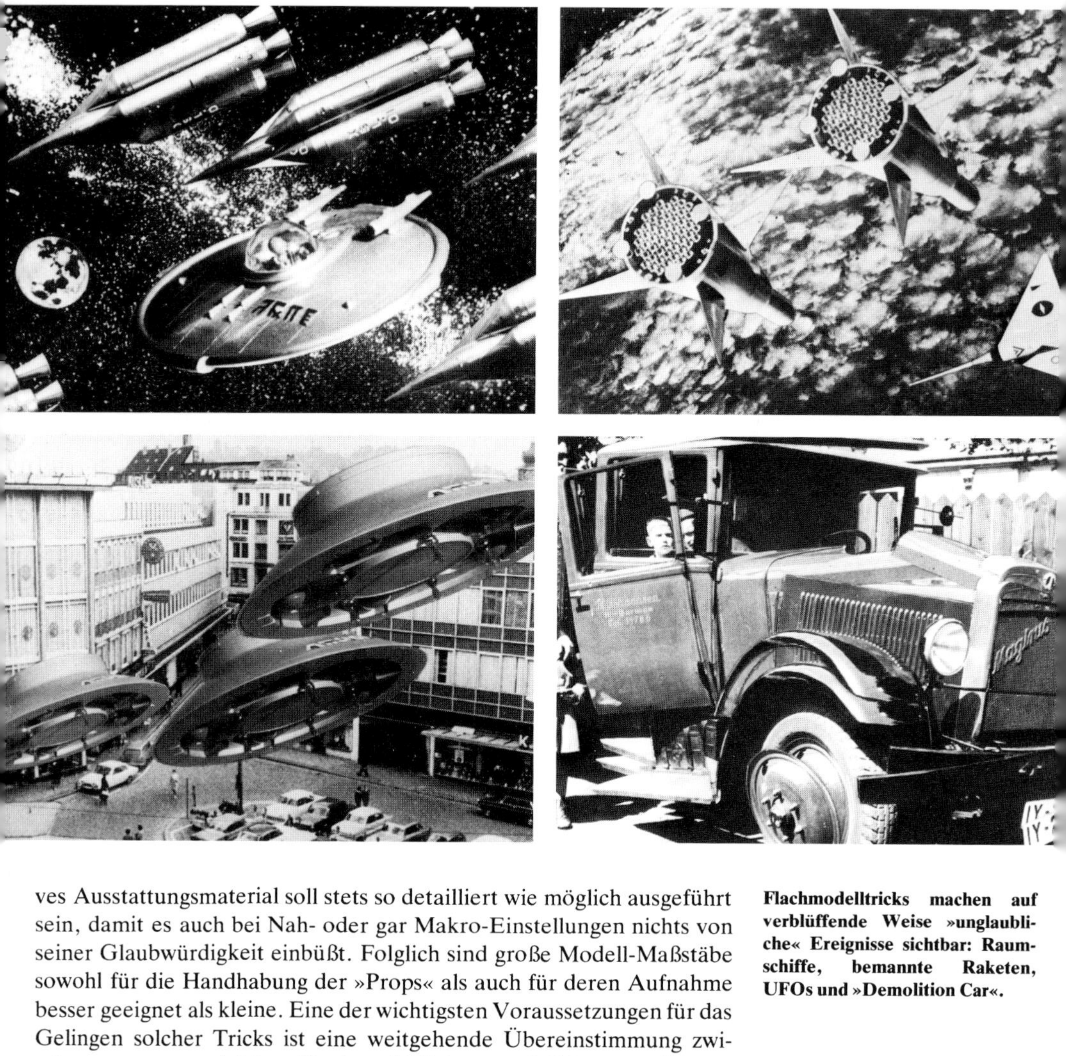

ves Ausstattungsmaterial soll stets so detailliert wie möglich ausgeführt sein, damit es auch bei Nah- oder gar Makro-Einstellungen nichts von seiner Glaubwürdigkeit einbüßt. Folglich sind große Modell-Maßstäbe sowohl für die Handhabung der »Props« als auch für deren Aufnahme besser geeignet als kleine. Eine der wichtigsten Voraussetzungen für das Gelingen solcher Tricks ist eine weitgehende Übereinstimmung zwischen zusammengehörigen Real- und Miniaturmodell-Szenen, die man stets mit gemeinsamen Merkmalen ausstatten sollte: Witterung, Tageszeit, Beleuchtungsrichtung, Schauplatz-Charakteristika, gleichartige Dekorationsteile oder Requisiten in entsprechenden Abmessungen, zusammenwirkende Aktionen und Reaktionen.

Modelltricks lassen sich in einem vergleichsweise winzigen Atelier realisieren. Das Kleinststudio besteht aus einer stabilen Bodenplatte (Sperrholz, Preßspan, geleimter Karton von 10 bis 20 mm Stärke), die schwingungsfrei auf einem stabilen Unterbau (Kiste, Sägebock, Lattengerüst) befestigt wird, aber für unkonventionelle Aufnahmeaktionen sowie für die Anbringung von mechanischen Hilfsmitteln und elektrischen oder pyrotechnischen Installationen frei zugänglich sein muß. Von Batterien oder Transformator gespeiste Minibeleuchtungskörper können nämlich

Flachmodelltricks machen auf verblüffende Weise »unglaubliche« Ereignisse sichtbar: Raumschiffe, bemannte Raketen, UFOs und »Demolition Car«.

ebenso zur Belebung der Szenerie beitragen wie Rauch-Vorrichtungen aus biegsamen Kabelmänteln in Form dünner Schläuche mit 5 bis 8 mm Durchmesser (für die Darstellung von Kaminrauch, Staubwolken oder Nebelschwaden). Die Dimensionen der Spielfläche sind vom Maßstab der Miniaturmodelle und von den erforderlichen Aktionen abhängig. Für die meisten Hobbyfilm-Vorhaben reicht eine Gesamtgröße von etwa 600 × 400 mm aus. Ein rechtwinklig angebrachter Holzrahmen bildet das Gerüst für die Kulissen. Obwohl Modelltricks ihre Wirkung in erster Linie aus dreidimensionalen Aufbauten beziehen, darf man den Hintergrund ohne weiteres flächig ausführen. Wegen ihrer realistischen Wirkung werden in der Regel fotografische Kulissen entsprechender Größe bevorzugt. Für nachgebildete Außenschauplätze kommen praktisch nur Panoramamotive ohne Abbildungen beweglicher Objekte oder störender Vordergrund-Details in Frage (Archiv-Fotos, Wandkalender-Drukke, Poster); zu Innenszenerien passende Hintergründe konstruiert man am besten aus Holzfurnier, Plastikfolie und ausgeschnittenen Foto-Fragmenten. Für die perfekte Koordinierung sämtlicher Motivpartien ist es äußerst wichtig, daß die Ausleuchtung der plastischen Objekte präzise auf die Beleuchtungsverhältnisse des unveränderlichen Hintergrund-Fotos abgestimmt wird. »Nachthimmel«- oder »Weltraum«-Kulissen entstehen nach drei unterschiedlichen Methoden: 1. schwarzen Plakatkarton »gefühlvoll« mit Puder oder pulverisierter »Codit«-Reflexkreide (3 M-Company) bestäuben, fotografisch reproduzieren und vom Negativ eine Vergrößerung auf mattem Papier anfertigen (auch für Flachmodelltricks empfohlen); 2. mattschwarzen Karton unregelmäßig mit einer Nadel perforieren, flächig durchleuchten und möglichst mit einer Sterneffektlinse (Kap. 8) filmen; 3. mit dem Bürolocher ausgestanztes Konfetti aus »Scotchlite«-Reflexfolie auf eine schwarze Tuchfläche kleben und mit Spotlight oder Diaprojektor beleuchten (nur bei sehr großen Maßstäben).

Der »Wellengang« von Modellschiffen wirkt nur bei geringer Wassertiefe überzeugend. Foto: Toho Co.

Ausstattung und Aufbau des Miniaturschauplatzes erfordern äußerste Sorgfalt, denn sämtliche Details werden ja später auf der Leinwand mit gigantischem »Blow-up«-Faktor wiedergegeben. Gestalterische Präzision muß also schon beim Entwurf der Lilliput-Landschaft beginnen. Bodenerhebungen und Schluchten werden aus aufgeklebten Pappkartons modelliert, denen man anschließend mit Draht-Gaze und Geländebau-Mörtel, Gips oder Papiermaché ihre endgültige Form verleiht. Für die Ausgestaltung eignen sich sowohl natürliche Stoffe und gewisse Haushaltswaren als auch das umfangreiche Landschaftsbaumaterial der Hersteller von Modelleisenbahn-Zubehör. Wegen ihrer variablen Größenverhältnisse lassen sich die meisten dieser »neutralen« Gestaltungsmittel unterschiedlichen Miniaturmodell-Maßstäben zwischen 1:100 und 1:10 anpassen. Als natürliche Baustoffe kommen beispielsweise kleine Kalk- oder Sandstein-Brocken, zierliche Ästchen, Moos und getrockneter Federzierspargel (aus dem Blumenladen) in Frage. »Felsen« bestehen je nach gewünschter geologischer Struktur aus Baumrinde, Preßpappe-Bruchstücken oder fertig bezogenen Plastikteilen. Als »Schlamm« eignet sich pulverisierter Kakao; für Schnee, Wüstensand, Äcker und andere Bodenstrukturen verwendet man ein Gemisch aus Körperpuder und Farbpulver oder gröberem Modellbahn-Streumaterial in Form von gefärbtem Sägemehl (Tips für synthetische Winterfreuden und simulierte Witterungen in Kap. 5). Schotter, Geröll und Kohlenhalden lassen sich mit portionsweise erhältlichem farbigem Kork-Schrot oder Kunststoff-Granulat darstellen. Planeten-Landschaften in Science-fiction-Filmen überzeugen zuweilen sogar mit Oberflächen aus Glasglimmer, braunem Zucker oder blauem Sägemehl. Für die »Bepflanzung« gibt es »nordisches Moos« in vielen Farbtönen, Schaumstoff-Flocken und mikroskopisch feine »Gras«-Fasern aus der Spray-Dose. Fertige Miniaturbäume mehrerer Gattungen und Größen stehen ebenso auf dem Lieferprogramm der Spielwaren-Hersteller wie Prägeplatten mit verkleinerten Originalstrukturen von verschiedenartigem Mauerwerk oder Dächern. Für den Straßenbau empfehlen sich entsprechend bedruckte Folien aus dem Modellbahn-Zubehörprogramm, aber auch Filz, Schmirgelpapier, Dachpappe und grober Karton entsprechender Tönung und Oberflächenbeschaffenheit. – An aktivem Ausstattungsmaterial besteht dank umfangreicher Offerten der internationalen Spielwarenindustrie keinerlei Mangel. Zwar kommt es bei der Realisierung von Modelltricks auf äußerste Genauigkeit an, aber es sind derart viele originalgetreue und detailliert ausgeführte Miniaturen erhältlich, daß man weitgehend auf Eigenkonstruktionen verzichten kann. Die Verwendung von einfachem Kinderspielzeug ist indiskutabel; es gibt jedoch zahlreiche qualitativ hochwertige Fertigmodelle, die man – in begrenztem Umfang und nach individueller Überarbeitung – recht gut für Trickaufnahmen einsetzen kann. Unter anderem haben sich bewährt: Modelleisenbahnen der Nenngrößen »I« (Maßstab 1:32) von Märklin, »O« (1:45) von Rivarossi und »HO« (1:87) von Fleischmann, Liliput, Märklin, Piko, Rivarossi, Roco und Trix; Metall-Druckguß-Fahrzeuge nach historischen und modernen Vorbildern (etwa 1:45 und größer) von Corgi, Dinky, Mebetoys, Politoys, Rio oder Solido; mittelalterliche Fuhrwerke und Kampfmaschinen aus der Ritterzeit (1:25) von Hausser.

Als wirklich ideale Aufnahmeobjekte für naturalistische Modelltricks erweisen sich jedoch die eindrucksvollen Konstruktionen aus Plastik-Bausätzen, deren Fertigteile lediglich zusammengeklebt und entsprechend ihrem Verwendungszweck bemalt werden müssen. Der Filmemacher braucht sich in thematischer Hinsicht keinerlei Beschränkungen aufzuerlegen, denn das Lieferprogramm zahlreicher weltweit operierender Hersteller enthält eine fast unübersehbare Menge verschiedenartiger Miniaturen in Maßstäben zwischen 1:6 und 1:100 (kleinere Maßstäbe sind nicht zu empfehlen; der filmtechnisch günstigste Maßstab liegt bei etwa 1:35). Sämtliche Modelle sind bis ins letzte Detail originalgetreu nachgebildet, bewähren sich also jederzeit vor dem »unbestechlichen« Auge der Kamera. Dem Stadtplaner stehen Wohngebäude, Geschäftshäuser, Zweckbauten und Industrieanlagen aller Baustile und Epochen im Maßstab 1:87 zur Verfügung (Atlantic, Faller, Jovef, Kibri, Pola, Vollmer). Die größte Auswahl besteht im Bereich historischer, zeitgenössischer und futuristischer Verkehrsmittel, die durchweg mit beweglichen Teilen ausgestattet sind. Im Angebot von Airfix, AMT, Aurora, Bandai, General Mills, Heller, Imai, Lindberg, Revell, Tamiya oder anderen Bausatz-Produzenten findet man Personen-, Sport-, Spezial- und Nutzfahrzeuge aller Art, Militärfahrzeuge, Schiffe, Hubschrauber, Flugzeuge, Raketen und Raumfahrzeuge. Selbstverständlich sind bei Bedarf individuelle Modifikationen oder Neukonstruktionen aus Bestandteilen verschiedenartiger Bausätze möglich. Professionelle Trickmeister wie John Dykstra (»Krieg der Sterne«), Derek Meddings (»UFO«), Douglas Trumbull (»Lautlos im Weltraum«) oder Brian Johnson (»Mondbasis Alpha 1«) setzen beispielsweise die Großmodelle ihrer phantastischen Raumschiffe aus Hunderten von serienmäßig hergestellten Flugzeug-, Panzer-, Auto- und Schiffsbausätzen zusammen . . . Mitunter erhalten Bausatz-Modelle erst durch farbliche Überarbeitung einen naturalistischen »Finishing Touch«. Einerseits läßt sich die manch-

Bastler stellen ihre Kino-Fabelwesen mit Gips, Styropor, Farbe und Phantasie im eigenen Workshop her.
Foto: Toho Co.

mal allzu prächtige (für Kinder vorgesehene) Originalfarbgebung durch Übermalung neutralisieren, andererseits kann man naturwidrig glänzenden Modellen von Gelände-Fragmenten, Häusern, Saurier-Figuren und dergleichen durch Nachbehandlung mit matter Plastikfarbe ein echteres Aussehen verleihen. Außerdem wirken die meisten Miniaturmodelle erst dann realistisch, wenn sie mit Gebrauchs- und Abnutzungsspuren oder künstlicher Patina versehen werden (verschmutzte Fahrzeuge, staubige Fassaden, rissige Mauern, abblätternder Anstrich mit durchschimmerndem Metall auf technischen Konstruktionen, zerstörte Bauwerke usw.). Bei solchen Vorhaben bewähren sich unter anderem folgende Methoden: geringe Mengen Plastikfarbe mit um den Finger gewickeltem Tuch auf dem Modell verreiben, so daß Strukturen betont werden; Oberfläche einer Bemalung aus mehreren Schichten in unterschiedlichen Tönungen durch vorsichtige Behandlung mit Schmirgelpapier teilweise entfernen; Bleistift-Schraffur oder Zigarrenasche mit dem Finger verteilen und »Brandspuren« mit der Glut einer Zigarette hervorrufen. Erfahrungsgemäß wirken Miniatur-Häuser, -Fahrzeuge, -Dampfer, -Raumschiffe und dergleichen wesentlich überzeugender, wenn sie bei Nacht-, Unterwasser- und Weltraum-Szenen beleuchtete Fenster oder Bullaugen aufweisen. Wo die Installation echter Minilämpchen samt Batterien ausgeschlossen ist, kann man sich mit ausgeschnittenen und entsprechend eingepaßten Stückchen aus stark reflektierender »Scotchlite«-Folie behelfen (vgl. Kap. 15).

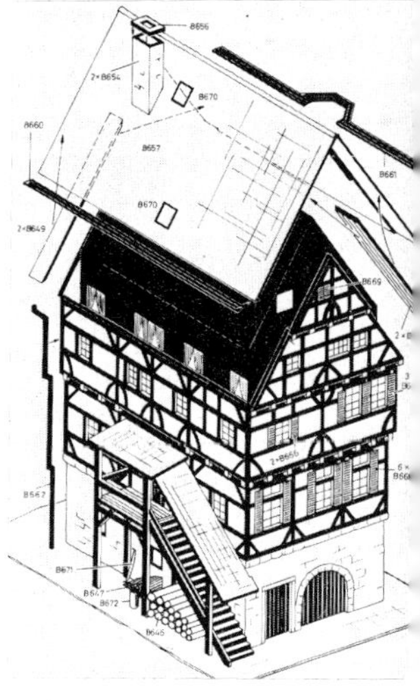

Gebäudemodelle aus detaillierten Plastikbausatzteilen (Maßstab 1:87) lassen sich für Filmaufnahmen themengerecht abwandeln. Zeichnung: Kibri

Innerhalb eines bestimmten Schauplatzes sollten möglichst nur Modelle mit übereinstimmendem Maßstab auftauchen (ausgenommen Kulissen). Das gilt vor allem für Kombinationen von Gebäuden, Fahrzeugen und Puppen. Landschaftsgestaltungsmaterial (Felsen, Büsche, Wege, Teiche usw.) hingegen kann Modellen unterschiedlicher Größe angepaßt werden, weil sich seine relativen Maße unauffällig verändern. Erfahrungsgemäß lassen sich jedoch aus Miniaturmodellen der Serienproduktion nicht für jede Aufnahmesituation passende Arrangements zusammenstellen. Versierte Kinomagier erzielen dennoch erstklassige Aufnahmeresultate, indem sie die Gegensätze zwischen Objekten unterschiedlicher Maßstäbe durch Anwendung bewährter Tricks elegant überbrücken. Wenn Bewegungsvorgänge ausschließlich quer zur Aufnahmerichtung verlaufen, kann durch maßstäblich gestaffelte Motive eine größere Raumtiefe simuliert werden (Beispiel: Vordergrund 1:35, Mittelgrund 1:48, Hintergrund 1:90). Als unterstützender Gestaltungsfaktor fungiert die »forcierte Perspektive« durch angedeutete Motiv-Linien, die sich in Richtung Horizont übertrieben einander nähern, obwohl sie Parallelen vortäuschen (Begrenzung von Feldern, Straßenränder, kontinuierlich verkürzte Zaunpfähle, sich perspektivisch verjüngende Mauern usw.). Falls eine große Anzahl verschiedenartiger Szenen mit einem bestimmten Modell gefilmt werden muß, bieten gleichartige Aktionsmodelle unterschiedlicher Maßstäbe (Bausätze mehrerer Fabrikate) zahlreiche Variationsmöglichkeiten durch Veränderung der Größenverhältnisse aller Ausstattungsmittel. Die Handlung kann nämlich durchaus abwechselnd in Umgebungen von 1:12, 1:43 oder 1:100 ablaufen. In den Workshops der TV-Magier gehört die Anwendung dieses Kunstgriffs gewissermaßen zur täglichen Routine. So existieren beispielsweise von der »Eagle« aus »Mondbasis Alpha 1« mehrere Modelle in Längen zwischen 8 und 15 cm; von der »Seaview« aus »Voyage to the Bottom of the Sea« gab es drei Exemplare von 1,2 bis 1,5 m; das »Raumschiff Enterprise« entstand sogar in fünf Versionen mit den Maßen 10 cm, 60 cm, 1m, 3,5 m und 4,3 m . . . Darüber hinaus kann man Schauplätze (Totalen) und Aktionsmodelle oder Trickfiguren (Naheinstellungen) getrennt anvisieren und die Verbindung beim Schnitt durch sorgfältige Montage wiederherstellen. Das gilt natürlich auch für jene Ausstattungsmittel, die sowohl in realer Größe als auch in verkleinerten Versionen aufgenommen werden.

Für das Gelingen von Modelltricks sind aber keineswegs nur sorgfältig hergerichtete Miniaturen, sondern auch gewisse aufnahmetechnische Raffinessen maßgebend. Eine perfekte Wirklichkeitsillusion kann nur dann erreicht werden, wenn man die Kleinstmotive stets aus dem Blickwinkel von Puppen oder imaginären Minigeschöpfen filmt. Das Kameraobjektiv ist also in der Regel knapp über der Basisplatte der Modellbühne installiert und registriert das Geschehen aus gemäßigter Froschperspektive. Die Vogelperspektive betont den Spielzeug-Charakter der Modelle und kann die Illusion gründlich zerstören, wenn solche Aufnahmen nicht durch unmittelbar vorhergehende oder nachfolgende Bilder motiviert sind (Beobachter in einem Turm, auf einem Berggipfel, in einem schwebenden Flugobjekt). Miniaturmodelltricks für Hobbyfilme sind fast ausschließlich Nahaufnahmen, so daß der Schärfentiefenbereich zwangsläufig verringert wird. Bei Modell-»Totalen« rufen auffällige Unschärfen eine starke Beeinträchtigung der Bildwirkung hervor, die man nur durch eine möglichst kleine Blendenöffnung (mindestens 11) ausgleichen kann. Um reale Schauplätze und Aktionen glaubwürdig vortäuschen zu können, empfiehlt sich deshalb generell die Verwendung einer kurzen Brennweite! Weitwinkel-Objektiv oder entsprechende Zoom-Position garantieren nämlich eine wirklichkeitsnahe Erweiterung der Schärfenzone und suggerieren eine scheinbar größere Ausdehnung der Miniaturszenerie. Außerdem kommt durch dynamische Linienführung eine wesentlich realistischere Wiedergabe der Modell-Perspektiven und -Proportionen zustande. Miniaturmodelltricks werden mit Ausnahme pyrotechnischer Effekte (Kap. 13) im Studio ausgeführt, weil im Freien mit wechselnden Beleuchtungs- und Witterungsverhältnissen zu rechnen ist. Als Lichtspender fungieren Halogenleuchte und Spot (oder Diaprojektor), die in Kap. 10 ausführlich beschrieben sind. An dieser Stelle ist lediglich noch einmal darauf hingewiesen, daß die Positionen sämtlicher Scheinwerfer während des gesamten Aufnahmevorgangs unverändert beibehalten werden müssen. Hintergrund-Schatten dürfen allenfalls bei Aufnahmen miniaturisierter Interieurs sichtbar sein (Löschung durch Oberlicht möglich). Bei simulierten Außenaufnahmen ist die Darstellung unterschiedlicher Tageszeiten und Witterungsverhältnisse allein durch beleuchtungstechnische Varianten möglich. Man sollte jedoch stets daran denken, daß die Grundstoffe der meisten Plastik-Bausatzmodelle äußerst wärmeempfindlich sind. Um nicht »aufzuweichen«, dürfen sie also bei länger andauernden Aufnahmeaktionen nicht in unmittelbarer Nähe der Lichtquellen plaziert sein (Ausnahme: Blitzbeleuchtung).

Einzelbild plus Laufbild

Bei den meisten Modelltricks erfolgt die Darstellung von Bewegungsvorgängen durch angewandte Einzelbild-Animation (einleitende Tips dieses Kapitels beachten). Da eine perfekte Wirklichkeitsillusion angestrebt wird, müssen alle Aktionen und Geschwindigkeiten so realistisch wie möglich aussehen. Es gibt eine sehr einfache Formel, nach der man das »Modelltempo« von Verkehrsmitteln und dergleichen für eine ausreichend »echte« Wiedergabe der Bewegungen errechnen kann. Man dividiert zunächst das vorgesehene Realtempo durch 3600 (Sek.) und das Ergebnis durch den Maßstab des betreffenden Aktionsmodells. Beispiel: 40 (km/h):3600 = rund 0,011. – 11000:35 (Maßstab) = rund 314. Das Objekt müßte demnach in jeder Sekunde etwa 314 mm zurücklegen. Durch die konstante Projektionsfrequenz von 18 B/Sek. dividiert, bedeutet das eine räumliche Veränderung des Modells um etwa 17 mm vor jeder Einzelbildbelichtung (ca. 13 mm bei 24 B/Sek.). Im Hinblick auf die begrenzte Ausdehnung des Miniaturschauplatzes und das Geschwindigkeitsempfinden des Zuschauers (scheinbare Beschleunigung in Aufnahmerichtung bei kurzen Objektivbrennweiten beachten) kann dieser extrem große Phasenschritt jedoch grundsätzlich halbiert oder gedrittelt werden (6 bis 8 mm), ohne daß der Bewegungsvorgang zu langsam erscheint.
Um sämtliche denkbaren Situationen in miniaturisierter Form nachvollziehen und filmisch wiedergeben zu können, ist für gewisse Vorgänge mechanische Animation in Verbindung mit Laufbildaufzeichnung in einer Standard- oder abweichenden Bildfrequenz erforderlich. Das Tempo der beweglichen Objekte wird auf der festgelegten Wegstrecke getestet und die erforderliche Zeitspanne mit der Stoppuhr ermittelt. Man darf sogar in einer bestimmten Szene mit kombinierter oder abwechselnder Einzelbild- und mechanischer Animation operieren! Bei folgenden Motiven ist Einzelbild-Animation ohnehin ausgeschlossen, so daß sie stets mit der Standardfrequenz von 18 (oder 24) B/Sek. gefilmt werden müssen: elektrisch betriebene Miniaturlokomotiven, Regen, Schneefall, Sturm. Nebel, Rauch und zahlreiche pyrotechnische Effekte (Kap. 13). Andere Aufnahmeobjekte erfahren eine Wirkungssteigerung durch gezielte Anwendung von Filmtransporttricks (Kap. 11). So nimmt man beispielsweise Bäche, Flüsse und Flammen bei der verkleinerten Wiedergabe mit leichter Zeitraffung auf, weil sie in normalem Tempo unrealistisch aussehen würden. Explosionen, Vulkanausbrüche, Sturmfluten, abstürzende Fahrzeuge und einstürzende Gebäude hingegen lassen sich nur durch die eindrucksvolle Verlangsamung mit einem Slow-Motion-Gang glaubhaft darstellen. Sobald fliegende, schwebende, schwimmende und gewisse fahrende Miniaturobjekte mitspielen sollen (Astronauten, Taucher, Seejungfrauen, künstliche Fische oder Vögel, Supermänner und Vampire, Freiballons, Lastenfallschirme, Flugzeuge oder Raketen, Schiffe aller Art, Fahrzeuge in Verbindung mit natürlichen Bewegungsaktionen), gibt es im Schmalfilmbereich drei Möglichkeiten mechanischer Animation durch unsichtbar angebrachte Fäden (»Tracks«) oder andere Hilfsmittel. Nach Methode A können Bewegungen in allen Richtungen bei beliebigen Kamerapositionen ausgeführt werden, denn die (leichten) Modelle hängen an hauchfeinen Einzelfäden (!) aus Damenstrümpfen oder Strumpfhosen. Sie sind mit einer

Voll bewegliche Gelenkpuppen eignen sich bei entsprechender »Kostümierung« als Schauspieler-Doubles in Action-Szenen.

brückenähnlichen Halterung samt beweglichem Schlitten (außerhalb der Bildränder installiert) verbunden. Das Auflösungsvermögen der Filmemulsion reicht selbst bei niedrigempfindlichen Aufnahmematerialien nicht für die Abbildung dieser dünnen Fädchen aus, so daß weder Reflexionen noch Schatten sichtbar werden. Methode B erlaubt die Verwendung »sichtbarer« Nylon- oder Zwirnsfäden, sofern das Modell von der entsprechend präparierten Decke des Ateliers (künstliche Kulisse) herabhängt. Die optische Achse der Kamera ist derart ausgerichtet, daß Fäden, Halterung und Zugvorrichtung (für vorgetäuschte Fahreffekte durch Auf- und Abwärtsbewegungen) während der gesamten Aktion hinter dem Aufnahmeobjekt verborgen bleiben. Wenn die Anbringung von Fäden innerhalb des Aufnahmebildfeldes unvermeidlich ist, verwendet man ausnahmslos getönte Tracks (Farbe des Hintergrundes), die durch gezielte Spot-Beleuchtung von Modell oder Puppe optisch mit der dunkler gehaltenen Umgebung verschmelzen. Bei Anwendung von Methode C lassen sich sehr gleichmäßige Rotationsbewegungen von Raumschiffen, Satelliten, Radar-Scanners oder Fabelwesen darstellen. Man bringt das Modell entweder vor feststehendem Hintergrund auf dem Plattenteller eines Phonogerätes an (16 Rpm oder 33 Rpm und Slow Motion) oder filmt das statische Modell vor neutraler Kulisse mit rotierender Kamera (Kap. 3). – Miniaturmodelltricks mit Schiffen nehmen insofern eine Sonderstellung ein, als sie nur teilweise mit den gebräuchlichen Mitteln und Verfahren realisierbar sind. Zunächst benötigt man eine verkleinerte Variante des professionellen »Studio Tank«, der unbedingt bis zum äußersten Rand mit künstlich eingetrübtem grünlichem, bläulichem oder bräunlichem Wasser gefüllt sein muß, damit in Verbindung mit der Panorama-Kulisse (z. B. Wolkenhimmel) eine »natürliche« Horizontlinie entsteht. Der Hobby-Tank besteht aus einem flachen Blech- oder Kunststoff-Gefäß ausreichender Größe, das nur bei geplanten Schiffbruch-Szenen eine entsprechende Vertiefung aufweisen muß. Künstlicher Wellengang, der bei geringer Wassertiefe besonders reali-

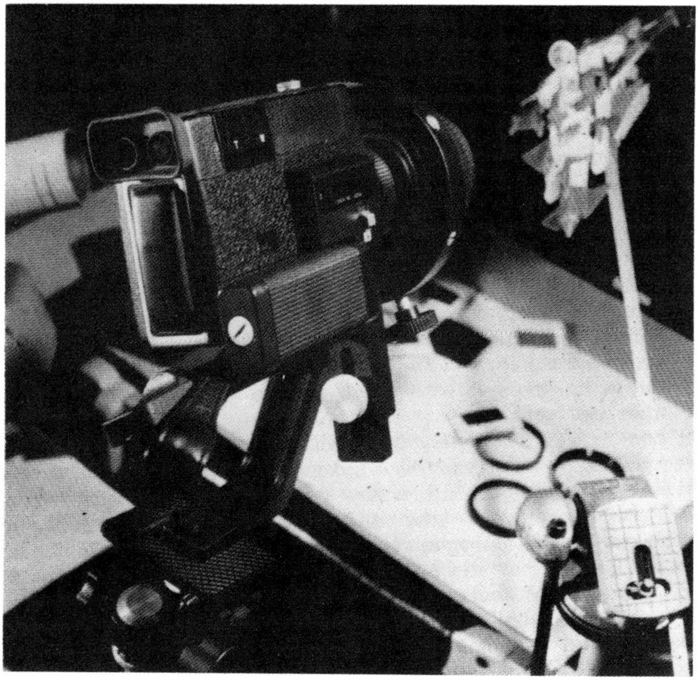

Auf eine »Wirbeleinrichtung« montiert, täuscht die drehbare Kamera Eigenbewegungen statischer Miniaturmodelle vor.

stisch wirkt, entsteht durch einen Ventilator, dessen kräftiger Luftstrom schräg auf die Oberfläche des Miniaturmeeres gerichtet ist (bei Projektionsfrequenz von 18 B/Sek. empfehle ich Aufnahmefrequenzen von 24 oder 36 B/Sek. und noch stärkere Dehnung für Sturm-Szenen). Das betreffende Schiffsmodell wird durch Zugfäden bewegt, die unter dem Wasserspiegel an seinem Rumpf befestigt sind. So etwas funktioniert natürlich nur, wenn der Kiel des Schiffes entfernt und durch einen flachen Boden mit Beschwerung aus Blei oder Eisen ersetzt wurde. – Verkleinerte, aber echte Wasserfälle wirken erst bei großen Maßstäben ab 1:10 wirklichkeitsgetreu. Deshalb inszenieren professionelle Effektspezialisten einschlägige Täuschungsmanöver gerne mit rieselndem . . . Marmorstaub.

Stars aus der Puppenstube

Modelltricks sollen in allen Einzelheiten den Eindruck wirklichen Geschehens vermitteln. Miniaturisierte »Personen« sind also nur in bestimmten Situationen und bei strenger Einhaltung gewisser Aufnahmeregeln verwendbar. Selbst große Meister der Figuren-Animation wie Ray Harryhausen setzen verkleinerte menschliche Gestalten nur selten und dann stets mit weiser Zurückhaltung ein. Mitunter ist es jedoch unumgänglich, »Lebewesen« unmittelbar auf Lilliput-Schauplätzen agieren zu lassen. Ihre Anwesenheit wird überall dort geschätzt, wo keine anderen motivlichen Bindeglieder zwischen Real- und Trickaufnahmen vorhanden sind, wo man mit aufwendiger Ausstattung und exotischen Szenerien operiert, wo menschliche und andere Geschöpfe phantastische Abenteuer bestehen müssen. Sobald Miniaturausgaben realer Schauspieler ohne besondere »Verkleidung« in der Funktion von Doubles, Stunt-men oder Dummies benötigt werden, sollten die kleinen Doppelgänger ausnahmslos in großer Entfernung (Totalen) als Silhouetten oder mit dem Rücken zur Kamera in Erscheinung treten (dem Vorbild entsprechende detaillierte Kostümierung erforderlich). Mit vermummten oder maskierten »Ersatzdarstellern«, deren Gesichter und Gestalten unter effektvollen Kostümen oder Accessoires verborgen werden, sind Ausführung und Aufnahme beliebiger Geschehnisse relativ unproblematisch. Dieser Kategorie »zugkräftiger« Publikumslieblinge gehören unter anderem folgende Typen an: Piloten oder Feuerwehrleute mit Helmen und Sauerstoffmasken, Astronauten, Roboter, gepanzerte Ritter, Clowns, Rennfahrer, Tiefseetaucher und Froschmänner, Eingeborene in Tanzmasken, Monstren im Stil von »Golem« oder »Frankenstein«-Geschöpfe, außerirdische UFO-Insassen, maskierte Comics-Helden und allerlei märchenhafte Fabelwesen (geflügelte Elfe, Meerjungfrau, Faun, Nachtmahr, Vampir, Gestalten der Mythologie usw.).

Francis Ford Coppola, Regisseur der beiden »Pate«-Filme hat bekanntlich einmal behauptet: »Das Interesse an technischem Spielzeug, am Schauspiel, an Puppen . . . trifft sich im Film, der eine Art Spielwiese für alle diese Sachen ist.« Seinc Bemerkung bezieht sich ganz allgemein auf den Spielfilm, gewinnt aber eine besondere Bedeutung, sobald man mit Phantasie und tricktechnischen Mitteln statische Gegenstände für ihren Auftritt auf der Kinoleinwand mit Pseudoleben erfüllt. Geeignete Akteure für Animationstricks dieser Art brauchen nur selten in der Werkstatt des Filmemachers angefertigt zu werden. Sie sind nämlich in mannigfacher Gestalt als voll bewegliche Gliederpuppen oder spezielle Trickfiguren beim Spielwarenhändler erhältlich und lassen sich notfalls handlungsgerecht modifizieren. Da Marionetten oder Handpuppen lediglich als Motive für Realaufnahmen verwendbar sind (Kinderfilm, Rahmenhandlung der Familien-Chronik usw.), setzt der Filmtrick-Experte in erster Linie sogenannte Aktionsfiguren mit vollständigem Gelenk-Mechanismus ein. Das Zubehörprogramm der kleinen Boten einer zauberhaften Phantasiewelt enthält im allgemeinen zahlreiche verschiedenartige Kostüme und Ausrüstungsgegenstände, so daß man nur wenige Mini-Props selbst herstellen muß. Das gleiche gilt für passende Fahrzeuge (als Plastik-Bausätze anderer Hersteller lieferbar). Gelenkpuppen sind in der Regel ohne nennenswerte Nachbearbeitung einsatzbereit und lassen die präzise Nachahmung menschlicher Bewegungen durch Einzelbild-Animation zu. Biegefiguren aus Weichplastik sind zwar dank des eingearbeiteten Drahtskeletts äußerst flexibel, liefern aber wegen der fehlenden Gelenke ungenaue Bewegungen, so daß sie sich vorwiegend für die Darstellung fremdartiger Fabelwesen und für offensichtliche Karikaturen in Traum-Szenen eignen. Um Ihnen bei beliebigen Filmprojekten eine ideale »Besetzung« zu ermöglichen, habe ich die handelsüblichen Trickpuppen in meiner Kino-Factory getestet und ihre besonderen Merkmale in der folgenden Tabelle zusammengefaßt.

Die Spielwarenindustrie offeriert bewegliche Nachbildungen der beliebten »Shogun«-Roboter aus japanischen TV-Serien. Zeichnung: Bandai

Für Spezialeffekte verwendbare Trickpuppen und Aktionsfiguren

Hersteller	Serienbezeichnung	Typ	Größe	Maßstab	Material
ARK / Bienengraeber	Weltraumroboter	Gelenkfiguren (14 u. mehr Gel.)	ca. 150 mm u. a.	ca. 1:12	Metallguß und Plastik
Bandai / Mattel	Jumbo Machinder / Shogun	Gelenkfiguren (10 Gelenke)	ca. 600 mm	ca. 1:3	Kunststoff
Bandai / Mattel	Chogokin / Shogun	Gelenkfiguren (8 oder 12 Gel.)	ca. 160 mm	ca. 1:11	Metallguß und Plastik
Excel / Zapf	Western Heroes	Gelenkfiguren/ Gliederpuppen (14 Gelenke)	ca. 250 mm	ca. 1:7	Kunststoff
Fricke	Akrobat	Gelenkfigur/ Gliederpuppe (14 Gelenke)	ca. 180 mm	ca. 1:10	Stahl und Holz
Hasbro / Schildkröt	G. I. Joe / Action Team	Gelenkfiguren/ Gliederpuppen (14 Gelenke)	ca. 300 mm	ca. 1:6	Kunststoff
Kenner / Zapf	Action-Star Hardy/ Sport-Girl Denny	Gelenkfiguren/ Gliederpuppen (14 Gelenke)	ca. 300 mm	ca. 1:6	Kunststoff
Kenner / General Mills	»Star Wars« Large Size Figures	Gelenkfiguren (12 Gelenke)	ca. 300 mm	ca. 1:6	Kunststoff
Lesney-Matchbox	Fighting Furies	Gelenkfiguren/ Gliederpuppen (13/14 Gel.)	ca. 210 mm	ca. 1:8,5	Kunststoff
Mattel	Big Jim	Gelenkfiguren/ Gliederpuppen (14 Gelenke)	ca. 250 mm	ca. 1:7	Kunststoff
Mattel	Karl May	Gelenkfiguren/ Gliederpuppen (14 Gelenke)	ca. 250 mm	ca. 1:7	Kunststoff
Mego	Star Trek/ One Million B. C.	Gelenkfiguren/ Gliederpuppen (14 Gelenke)	ca. 200 mm	ca. 1:9	Kunststoff
Mego	Super Heroes / Muhammad Ali	Gelenkfiguren/ Gliederpuppen (14 Gelenke)	ca. 200 mm	ca. 1:9	Kunststoff
Mego / Airfix	Micronauts	Gelenkfiguren (10/14 Gel.)	ca. 100 mm u. a.	ca. 1:18	Kunststoff
Schleich	–.–	Biegefiguren	ca. 150 mm u. a.	ca. 1:12	Weichplastik mit Draht-Skelett
Shinsei	UFO Commander 7	Gelenkfiguren (7 oder 9 Gel.)	ca. 130 mm u. a.	ca. 1:13	Metallguß und Plastik

Puppen-Art

Variable Roboter im Japan-Kino-Stil
Utopische Phantasiehelden aus japanischen TV-Serien
Utopische Phantasiehelden aus japanischen TV-Serien
Historische Gestalten des »Far West«

Spezialpuppe (Rohling) für Filmtricks

Weibliche und männliche Aktionsfiguren m. natürlichem Haar (z. T. bewegliche Augen)
Weibliche und männliche Aktionsfiguren

Figuren aus dem Film »Krieg der Sterne«
Aktionsfiguren aus dem Piraten- und Western-Milieu
Abenteuer-Aktionsfiguren

Western-Aktionsfiguren nach Roman-Helden

Aktionsfiguren aus TV-Serien und phantastischen Filmen
Helden aus Comics / berühmte Sportler

Utopische Phantasiegestalten
Menschen- und Tier-Karikaturen

Utopische Phantasiegestalten

Einige der lieferbaren Aktionsfiguren sind mit eingebauten Funktionen ausgestattet (z. B. Arm-Mechanik für manuelle Betätigung), die jedoch nicht in die filmtechnische Animation einbezogen werden können. Wichtigste Voraussetzung für erstklassige Aufnahmeresultate ist eine möglichst große Anzahl freibeweglicher Gelenke. Puppen mit flexiblen »Greifhänden« (Hasbro, Lesney, Mattel), in die man Gegenstände aller Art einklemmen kann, ermöglichen eine wesentlich natürlichere Darstellung vieler Vorgänge. Sichtbare Gelenk-Mechanismen, die nicht ohnehin von Kleidungsstücken bedeckt sind, muß man mit elastischen Manschetten aus hautfarbenem Klebeband kaschieren. Während Aktionsfiguren grundsätzlich in »gebrauchsfertigem« Zustand angeboten werden, ist die speziell für den Trickfilm entwickelte »Akrobat«-Puppe lediglich als »Rohling« lieferbar (Stahl-Gliedmaßen mit Kugelgelenken). Sie läßt sich mit Hilfe von Latex, Fellresten, Plastiktuch, Textilklebeband und weichen Stoffen individuell modellieren und kostümieren. Das gilt übrigens auch für den Kopf, der lediglich aus einer Holzkugel besteht, aber ohnehin meistens unter maskierenden Helmen und dergleichen verborgen ist. Hübsche Drachen, Roboter und ähnliche Phantasiegestalten entstehen übrigens aus Teilen unterschiedlicher Plastikbausätze, die man durch sorgfältig kaschierte Gelenke aus Kork-Pfropfen oder weichem, nicht federndem Kupferdraht miteinander verbindet. – Um die Bewegungen von Trickpuppen echt und »fließend« erscheinen zu lassen, zerlegt man jeden Vorgang in möglichst viele Phasen, die man als »Full Animation« mit der Einzelbildschaltung aufzeichnet. Bewegungsdauer und -tempo werden am Vorbild menschlicher Bewegungen ermittelt, mit der Stoppuhr registriert, in Phasen umgerechnet (18 oder 24 Bilder = 1 Sek.) und in einen Aufnahmeplan eingetragen. So kann man beispielsweise eine Armbewegung, eine Kopfdrehung oder eine Rumpfbeuge wahlweise in einer drittel ($^{6}/_{8}$ Bildchen), in einer halben ($^{9}/_{12}$ Bildchen) oder in einer ganzen Sekunde ($^{18}/_{24}$ Bildchen) ablaufen lassen. Zeitraum und Geschwindigkeit richten sich ja auch nach Aktionsform und Bewegungsart. Der Realitätseindruck läßt sich beträchtlich intensivieren, wenn man sämtliche Bewegungen durch modifizierte Phasenschritte oder -anzahl allmählich (!) startet und beendet. Außerdem sollten die einzelnen Vorgänge von Bewegungspausen oder Aktionen mit Laufbildaufzeichnung unterbrochen werden. Da die Trickfigur unter keinen Umständen während der Animation unabsichtlich verrutschen oder aus dem Gleichgewicht geraten darf, durchbohrt man ihre Füße und befestigt sie mit kurzen Nägeln, die sich leicht entfernen lassen, auf der Bodenplatte des Miniaturstudios. In Modelltrick-Szenen kann sich der »Animator« die lebensechte Darstellung komplizierter Gehbewegungen ersparen, weil seine Puppen bei Spezialeffekten dieser Art meistens nur kurze Auftritte als Doubles lebender Schauspieler absolvieren. Man begnügt sich entweder mit »lokalen Bewegungen« von Kopf oder Gliedmaßen stehender und sitzender Akteure oder zeigt lediglich den Oberkörper der Figur. In diesem Falle sind die Puppenfüße auf einem Brettchen befestigt, das man gemäß dem gewünschten Tempo der Schritte vorwärtsbewegt (4 bis 9 Einzelbildchen je Schritt bei einer Standardfrequenz von 18 B/Sek.). Der Gehrhythmus läßt sich durch entsprechende Armbewegungen und Kopf- oder Rumpf-

Für historische oder futuristische Szenen darf man gelegentlich Püppchen als »Ersatzdarsteller« engagieren.

drehungen simulieren, wobei die Körperhaltung der Puppe (aufrecht, gebeugt, geduckt) ihre Absichten und ihr »Temperament« verdeutlicht. Im übrigen hängt die glaubwürdige Darstellung beliebiger »Lebewesen« in ergänzenden Modelltricks entscheidend davon ab, daß während des gesamten Handlungsablaufs gleichbleibende Größenverhältnisse zwischen den Puppen und ihrer miniaturisierten Umwelt garantiert sind. Diese Regel bezieht sich natürlich auch auf wechselnde Maßstäbe der Gesamtszenerie und auf den Vergleich mit menschlichen Vorbildern oder Partnern der Liliput-Schauspieler.

Die »lebenden« Fotos

In der Rangordnung wichtiger Einzelbildtricks nimmt die Animation von ausgeschnittenen Fotos (Cut-Outs) hinter Miniaturmodell-Prozeß und Time-Lapse-Methode einen ehrenvollen dritten Platz ein. Das Flachmodell-Verfahren und seine mehr künstlerische Variante, der Collagen-Trick, gehören zur Gattung der »zweidimensionalen« Spezialeffekte. Sie sind eher mit Zeichen- und Silhouetten-Tricks verwandt, unterscheiden sich also wesentlich von den aufwendigeren »dreidimensionalen« Miniaturmodelltricks. Dennoch benötigt man für Gestaltung und Aufnahme keine speziellen Fachkenntnisse. Mit naturalistischen Flachmodellen kann eine derart perfekte Wirklichkeitsillusion geschaffen werden, daß sich die Trick-Einstellungen nahtlos in dazugehörige Realszenen integrieren lassen. Der besondere Reiz von Collagen-Tricks, die sich als Gags für die Visualisierung psychischer Erscheinungen und als Traumbilder oder Science-fiction-Effekte eignen, liegt hingegen in der möglichen Verbindung realer und irrealer Bildelemente. Das ganze Geheimnis der verblüffenden Wirkung solcher Tricks besteht in der ausschließlichen Verwendung von sorgfältig aufeinander abgestimmten Farbfotos und ausgeschnittenen Foto-Fragmenten, die durch Einzelbild-Animation belebt werden.
Um Spezialeffekte dieses Typs stilecht ausführen zu können, bastelt der

Kino-Illusionist einen einfachen »Tricktisch«, der bei Aufnahmen mit der Stativ-Kamera ebenso gute Dienste leistet wie das kostspielige »Rostrum« des Professionals. Die Schmalfilm-Vorrichtung besteht aus einer stabilen Karton- oder Sperrholz-Tafel, die man unverrückbar auf Arbeitstisch, Kiste oder Titelgerät anbringt. Als Standard-Version enthält sie zwei parallel angeordnete, aufgeklebte Führungsleisten, zwischen denen sich genau angepaßte glasklare Folien-Streifen bewegen lassen. Je nach Kameraposition können abwechselnd horizontale, vertikale oder diagonale Bewegungsvorgänge dargestellt werden. Ein entsprechend dimensioniertes Hintergrund-Foto klebt man jeweils auf die Grundplatte. Um gleichmäßige Einzelbild-Animation zu gewährleisten muß eine der Führungsleisten mit einer Millimeter-Einteilung und jeder Folienstreifen mit einer passenden Markierung versehen werden. Die Maße der Trickplatte sind nur insofern wichtig, als sich große Vorlagen bequemer und exakter beleben lassen. In der Praxis hat sich ein Format von etwa 300 X 300 mm bewährt, wobei der Leistenabstand 200 mm beträgt, so daß nutzbare Aufnahmeflächen bis zu etwa 180 × 135 mm zur Verfügung stehen. Für eine abgewandelte Version der Trickplatte ersetzt man die Führungsleisten durch vier Klötzchen, die unmittelbar neben den Ecken einer quadratischen Fläche von 200 × 200 mm auf die Grundplatte geleimt werden. Mit dieser Vorrichtung lassen sich bei Einsatz zweier kreuzförmig übereinanderliegender Folienstreifen gleichzeitig horizontale und vertikale oder entgegengesetzte diagonale Vorgänge darstellen. Auf der Basisplatte wird nun je eine waagerechte und senkrechte Millimeter-Skale eingezeichnet. Als Trägermaterial für die ausgeschnittenen Flachmodelle wählt man völlig transparente, steife Kunststoff-Folien von 0,3 bis 0,5 mm Stärke und 200 mm Höhe aus (Fabrikate: Kalle oder Lonza). Um den Flachmodellen einen ausreichenden Aktionsraum zu verschaffen, muß jeder Folienstreifen mindestens dreimal so breit sein wie die nutzbare Aufnahmefläche (z. B. 3 × 180 mm = 540 mm). Für die schatten- und reflexfreie Beleuchtung empfehlen sich wegen der glänzenden Foto- und Folien-Oberflächen zwei oder vier Fotolampen zu je 100 Watt, die in gleicher Distanz schräg zur Vorlage installiert werden (sich kreuzende Lichtkegel bei diagonaler Beleuchtungsrichtung und Anordnung der Lichtquellen über der Vorlage in 30^0 bis 35^0 zur Horizontalen).

Für die Ausführung von Wirklichkeitsillusionen durch realistische Flachmodelle sollten vorwiegend Color-Fotos aus eigener Produktion verwendet werden; sie erleichtern die Koordinierung mit dazugehörigen Realeinstellungen und lassen sich außerdem beliebig vervielfältigen. Vom Negativ oder Dia kann man mehrere identische Flachmodelle in unterschiedlichen Maßstäben anfertigen, um wechselnde Aufnahmedistanzen vorzutäuschen. Als Kulissen sind gelegentlich auch Drucke nach Farbfotos erlaubt, die man Wandkalendern, Reiseprospekten und ähnlichen Publikationen entnimmt. Die überraschende Wirklichkeitsillusion hängt in erster Linie von präziser Koordinierung des statischen Hintergrundes und der beweglichen Flachmodelle ab. Hier ist vor allem die nahezu vollkommene Übereinstimmung von Beleuchtungsrichtung und Aufnahmeperspektive sämtlicher Teile des Kombinationsmotivs maßgebend, die allerdings schon bei der Fotoherstellung (!) berücksichtigt

Flachmodell-Abstraktion durch eine seitenrichtige und eine gekonterte Version der gleichen Fotografik (Blütenmotiv).

werden muß. Wenn man vom selten angewandten Zooming für die Vortäuschung von Aktionen in Aufnahmerichtung absieht (Kap. 7), verlaufen Flachmodell-Bewegungen stets geradlinig und quer zur optischen Achse der Kamera. Scheinbare Veränderungen der Raumtiefe lassen sich einerseits durch unterschiedliche Motivausschnitte eines bestimmten Hintergrundes, andererseits durch Variation der Größenverhältnisse von Flachmodellen andeuten. Für die Kulissen-Gestaltung kommen im allgemeinen nur Panoramamotive ohne Abbildung von Objekten in offensichtlicher Bewegung und ohne störende Vordergrund-Details in Frage. Als Flachmodelle werden Objekte ohne sichtbare bewegliche Einzelheiten bevorzugt: Jets, Segelflugzeuge, Freiballons, Luftschiffe, Raketen, UFO, Raumfahrzeuge, Tauchboote, schwebende Fabelwesen u. ä. Daß sich Menschen in realistischen Flachmodell-Szenen nur bewegungslos darstellen lassen, ist nicht unbedingt ein Handikap, denn man kann sie abwechselnd von mehreren Seiten, in unterschiedlichen Größen und variierenden »Ruhe-Positionen« abbilden. Auf dem Umweg über die Fotografie bieten sich also zahlreiche Möglichkeiten, zusammengehörige Real-, Modelltrick- und Flachmodell-Szenen mit gemeinsamen Merkmalen auszustatten. Die erforderlichen Flachmodelle schneidet man mit scharfer Nagelschere oder spitzem Federmesser aus und »retuschiert« ihre Schnittkanten mit weichen Farbstiften. Die Rückseiten der Bilder sollten vor dem Ausschneiden mit dünnem, doppelseitig gummiertem Selbstklebeband versehen werden, damit sich die »aktiven« Fototeile im Handumdrehen auf den beweglichen Folienstreifen befestigen und nach Gebrauch oder für Korrekturen unbeschädigt wieder entfernen lassen. Die Animation erfolgt ausnahmslos durch den Einzelbildtrick. Da nur eine relativ kleine Spielfläche zur Verfügung steht und meistens keine Anhaltspunkte für den Maßstab der Flachmodelle gegeben sind, muß man die Phasenschritte (Verschiebung der Folie vor jeder Einzelbildbelichtung) experimentell ermitteln. Das

geeignete Tempo ergibt sich aus den Größenverhältnissen (hypothetische Entfernungen) von Hintergrundmotiv und beweglichem Objekt: je größer die scheinbare Distanz, desto langsamer die Bewegung. Durchquert ein bestimmtes Flachmodell das Bildfeld beispielsweise in 5 Sek., dann benötigt es bei halber Größe (= doppelte Entfernung), aber gleichbleibendem Hintergrund 10 Sek., bei doppelter Größe (= halbierte Distanz) nur 2,5 Sek. usf.
Bei Collagen-Tricks, die nach derselben Methode entstehen, aber kaum jemals als Surrogate für Realaufnahmen dienen, ist willkürliche oder rhythmische Animation der Bildelemente unabhängig vom Vorbild wirklicher Bewegungen erlaubt und erwünscht. Aus der Fülle möglicher Filmtricks mit Foto-Vorlagen greife ich die vier interessantesten heraus. – Eine der einfachsten, aber auch reizvollsten Gestaltungsmöglichkeiten ergibt sich aus der Verarbeitung von »Antikfotos« zu Gag-Szenen im Slapstick-Stil. Für solche Vorhaben werden Familienbilder, Foto-Drukke, »französische« und andere Postkarten aus der Zeit um die Jahrhundertwende benötigt. Um die historischen Originale nicht mit der Schere attackieren zu müssen, gibt man beim Fotohändler Duplikate in Originalfarbtönen nach dem »negativlosen« Direktkopierverfahren in Auftrag (»Bild vom Bild«). Durch die Kombination ursprünglich nicht zusammengehörender Kulissen-Fotos und ausgeschnittener Figuren lassen sich nun neue (komische) Zusammenhänge herstellen und groteske Bewegungsabläufe konstruieren (Bilderserien mit Personen in mehreren Posen bevorzugen). – Nicht weniger beliebt ist der sogenannte Phasenfototrick, durch den reale Bewegungsvorgänge auf absurde Weise verfremdet werden. Zur Herstellung der benötigten Phasenfoto-Serie schraubt man die Foto-Kamera aufs Stativ und plaziert eine Person vor neutralem, aber kontrastierendem Hintergrund, wo sie von Bild zu Bild Gesichtsausdruck, Körperhaltung oder – nach Striptease-Manier – die Anzahl ihrer Kleidungsstücke ändert (4 bis 8 Phasen je Vorgang). Die Vergrößerungen werden ausgeschnitten, mit Passermarkierungen auf Klarfolien angebracht und vor beliebigen Kulissen durch mehrfaches Auswechseln in variierender Reihenfolge belebt. Bei geschickter Handhabung der Einzelbildschaltung lassen sich die ursprünglichen Bewegungen in abgewandelter Form rekonstruieren und karikieren (ruckartig, beschleunigt, rückläufig). – Völlig andersartige Effekte entstehen bei der Einzelbild-Animation von Teilen eines fotografischen »Viererblocks«, die in identischen oder unterschiedlichen Geschwindigkeiten, gleichzeitig oder nacheinander in beliebigen Richtungen zusammenstoßen und wieder auseinanderstreben (Belebung im Rhythmus der Begleitmusik empfohlen). Als Vorlagen fungieren je zwei seitenrichtige und gekonterte Vergrößerungen vom gleichen (!) Negativ, die derart auf vier Klarfolien angebracht werden, daß jedes Foto ein Viertel des Bildfeldes einnimmt. Als Motive für die ornamentale Umgestaltung eignen sich am besten natürliche Strukturen und geometrische Formen (Pflanzen, Felsen, Wasser, moderne Gebäude usw.); als Hintergründe dienen ähnliche Abstraktionen oder neutrale Farbflächen. – Besonders aufregende Resultate sind zu erwarten, wenn Kulissen oder/und Flachmodelle nach dem »Color-Key«-Prozeß (3M-Company) verfremdet wurden. Durch mehrfaches Umkopieren eines großformatigen Schwarzweißori-

ginals auf die transparenten Spezialfolien erhält man monochrome »Strichumsetzungen« (Löschung der Halbtöne). Positive und negative Kontaktkopien in verschiedenen Farben und Dichtestufen ergänzen einander und sind beliebig kombinierbar. Für die Herstellung von Flachmodellen montiert man »Urnegativ« und Folien mit Klebestreifen als »Sandwich« zusammen und vergrößert sie auf Color-Papier. Phantastische Farbwechseleffekte kommen zustande, wenn man die hauchdünnen Color-Key-Folien nacheinander auf das schwarzweiße Original legt und jeweils mit den Motivkonturen zur Deckung bringt. Die allmähliche Farbverfremdung erfolgt dabei entweder mit Einzelbild-Animation (2 bis 3 Bildchen für jede Veränderungsphase = Folie) oder mit »weicher« Überblendung (Kap. 14). Der besondere Vorteil des »magischen« Kopiermaterials besteht darin, daß man es ohne Dunkelkammer und bei normaler Zimmerbeleuchtung (Kunstlicht) verarbeiten kann. Das gesamte Handwerkszeug besteht aus einer handelsüblichen Ultraviolett-Lampe, einer Flasche spezieller Entwicklerflüssigkeit, zwei Kristallglasscheiben (übrigens auch unmittelbar für zahlreiche Filmtricks verwendbar), mattschwarzem Papier und einem Paket Watte. Color-Key-Folien vom Typ »negativ transparent« (Umkehrung des Original-Negativs oder -Dias) sind in zehn Farbtönen erhältlich, positiv arbeitende Transparentfolien in fünf Farben. Mehr über Color-Key und sämtliche anderen fotografischen Verfremdungsmethoden erfahren Sie in meinem Knapp-Fotobuch »Fototricks als Hobby« . . .

13 Pyrotechnik für Filmemacher

Die Visualisierung von Action-Themen ist ohne maßgebliche Beteiligung versierter Kino-Feuerwerker kaum vorstellbar. Deshalb gibt es auch nur wenige Spionage-Thriller, Science-fiction-Abenteuer, »Desaster«- und Antikriegsfilme, Italo-Western, Gangster-Moritaten, Film-Märchen oder (prä-)historische Lichtspiele, deren Regisseure freiwillig darauf verzichten, an strategischen Punkten der Handlung geeignete Objekte in Flammen aufgehen, in Lava versinken oder in die Luft fliegen zu lassen. Von jeher schätzen Filmemacher die »klassischen« Formen bildwirksamer Destruktion, weil solche spektakulären Vorgänge zu den unverzichtbaren Mitteln der Spannungserzeugung gehören. Auch in jüngster Vergangenheit liefern zahllose kommerzielle Produktionen, darunter »Superman«, »Flammendes Inferno«, »Straße der Verdammnis«, »Schlacht um Midway«, »Nobody ist der Größte«, »Fahrenheit 451«, »Caprona – das vergessene Land«, »Erdbeben« oder die »James-Bond-007«-Filme prächtiges Anschauungsmaterial für eindrucksvolle Trick-Szenen dieses Typs. Durch Vulkanausbrüche oder andere Naturkatastrophen, durch Sabotage oder ähnliche Verbrechen, durch Unglücksfälle oder Kampfhandlungen hervorgerufene Explosionen und Brände samt ihren mannigfachen Begleiterscheinungen markieren in unübertrefflicher Dramatik Höhepunkte aktionsreicher Sequenzen und bieten dem Zuschauer nervenaufpeitschende, mitunter aber auch erschütternde Schauspiele. Andere Feuer-Effekte dienen ausnahmslos der Verwirklichung abenteuerlich-phantastischer Absichten und erfreuen sich infolgedessen ganz besonderer Beliebtheit.

Im Gegensatz zu den üblichen Imitationen (beispielsweise Druckluft-«Explosionen« von Puder und Sägemehl mit synchronem Lichtschock aus dem Foto-Blitzgerät) werden alle hier erwähnten Tricks auf der Basis echter pyrotechnischer Hilfsmittel realisiert. Material und Anwendungsmöglichkeiten sind interessant genug, sie mit einem Extrakapitel zu würdigen. Im professionellen Bereich besteht ein überaus großer Bedarf an fachgerecht ausgeführten pyrotechnischen Tricks, so daß sich in Hollywood und anderen Film- oder TV-Metropolen eine rege Zulieferindustrie etablieren konnte. Die größeren Studios unterhalten sogar betriebseigene Prop-Werkstätten unter der Leitung ausgebildeter Feuerwerk-Experten. Industriell gefertigte, aber speziell für die Film-Pyrotechnik entwickelte chemische Requisiten tragen klingende Namen wie »Maroons«, »Mortars«, »Flashpots«, »Mag-puffs« oder »Flat-packs«. Besondere Aufnahmesituationen meistert der Berufsfilmer allerdings mit selbsthergestellten Schwarzpulver- oder Dynamit-Mixturen nach streng gehüteten »Geheimrezepten« (für Laien aus Sicherheitsgründen nicht zu empfehlen!). Die meisten dieser Feuerwerksaktionen können durch elektrische Fernzündung mit äußerster Präzision ausgelöst oder reguliert werden. Das gilt übrigens auch für jene imposanten »Kugeleinschläge«, die in Form von Miniatursprengladungen oder »Zündpillen«

(Bullet-hits/Pyro-fuses) in Panzerwesten, Türen, Whisky-Flaschen oder Felsbrocken verborgen, mit Sägemehl aufgefüllt, durch bemaltes Papier kaschiert und im richtigen Moment mit Hilfe einer Batterie gezündet werden (Kap. 5 enthält Tips für Waffentricks aller Art). Die »Einschüsse« können einzeln durch Knopfdruck oder in rascher Folge hintereinander durch Drehung eines Regelknopfes sichtbar gemacht werden (Maschinenpistolen-Effekt).
Sofern man – bis auf wenige Ausnahmen – eine stark verkleinerte Wiedergabe akzeptiert, lassen sich im Hobbybereich fast alle Tricks professioneller Filmfeuerwerker mit einfachen und preiswerten, aber durchaus echten pyrotechnischen Mitteln nachvollziehen. Die Ausführung erfolgt vorzugsweise nach dem Modelltrick-Verfahren, dessen unterschiedliche Aspekte in Kap. 12 ausführlich behandelt werden. Explosionen, Brände, Raketenfeuer und dergleichen können sowohl in Verbindung mit entsprechenden Miniaturmodellen (Gebäude, Fahrzeuge, Landschaften) als auch in nachgebildeten Teilen der Realumgebung (größere Maßstäbe) verwirklicht werden. Manchmal reichen die verfügbaren Hilfsmittel sogar für ergänzende Effekte im Maßstab 1:1 aus. In meiner Kino-Hexenküche habe ich speziell für den Bedarf des Freizeitfilmers einige raffinierte pyrotechnische Tricks mit handelsüblichem, also serienmäßig erhältlichem »Kleinfeuerwerk« ausgetüftelt und praktisch erprobt. Die erwähnten Fertigerzeugnisse stammen aus dem Lieferprogramm der Firma »Nico«, die zu den bedeutendsten Herstellern von Feuerwerksartikeln aller Art und jeder Größenordnung gehört (Spezialisten dieses Unternehmens richten beispielsweise die Gala-Feuerwerk-Show für den Fürsten von Monaco und ähnliche illustre Auftraggeber aus). Natürlich werden vergleichbare Produkte auch von anderen Lieferanten angeboten. – Trotz der relativ harmlosen Requisiten wappnen sich Amateur-Pyrotechniker durch gewisse Sicherheitsmaßnahmen gegen unangenehme Überraschungen. Sie realisieren Feuerwerktricks prinzipiell im Freien (Garten, Terrasse, Balkon) und niemals in Gegenwart von Kleinkindern oder Haustieren! Die Augen des Kameramannes werden durch eine Sonnenbrille mit Kunststoffgläsern, das Kameraauge durch ein neutrales UV- oder ND-Filter geschützt. Der Sicherheitsabstand des Motivs zu Aufnahmegerät und Operateur sollte mindestens zwei Meter betragen; die Distanz zu brennbaren Materialien in der Umgebung des (Miniatur-) Schauplatzes darf noch größer sein (ein gefüllter Wassereimer steht ohnehin bereit). Das gilt vor allem für die Aufnahme von Explosivkörpern und größeren »Vulkan«-Kegeln. Hier ist übrigens – als einzige Ausnahme auf dem Modelltrick-Sektor – die Verwendung einer langen Objektivbrennweite (Tele) erlaubt. Bei starker Wärmentwicklung muß die Unterlage der pyrotechnischen Gegenstände aus Hartholz, Blech oder einer Asbest-Platte bestehen. Falls keine »Schmelzprozesse« beabsichtigt sind, sollte man Langzeiterhitzung und direkte Berührung von Plastikmodellen und -requisiten vermeiden (Kurzzeiterhitzung durch Explosionen ruft kaum Verformungen hervor). Vor der eigentlichen Aufnahme empfehlen sich Tests mit einem Duplikat des vorgesehenen Feuerwerkskörpers, die über Art, Ablauf und Wirkung des Effektes Aufschluß geben sowie über die Brenndauer eventueller Zündschnüre informieren (Vorlaufzeit bei der Aufnahme

nicht zu knapp bemessen!). Im übrigen bewahren umweltbewußte Filmer ihre (nicht immer verständnisvollen) Nachbarn durch sorgfältige Vorbereitungen vor übermäßiger Lärm- und Geruchsbelästigung. – Kluge Pyrotechniker verankern ihre Kamera auf dem Stativ und ergänzen sie durch einen Draht- oder Fernauslöser, um mühelos den günstigsten Aufnahmezeitpunkt wahrnehmen zu können und Erschütterungen des Aufnahmegeräts durch eigene schreckhafte Reaktionen von vornherein auszuschließen. Für pyrotechnische Effekte kommt ausschließlich Laufbildaufzeichnung in Frage. Das gilt sowohl für reale als auch für miniaturisierte Aufnahmeobjekte, und zwar unabhängig von der eventuellen Einzelbild-Animation in anderen Einstellungen mit der gleichen Szenerie. Allerdings erscheint das Bewegungstempo gewisser Vorgänge bei Aufnahme mit der Standard-Bildfrequenz (18 oder 24 B/Sek.) zu träge oder zu hektisch, so daß eine »naturgetreue« Darstellung nur durch Zeitraffung oder Zeitdehnung möglich ist (siehe Modelltrick-Tips in Kap. 12). Im übrigen läßt sich die Wirkung von Flammen und Explosionsblitzen rein optisch durch Verwendung einer Sterneffekt-Linse intensivieren (Kap. 8).

Nebel, Rauch und Feuersbrünste

Wenn anspruchsvolle Spielfilm-Regisseure vor ihren Kameras eine (kontrollierte) Feuersbrunst entfachen wollen, setzen sie eine von jenen mobilen und motorisierten Trickapparaturen mit der treffenden Typenbezeichnung »Dante« ein, die Flammen-Effekte bis zu 30 m Höhe er-

Für utopische »Strahlwaffen« vom Laser- und Phaser-Typ verwendet der Profi sorgsam dosierte Zündstoffe (hier: elektrisch gezündetes Acetylengas).
Foto: M-G-M

möglichen. Sobald man komplette Atelier-Hallen oder weiträumige Außenszenerien in stimmungsvollen Dunst hüllen möchte, wird dieser Wunsch in wenigen Minuten durch eine Nebelmaschine vom Typ »Fog Maker« erfüllt. Schreibt das Drehbuch brennende Realrequisiten und -dekorationen vor, dann täuscht der Pyrotechniker flackerndes Schadenfeuer mit Propan- oder Butan-Gas aus den Düsen einer geschickt hinter den Ausstattungsgegenständen verborgenen Rohrleitungskonstruktion vor . . . Zwar verfügt der private Filmemacher weder über solche kostspieligen Gerätschaften noch über »Smoke Pots«, Nebelkerzen und ähnliche Spezialitäten, kann jedoch mit wesentlich einfacheren Mitteln und auf dem Umweg über Modelltricks hervorragende Effekte erzielen.

Als »Brennstoff« für miniaturisierte Hochöfen und andere Industrieanlagen, für Kamin- oder Lagerfeuer eignen sich kleine Spiritusbrenner und Serien winziger Kerzen, die man entsprechend kaschiert und in leichtem Luftzug flackern läßt. Feuersbrünste, Wald- oder Steppenbrände und dergleichen stellt man durch Sägemehl und Reinigungsbenzin dar (Benzinbehälter vor dem Anzünden des Brennelements sorgsam verschließen!). Mit Maschinenöl übergossene Lederreste, ölgetränkte Holzkohle und schmorende Plastikabfälle steuern graue oder schwarze Rauchwolken bei; ein geringer Teer-Zusatz läßt orangefarbene Flammen und schwarzen Qualm entstehen. Die Plastik-Materialien der Bausatz-Modelle brennen mit kleinen Flammen und erzeugen fettigen Ruß, neigen aber auch zu unecht wirkenden Schmelzprozessen und störender Blasenbildung. Für umfangreichere Aufnahme-Vorhaben legt man also besser einen künstlichen Brandherd im Innern des präparierten Modells an. Stäbchenförmige Bausatz-Abfälle eignen sich jedoch hervorragend als Miniaturfackeln für die Hände von Puppen und die Wände von Ritterburgen. – Mindestens ebenso interessante Möglichkeiten sind bei Einsatz der »einfacheren« Produkte aus den Lieferprogrammen der Feuerwerkshersteller geboten. So kann man beispielsweise »Wunderkerzen« nicht nur als Christbaumschmuck, sondern auch für die Darstellung von Funkenregen bei der Destruktion technischer Geräte (ohne Zusatztrick) oder für die Verdeutlichung von Granateinschlägen (Stopptrick) verwenden. »Bengalische Zündhölzer« (Modelltrick) und »Bengalische Fackeln« (Realaufnahmen) verhelfen zu märchenhaften Lichteffekten in unterschiedlichen Farben. »Rauchpulver« aus der Tüte ist besonders vielseitig verwendbar, weil es sowohl bei Realaufnahmen als auch bei Miniaturmodelltricks eingesetzt werden kann. Der dichte weiße, schwarze oder farbige Qualm vermag ausgedehnte Brände aller Art, heiße Quellen oder Geysire, außerirdische Naturerscheinungen, brodelnde Hexenkessel, Explosionskatastrophen und Bodennebel vorzutäuschen (für Dunst und Hochnebel empfehlen sich spezielle »Fog-Filter«, die in Kap. 8 beschrieben sind). Außerdem ist der undurchdringliche Rauch ein ideales Mittel für die Kaschierung störender Hintergrundpartien bei Modell-Kombinationen mit natürlichen Boden- oder Wasserflächen! Sorgsam dosierte Portionen des Pulvers werden ring- oder streifenförmig ausgestreut und durch handelsübliche Zündschnur, bengalisches Zündholz oder chemisch behandelte Zündwatte (Flashwool) aktiviert. Bei Bedarf erzeugen »Amorces«-Streifen aus der Spiel-

Vier Phasen einer Miniaturexplosion mit präpariertem Modell, Rauchpulver und Explosivkörper («Kanonenschlag«, Kal. »a«).

zeugpistole, die mit Rauchpulver bedeckt wurden, reizvolle Zusatzeffekte durch Salven explodierender Lichtblitze (Slow-Motion empfohlen). Bei Bedarf an »geheimnisvollen« Effekten läßt sich weißer Rauch durch Farblicht »kolorieren« (Kap. 10).

Vorsicht, Explosionsgefahr!

Seit der Entstehung des ersten Action-Films vor acht Jahrzehnten gehören spektakuläre Trick-Szenen mit explodierenden Fabrikhallen, Gangster-Autos, Bohrtürmen, Ozeandampfern, Felswänden, Mars-Raketen, Munitionsdepots, Kampfflugzeugen und Expreßzügen zu den unentbehrlichen Bestandteilen unterhaltsamer Kino-Abenteuer. Obwohl der Hobbyfilmer nur über Lilliput-Versionen der gefährlichen Hilfsmittel professioneller Feuerwerker verfügt, braucht er keineswegs auf die Darstellung optisch ergiebiger Explosionen, Sprengungen und (Natur-) Katastrophen zu verzichten.
Realistische Miniaturexplosionen basieren auf der Verwendung von Kleinfeuerwerkskörpern des Typs »Kanonenschlag« (Fire Cracker) mit Sicherheitszünder. Während Kaliber »a« für Modelle beliebiger Maßstäbe geeignet ist, wird Kaliber »b« nur ausnahmsweise verwendet, und zwar für sehr große (Selbstbau-)Modelle, ausgedehnte Miniatur-Szenerien oder für Explosionseffekte mit Realrequisiten (futuristische Geräte,

imitierte Zeitbomben, nachgebildete Sicherheitsvorrichtungen). Filmer bevorzugen zylindrische Sprengpatronen, die man mit passenden Rohrschellen auf der hölzernen Bodenplatte des Minischauplatzes oder im Innern des Requisits verankern kann, damit sie nicht während der Aufnahme ins Blickfeld der Kamera katapultiert werden. Natürlich muß die kurze Zündschnur trotz sorgfältiger Kaschierung bequem zugänglich sein. Da die Wirkung von Modell-Explosionen auch bei aufnahmetechnischer Zeitdehnung durch eine dichte »Eruptionswolke« erheblich verbessert wird, füllt man das Modell nach Anbringung der Sprengladung mit einem bewährten Gemisch aus Sägemehl, winzigen Bastelabfällen und einer reichlichen Portion Rauchpulver auf (Erdmulden für »Granateinschläge« in Realszenen enthalten zwei oder drei fest verbundene »Fire Crackers«, gefärbte »Styropor«-Brocken, Torfmull und Rauchpulver). Eine wirlich überzeugende Wiedergabe ist nur möglich, wenn Miniaturmodelle vor Aufnahmebeginn sorgfältig präpariert werden, damit sich die Druckwelle der Explosion in eine für die Kamera günstige Richtung ausdehnen kann und lediglich den gewünschten Schaden anrichtet. Gebäude-Modelle schraubt man fest auf die Grundplatte, setzt aber einige absichtlich zerbrochene Teile von Dach, Wänden, Fenstern und Türen nur lose zusammen. Das Innere des Bauwerks läßt sich im voraus mit festgeklebten »Überresten« der Katastrophe ausstatten. Für Explosionen vorgesehene Fahr- oder Flugzeuge müssen große Maßstäbe aufweisen (mindestens 1:25), wenn sie sich nicht völlig in ihre Bestandteile auflösen sollen. Auch hier befestigt man einzelne Fragmente mit Plastikkleber und fügt andere nur lose ein. Die Füllung besteht aus schwerem Eisen- oder Bleigewicht, Sprengkörper, zerlegter Innenausstattung und Rauchpulver. Für die Darstellung von Schiffsexplosionen gilt in etwa das gleiche. Hier fungiert das Gewicht jedoch als Anker, der durch einen straff gespannten Bindfaden mit dem Kiel des Modells verbunden ist. Imitationen von ergänzenden Realexplosionen kleineren Ausmaßes sind mit einer Rauchpulver-Wolke möglich, wenn ein verborgenes Kolben- oder Würfelblitzgerät (lange Leuchtzeit) den notwendigen Lichteffekt beisteuert.

Die vielseitigen Flammen

Ausgereifte Filmtechnik und perfektionierte Hilfsmittel lassen es heutzutage nicht mehr zu, daß man feuerspeiende und funkensprühende Aggregate von Raketen, Raumschiffen, UFO oder Jumbo-Jets mit unzureichenden Imitationen vortäuscht. Wer vorbildgetreue ausgeführte Miniaturmodelle einsetzt, muß auch mit »echten« Triebwerkstrahlen aufwarten können! Während manche Berufsfilm-Techniker noch mit Preßluft und chemisch erzeugten Rauchwolken für die Düsenaggregate ihrer Raumschiffe experimentieren, speisen fortschrittliche Spezialisten in England, Japan und Italien die »Raketenmotoren« von Luft- oder Raumfahrzeugen bereits mit Propangas, das äußerst realistische Flammenbündel erzeugt.
Dieser faszinierende Effekt kann auf sehr eindrucksvolle Weise für Weltraum- oder Nacht-Szenen in Schmalfilmen abenteuerlichen Inhalts abgewandelt werden. Man verwendet ein handelsübliches Bausatz-Modell entsprechender Größe und ersetzt Heckplatte oder Düsenaustrittsöffnung durch eine einfache Kartonscheibe mit Aussparungen. Dieser

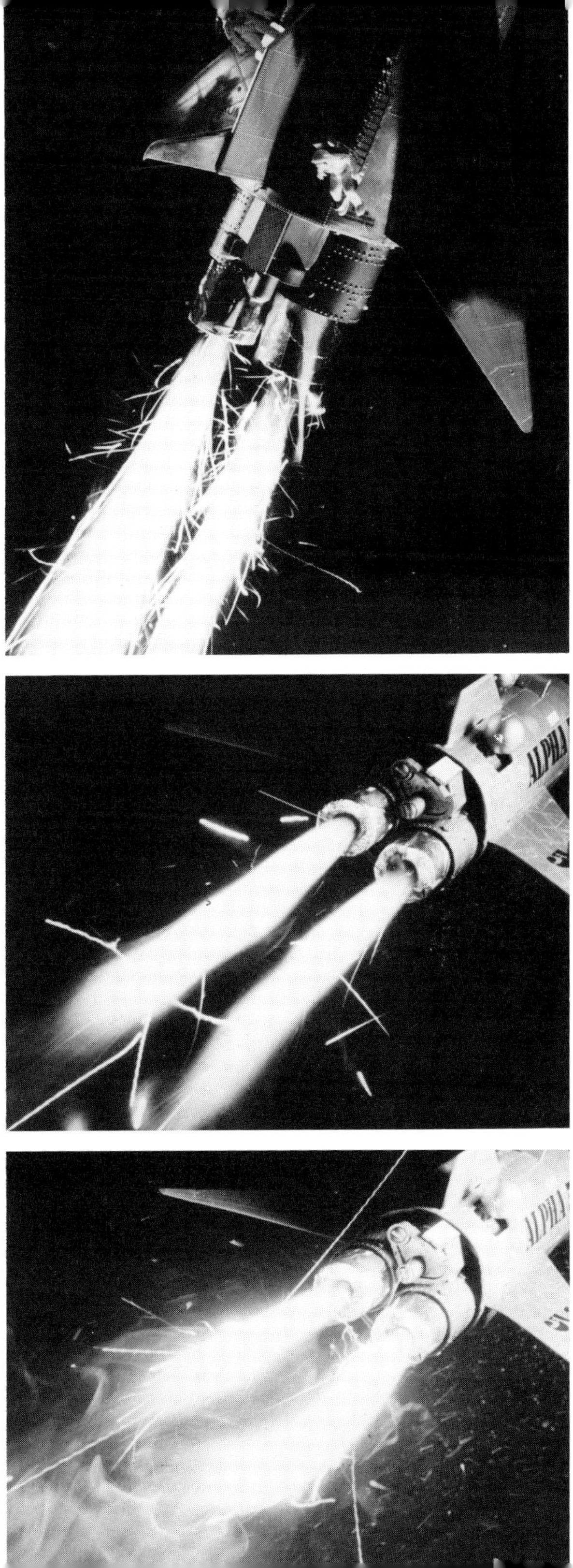

Das »Strahltriebwerk« einer miniaturisierten Marsrakete veranschaulicht die variable Flammenform der »Zimmerfontänen«.

improvisierte Raketenmotor wird mit pyrotechnischen Scherzartikeln bestückt, die unter der Bezeichnung »Zimmerfontänen« erhältlich sind. Die kleinen zylindrischen Feuerwerkskörper erzeugen einen täuschend echt aussehenden Triebwerkstrahl ohne zu explodieren. Ihre relativ kurze Brenndauer ist insofern nebensächlich, als sich Raketenaktivität speziell bei Raumschiffen auf Start, Beschleunigung, Bremsmanöver und Landung beschränkt. Während Zimmerfontänen vom Typ »Wetterleuchten« völlig gleichmäßig brennen, werden bei Einsatz des Typs »Nordlicht« zusätzlich winzige Eruptionen sichtbar (für die Verdeutlichung eines Triebwerkschadens . . .). Da der Feuerstrahl völlig gerade und parallel zur Flugbahn aus dem Raketenheck hervorschießen soll, wird das Miniaturmodell kopfstehend vor einer Kulisse aus mattschwarzem Karton (ohne Abbildung von »Sternen«) plaziert. Anschließend klemmt man die Zimmerfontäne mit der Zündöffnung nach oben in die Kartonhalterung und legt diese Vorrichtung derart auf das Heck des Modells, daß der Feuerwerkskörper ganz oder teilweise im Rumpf ver-

Instruktiver Vergleich zwischen dem grafischen Entwurf und der filmischen Realisation eines Effektes durch den Kino-Feuerwerker.
Fotos: Universal

borgen ist (überstehende Teile mit Alumiumfolie kaschieren). Es dürfen ohne weiteres zwei oder drei dieser »Raketen« gebündelt werden, denn außerhalb der eigentlichen Flammen ist die geringe Wärmeentwicklung sogar für Plastikmaterialien unschädlich. Die fehlende Eigenbewegung des Miniaturmodells läßt sich dank der neutralschwarzen Kulisse auf ganz verblüffende Weise durch langsames Zooming, »sanfte Rotation« oder gleichmäßige Vertikal- und Horizontalschwenks mit stark verkanteter oder kopfstehender Stativkamera ausgleichen! Ähnliche Regeln treffen auch auf verwandte Anwendungsbereiche zu. Die hübschen pyrotechnischen Hilfsmittel eignen sich nämlich durchaus für die Darstellung von feurigem Drachen-Atem (Trickfigur) oder gigantischen Stichflammen brennender Ölquellen (Miniaturmodell) und lassen sich außerdem in utopische »Strahlwaffen« oder Schweißgerät-Attrappen (Maßstab 1:1) einbauen, die man allerdings niemals unmittelbar auf Lebewesen richten darf. Das gleiche gilt für ein »verwandtes« Nico-Erzeugnis. Fremdartige Feuerstrahlen mit Rauch und Funkenregen für utopische Handwaffen oder Modellkanonen, für miniaturisierte Raumfahrzeuge oder Vulkane lassen sich nämlich – bei der Unterbringung in entsprechenden Hülsen – auch mit bleistiftförmigen Kleinfeuerwerkskörpern vom Typ »Goldregen« oder »Silberregen« in den Kalibern »a« und »b« darstellen (nur im Freien verwendbar!).

Vulkanismus im Miniland

Die Nachgestaltung seismischer Aktivität für die Kino-Leinwand gehört zu den interessantesten, wenn auch nicht einfachsten Aufgaben von Trick-Kameraleuten und Prop-Makers. Bildwirksame Konfrontationen mit Urgewalten der Natur dienen beispielsweise als thematische »Verpackung« für Stories um leidenschaftliche Auseinandersetzungen oder schicksalhafte Begegnungen zwischen dramatisch gezeichneten Handlungsfiguren. Ein Erdbeben samt seinen unerfreulichen Begleiterscheinungen darf aber auch eigentlicher Gegenstand der Handlung sein, und zwar in Pseudodokumentationen und wissenschaftlich fundierten Katastrophenfilmen ebenso wie in historischen oder utopischen Lichtspiel-Abenteuern.

Vulkanische Tätigkeit kann sowohl von professionellen als auch von privaten Filmemachern in der Regel nur durch Miniaturmodelltricks dargestellt werden. Die Aufnahmen entstehen auch jetzt als Kombination von Kameratricks, Modellbau und angewandter Pyrotechnik. Allerdings sind wegen der Langzeiterhitzung durch brennende Feuerwerkskörper besondere Sicherheitsvorkehrungen erforderlich. Alle Teile der Miniaturszenerie, die mit pyrotechnischen Mitteln in Berührung kommen, werden isoliert, also mit entsprechenden »Feuerstellen« ausgestattet (Konservendosen für »Krater«, flache Blechbüchsen für »Erdspalten«). Die unmittelbare Umgebung des Brandherdes modelliert man aus Spachtelmasse oder Gips; für alle anderen Schauplatz-Partien lassen sich übliche Materialien verwenden. Ein Vulkanausbruch im Lilliput-Format kann beispielsweise nach folgendem Schema inszeniert werden: Eruption durch kräftige Qualmwolke (Rauchpulver) einleiten; bei gleichbleibendem Motivausschnitt überblenden, nachdem im Vulkankrater eine brennende Zimmerfontäne vom Typ »Wetterleuchten« oder ein »Gold-

Eine »eiszeitliche« Szene (1:13) mit Vulkanismus aus pyrotechnischem Material in Tablettenform (Pfauenauge/Ghost Fire).

regen«-Stab installiert wurde. Für Vulkanismus in Bodenspalten und kleineren Nebenkratern eignen sich Feuerwerkstabletten (»Pfauenauge« oder »Ghost Light«), die einen Doppeleffekt in Form von lodernden blauroten Flämmchen und winzigen Funkenentladungen liefern. Bei Modellen größeren Maßstabs darf man sogar die außerordentlich aktiven und somit besonders bildwirksamen »Vesuvkegel« (auch: »Vulkankegel«) einsetzen. Kleinfeuerwerkskörper dieses Typs speien gewaltige Rauchwolken und einen lang anhaltenden Funkenregen aus, sind gelegentlich also auch für Realaufnahmen verwendbar. – Für die Darstellung synthetischer »Lava« gibt es mehrere Methoden. In jedem Falle sollte

Die nackte Märchenfee wird via Doppelbelichtung mit der Miniaturausgabe eines furchterregenden Drachen konfrontiert.

»Vibrierende« Farbeffekte für den Kriminalfilm durch eine bewegliche Riffelglasscheibe zwischen Farbkartonfetzen und beschrifteter Klarfolie.

Optisch verwöhntes Publikum schockt man mit fotografischem Color-Negativdruck und komplementärfarbenem Text.

die gesamte Miniaturszenerie für die Vortäuschung unterschiedlicher Fließgeschwindigkeiten entsprechend geneigt und in der Schräglage fixiert werden können; die Kamera läßt sich dann auf ihrem Dreibeinstativ mühelos dem Neigungswinkel des Aufnahmeobjekts angleichen. Als Lava-Surrogat bewährt sich jede dickflüssige Masse passender Färbung. Erprobt wurden Gelatine-Lösungen, dünner gefärbter Grießbrei, mit Stärkemehl gedickte Tomatensuppe und feuchter Rohrzucker (auf rötlich durchleuchtetem Ornamentglas). Um überzeugend zu wirken, müssen dergleichen imitierte Lavaströme stets mit einer dünnen Schicht aus schwarzem oder dunkelgrauem Kork-Granulat (Modelleisenbahn-Zubehör) und mit Klümpchen fluoreszierenden Farbpulvers (orangerot) garniert werden. Wenn ein halbes Dutzend Helfer mit und ohne Zigarrenrauch durch in der Masse verborgene Trinkhalme oder Kabelmäntel pustet, lassen sich sogar brodelnde Lava-Teiche glaubhaft wiedergeben (Slow Motion empfohlen). Miniaturisierter »Aschenregen« aus glimmendem Sägemehl vervollständigt die Effekt-Kollektion (unkontrollierten Funkenflug unter allen Umständen vermeiden).

14 Doppelt, zweifach, mehrfach

In der längst vergangenen, aber keineswegs vergessenen »stummen« Ära des professionellen Kinos, als die eigenständige »Sprache« der lebenden Bilder Hochkonjunktur hatte, standen »Lichtmontagen« und raffinierte Blendeneffekte als unübertreffliche visuelle Gestaltungsfaktoren hoch im Kurs. Wie souverän die Filmemacher jener Zeit mit solchen Ausdrucksmitteln umzugehen verstanden, läßt sich an vielen ihrer beispielhaften Meisterwerke ablesen, von denen auch heute noch Kopien existieren und sorgsam in Filminstituten oder privaten Sammlungen archiviert werden (z. B. Murnaus »Nosferatu« und »Faust« aus den zwanziger Jahren oder Produktionen der russischen Filmschule von Eisenstein, Pudowkin und Dowshenko). Heutzutage sind Tricks dieser Art auf Leinwand und Bildschirm selten geworden, denn die perfektionierte Film-Akustik hat leider allzuviele spezifische Ausdrucksformen verkümmern oder in Vergessenheit geraten lassen. Um so wichtiger ist die Wiederbelebung jener technisch-gestalterischen Effekte, die sowohl auf Filmemacher als auch auf deren Publikum eine eigenartige Faszination ausüben.

»Klassische« Blenden, Überblendungen, Mehrfachbelichtungen und ihre verschiedenen Spielarten erschließen allein deshalb neue Dimensionen der Visualisierung, weil sie die rein optischen Kommunikationsmöglichkeiten verbessern und das Lichtspiel durch Steigerung des Informationsgehalts als unvergleichliches Schau-Erlebnis aufwerten. Solche einzigartigen Tricks können nämlich weder durch das gesprochene Wort noch durch irgendwelche anderen »Process Shots« ersetzt werden. Sie kommen allerdings nur dann voll zur Geltung, wenn man sparsam damit umgeht und die einzelnen Gestaltungsfaktoren sorgfältig aufeinander abstimmt. – Während der Professional die meisten Spezialeffekte der hier beschriebenen Kategorie erst nachträglich beim Kopiervorgang auf dem »Optical Printer« anfertigen läßt, genießt der Hobbyfilmemacher das Privileg, sie in Form von Aufnahmetricks selbst herstellen zu können. Die Durchführung dieses Vorhabens hängt jedoch einerseits von der Beachtung gewisser Aufnahmeregeln, andererseits vom Einsatz geeigneter Kameras ab. Das kinematografische Werkzeug muß nämlich über eingebaute mechanische Vorrichtungen verfügen, die im einzelnen noch erläutert werden. Vorab sei erwähnt, daß technisch einwandfreie Ergebnisse nur bei Anbringung der Aufnahmeapparatur auf Dreibeinstativ oder Titelgerät zustandekommen. Im übrigen sind »Lichtmontagen« (ausgenommen Fader-Tricks oder Überblendungen) nur mit manueller Blendenregelung, also bei abgeschalteter Belichtungsautomatik, realisierbar.

»Fading« mit der Kamera

Um Aufblendungen (Fade-in) oder Abblendungen (Fade-out) von professioneller Qualität herstellen zu können, bedarf es einer Schmalfilm-

kamera mit kontinuierlich verstellbarer Sektorenblende (Varioverschluß). Im Gegensatz zur gebräuchlichen – starren – Umlaufblende mit ihrem Hellsektor von etwa 150^0 (normal) oder etwa 220^0 (XL-Vorrichtung/Kap. 9), setzt sich der Varioverschluß aus einem feststehenden und einem beweglichen Teil zusammen, der eine kontinuierliche Veränderung des Öffnungswinkels von 150^0 bis 0^0 zuläßt. Aus diesem Konstruktionsmerkmal ergeben sich für die Praxis verschiedenartige Anwendungsmöglichkeiten. Die verstellbare Sektorenblende gelangt vor allem in drei Funktionen zum Einsatz.
Durch Fixierung des Hellsektors auf genau markierte verkleinerte Öffnungswinkel wird eine gezielte Verkürzung der Einzelbildbelichtungszeit bewirkt. Daraus ergibt sich trotz gleichbleibender Aufnahmebildfrequenz eine Verbesserung der Konturenschärfe schnell bewegter Objekte, die sich jedoch bei quer oder schräg zur Aufnahmerichtung verlaufenden Bewegungen ungünstig auswirken kann (Stakkato-Effekt). Die Verkürzung der Belichtungszeit ist zwangsläufig mit einer Vergrößerung der Blendenöffnung verbunden (automatische oder manuelle Belichtungskorrektur erforderlich), so daß man entsprechende Positionen des Hellsektors einerseits für die Lichtdämpfung (sehr helle Motive), andererseits für eine beabsichtigte Verminderung des Schärfentiefenbereichs ausnutzen kann. Die Miniaturtabelle informiert am Beispiel der Super-8-Kassettenkamera »Auto-Zoom 1014 Electronic« (Canon) über die gegenseitige Beeinflussung von Hellsektor, Aufnahmebildfrequenz und Einzelbildbelichtungszeit.

Einstellung der Sektorenblende	Öffnungswinkel	Einzelbild-Belichtungszeit		
		18 B/Sek.	24 B/Sek.	54 B/Sek.
0 (OPEN)	150°	1/43 Sek.	1/58 Sek.	1/129 Sek.
2	75°	1/86 Sek.	1/115 Sek.	1/258 Sek.
4	37,5°	1/172 Sek.	1/230 Sek.	1/516 Sek.
C (CLOSE)	0°	0	0	0

Als Bestandteil der Überblendungsautomatik, die im übernächsten Abschnitt dieses Kapitels behandelt wird, ermöglicht der Varioverschluß perfekte Szenenübergänge. Zunächst interessiert jedoch die Verwendbarkeit der verstellbaren Sektorenblende als »Fader«. Sobald man den entsprechenden Bedienungsknopf am Kameragehäuse während der Aufnahme ohne gleichzeitige Blendenkorrektur stufenlos und gleichmäßig von 0^0 auf den größten Öffnungswinkel verstellt, tritt das Bild mit allmählicher Aufhellung aus völliger Dunkelheit hervor (Aufblendung). Bei kontinuierlicher Verkleinerung des Hellsektors verdunkelt sich das Bild allmählich bis zu totaler Schwärzung (Abblendung). Motorisches Fading (Automatik) ist im allgemeinen nur mit gleichbleibendem Tempo möglich; manuelle Betätigung der Sektorenblende ermöglicht eine individuelle Regelung der Geschwindigkeit. Eine Aufblendung markiert unmißverständlich den Beginn des Films, seines Vorspanns oder einer in sich abgeschlossenen Episode (4 bis 6 Sek. Dauer); eine Abblendung läßt das Bildgeschehen auf »klassische« Weise in etwa 6 Sek. ausklingen (Schluß-Szene oder Ende-Titel), wobei eine »augenschonende« Schwarzfilm-Allonge gleich mitgefilmt wird (mindestens 10 Sek. Aufnahmedauer). Fade-out und Fade-in lassen sich innerhalb des Films aber auch kombiniert, und zwar in der Funktion eines Szenenübergangs, anwenden (zweimal 2 bis 3 Sek.). Wenn Ab- und Aufblendung unmittelbar aufeinanderfolgen, können sie nämlich sowohl einen Schauplatzwechsel als auch einen »Zeitsprung« oder die »Nahtstelle« zweier Handlungsteile verdeutlichen (Kap. 2 enthält weitere Informationen über Wirkungsweise und Anwendungsbereiche des Fading).

Die optischen Mixturen

Angeblich schon um die Jahrhundertwende von Georges Méliès infolge eines Kameradefektes zufällig entdeckt, gehören Doppel-, Zweifach- und Mehrfachbelichtungen, zusammengefaßt unter dem Sammelbegriff »Überlagerungen« (Multiple Exposures/Supermposes seitdem zu den

Mit nahezu konstruktionsgleichen Zubehörgeräten unterschiedlicher Fabrikate können Super-8-Kassettenfilme außerhalb der Kamera zurückgespult werden.
Fotos: M. L.-Film/Goedecke/Wiru

Lieblingstricks der Kino-Magier. Die Realisierung dieser attraktiven und äußerst vielseitigen Spezieleffekte setzt jedoch entweder eine entsprechende Vorrichtung des Aufnahmegeräts oder aber den Einsatz eines externen Zubehörs voraus. Um zwei oder mehrere Motive fachgerecht überlagern zu können, muß man den Filmstreifen nämlich nach der Aufnahme des Erstmotivs teilweise oder in gesamter Einstellungslänge zurückspulen und anschließend mit dem Zweitmotiv belichten. Im Gegensatz zu Doppel-Super-8-Spule, Single-8-Kassette und 16-mm-Spule läßt jedoch die gebräuchliche Super-8-Kassette keine unbegrenzte Filmrückspulung zu. Damit man trotz des konstruktiv bedingten Handikaps Überlagerungen ausführen kann, hat die Industrie anspruchsvollere Super-8-Kameramodelle mit einer Rückspulautomatik für maximal 90 Einzelbildchen (ca. 5 Sek. Projektionslaufdauer mit 18 B/Sek.) ausgestattet, durch die der betreffende Filmstreifen nach der Erstbelichtung in den Stauraum der Kassette zurückgedrängt wird. Mögliche Transportstörungen lassen sich von vornherein vermeiden, wenn man Überlagerungstricks ausschließlich mit Standardfrequenzen (18 oder 24 B/Sek.), aber niemals auf den ersten oder letzten zwei Metern einer Kassettenfüllung ausführt. Wer nicht über eine Super-8-Kamera mit der erforderlichen Technik verfügt oder längere Überlagerungen plant, bedient sich eines der nützlichen »Super-8-Backwinder«-Geräte, die eine manuelle Rückspulung belichteter Standardkassetten-Filme bis zu 200 oder 350 Bildchen (Annähernd 12 bzw. 20 Sek. Laufdauer) zulassen, wobei eine einzige Umdrehung des Rückspulknopfes 15/16 Einzelbilder transportiert. Allerdings muß die Filmkassette für die Rückspulung aus der Kamera herausgenommen und anschließend erneut eingelegt werden. Die Vorteile des »Backwinder« wiegen jedoch den Nachteil auf, daß sich die Zählwerke der meisten Aufnahmeapparaturen nach dem Öffnen des Kassettenfachs automatisch zurückstellen (verfügbaren Filmvorrat vor der Kassettenentnahme auf einem Klebestreifen vermerken und diesen am Kameragehäuse befestigen). Gegenwärtig sind drei Rückwickler-Fabrikate verfügbar: »ewa« von Goedecke, Typ M. L.-Film und »Wirumat«.

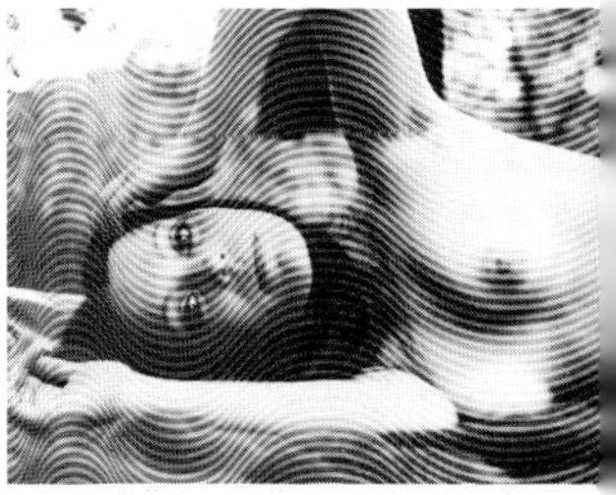

Flächige Überlagerungen mit Raster-Strukturen verleihen den Motiven »Gemäldecharakter« im Antik- oder Op-art-Stil.

Doppel- und Mehrfachbelichtungen mit »Geistereffekt« fungieren ausnahmslos als offensichtliche Tricks. Sie können einerseits aus praktischen Erwägungen (z. B. der Verbesserung der Titelgestaltung), andererseits aus künstlerischen Überlegungen (z. B. visuelle Symbolik) in die Szene eingefügt werden. In jedem Falle durchdringen zwei oder mehrere Motive einander, erscheinen also ganz oder teilweise transparent. Um mögliche Überbelichtungen zu vermeiden, empfiehlt sich manuelle Blendensteuerung, wobei in der Regel jede Aufnahme um 1 (Doppelbelichtung) oder 2 Blendenstufen (Mehrfachbelichtung) gegenüber dem ursprünglich ausgemessenen Wert *unter*belichtet wird (z. B. Blenden 8 oder 11 statt 5,6). Für die Einblendung vorgesehene weiße oder helle Titelbuchstaben (auf mattschwarzem Grund) darf man ohne Belichtungskorrektur aufnehmen (überlagerndes Bildmotiv um ½ Stufe unterbelichten). Eingeblendete »Strahlen« und künstliche Miniatur-»Sonnen« vertragen hingegen eine *Über*belichtung bis zu 4 Stufen (z. B. Blende 2,8 statt 8). Im übrigen lassen sich die Abbildungsintensität und der Grad der Durchdringung durch Variation der Blendenkorrekturen beeinflussen. – Es gibt eine Unzahl verblüffender Anwendungsbereiche für totale und partielle Überlagerungen mit »Geistereffekt«. Doppel- und Mehrfachbelichtungen dienen der Darstellung von Tag- oder Alpträumen, okkulten Erscheinungen, Visionen, Trugbildern, erotischen Erlebnissen, optischen Symbolen und psychischen Ausnahmezuständen auftretender Personen. In Zweitbelichtung vor schwarzen Kulissen aufgenommene Gestalten erscheinen als Gespenster, Flaschengeister, Phantome, Dämonen oder Extraterrestrier; Haupt- oder Untertitel und einbelichtete Comics-Sprechblasen schweben wie von Geisterhand bewegt durch das lebende Bild. In Doppelbelichtung lassen sich außerdem die folgenden beliebten Effekte sichtbar machen: synthetische Gewitter-Blitze (weiß auf schwarzen Karton zeichnen und für 3 bis 6 Einzelbildchen bei 18 B/Sek. oder 4 bis 8 Bilder bei 24 B/Sek. in passendes Realmotiv einbelichten); Gespenst, UFO-Insasse oder vergleichbares Aufnahmeobjekt mit überirdisch schimmerndem »Halo« (Überlagerung von scharfer und völlig unscharfer Abbildung gleichbleibend statischer Puppen oder Miniaturmodelle); farbige »Sonnen« fremder Planeten (runde, farbig durchleuchtete und unscharf aufgenommene Aussparung des schwarzen Kartons in ein Gegenlicht-Landschaftsbild einbelichten). Mehrfachbelichtungen versinnbildlichen turbulente Ereignisse aller Art und machen simultane Handlungslinien gleichzeitig sichtbar. Als raffinierte aufnahmetechnische Extravaganz bietet sich die Dreifachbelichtung einer aktiven Person in völlig gleichbleibender Umgebung an (Wunschtraum-Symbol, Science-fiction-Effekt, märchenhafte Spaltung einer Persönlichkeit). Wenn man die erste Aufnahme rot, die zweite grün und die dritte blau filtert, erscheinen alle statischen Partien des Motivs in unveränderten Originalfarben, während Akteure oder andere bewegliche Objekte als durchsichtige Color-Phantome erscheinen (wegen manueller Blendenregelung müssen unbedingt die Filterfaktoren berücksichtigt werden).

Spätestens seit der Premiere von »Krieg der Sterne« lassen sich Trick-Experten und Zuschauer mit besonderem Vergnügen von jenen vielfarbigen »Laserstrahl«-Effekten faszinieren, mit denen Duelle, Scharmützel und Materialschlachten durchgeführt werden. Das komplizierte Verfahren (Kap. 19) läßt sich recht gut durch Doppelbelichtung imitieren. Um Laser-Schüsse, Triebwerk-Strahlen und dergleichen exakt im Bildfeld plazieren zu können, wählt man eine diagonale Strahlrichtung oder orientiert sich an vorhandenen Markierungen im Sucher der Reflexkamera. Als Markierungspunkte für die beiden nacheinander aufzunehmenden Teile der Bildkombination empfehlen sich feststehende Blendenzeiger, Leuchtdioden, in die Mattscheibe eingravierte Liniennetze u. ä. Als Alternative bietet sich die Markierung des Strahlenverlaufs auf der fixierten Glasscheibe eines Kompendiums an (zur Kontrolle für die Motivanordnung der Zweitbelichtung). Der eigentliche Strahleneffekt entsteht folgendermaßen: Man ritzt einen schwarzen Plakatkarton mit dem Messer ein, unterlegt den entstandenen Spalt mit farbiger Scheinwerfer- oder Filterfolie und durchleuchtet ihn mit intensivem Punktlicht. In jedem Falle erfolgt die Aufnahme mit einem Nebeleffekt-Filter für das Kameraobjektiv (Kap. 8), das die grelle »Strahl«-Wirkung durch Diffusion verstärkt. Um eine zusätzliche Überstrahlung zu erreichen,

empfiehlt sich Überbelichtung um zwei bis vier Blendenstufen bei separater (!) Messung des Strahls mit abgeschalteter Belichtungsautomatik. Das Bildmotiv bleibt in der Regel statisch, weil bei Doppelbelichtungen kaum jemals koordinierte Bewegungen von »Strahl« und separat aufgenommener »Strahlungsquelle« gelingen. Als Ausgleich können jedoch die Strahlen selbst mit zusätzlichen Bewegungseffekten ausgestattet werden, beispielsweise durch den Einzelbild-Trick (flackernder Strahl) oder durch Auf- und Abblendung mit kurzer Sichtphase (aufflammender und erlöschender Strahl). Eine elegantere und mitunter auch präzisere Lösung ergibt sich aus dem Einsatz eines »Beam Splitter« (vgl. »Frontprojektion«), mit dem man solche Strahlen nach dem beschriebenen Schema unmittelbar ins Hauptmotiv einblenden kann. Die beiden Bildelemente werden in jedem Falle gemeinsam aufgenommen und lassen sich unter Umständen sogar synchron bewegen. Strahleneffekte dieses Typs sind natürlich nicht nur für die Darstellung von Laser-Waffen geeignet, sondern auch als feuriger »Drachen-Atem«, als »Halo« von UFOs, als Lichtbogen elektrischer Vorrichtungen oder als äußeres Zeichen von Superkraft (bei Comic-Helden, Feen, Zauberern u. ä.).
Gelegentlich kann man die Wirkung verschiedenartiger »Lichtmontagen« durch zusätzliche Effekte intensivieren: sanfte Kamerabewegungen und Zooming, Schärfenverlagerungen, Einzelbildtricks, Color-Beleuchtung usw. Das gilt übrigens nicht nur für Überlagerungen mit »Geistereffekten«, sondern auch für sogenannte Zweifachbelichtungen. Hier sind keinerlei Blendenkorrekturen erforderlich, denn die Teile des zusammengesetzten Motivs werden zwar in mehreren Belichtungsphasen, aber prinzipiell vor neutraler schwarzer Kulisse aufgenommen. Sie ergänzen einander, ohne daß sich ihre Konturen überschneiden («Realeffekt«). Zweifachbelichtungen bieten ähnliche Anwendungsmöglichkeiten wie Doppelbelichtungen, eignen sich bei übereinstimmender Beleuchtung sämtlicher Teilmotive aber auch für die Verwirklichung unauffälliger Spezialeffekte. Ganz schlaue Kameraleute benutzen dieses Verfahren für die optische Vervielfältigung von Miniaturmodellen oder Requisiten, die in Wirklichkeit nur einzeln existieren. Als markantestes Beispiel nenne ich jedoch eine vereinfachte Version des »Doppelgänger-Tricks« (Kap. 15), der mit einer einzigen Person vor schwarzem Hintergrund realisiert wird. Man läßt den betreffenden Akteur zunächst in der rechten Bildhälfte auftreten, spult den Film zurück und verlegt bei der Zweitbelichtung sämtliche Vorgänge in die linke Bildhälfte. Es muß lediglich darauf geachtet werden, daß sich Dekorationsstücke und Extremitäten des Schauspielers zu keinem Zeitpunkt überschneiden. Für die Darstellung von »Dialogen« oder direkten Reaktionen der Person und ihres Doppelgängers ist die Ausarbeitung eines präzisen Zeitplans mit Hilfe der Stoppuhr erforderlich. Durch absichtliche Veränderung der Größenverhältnisse (Variation von Aufnahmedistanz oder Objektivbrennweite) wird das Auge des Zuschauers gewissermaßen überlistet. Da bei schwarzer Kulisse jede Orientierungsmöglichkeit fehlt, kann man die Aufnahmeobjekte nach Belieben in Riesen oder Zwerge mit entsprechend dimensionierten Partnern und Gegenspielern verwandeln (simulierte Nachtaufnahmen empfohlen).

Optische Überlagerung mit einem durchleuchteten Spalt in schwarzem Karton läßt realistische »Triebwerk-« oder »Laser-« Strahlen entstehen.

Obwohl die »Überblendung« (Lapse Dissolve) längst zum Kino- und TV-Alltag gehört (Titel, Werbung, Belebung von Grafiken usw.), hat dieser aufnahmetechnische Supertrick noch nichts von seiner faszinierenden Wirkung eingebüßt. Das liegt vermutlich daran, daß kaum ein anderer Spezialeffekt dem Zuschauer derart plastisch und drastisch die Möglichkeiten kinematografischer Magie bewußt macht. Für die Ausführung dieses Tricks ist allerdings eine technische Sonderausstattung der (Schmalfilm-)Kamera erforderlich, die sich aus den beiden bereits erwähnten »Extras«, Varioverschluß und Filmrückspulvorrichtung, zusammensetzt (die Verwendung des »Backwinder« ist hier nicht möglich).

Top-Blendentricks

Vom aufnahmetechnischen Standpunkt betrachtet, handelt es sich bei der Überblendung um die Doppelbelichtung einer Ab- und einer Aufblendung, wodurch zwei Filmeinstellungen unterschiedlichen Inhalts langsam ineinander übergehen. Während sich Aufnahme A allmählich auflöst, kommt gleichzeitig in einer kurzen Durchdringungsphase beider Bilder Aufnahme B zum Vorschein. Ein solcher Effekt entsteht folgendermaßen: Man blendet die erste Einstellung durch gleichmäßige Schließung der verstellbaren Sektorenblende allmählich ab, spult den Film um die Länge der Abblendung zurück und blendet die zweite Einstellung durch Öffnung des Varioverschlusses im gleichen Tempo auf. Moderne Super-8-Kassettenkameras sind vielfach mit integrierten Überblendungsautomatiken ausgerüstet, die den gesamten Vorgang in etwa 3 Sek. selbsttätig erledigen. Der Film wird automatisch abgeblendet, gestoppt, zurückgespult und aufgeblendet, so daß man nur die Motive auszuwählen und aufs richtige Knöpfchen zu drücken braucht. Die manuelle Bedienung von Sektorenblende und Rückspulvorrichtung erfordert mehr Fingerspitzengefühl, bietet jedoch insofern Vorteile, als man die Dauer der Überblendung den Erfordernissen anpassen kann. – »Lapse Dissolve« gilt bei sparsamer und gezielter Anwendung als ideales Mittel zur Gestaltung eleganter Szenenübergänge mit filmdramaturgischer Funktion. Abhängig vom Film- und Bildinhalt, drückt die Überblendung auf unmißverständliche Weise gleichzeitiges Geschehen (Simultanhandlung) oder aber vergangene Zeit aus (für das Verständnis des Geschehens unmaßgebliche und deshalb übersprungene Zeitabschnitte). Sie markiert einen Ortswechsel, stellt suggestive Verbindungen zwischen zusammengehörigen Trick- und Realaufnahmen her, belebt den Titel-Vorspann oder verdeutlicht den Eintritt in eine »Rückblende« (optische Erläuterung von Ereignissen der Vergangenheit innerhalb einer in der Gegenwart angesiedelten Handlung).

Bei der »Insichblende«, einer raffinierten aufnahmetechnischen Spezialität für Freunde phantastischer und geheimnisvoller Szenen, handelt es sich um einen abgewandelten Überblendungsvorgang; der jedoch unter allen Umständen mit der Stativ-Kamera ausgeführt werden muß. Entscheidend ist, daß im Gegensatz zur normalen Überblendung, bei der stets zwei verschiedenartige Bilder ineinander übergehen, jetzt für beide Teile der Aufnahme sowohl die Szenerie als auch Kameraposition, Bildwinkel und Ausleuchtung völlig unverändert bleiben! Vor der Aufblendung, also nach Abblendung und Filmrückspulung, wird lediglich ein bestimmtes Detail (Lebewesen, Trickfigur, Requisit) hinzugefügt,

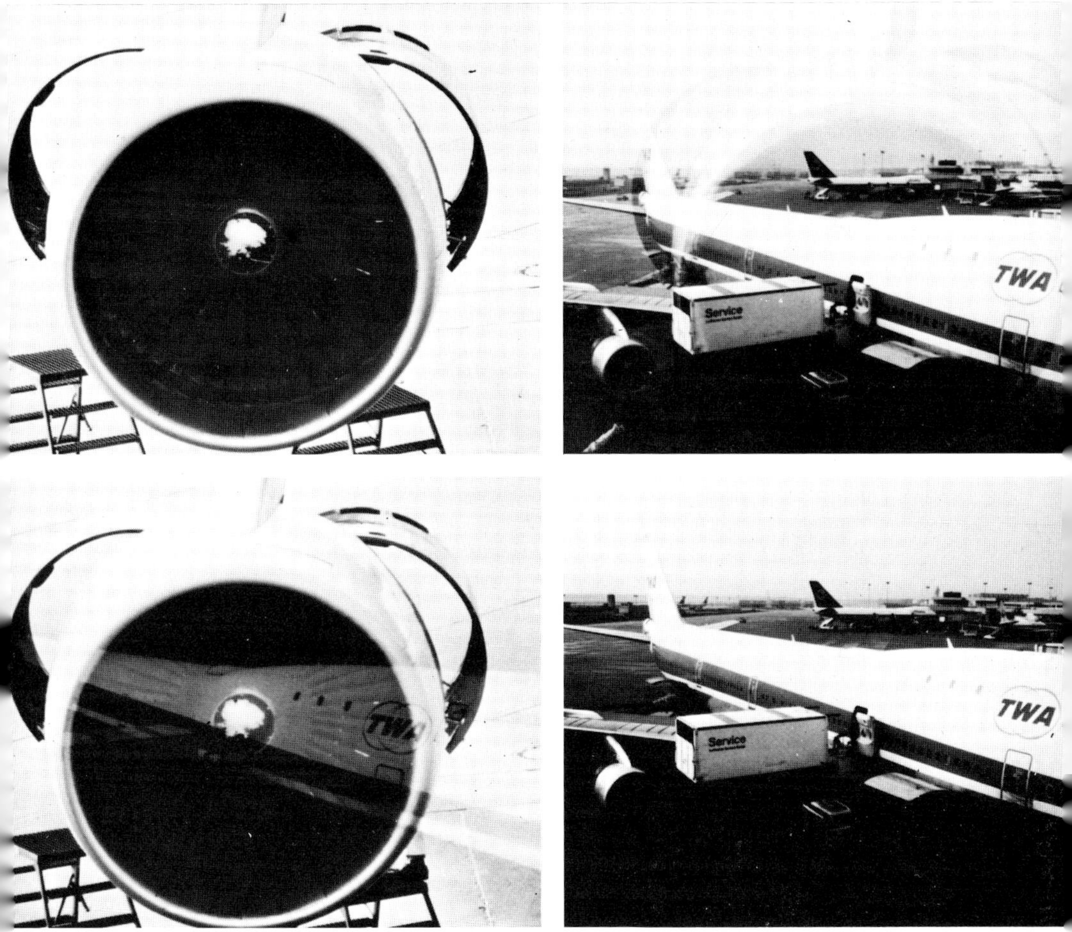

Die Bildserie demonstriert in stark geraffter Darstellung einen »einfachen« Überblendungsvorgang mit der Automatik.
Fotos: Braun AG

entfernt, modifiziert oder ausgetauscht. Die Überblendung wirkt sich nun ausschließlich auf dieses veränderte Objekt aus und läßt es auf verblüffende, für den Zuschauer unerklärliche Weise allmählich »materialisieren« oder »entmaterialisieren«. In völlig gleichbleibender (!) Umgebung entwickeln sich aus durchsichtigen Schemen reale Formen; andere Aufnahmegegenstände lösen sich auf oder erleben unheimliche Metamorphosen. Auf diesem außergewöhnlichen Wege werden übernatürliche Vorgänge und irreale Handlungsfiguren in Märchen-, Horror-, Science-fiction und anderen Filmen sichtbar gemacht. Mit Hilfe der Insichblende nehmen Geister, Traumgebilde, parapsychologische Phänomene, mythische Helden, Dämonen, fremdartige Besucher aus dem Weltall und vorübergehend unsichtbare Zeitgenossen Gestalt an. Miniaturmodell- oder reale Stadt-Motive ändern ihr Aussehen beim verblüffenden Wechsel vom Tag zur Nacht; Menschen verwandeln sich in Tiere, Fabelwesen, Ungeheuer und Roboter; Personen oder Fahrzeuge durchdringen während der Bewegung mit »Super Power« massive Mauern und geschlossene Türen. Mit zwei aneinandergefügten Insichblenden läßt sich aber auch das berühmte »Beaming« des Astronauten-Teams aus der TV-Serie »Raumschiff Enterprise« nachvollziehen: Entmaterialisation an Punkt A / Materialisation an Punkt B / Überlagerung beider Insichblenden mit exakt auf- und abgeblendeter Aufnahme von tanzendem Aluminiumstaub in intensiven Spotlight-Strahlen, die den Formen und Positionen der abgebildeten Personen entsprechen (der Originaltrick entstand mit zusätzlicher »Travelling Matte«/Kap. 19) . . . Im übrigen eignet sich diese Spielart der Überblendung hervorragend als Titel-Effekt (wechselnde Texte vor gleichbleibender Kulisse). – Mit einer unbegrenzten Anzahl rasch aufeinanderfolgender Insichblenden werden bei Verwendung statischer Aufnahmeobjekte einerseits eigenartige Bewegungsillusionen erzeugt, andererseits extrem »weiche« Übergänge zwischen einzelnen Bewegungsphasen geschaffen. Dieses Verfahren, das bei Effektspezialisten und progressiven Trickfilmschöpfern gleichermaßen beliebt ist, trägt die Bezeichnung »Überblendungsanimation«. Es belebt aber nicht nur Trickzeichnungen oder Puppen, sondern macht auch statische Fotovorlagen auf verblüffende Weise für den Film nutzbar und bewährt sich überall dort, wo man zweidimensionale Entwürfe beleben, geeignete Szenen mit Pop-art anreichern, Bewegungen zu Gag-Zwecken abstrahieren, optisch symbolisieren oder bestimmte Make-up-Metamorphosen darstellen will (Variante des in Kap. 8 beschriebenen Effekts). Als Aufnahmeobjekte dienen zwei oder mehrere Fotos, die sich lediglich durch Farbgebung oder Verfremdungsmethode unterscheiden (auch mit Phasenfoto-Serien realisierbar / Kap. 12). Um den Effekt sichtbar zu machen, braucht man die Fotos lediglich passergenau auf einer einfachen Vorlagenhalterung (im rechten Winkel aneinandergefügte Holzleisten) zu befestigen und in beliebiger Reihenfolge zu überblenden. Bei dieser Manipulation bleiben Inhalt und Aufbau des Motivs unbeeinflußt, während durch den sanften Wechsel zwischen schwarzweißer und farbiger, positiver und negativer oder leichter und intensiver Verfremdung eine überraschende Bewegungsillusion entsteht.

Bei überblendungsanimation pendelt die (fotografische) Abbildung symbolisierend zwischen Schwarzweiß-Wiedergabe und Farbverfremdung.

Bei der Frontprojektion kann man den realistischen Hintergrund sogar mit einem »märchenhaft« beleuchteten Vordergrundmotiv kombinieren.

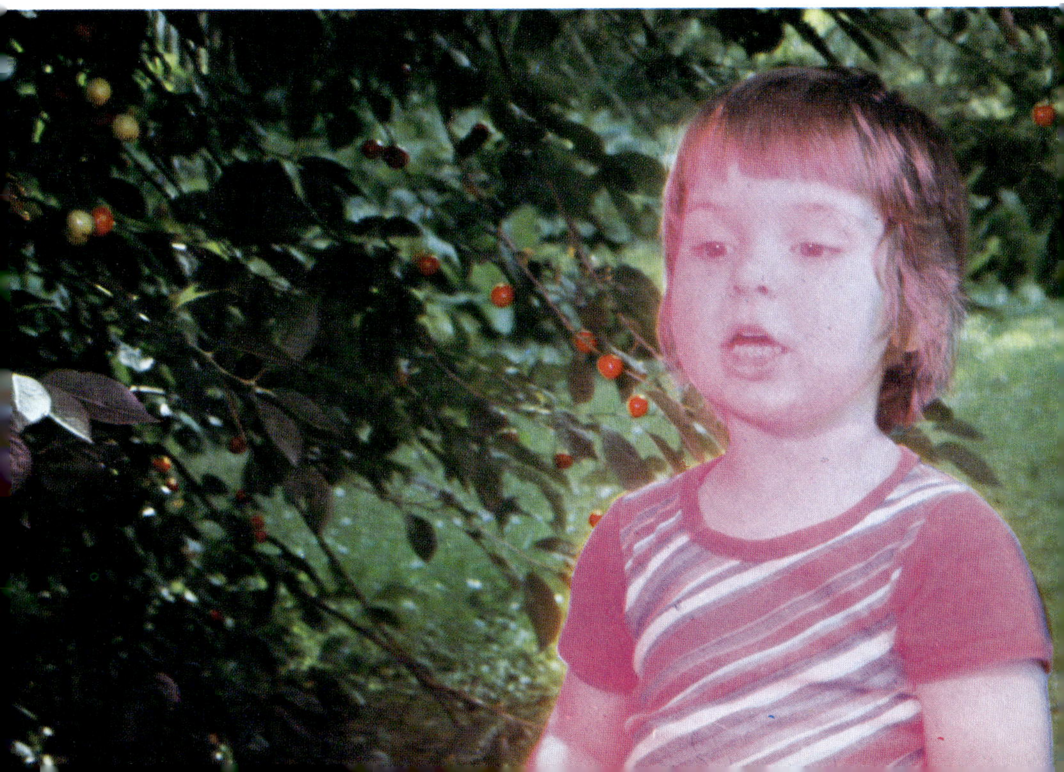

15 Faszinierende Kombinationen

Während viele der bisher beschriebenen Spezialeffekte ohne großen Zeitaufwand und – mit etwas Übung – sogar von Neulingen auf dem Gebiet der kinematografischen Zauberkunst realisiert werden können, erfordern die Meisterstücke aus den Trick-Werkstätten der »Dream Factory« ein wesentlich größeres Quantum psychischen und physischen Engagements seitens des Effektspezialisten. Allerdings bestehen dann auch keine motivlichen oder gestalterischen Limits, und man kann jederzeit mit Top-Resultaten rechnen. Die in diesem Kapitel vorgestellten und zur praktischen Anwendung empfohlenen Tricks gehören einerseits zu den kompliziertesten, andererseits aber auch zu den meistgebräuchlichen aufnahmetechnischen Sonderverfahren professioneller Filmemacher. Mit Ausnahme der sogenannten Frontprojektion, einer relativ jungen Erfindung, bewähren sich alle diese faszinierenden Täuschungsmanöver seit den dreißiger Jahren, als Willis O'Brien und andere geniale Pioniere der Tricktechnik das Publikum mit Sensationsfilmen wie »King Kong« (Erstverfilmung), »Creation« oder »The Lost World« begeisterten. Heute werden spektakuläre Effekte dieses Typs von allen namhaften Regisseuren bei der Verfilmung von exotischen, abenteuerlichen oder »sagenhaften« Themen eingeplant und für die optische Umsetzung gefährlicher oder allgemein schwieriger Szenen ausgenutzt (sie verhalfen beispielsweise allesamt Stanley Kubricks Meisterwerk »2001: Odyssee im Weltraum« zum Erfolg). Es handelt sich nämlich ausschließlich um sogenannte Kombinationsverfahren, mit denen zwei oder mehrere separat aufgenommene Motivpartien zu einer neuen gestalterischen Einheit verschmolzen werden.
Mit »Split Screen«-Technik, »Background-Trick« und »Frontprojektion« macht der Kameramann die Phantasiewelt der Kinder sichtbar, adaptiert Märchen aus 1001; Nacht« für die Leinwand oder rekonstruiert historische Gegebenheiten. Er visualisiert Action-Abenteuer aus vorgeschichtlicher Vergangenheit oder ferner Zukunft, konfrontiert Menschen mit Fabelwesen, läßt antike und neuzeitliche Mythen Gestalt annehmen oder vervollständigt seine »lebenden« Bild-Erzählungen durch ausgeklügelte Blenden- und Vignetten-Effekte. Im Hobbybereich ist die Ausführung derartiger Tricks nicht ganz einfach, aber durchaus möglich und obendrein ungeheuer reizvoll, denn Kombinationsaufnahmen entwickeln eine enorme suggestive Kraft. Im übrigen gebe ich zu bedenken, daß es einerseits keinen brauchbaren »Ersatz« für die hier beschriebenen Sonderverfahren gibt, andererseits bei bestimmten Motiven mit jeder der drei Tricktechniken unter verschiedenen Voraussetzungen fast die gleiche Wirkung erzielt werden kann. Als Beispiel nenne ich den imitierten TV-Bildschirm, in den die selbst produzierten Szenen wahlweise mit »Matte«, Rückprojektionsschirm (für Geräte-Attrappe) oder Reflexionsfläche »einzubelichten« sind. Die folgenden generellen Hinweise beziehen sich jeweils auf die Anwendung mehrerer Spezialef-

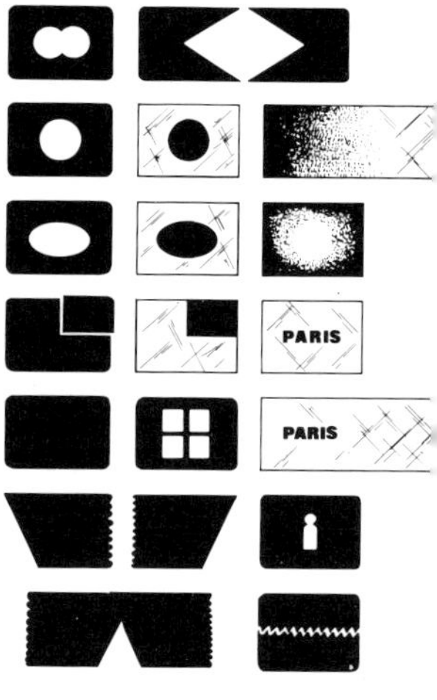

Diese Masken und Vignetten sind serienmäßig im »S8K«-Kompendium-Set enthalten. Zeichnung: Goedecke

fekte dieses Kapitels. Wichtigste Voraussetzung für das Gelingen sämtlicher Supertricks ist ein extrem ruhiger Bildstand, der nur durch sorgfältige Verankerung der Kamera auf einem wirklich soliden Dreibeinstativ erreicht werden kann! Szenen mit Rückprojektion oder Frontprojektion entstehen prinzipiell im Studio. Da sowohl für die projizierte als auch für die reale Bildpartie Kunstlicht verwendet wird, muß man das Konversionsfilter ausschwenken (Super-8-Kassettenkameras), ein separates Ausgleichsfilter verwenden (Doppel-Super-8, 16 mm) oder eine entsprechende Filmsorte wählen (Typ »A« = »Artificial Light« bei Single-8 oder 16 mm). Beide technischen Prozesse erlauben die Verwendung der Belichtungsautomatik. Trotzdem sollte für die Anpassung der Beleuchtungsintensität ein separater Handbelichtungsmesser zur Verfügung stehen. Das gleiche gilt für Kompendiumtricks aller Art, die ausschließlich mit manueller Blendenregelung ausgeführt werden müssen, weil der Vorsatz und die Masken das Meßergebnis verfälschen. Aus demselben Grund darf das Kompendium nur mit völlig lichtdurchlässiger Kristallglasscheiben kombiniert werden (normales Fensterglas »schluckt« Licht und kann wegen der externen Messung zu unterbelichteten Bildern führen).

»Split Screen« mit Variationen

Kompendium-Effekte (Split Screen/Matte Process) werden vielfach als Nonplusultra der Trick-Gestaltung bezeichnet. Die unverhohlene Begeisterung der Experten gilt natürlich in erster Linie jenen erstaunlichen Bildkombinationen, die für den Schmalfilm-Anwender die einzige aufnahmetechnische Alternative zum rein professionellen »Travelling Matte«-Verfahren (Kap. 19) darstellen. Sie bezieht sich aber nicht zuletzt auch auf die Möglichkeit, erstklassige Blenden- und Vignetten-Tricks herstellen zu können. Da in Kap. 2 einiges über die Funktionsweise des »großen« Balgen-Kompendiums zu erfahren ist, kann ich mich an dieser Stelle mit ergänzenden Hinweisen begnügen. Bei der Berufsfilmkamera gehört das kastenförmige Vorsatzgerät in seiner Funktion als Dauerschutz gegen störenden Streulichteinfall zur selbstverständlichen Standardausrüstung. Schmalfilm-Apparaturen müssen hingegen nachträglich durch dieses nützliche Zubehör vervollständigt werden. Für Super-8-, Single-8- und einige 16-mm-Kameras ist gegenwärtig nur ein einziges universell verwendbares Kompendium-Modell erhältlich (»ewa-S8K« von Goedecke), das jedoch über alle entscheidenden Konstruktionsmerkmale verfügt und somit die Ausführung erstklassiger Tricks ermöglicht. Das »ewa«-Kompendium besteht aus einem mattschwarz ausgeschlagenen Supronyl-Balgen, der durch Stützschiene und mehrteilige, verstellbare Halterung (Aluminium) fest mit dem Stativgewinde der Kamera verbunden wird. Der Balgen ist verschiebbar angeordnet, um durch Distanzänderungen innerhalb eines bestimmten Bereiches sowohl die Größenverhältnisse als auch die Abbildungsschärfe variieren zu können (maximaler Balgenauszug 140 mm). Er enthält einen dicht schließenden Adapter für das Objektiv sowie am entgegengesetzten Ende eine Maskenhalterung mit Schienen, Befestigungsschraube und einer Vorrichtung für die seitliche Korrektur der Balgeneinstellung. Kompendium-Effekte entstehen in der Regel unter Verwendung licht-

**Das »ewa«-Kompendium läßt sich mühelos mit allen handelsüblichen Super-8-Kameramodellen koppeln.
Foto: Goedecke**

*un*durchlässiger Vorsatzmasken und Vignetten (Mattes/Caches), die man aus schwarzem Karton, steifer Kunststoff-Folie oder sehr dünnem Metallblech anfertigt und mit motivgerechten Aussparungen oder Konturen versieht. Die Maske wird auf eine Kristallglasscheibe geheftet und im Frontrahmen des Kompendiums befestigt. Das »ewa«-Kompendium-Set enthält eine Reihe gebräuchlicher Masken, Vignetten und Glasscheiben, die sich durch Entwürfe aus dem eigenen Workshop ergänzen lassen. Abhängig von Objektivbrennweite und Blendenöffnung der Kamera sowie vom Balgenauszug des Kompendiums, werden die Maskenränder scharf oder verschwommen abgebildet, so daß sich die Wiedergabe auch hinsichtlich der Konturen wunschgemäß steuern läßt (vgl. Kap. 2).

Die Vignettierung gehört zu den häufigsten Anwendungsbereichen des Kompendiums. Hier wird stets ein Teil des Bildes schwarz kaschiert, das Motiv also lediglich in einer zweckentsprechend geformten Aussparung sichtbar gemacht. Vorsatzmasken mit Fernglas-, Periskop- und Zielfernrohr-Ausschnitt stellen subjektiv das Blickfeld einer Handlungsfigur dar (Beobachter); sie wirken deshalb nur in Verbindung mit (vorgetäuschten) Tele-Einstellungen glaubhaft. Die Schlüsselloch-Maske hat »kriminalistische« Funktionen und charakterisiert obendrein den Voyeur. Herz-, Stern- und ähnliche Formen verstärken den Symbolgehalt einer Filmaufnahme; abweichende Aussparungen (Dreieck, Oval, diagonaler Streifen) ermöglichen die inhaltsgemäße Akzentuierung eines Motivs oder einer Situation, wobei man die schwarze Maske in Pop-Szenen

Mit der »Fernglas«-Vignette gibt die (subjektive) Kamera das Blickfeld einer Handlungsfigur wieder.

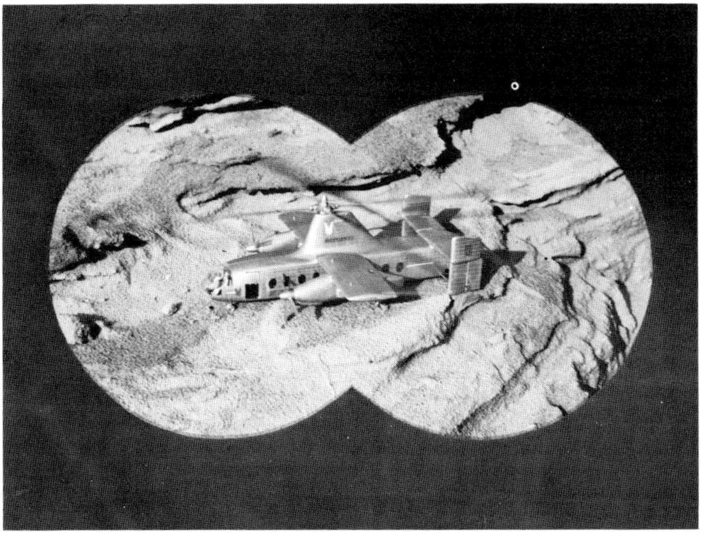

ausnahmsweise durch eine Vignette aus farbiger Transparentfolie ersetzen darf. Gelegentliches Zooming läßt eine gleichzeitige Veränderung von Bildausschnitt und Maskenbegrenzung zu. Bei übereinstimmender Schärfe von Motiv und Vorsatz kann das Bild sowohl durch umrahmenden Zierrat als auch durch künstliche Vordergrund-Silhouetten in Form von schwarzen, vielleicht sogar scherenschnittartig durchbrochenen Vignetten vervollständigt werden: Geäst und Blattwerk, Baum, Zaun, Pergola oder Kolonnade, antike Säule, Fensterkreuz, drapierter Vorhang, Gitter, Torbogen (Größenverhältnisse beachten und Realmotive ohne Vordergrund-Details bevorzugen). Die »maskierte« Bildpartie

In der Werkstatt des Trickmeisters entstanden: nahtlose Bildkombination aus drei Kompendium-Aufnahmen der gleichen Person vor unveränderter Kulisse.

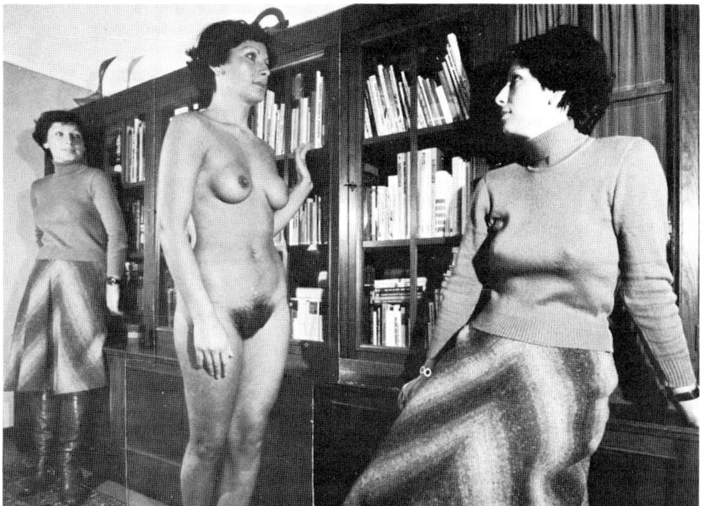

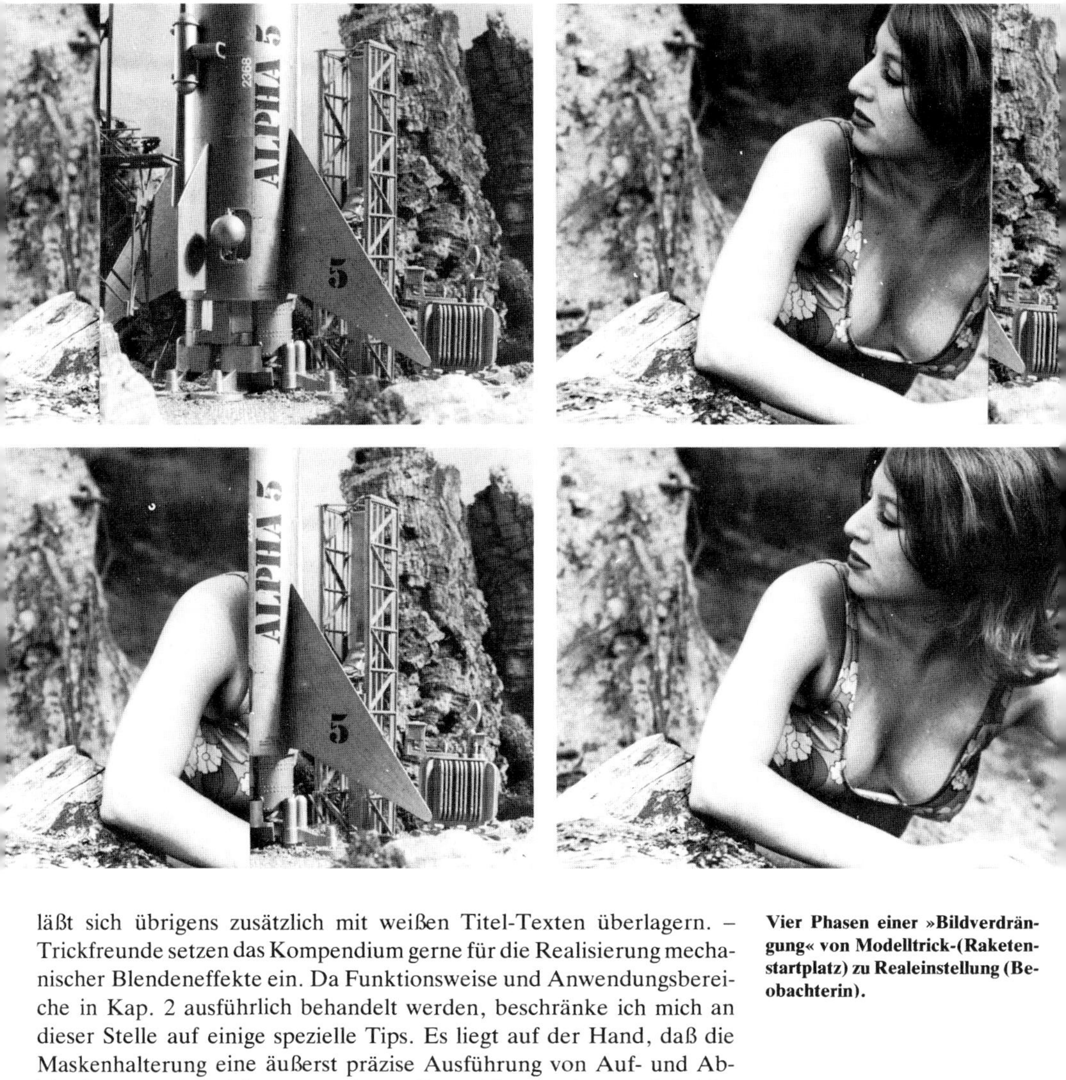

Vier Phasen einer »Bildverdrängung« von Modelltrick-(Raketenstartplatz) zu Realeinstellung (Beobachterin).

läßt sich übrigens zusätzlich mit weißen Titel-Texten überlagern. – Trickfreunde setzen das Kompendium gerne für die Realisierung mechanischer Blendeneffekte ein. Da Funktionsweise und Anwendungsbereiche in Kap. 2 ausführlich behandelt werden, beschränke ich mich an dieser Stelle auf einige spezielle Tips. Es liegt auf der Hand, daß die Maskenhalterung eine äußerst präzise Ausführung von Auf- und Abblendungen zuläßt. Man verwendet zu diesem Zweck schwarze Schablonen-Streifen, die genau zwischen die Führungsschienen passen, mindestens die doppelte Breite des Kompendiums aufweisen und an einer ihrer Schmalseiten mit senkrechter, schräger oder unregelmäßiger Begrenzung versehen sind. Die Schablone wird während der Aufnahme mit gleichmäßigem Tempo (2 bis 4 Sek. Dauer) in die Maskenführung eingeschoben oder herausgezogen. Dank der Präzisionshalterung lassen sich im Kompendium sogar die beliebten Doppelmasken mit einander ergänzenden Konturen verwenden, die man gleichzeitig von rechts und links in die Führungsschienen einschiebt oder unmittelbar hintereinander in gleicher Richtung durch die Halterung zieht (Begrenzung durch Diagonalen, geschwungene Linien, Zacken oder »Ochsenauge« = spiegelbildlich angeordnete Dreiecksausschnitte). – Die Kristallglasscheibe des Kompendiums ist nicht nur als Träger von Masken und Vignetten, sondern auch unmittelbar für bestimmte Aufnahmeeffekte verwendbar. Mit schwarzen oder farbig-transparenten Anreibebuchstaben beschriftet täuscht sie die Einblendung von Titel-Texten in Realmotive vor (statisch oder beweglich); übergangslos mit Vaseline bestrichen oder mit Farbe aus der Spritzpistole besprüht, dient die Scheibe als »Verlaufblende« (beweglich) oder erzeugt einen ähnlichen Effekt wie das »Soft-Spot«-Filter (Kap. 8).

Die wichtigste und interessanteste Aufgabe des Kompendiums besteht jedoch zweifellos darin, die Ausführung verblüffender Bildteilungstricks nach dem »Split-Sreen«-Prozeß zu ermöglichen. Hier werden zwei oder mehrere nacheinander aufgenommene Teilmotive auf raffinierte Weise in einem einzigen Filmbild kombiniert. Da solche optischen Arrangements nur bei mehrfacher Belichtung des gleichen Filmstreifens möglich sind, muß die Kamera über eine eingebaute Rückspulvorrichtung verfügen (vgl. Kap. 14). Der Super-8-»Backwinder« ist in diesem Bereich nur bedingt einsatzfähig, weil durch die unvermeidlichen Erschütterungen beim Kassettenwechsel der Masken-Vorsatz verrutschen und somit die Aufnahme unbrauchbar machen kann. Die Kombination unterschiedlicher Bildelemente erfordert den Einsatz zweier oder mehrerer Schablonen, deren Konturen exakt einander ergänzen (»Matte« und »Counter-Matte« oder »Cache« und »Contre-Cache«). Man schneidet deshalb Maske und Gegenmaske stets im selben Arbeitsgang aus einem einzigen Stück schwarzen Materials aus, heftet sie aber getrennt auf dünne Kristallglasscheiben (doppelseitig gummiertes Selbstklebeband empfohlen). Unregelmäßige Konturen werden unmittelbar am Drehort auf dünne Transparentfolie in der Maskenhalterung gezeichnet (Kontrolle im Reflexsucher) und anschließend mit weißem Kohlepapier auf Karton oder Kunststoff durchgepaust, den man entsprechend zurechtschneidet. Bei der Aufnahme muß die Maske unverrückbar am Rahmen befestigt sein. Man nimmt mit der »Matte« die Erstbelichtung vor (Motivpartie A), spult den Film zurück, schiebt die »Counter-Matte« in die Maskenführung des Kompendiums, filmt Motivpartie B usf. Als wichtigste Grundregel gilt, daß die Maske immer erst dann entfernt werden darf, wenn die Gegenmaske angepaßt und fixiert ist. Auf diese Weise vermeidet man von vornherein die Entstehung der gefürchteten »Plusses« oder »Minusses« (sichtbare Trennungslinien mit schwarzen oder doppelbelichteten Konturen). Die Bildteilung kann in geometrischer oder unregelmäßiger Form erfolgen, wobei die Trennlinie schmal, aber verwischt ausfallen sollte, damit sie in der fertigen Bildkombination unsichtbar bleibt.

Für die »Split-Screen«-Technik gibt es vier variable Gestaltungsbereiche. – 1. Gegenüberstellung von zwei, drei und mehr »lebenden« Motiven im gleichen Aufnahmebildfeld (Zusammenfassung aktueller Tages- oder Sportereignisse, Verdeutlichung einer Simultanhandlung, Aufwertung von Alltagsmotiven, Titel-Trick). Das Bild kann mit entsprechenden Masken und Gegenmasken beispielsweise aus zwei gleichwertigen Dreiecken (einfache diagonale Teilung) mit unterschiedlichen Inhalten, aus vier Rechtecken (horizontale plus vertikale Teilung) oder vier Dreiecken (doppelt diagonale Teilung) zusammengesetzt sein; man darf aber auch gelegentlich ein rundes, ovales, quadratisches, rauten- oder streifenförmiges Zweitmotiv in das realistische oder abstrakte Erstmotiv »einkopieren«. Der Kriminalfilm-Regisseur Brian DePalma benutzte diese Form der Bildteilung in dem Thriller »Sisters« um zwei Aspekte des gleichen Geschehens nebeneinander sichtbar zu machen. – 2. Verbindung zweier oder mehrerer separat aufgenommener, aber genau zueinander passender Motivpartien zu einer neuen gestalterischen Einheit, die dank ihrer naturalistischen Wirkung auch bei phantastischen Bildinhalten Wirklichkeit vorzutäuschen vermag. Diese wichtigste Form der Bildkombination wird praktisch in jedem »besseren« Abenteuer-, Spionage- oder Science-fiction-Film angewandt. Die Zweifach- oder Mehrfachbelichtung mit Matte und Counter-Matte läßt exotische Schauplätze entstehen, macht historische oder futuristische Geschehnisse in stilechter Umgebung sichtbar, verhilft zu scheinbar echten Balanceakten der Akteure auf den (nachgebauten) Simsen von »Wolkenkratzern«, vereint echte und simulierte Außenaufnahmen, stattet Erdlandschaften mit außerirdischen Himmelspartien aus (Farbfilterung oder Zeitraffung von Wolkenfeldern, Wasserfläche im Gegenlicht, schwarzes Mond-Firmament usw.). Sie ermöglicht das Zusammenspiel von Menschen und Trickfiguren (Sagengestalten, Extraterrestrier, Saurier und andere Geschöpfe aus vorgeschichtlicher Zeit) und verwandelt Personen oder Haustiere bei entsprechend angepaßten Szenerien in Riesen und Zwerge. Die kleine Auswahl möglicher Motive verrät bereits, daß man reale Motivpartien sowohl mit anderen Realmotiven als auch mit miniaturisierten Objekten oder Flachmodellen verbinden kann. Allerdings gelingen solche diffizilen Hypertricks nur unter gewissen Voraussetzungen. Die Bewegungsaktionen dürfen niemals mit den unsichtbaren Trennlinie kollidieren. Außerdem müssen bei sämtlichen Teilen der Bildkombination sowohl die Perspektiven und Proportionen des Motivs als auch Kamerablickrichtung und Ausleuchtung nahezu hundertprozentig übereinstimmen (besonders wichtig für zusammengesetzte Miniaturmodell- und Realmotive). Im übrigen empfiehlt es sich, die Maskenränder jeweils mit natürlichen Linien innerhalb des Motivs zur Deckung zu bringen: (Horizont, Baum, Mauerkrone, Türrahmen, Kante eines Schranks), um den Realitätseindruck zu vertiefen. Präzises Zusammenwirken von Aktionen und Reaktionen der beteiligten Personen in den unabhängig voneinander aufgenommenen Bildpartien ist nur dann gewährleistet, wenn alle Vorgänge mit Hilfe einer Stoppuhr im voraus festgelegt wurden und bei der Aufnahme genau nach dem schriftlich fixierten Zeitplan ablaufen. – 3. Die beiden letztgenannten Regeln gelten in verstärktem Maße für jene dritte Spielart der »Split Screen«-Methode, die als »Doppelgänger-Trick« bekannt ist. Im Gegensatz zu allen bisher beschriebenen Versionen dieses Spezialeffekts, bei denen stets unterschiedliche Motive kombiniert werden, filmt man nun mit gleichbleibender Kameraposition dieselbe Szenerie. Zwei oder mehrere Teile des scheinbar zusammenhängenden Motivs werden jedoch auf die bekannte Weise mit Maske und Gegenmaske nacheinander aufgenommen, so daß eine gerade oder unregelmäßige, aber nicht erkennbare Trennungslinie entsteht. Wenn man diese unsichtbare Begrenzung re-

Eine vorher entstandene Trick-Szene ergänzt durch Rückprojektion die Studio-Aufnahme der Person.
Foto: Constantin

spektiert und jede Überschneidung durch Gliedmaßen oder Schatten von Personen vermeidet, sind verblüffende Szenen mit »falschen« Doppelgängern, Zwillingen, Drillingen usw. realisierbar (Lustspiel, Psychokrimi, Spionagefilm). Man läßt den gleichen Akteur für die Erstbelichtung beispielsweise in der rechten und für die Zweitbelichtung in der linken Bildhälfte auftreten. Kompliziertere Teilung oder weiterführende Vervielfältigung ist erlaubt und ausdrücklich erwünscht. KinoKenner erinnern sich gewiß an das klassische Exempel »Adel verpflichtet« von Robert Hamer. In dieser »schwarzen« Kriminalkomödie verkörpert Alec Guinness acht (!) Rollen, in denen er dank des Matte-Tricks gleichzeitig auf der Leinwand zu sehen ist . . . Sobald das bewegliche Objekt nur in einer der Motivpartien auftaucht und die verborgene Trennungslinie absichtlich überschreitet, lassen sich noch geheimnisvollere Vorgänge darstellen (beste Wirkung durch Bewegungen quer zur Aufnahmerichtung). Bei horizontaler Bildteilung werden schwebende Körperhälften oder Gegenstände und aus dem Nichts auftauchende Fabelwesen sichtbar. Bei vertikaler Bildteilung durchdringen Menschen kompakte Mauern oder zwängen sich entgegen allen Naturgesetzen durch haarfeine Türspalten; Personen oder Fahrzeuge werden scheinbar von einem unsichtbar machenden »Energieschutzschirm« absorbiert oder verschwinden in einem angeblichen »Zeit-Strudel« à la »Bermuda-Dreieck« . . . Für die Visualisierung von Wahnvorstellungen oder Alpträumen einer Handlungsfigur kann man ein gleichbleibendes Motiv durch »Cache« und »Contra-Cache« in eine innere und eine äußere Partie aufspalten (z. B. rechteckiger Mittelteil), der sich während der Aufnahme auf unerklärliche Weise in Richtung der optischen Achse ausdehnt oder zusammenzieht (Zooming eines der Teilbilder nach dem berühmten Vorbild der Treppenhaus-Szene im Glockenturm aus Hitchcocks »Vertigo«). – 4. »Bildverdrängung (Wipe) in der Manier der beliebten professionellen Kopiertricks. Bei dieser reizvollsten Form des Szenenübergangs entsteht der Eindruck, als ob eins der »lebenden« Motive das andere in horizontaler Richtung aus dem Bildfeld drängen würde (Darstellung eines Ortswechsels, eines dramaturgischen Zeitsprungs oder parallel ablaufender Handlungslinien). Bei geschickter Handhabung eines rechtwinklig zurechtgeschnittenen schwarzen Masken-Streifens gelingt dieser interessante Trick mit jedem handelsüblichen Kompendium. Man schiebt die Matte während der Aufnahme gleichmäßig nach rechts oder links in die Führungsschienen und kontrolliert die Dauer des Vorgangs mit Stoppuhr oder Einzelbildzählwerk der Kamera. Nach der Rückspulung des belichteten Filmstreifens wird die Kamera auf das Zweitmotiv gerichtet; man legt die Maske ins Kompendium ein und zieht sie während des Filmens in derselben Richtung und mit dem vorher ermittelten Tempo aus der Halterung heraus.

Der projizierte Background

Unzählige Kinoproduktionen liefern Beweise dafür, daß die »Rückprojektion« (Rear Projection) im Berufsfilmstudio zu den alltäglichen Gestaltungsmitteln gehört. Allerdings wird diese Methode der Bildkombination nicht immer und nicht überall mit solcher Perfektion gehandhabt wie beispielsweise in den Filmen von Alfred Hitchcock («Der unsichtbare Dritte«, »Die Vögel« usw.) Seit Jahrzehnten bewährt, stellt die Rück-

projektion eine modernisierte und technisch vervollkommnete Weiterentwicklung des kuriosen »Cyclorama«-Verfahrens der Stummfilm-Ära dar (Wandelpanorama in Form einer bemalten und mittels Walzen beweglichen Leinwand-Kulisse). Sie ist auch heute noch vorwiegend in der gleichen Funktion wie damals gebräuchlich, wird also in erster Linie dort eingesetzt, wo man Personen im Atelier mit vorher entstandenen Außenaufnahmen kombinieren will. Indem man die realen Aufnahmeobjekte mit synthetischen Hintergründen ausstattet (exotische Landschaften, monumentale Interieurs, angreifende Monstren, Fahrszenen usw.), täuscht man auf eindringliche und rationelle Weise Wirklichkeit vor. Der besondere Vorteil des Rear-Projection-Verfahrens besteht darin, daß Archiv-Material oder eigens für diesen Zweck produzierte Bilder, Realaufnahmen oder trickgespickte »Process Shots« gleichermaßen als projizierte Kulissen verwendbar sind (beleuchtungstechnische, perspektivische und proportionale Übereinstimmung mit den realen Aufnahmeobjekten vorausgesetzt). Obwohl die Berufsfilm-Magier inzwischen wesentlich anspruchsvollere und technisch aufwendigere Sonderverfahren wie »Frontprojektion« und »Travelling Matte« entwickelt haben, wird die Rückprojektion nach wie vor gerne eingesetzt, denn der synthetische Hintergrund läßt sich nicht nur mit Menschen, sondern auch mit Kleintieren, Requisiten, Miniatur- oder Flachmodellen kombinieren.
Der professionelle Trickfachmann verfügt über eigens konstruierte Rückprojektionsanlagen, die sogar bei Hintergrundflächen von etlichen Quadratmetern Größe ausgezeichnete Ergebnisse liefern. Sie funktionieren durchweg mit horizontaler Anordnung von Projektionswand, Aufnahme- und Wiedergabegerät. Außerdem weisen größere Tricktisch-Modelle eingebaute Spiegelsysteme auf (Aerial Image Technique) mit denen die Projektionsbilder für Kombinationen von Real- und Animationsaufnahmen (z. B. Phasenfotos oder -zeichnungen) auf vertikal angeordneten Schirmen erzeugt werden. Im Hobbybereich begnügt man sich unter Berücksichtigung der hier gegebenen technischen Voraussetzungen und der oftmals begrenzten räumlichen Verhältnisse mit relativ kleinen Rückprojektionsschirmen. Sie bestehen aus Mattscheiben oder sogenanntem Transparentpapier (Zeichenpergament), das man straff und faltenfrei auf einen Holzrahmen oder zwischen zwei Türpfosten gespannt hat. Wesentlich bessere Ergebnisse sind natürlich bei Einsatz handelsüblicher »Rear Projection Screens« aus Kunststoff oder Glas zu erwarten, die über reflexfreie Oberflächen und hervorragende optische Eigenschaften (Fabrikate AVE, MW-Marata, Roscoscreen) verfügen. Das Kulissen-Motiv wird auf die Rückseite des halbtransparenten Schirms projiziert, wobei die optischen Achsen von Kamera und Vorführgerät möglichst genau übereinstimmen sollen, damit weder Bildverzerrungen noch »Hot Spots« oder ähnliche Lichtfehler auftreten. Um die Brillanz des rückprojizierten Bildes nicht durch die Beleuchtung der Vordergrundprojekte zu beeinträchtigen, versieht man die improvisierte Rückprojektionswand mit seitlich angebrachten Blenden aus schwarzem Karton und hält einen gewissen Abstand zwischen den beiden Motivebenen ein. Die Scheinwerfer müssen so installiert sein, daß auf dem Schirm weder Schatten noch Lichtreflexe entstehen; die Ausleuch-

In Traum- und Psycho-Sequenzen verhilft Rückprojektion zu eindrucksvollen Hintergrund-Abstraktionen.

tung der Vordergrundobjekte wird so genau wie möglich auf Helligkeit und Beleuchtungsrichtung des rückprojizierten Motivs abgestimmt (bei den Aufnahmevorbereitungen empfehle ich manuelle und getrennte Belichtungsmessung). Bei Einsatz eines zünftigen »Rear Projection Screen« erübrigen sich viele Vorsichtsmaßnahmen, weil solche Spezialschirme keine »Hot Spots« entstehen lassen und sogar direktes Vorderlicht nur minimal reflektieren. Wegen ihrer geringen Dimensionen ist die Schmalfilm-Version der Rückprojektionswand für optische Kombinationen mit kleineren Objekten und für Nah- oder Großaufnahmen von Personen geeignet. Dem Format des Schirms sind nämlich auch deshalb Grenzen gesetzt, weil die Intensität des Projektionslichtes bei Abmessungen von mehr als einem Meter Bildbreite vielfach kaum noch für die Aufnahme ausreicht (ausgenommen 16-mm-Vorführmaschinen für gewerbliche Zwecke). Ein gewisser Ausgleich läßt sich durch den Einsatz höchstempfindlichen Farbfilmmaterials und Super-8-Kassettenkameras mit XL-Vorrichtung (Kap. 9) schaffen. Im übrigen kann eine leichte Hintergrund-Unschärfe, bedingt durch die Verminderung der Schärfenzone bei großer Blendenöffnung, manchmal wesentlich zum Gelingen des Background-Täuschungsmanövers beitragen. Aufnahmen mit Rückprojektion sind nach zwei unterschiedlichen Methoden realisierbar. Die einfachste Methode besteht in der Verwendung von Diapositiven, die seitenverkehrt (!) in einen lichtstarken Stehbildprojektor eingelegt werden. Das ist natürlich nur dort sinnvoll, wo Bildinhalt oder Aufnahmesituation lediglich statische Hintergrund-Motive von sekundärer Bedeutung vorschreiben (es dürfen keine beweglichen Objekte in offensichtlicher Aktivität abgebildet sein). Stilechte Film-Rückprojektion (Laufbild) ist mit Hobby-Apparaturen insofern problematisch, als der Amateur im Gegensatz zum Professional keine direkte mechanische oder elektronische Synchronisation der Antriebsmechanismen von Kamera und Projektor vornehmen kann. Der Synchronlauf von Aufnahme- und Wiedergabegerät ist nämlich auch dann nicht unbedingt gewährleistet, wenn beide auf die gleiche Bildfrequenz (18 *oder* 24 B/Sek.) eingestellt sind. Selbst geringfügig divergierende Bildwechselgeschwindigkeiten können dazu führen, daß die Kamera nach einer gewissen Zeit nur noch die für das Auge unsichtbaren »Dunkelphasen« statt der Einzelbilder aufzeichnet oder zumindest ein starkes Flackern der rückprojizierten Motivpartie verursacht.

Nach meinen Erfahrungen gelingen solche reizvollen Trickaufnahmen jedoch auch mit nicht synchronisierten Geräten. Da der Synchronlauf aufgrund konstruktiver Gegebenheiten im Spiegelreflexsucher nicht zuverlässig überwacht werden kann (die Beobachtungsphasen entsprechen den Dunkelphasen des Bildwechsels, also nicht den Belichtungsphasen), sollte man allerdings Szenen mit Film-Rückprojektion stets zwei- oder dreimal wiederholen und die mißlungenen Versionen beim Schnitt aussortieren. Wer jedoch auf Anhieb perfekte Ergebnisse erzielen will, kann den Synchronlauf der beiden Geräte ohne konstruktive Eingriffe mit einem speziellen Blitzgenerator aus dem Programm der M. L.-Film herstellen. Das stroboskopartige Zubehör erweist sich überall dort als ideales Hilfsmittel, wo Bildkombinationen durch ergänzenden Filmprojektion zustande kommen sollen (Rückprojektion, Frontprojektion, Tricks mit Umkopiergeräten). Es kann für jede Kinokamera mit Blitzsynchronisation (X-Kontakt) und jeden Filmprojektor mit Asynchronmotor verwendet werden. Die – optische – Synchronisation von Aufnahme- und Wiedergabegerät erfolgt auf denkbar einfache Weise durch permanent flackerndes Blitzlicht (um 50 Blitze je Sekunde): Man schließt das Stroboskop an den Blitzkontakt der Kamera an und richtet den Reflektor auf ein beliebiges rotierendes Element des Projektors (z. B. Zahntrommel). Der Synchronlauf von Aufnahme- und Wiedergabeapparatur wird durch einen Regler hergestellt und ist so lange gewährleistet, wie der angeblitzte Teil des Projektors stillzustehen scheint. – Bei allen Filmformaten mit einfacher Seitenperforation (Super-8, Single-8, Regular-8, bestimmte 16-mm-Materialien) erscheinen die rückprojizierten Motive zwangsläufig spiegelbildlich auf dem Schirm. Wer die Hintergrund-Bilder nicht auf dem Umweg über einen Spiegel wiedergeben will, muß diesen Nachteil in Kauf nehmen, also von vornherein Motive auswählen, die keine verräterischen Details wie Aufschriften, Straßenverkehr oder auffällige Körpermerkmale enthalten. Doppelt perforierte Filmmaterialien (z. B. 16 oder 35 mm) können seitenverkehrt in den Projektor eingelegt werden, so daß Probleme dieser Art gar nicht erst entstehen. – Die Anwendungsmöglichkeiten der Laufbild-Rückprojektion beschränken sich keineswegs auf die Ergänzung von Personen-Aufnahmen durch realistische oder abstrakte Kulissen illustrativen Charakters. Zwischen rückprojiziertem Motiv und Vordergrundobjekt lassen sich weitaus intensivere Zusammenhänge herstellen (beleuchtungstechnische und perspektivische Übereinstimmung sämtlicher Bildpartien unerläßlich). Bei genau abgestimmten Größenverhältnissen kann man Aktion und Reaktion koordinieren oder Doppelgänger darstellen. Gezielt veränderte Größenverhältnisse verwandeln Vorder- oder Hintergrundobjekte in Zwerge, Riesen und gigantische Fabelwesen (Menschen, Kleintiere, Trickpuppen). Rückprojizierte Miniatur- oder Flach-

Die Kombination von Schiffsmodell und realer Brandung stellt für Anwender der Frontprojektion kein Problem dar!

modelle wachsen zu »natürlicher« Größe an; Vorsatzmodelle ergänzen oder modifizieren reale Hintergrund-Landschaften. Vor dem Schirm plazierte Personen, Miniaturmodelle oder »Mock-ups« (Realbauteile samt Insassen) täuschen in Verbindung mit rückprojizierten Fahr- und Flugaufnahmen Eigenbewegungen vor (Reiter, Akrobaten, Rennfahrer, Piloten, Supermänner und -frauen, Drachen, Flugsaurier, Autos, Eisenbahnwaggons, Flugzeuge, Marsraketen, Ozeandampfer). Preiswerte und obendrein überraschende Effekte erzielt man mit einer Variante des »Simplifilm«-Verfahrens (Kap. 4). Hier werden Ausschnitte bildfüllender, auf Karton aufgezogener Fotos durch Screen-Material oder Zeichenpergament zu Minirückprojektionsschirmen für ergänzende Laufbild-Motive umfunktioniert (Fenster, Bullauge, Türöffnung, Burgtor, TV-Bildschirm). Auf diese Weise lassen sich sogar dreidimensionale Miniaturmodelle (bizarres Gebäude, Luftschiff-Gondel, Raumfahrzeug, Tauchboot) oder Props (Attrappe eines Fernsehtelefons, Behälter für den Flaschengeist, Rückwand eines Aquariums) für unkonventionelle Rückprojektionseffekte herrichten.
Wiedergabegeräte, die für Stillstandsprojektion und manuellen Transport der Einzelbildchen eingerichtet sind, erschließen dem Trickexperten zusätzliche gestalterische Dimensionen. Einzelbild-Aufzeichnung ermöglicht nämlich in Verbindung mit Einzelbildwiedergabe auf dem Schirm ein äußerst präzises Zusammenspiel rückprojizierter Aufnahmen von Personen, Fahrzeugen, fließendem Wasser und ähnlichen Realobjekten mit Puppen oder Miniaturmodellen, die durch Animation belebt werden (Kap. 12). Dieses Verfahren wurde übrigens schon 1933 von Willis O'Brien mit großem Erfolg für die Realisierung zahlreicher Szenen der ersten Fassung des Welterfolgsfilms »King Kong« benutzt. Sobald Kombinationen rückprojizierter Realaufnahmen mit Flachmodellen oder Phasenzeichnungen vorgesehen sind, gelangt das projizierte Bild über einen schräg stehenden Spiegel (Neigung 45^0) auf den »Rear Projection Screen«, der im Winkel von 90^0 zum Projektor auf einem improvisierten Tricktisch befestigt ist (Aerial-Image-Prinzip). Einfache Einzelbild-Reproduktion der Schirmbilder ermöglicht sogar nachträgliche Zeitraffung (nur jedes zweite oder dritte Einzelbildchen reproduzieren) und Zeitdehnung (jedes Einzelbild zwei- oder dreimal kopieren) sowie die Darstellung rückwärts ablaufender oder sich wiederholender Bewegungsvorgänge. Die fehlende Synchronisation von Aufnahme- und Wiedergabegerät hat für die Einzelbild-Rückprojektion keinerlei Bedeutung. – Zum Abschluß weise ich noch einmal auf jene praktischen Umkopiergeräte vom Typ »Cinegraphica« oder »Lexibeam« hin, deren Wirkungsweise in Kap. 2 ausführlich beschrieben ist. Diese vielseitigen Zubehör-Apparaturen stellen nichts anderes als miniaturisierte Rückprojektionsanlagen dar, die man in ein kompaktes Gehäuse eingeschlossen hat. (Koppelung mit beliebigen Kameras und Projektoren gleicher oder verschiedener Formate möglich). Umkopiergeräte lassen zwar keine »großen« Rückprojektionen zu, gestatten aber die Ausführung zusätzlicher Tricks, die mit dem einfachen »Rear Projection Screen« nicht realisierbar sind (z. B. nachträgliche Herstellung von Doppelbelichtungen, Überblendungen und »Split Screen«-Effekten; Anfertigung von »Blow-up«- und Reduktionskopien).

Passionierte Kinobesucher unter den aktiven Freizeitfilmern erinnern sich gewiß an aufwendige Lichtspiele wie »Barbarella« von Roger Vadim, »007: Im Geheimdienst ihrer Majestät« von Peter Hunt, »Unheimliche Begegnung der dritten Art« von Steven Spielberg, »Krieg der Sterne« von George Lucas, an »Superman« von Richard Donner oder an die bereits mehrfach zitierte Kubrick-Produktion »2001: Odyssee im Weltraum«. Zum Erfolg dieser und anderer berühmter Filme trug eine neuartige Tricktechnik bei, die hier erstmals in größerem Umfang und zugleich mit souveräner Meisterschaft angewandt wurde. Es handelt sich um die vieldiskutierte und in mehreren Spielarten patentierte »Front Axial Projection«, kurz Frontprojektion genannt. Die Trick-Szenen der oben erwähnten Filme verblüffen sogar den Experten, denn sie sind auf den ersten Blick gar nicht als Bildkombinationen aus nachträglich zusammengesetzten Motivpartien erkennbar (im Gegensatz zur Rückprojektion, die der Fachmann jederzeit als solche identifizieren kann). Der überaus eindrucksvolle Aufnahmeprozeß wurde in den fünfziger Jahren ausgetüftelt, aber erst ein volles Jahrzehnt später praktisch erprobt und sogleich mit dem »Oscar«, Hollywoods begehrten Akademiepreis, ausgezeichnet. Er kehrt sozusagen den Vorgang der Rückprojektion um, wobei unleugbar ein gewisses Verwandtschaftsverhältnis zum altehrwürdigen »Schüfftan-Trick« (Kap. 4) besteht. Jedenfalls repräsentiert die Frontprojektion eins der fortschrittlichsten filmtechnischen Kombinationsverfahren unserer Zeit, denn es vereint viele Vorzüge von »Split Screen«, Rückprojektion oder »Travelling Matte« und eliminiert gleich-

Aktuelle Frontprojektion

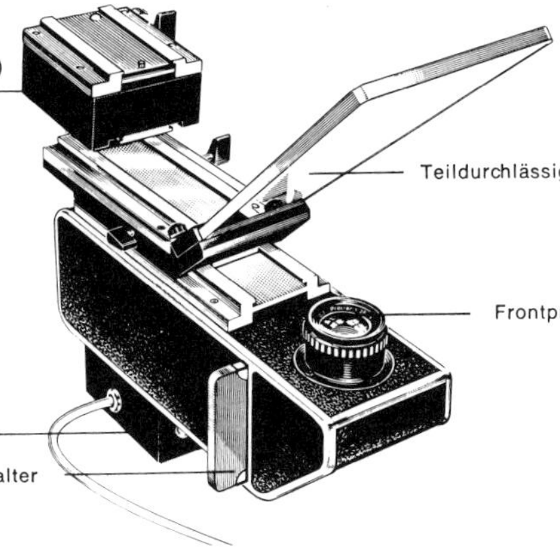

Serienmäßig hergestellte kompakte Frontprojektionsanlage, die nach dem beschriebenen Prinzip funktioniert, in dieser Form aber speziell für den Dia-Einsatz im Foto-Studio entwickelt wurde. Zeichnung: Nordic

zeitig die meisten Nachteile der »konkurrierenden« Techniken. Die erforderliche Anlage kann aus Aufnahme- und Wiedergabegeräten beliebigen Typs zusammengesetzt sein (wahlweise Dia- oder Filmprojektor) und läßt sich raumsparend installieren. Der Trick ist ohne Filmrückspulung mit Laufbild- oder Einzelbild-Aufzeichnung realisierbar (Schwierigkeiten treten allenfalls durch die fehlende Synchronisation von Kamera und Filmprojektor auf, die man aber mit dem bereits erwähnten Blitzgenerator beseitigen kann). Die Reflexionsfläche ist weitgehend unempfindlich gegen Streulicht infolge der Ausleuchtung

»Front Axial Projection« mit dem »Beam Splitter« gilt gegenwärtig als das raffinierteste Kombinationsverfahren. Zeichnung: Edmund Scientific Co.

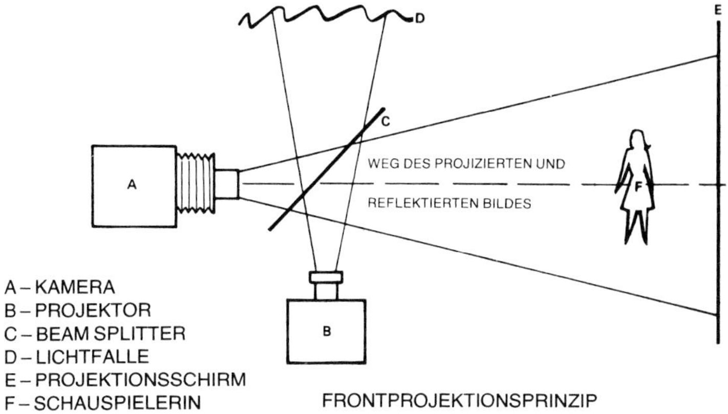

von Vordergrundobjekten und gewährt den Akteuren einen großen Bewegungsspielraum in beliebigen Richtungen. Hundertprozentige Harmonie wird natürlich nur dann erreicht, wenn reale und projizierte Bildpartien hinsichtlich ihrer Perspektiven, Proportionen und Beleuchtungsverhältnisse übereinstimmen! Themenkreise, Motivgruppen und Kombinationsmöglichkeiten sind bei der Frontprojektion mindestens ebenso mannigfaltig wie bei den vergleichbaren Verfahren »Split Screen« und »Rear Projection«.

Für die fachgerechte Ausführung einer Frontprojektion werden Kamera und Projektor auf gleicher Ebene, in kurzer Distanz und genau rechtwinklig zueinander angeordnet (Befestigung durch Stativschrauben auf einer gemeinsamen Basisplatte aus Holz, Kunststoff oder Metall). Das Bild gelangt vom Vorführgerät zu einem teildurchlässigen Spezialspiegel («Beam Splitter«), der im Winkel von 45^0 zwischen den beiden Geräten aufgestellt wurde. Dieser Spiegel reflektiert das projizierte Motiv seitenverkehrt (!) auf eine Spezialwand variabler Größe (Format-Limit ergibt sich aus der Lichtintensität des Projektors), die auf der optischen Achse der Kamera (0°), also im Winkel von 90° zur Strahlrichtung des Projektors angebracht ist. Die Aufnahme erfolgt *durch* den gleichen »Beam Splitter«, der das Projektionsbild reflektiert. Gegenüber dem Projektor fungiert ein Stück schwarzer Samt als sogenannte Lichtfalle, damit das »rückreflektierte« Licht des Spiegels nicht unmittelbar ins Kameraobjektiv gelangt und dort das Bild unbrauchbar macht. Es kommt jedoch entscheidend darauf an, daß einerseits die optischen Achsen von Kamera und Projektor millimetergenau übereinstimmen, sich also exakt in gleicher Höhe befinden (deshalb die Bezeichnung »Front *Axial* Projection), und daß andererseits sämtliche Bestandteile des technischen Arrangements in den vorgeschriebenen Winkeln ausgerichtet sind (Abweichungen um ½° machen den Effekt bereits zunichte). Wenn alle diese Bedingungen erfüllt werden, verbindet sich das zweidimensionale Projektionsbild mit dem dreidimensionalen Realobjekt auf verblüffende Weise zu einer homogenen Einheit. Das Geheimnis der »Front Axial Projection« besteht einfach darin, daß infolge der übereinstimmenden optischen Achsen von Kamera und Projektor keinerlei Hintergrund-schatten der Vordergrundobjekte auf dem Reflexschirm sichtbar werden. Umrisse und Schatten von Menschen oder Trickfiguren, die vor der Projektionswand agieren, bleiben also stets deckungsgleich! Reste des projizierten Motivs auf Akteuren oder Requisiten verschwinden vollständig, weil sie unscharf und unvergleichlich dunkler als das Schirmbild ausfallen, obendrein aber auch durch die ergänzende Vordergrund-Ausleuchtung gelöscht werden. Wegen der außergewöhnlichen Beleuchtungsbedingungen und der notwendigen Anpassung des Reallichts an die Helligkeit des Projektionsbildes empfehlen sich externe Belichtungsmessung (vor der Reflexwand nahe der Projektionsachse) und manuelle Blendenregelung.

Die Flugkünste des Mr. »Superman«, demonstriert vor (oben) und nach der Addition einer ergänzenden Frontpro-Kulisse (unten).
Fotos: Warner Bros./DC

Hier wird durch Rückprojektion sowohl Schauspieler-Akrobatik als auch reale Umgebung vorgetäuscht.
Foto: CIC

Das Gelingen einer Frontprojektion hängt vor allem vom Einsatz geeigneten Zubehörs aus zweckentsprechenden Materialien ab. Einer der wichtigsten Bestandteile des Systems ist ein lichtdurchlässiger Spiegel aus farbneutralem Spezialglas, der als »Beam Splitter« fungiert. Die Edmund Scientific Co. offeriert eine serienmäßig hergestellte Ausführung in den Maßen 178 × 127 × 3 mm. Das Material weist eine Oberflächen-Vergütung aus Titandioxyd (TiO_2) auf; es ist zu 70% durchlässig, reflektiert also 30% des auftreffenden Lichtes (diese und andere Versionen werden in Europa von der Balzers AG hergestellt). »Two-way Mirrors« haben ein unvergleichlich höheres Reflexionsvermögen als normale Kristallglasscheiben und sind infolgedessen nicht durch andere Materialien ersetzbar. Natürlich eignet sich der hochwertige »Beam Splitter« auch für »einfache« Spiegeltricks aller Art (Kap. 4). – Eine perfekte »Front Axial Projection« setzt aber auch die Verwendung einer speziellen Reflexionsfläche als Hintergrund für die realen Akteure voraus. In zahlreichen Experimenten hat man herausgefunden, daß die besten Resultate mit der »Scotchlite High Gain«-Folie (Nr. RP 7610) von 3M zustande kommen. Dieses farbneutrale, im Tageslicht grau erscheinende Material hat auf der optischen Achse jeder gerichteten Lichtquelle ein tausendfach (!) stärkeres Reflexionsvermögen als weiße

Farbe. Sein enger Reflexionswinkel ist auf die spezielle Oberflächen-Beschichtung aus Millionen mikroskopisch kleiner, teilweise verspiegelter Prismen zurückzuführen, die jeden auftreffenden Lichtstrahl in gerader Linie reflektieren. Die Kunststoff-Folie kann im Format 4,57 × 0,61 m (auf Rolle) bezogen werden; ihre selbstklebende Rückseite ermöglicht die Befestigung auf einer Holz- oder Preßspanplatte. Bei geringen Distanzen zwischen den Motivebenen darf man gelegentlich ausgeschnittene Stücke des »Reflex Screen«-Materials *vor* den Realobjekten anbringen, um zusätzliche Effekte zu erzielen (z. B. scheinbar im projizierten Meer schwimmendes Schiffsmodell oder teilweise unsichtbar machender Schutzschild eines Superhelden). Um das Maß voll zu machen, kann das reale Vordergrundobjekt aus Gründen märchenhafter oder futuristischer Verfremdung vollständig in farbiges Licht getaucht werden, ohne daß auf dem naturalistischen Hintergrundmotiv auch nur eine Spur des »geheimnisvollen« Farbschimmers sichtbar ist.

Scotchlite-Kniffe

Das »Lichtsäbel«-Duell gehört zu den spektakulärsten Szenen im Sensationsfilm »Krieg der Sterne«. Die Darstellung dieser Laser-Schwerter beruht auf einem relativ einfachen Verfahren, das man einerseits für die Vortäuschung von »Sternen« auf mattschwarzen Nachthimmel- oder Weltraum-Kulissen im Studio, andererseits für die Simulation von »Düsentriebwerken« oder illuminierten Miniaturmodellen ausnutzen kann. Die Zauberformel heißt auch hier: »Scotchlite High Gain«-Reflexfolie, weil dieses Material bei entsprechender Anordnung der Geräte nach dem »Frontpro«-Schema stets wesentlich heller erscheint als seine Umgebung. Die Laser-Schwerter im »Krieg der Sterne« bestanden aus rotierenden Aluminiumstäben, die in Reflexfolie eingehüllt und mit beweglichen »Verfolger«-Scheinwerfern beleuchtet wurden. Eigens für den Hobbybereich habe ich eine Spielart dieses Verfahrens entwickelt, die keinen großen Aufwand erfordert. Sie dient in erster Linie der Intensivierung des Realitätseindrucks von Miniaturmodellen, bei denen aus bestimmten Gründen (z. B. geringe Größe, sichtbare Zuleitung) keine Innenbeleuchtung und keine pyrotechnischen Vorrichtungen installiert werden können. Im übrigen erzeugt Reflexmaterial unvergleichlich hellere Lichteffekte als jede Miniglühbirne! Die Scotchlite-Folie kann entweder mit der Schere zurechtgeschnitten oder mit dem Bürolocher ausgestanzt werden.

Wenn man einwandfreie Resultate erzielen will, müssen Anordnung und Aufnahme der Miniaturmodelle nach den strengen Regeln des Frontprojektionsverfahrens erfolgen. Das reflektierende Motivdetail wird mit dem gebündelten Lichtstrahl eines Spotlight oder Diaprojektors beleuchtet. Dabei ist es außerordentlich wichtig, daß man die optischen Achsen von Kamera und Lichtspender so weit wie möglich einander annähert, und zwar sowohl in horizontaler als auch in vertikaler Richtung. Um eine maximale Reflexion der ein- oder aufgeklebten Folienfragmente zu garantieren, sind die Modelle hinter einem teildurchlässigen Spiegel (Beam Splitter) plaziert, der im Winkel von 45° zwischen Kamera und Projektor angebracht ist, wobei die Geräte einen Winkel von 90° bilden. Auf diese Weise läßt sich der Effekt zwischen »sanftem

Glühen« (geringfügig abweichende Achsen) und »gleißendem Strahlen« (übereinstimmende Achsen) variieren. Der Unterschied solcher Scotchlite-Tricks zur Frontprojektion besteht also lediglich darin, daß jetzt statt des Bildmotivs ein Lichtstrahl projiziert wird und der Effekt unmittelbar am Aufnahmeobjekt zur Geltung kommt. Wegen des extrem engen Reflexionswinkels bleibt der gewählte Reflexionsgrad natürlich nur dann voll erhalten, wenn a) Modellbewegungen auf der optischen Achse erfolgen und b) fehlende Eigenbewegungen statischer Miniaturen durch achsenparallele optische (Zooming) oder mechanische Bewegung (Rotation) kompensiert werden. Zusätzliche Bewegungsillusionen entstehen durch an- und abschwellende Lichtintensität (Dimmer) oder durch Flackereffekte (Einzelbildtrick).

Der »Scotchlite-Trick« simuliert mit Reflexfolie und Strahlenteiler auf verblüffende Weise Raketentriebwerke oder beleuchtete Bullaugen.

16 Die Make-up-Hexenküche

Aufmerksame Kinobesucher haben längst erkannt, daß man nicht nur bei der Verfilmung phantastischer Themen, sondern auch bei der Visualisierung von Kriminal-Stories, Lustspielen, Persiflagen und Satiren auf die »Retusche« von Schauspieler-Gesichtern durch eine Maskenbildnerin oder einen Visagisten angewiesen ist. Sobald sich Exoten, Märchenfiguren, Horror-Gestalten, Extraterrestrier und andere Ausgeburten der Phantasie auf der Leinwand tummeln sollen, bedarf es sogar des Könnens und der Erfahrung versierter Make-up-Experten. Gewiß gehört die »Kunst der Maske« zu den Grenzbereichen filmischer Gestaltung, ist jedoch derart eng mit Requisitentricks und anderen Spezialeffekten verbunden, daß ich sie in einem Extrakapitel würdigen möchte. Allerdings unterscheidet sich diese Sparte der Kino-Magie von allen bisher beschriebenen, denn die kosmetische Intensivbehandlung der Akteure hat ihren Ursprung beim Theater. Sie wurde aber erst in den Filmateliers mediengerecht variiert und schließlich bis zur Perfektion verfeinert, so daß die meisten professionellen Lichtspiele heute gar nicht mehr ohne ergänzende Make-up-Kunststücke denkbar wären. Die konsequente Anwendung kosmetischer und anderer Mittel führt auch im anspruchsvollen Hobbyfilm zu einer beträchtlichen Erweiterung der Ausdrucksmöglichkeiten und erschließt neue thematische Dimensionen, weil man die Physiognomien wandlungsfähiger Stars und Starlets entsprechend ihren Rollen betonen, verjüngen, altern lassen, entstellen, verwandeln oder völlig unkenntlich machen kann. Folgende Tricks, Tips und Kniffe bereichern die »Fantasy Factory« des Filmers und garantieren vollendetes Freizeit-Vergnügen durch einen gänzlich neuen gestalterischen Aspekt.

Maskenbildner tragen seit vielen Jahrzehnten zum Gelingen von Kino- und TV-Spielfilmen bei. Ihr Können und ihr Ideenreichtum werden jedoch vielfach erst dort offenbar, wo man mit fremdartigen Handlungsfiguren, skurrilen »Typen« und Fabelwesen zwerchfellerschütternde Gags oder erschreckende Schocks erzeugt. Natürlich gibt es auch auf diesem Sachgebiet immer wieder hervorragende Meister ihrer Zunft, die mit außerordentlichen Leistungen Filmgeschichte machen. Von Kennern der Materie wird der legendäre Lon Chaney sen. (1883–1930), Schauspieler und genialer Maskenbildner in einer Person, noch heute als ungekrönter König des bizarren Make-up verehrt. Dieser berühmteste aller Erfinder und Träger außergewöhnlicher Masken, dessen Gesicht, Gestalt und Stimme geradezu unglaublich wandlungsfähig waren, setzte mit Filmen wie »The Hunchback of Notre Dame«, »The Phantom of the Opera«, »London After Midnight« oder »The Unholy Three« Maßstäbe für sämtliche nachfolgenden Maskenkünstler der Kino-Branche. Seine Schöpfungen beeinflußten die Arbeit der erfolgreichsten Make-up-Experten (z. B. Roy Ashton, Gordon Bau, Stuart Freeborn, Ben Nye, Jack Pierce, Don Post, William Tuttler Westmore-»Clan«) ebenso wie die

Rollenauffassung der Fantasy-Filmstars (Boris Karloff, Bela Lugosi, Christopher Lee, Vincent Price, Paul Naschy u. a.). Im Jahre 1957 ehrte man den Menschen und Künstler Lon Chaney sogar mit der Verfilmung seiner Lebensgeschichte, in der James Cagney den »Mann mit den 1000 Gesichtern« verkörperte (Masken: Bud Westmore). Aus der Gilde zeitgenössischer Make-up-Magier sind vor allem zwei Spitzenkräfte erwähnenswert, die zum Welterfolg zahlreicher spektakulärer Kino- und TV-Produktionen beigetragen haben. John Chambers entwickelte die täuschend echten Lifelike-Masken zur Filmserie um den »Planet der Affen« (mit dem »Oscar« ausgezeichnet) und zum Kinospektakel »Die Insel des Dr. Moreau«. Außerdem war er für die Aufmachung der meisten fremdartigen Geschöpfe in den TV-Serien »The Outer Limits« und »Dark Shadows« verantwortlich. Dick Smith entwarf das Make-up für die Akteure der Filme »Der Pate«, »Der Exorzist« oder »Teufelskreis Alpha«; er betreute viele TV-Produktionen (darunter Roald Dahl's Show) und erfand obendrein die neuartige Gesichtsmodelliermasse »Flex Flesh«. Ähnlich wie Chambers und Smith sind die meisten prominenten Maskenbildner aus den Hexenküchen Hollywoods hervorgegangen. Nicht selten betätigen sie sich nebenbei als Prop-Maker für Sonderaufgaben (Roboter-Kostüme, Dummies, plastische Trickpuppen) und als Lieferanten diverser Wachsmuseen (z. B. »Universal City« oder »Movieland Wax Museum«). Die Kunst der Kino-Visagisten beschränkt sich übrigens durchaus nicht auf die Gestaltung von Fantasy- und Schock-Make-up. Ich erinnere in diesem Zusammenhang an beispielhafte kosmetische Alterungsprozesse bei Sophia Loren in »Lady L.«, Orson Welles in »Citizen Kane«, Cicely Tyson in »Die Geschichte der Jane Pittman« und Dustin Hoffman in »Little Big Man« oder an die aufsehenerregenden Doppelrollen von Marlene Dietrich in »Zeugin der Anklage«, Kim Novak in »Vertigo«, Michael Caine in »Mord mit kleinen Fehlern« und Jean Marais in der »Fantomas«-Trilogie.

Bedingt durch die Eigenarten des Aufnahmematerials und der besonderen Kunstlichtquellen, muß man für jeden Auftritt vor der TV- oder Berufsfilmkamera eine maskenbildnerische Behandlung über sich ergehen lassen. Bildträger und Scheinwerfer für den Hobbybedarf hingegen sind derart auf die andersartigen Voraussetzungen im Freizeitbereich abgestimmt, daß auch ungeschminkte Gesichter naturgetreu wiedergegeben werden. Make-up ist hier also keineswegs grundsätzlich, sondern nur in ganz bestimmten Aufnahmesituationen erforderlich. Eine glaubwürdige Betonung oder Umgestaltung von Schauspieler-Gesichtern setzt allerdings in jedem Falle Sorgfalt, Fingerspitzengefühl und weise Zurückhaltung voraus. Auf der Kino-Leinwand wirken Antlitze mit zentimeterdicker Schminke im »Pancake«-Stil der »Mad Movies« ebenso lächerlich wie das auf »Fernwirkung« ausgerichtete und folglich übertriebene Make-up der Bühnen-Akteure. Beide Spielarten eignen sich allenfalls für Slapstick-Parodien. Da gegenwärtig fast ausschließlich Color-Schmalfilme belichtet werden, kommt es bei der Auswahl von Make-up-Farbtönen mitunter auf winzige Nuancen an, die der Zuschauer im Schwarzweißfilm gar nicht wahrnimmt. Darüber hinaus registriert das unbestechliche Auge der Kamera, vor allem in Großaufnahmen, jedes Haar und jede Falte, so daß auch kleine Maskenfehler und geringfügige Disharmonien unbarmherzig entlarvt werden. Auf eine Unterscheidung zwischen Tages- und Kunstlicht-Make-up, wie sie vielfach bei professionellen Dreharbeiten üblich ist, kann der Amateur jedoch verzichten. Obwohl kosmetische Kenntnisse in den meisten filmischen Themenbereichen ausgewertet werden können, gilt das phantastische Lichtspiel als schönstes und vielseitigstes Betätigungsfeld für ehrgeizige Make-up-Artisten beiderlei Geschlechts. Mit maskenbildnerischen Kunstgriffen lassen sich sowohl heitere oder satirisch-makabre Verwechslungskomödien als auch haarsträubende Kriminalfilm-Effekte inszenieren: Detektiv als Verwandlungskünstler; Spaßvogel als Gauner in einer Verwirrung stiftenden Doppelrolle; abwechselnd als weibliche oder männliche Handlungsfigur auftretendes Ensemble-Mitglied usw. Die Visualisierung von Horror- und Science-fiction-Stories fordert den Maskenbildner permanent zu Spitzenleistungen heraus. Er kreiert menschen- und tierähnliche Weltraumgeschöpfe, Werwölfe und Frankenstein-Typen, Gorillas und zweibeinige Reptilien, Vampire im Gefolge des Grafen Dracula, Hexen, Nachtmahre, Gespenster, Faune, Feen, Homunkuli, Mutanten, Fabelwesen und gespaltene Persönlichkeiten à la Jekyll und Hyde. Übrigens läßt sich eine ungeheure Spannungssteigerung erzielen, wenn man Gesichter von Gruselgestalten zunächst unter breitrandigen Hüten, Kapuzen, Schleiern oder Astronauten-Helmen verbirgt und erst im dramaturgisch günstigsten Moment enthüllt. Darüber hinaus ermöglicht dieser Regie-Kniff durch »eingespartes« Make-up die Aufnahme sämtlicher Szenen mit »sichtbarer« Maske während eines einziges Drehtages. Und noch ein Tip für maskenbildnerische Verschleierungstaktik im Kriminalfilm: Praxis-Tests beweisen, daß sich fast jedes Originalgesicht mit einer geschminkten . . . Clown-Maske völlig unkenntlich machen läßt.

Besuch im Beauty-Shop

Beim Rendezvous mit der Maskenbildnerin müssen die Stars buchstäblich »ihre Haut zu Markte tragen«. Wer allergisch auf gewisse Bestandteile kosmetischer Präparate reagiert, sollte sich deshalb von einem Hautarzt oder einer ausgebildeten Kosmetikerin beraten lassen. Versierte Visagisten bevorzugen ohnehin Qualitätserzeugnisse spezialisierter Theater- und Film-Ausstatter (z. B. Max Factor, Kryolan-Brändel, Leichner oder Christel Brandt). Preiswerte Versandhaus-Artikel halten nämlich nur selten den Anforderungen stand, die an Kino-Make-up gestellt werden. Die künstlichen »Zweitgesichter« dürfen ja auch bei sommerlichem Sonnenschein, Nieselregen und Scheinwerfer-Hitze nicht in ihre Bestandteile zerfallen!

Die Grundausrüstung des Maskenkünstlers wird in einem Schminkkoffer untergebracht, der außer den wichtigsten Make-up-Utensilien einen Planspiegel, einen Rasierspiegel (Konvex- und Konkavschliff), Kämme und Scheren unterschiedlicher Größe enthält. Das Handwerkszeug setzt sich im wesentlichen aus folgenden Gegenständen zusammen: Schwämmchen und Watte für die Behandlung mit flüssiger oder cremeförmiger Teint-Grundierung, Puderquaste und -pinsel für die Verarbeitung von Teint-Puder sowie eine Puderbürste zum Entfernen überschüssigen Schminkpuders. Steife Gaze und Fischhaut als Trägermaterialien,

Utopische Kino-Spektakel beziehen einen Teil ihrer Wirkung aus »Extraterrestriern« in Gestalt maskierter Akteure: »Kampfstern Galactica« (oben), »Krieg der Sterne« (unten).
Fotos: Universal/Centfox

Spezialkleber (Spirit Gum/Mastix) und Synthetik-Haar für die Herstellung von Bärten, Augenbrauen, Fell oder Toupets ergänzen die Grundausstattung. Um die verschiedenartigen Applikationen nach der Aufnahme von den Darsteller-Gesichtern entfernen zu können, benötigt man Abschminke (Spezialvaseline), Abschminkpapier oder Kleenex-Tücher, kosmetische Reinigungsmilch und Mastix-Entferner (Spirit Gum Remover). Ein Kittel schützt das Kostüm der Make-up-Opfer vor unerwünschten Schmierflecken. Stangenschminken beliebiger Tönung sind für die Teint-Grundierung vorgesehen, sollten aber möglichst durch die moderneren und leichter zu verarbeitenden fettfreien Naßschminken (Wet Make-up) in flüssiger oder Creme-Form ersetzt werden. Bei traditionellen Schmink-Methoden verwendet man Teint-Puder entsprechender Tönung für die »Zweitbeschichtung« der Darsteller-Gesichter. Trockenpuder verhindert unnatürlichen Glanz; Deckcreme beseitigt störende Unregelmäßigkeiten der Haut; fluoreszierende Schminken ermöglichen außergewöhnliche Farbeffekte; Make-up mit Gold-, Silber oder Kupfer-Effekt (frei von schädlichen Metall-Bronzen) verwandelt harmlose Ensemble-Mitglieder in antike Göttinnen oder Sagengestalten. »Eyebrow Pencils« oder »Dermatographen« in Bleistiftform sind unentbehrlich für das Auftragen von Make-up-Konturen, für die Intensivierung von Augenbrauen und für die Gestaltung nachempfundener Falten. Haarpuder und flüssiges »Color Spray« dienen der vorübergehenden Färbung von natürlichem Haar und Perücken. Flüssiger Zahnlack ermöglicht die optische Umgestaltung von Gebissen. Selbstverständlich liefert der Fachhandel auch alle jene Hilfsmittel, die von kosmetikbewußten Damen ohnehin verwendet werden: kußechte Lippenstifte, Rouge, Lidschatten, Nagellack, Wimperntusche und Wimpern-Surrogate. Wer größere Korrekturen der Gesichtsform vornehmen oder Phantasie-Physiognomien entwerfen will, benutzt eine selbsthaftende, formbare Modelliermasse, die in unterschiedlichen Ausführungen offeriert wird. Kollodium (Klebäther) läßt naturalistische Narben und ähnliche Hautreliefs entstehen. Solche chemischen Wunderpräparate sind vor allem für die Schöpfer effektvoller Supermasken unentbehrlich. Über ähnliche Spezialitäten informiert die Tabelle im letzten Abschnitt dieses Kapitels.

Tips für Kino-Kosmetiker

Die Beachtung gewisser Grundregeln ist auch für jene Filmemacher(innen) wichtig, die nur gelegentlich zum Schminkkoffer greifen, also nicht sogleich als Eleven oder Elevinnen in die Zunft der Maskenbildner eintreten wollen. – Im allgemeinen werden nur die typischen Merkmale des Gesichts durch unaufdringliches Make-up hervorgehoben. Der unbarmherzige Realismus der filmischen Abbildung zwingt den Maskenbildner zu sparsamem Gebrauch und vorsichtiger Handhabung kosmetischer Mittel. Sofern weder eine Typ-Umwandlung noch andere tiefgreifende Veränderungen beabsichtigt sind, benutzen schauspielernde Damen ihr gewohntes Make-up, das allenfalls rollengerecht zu vervollständigen ist. Zumeist soll ja der natürliche Ausdruck eines Gesichts erhalten bleiben und lediglich eine Betonung der Persönlichkeit erreicht werden! Bei akzentuierendem Make-up muß vor der Kamera die natürliche Hautstruktur (Poren, Fältchen) noch erkennbar sein. Sowohl im Normalfall als auch bei künstlichen Alterungsprozessen werden die Gesichtszüge gewissermaßen »weiterentwickelt«, um charakteristische Merkmale beizubehalten und gleichzeitig hervorzuheben. Totale Umformung des naturgegebenen Typs ist mit Schwierigkeiten und erheblichem Aufwand verbunden, aber ohnehin nur in extremen Ausnahmesituationen erforderlich (kriminalistische und andere Verwechslungsspiele, Phantasiefilmgeschöpfe). Mitunter läßt sich die Make-up-Prozedur dadurch abkürzen, daß man den Akteur zusätzlich mit charakterisierenden Requisiten ausstattet: Ohrringe, Heftpflaster, Monokel, Lorgnon, Kneifer, Brille (Vorsicht, Fensterglas wirkt durch Reflexion unecht!).
Wichtigste Voraussetzung für das Gelingen kosmetischer Bemühungen ist eine gründliche Reinigung der Haut von Schweißspuren, Staub und eventuellen Make-up-Resten (spezielle Reinigungsmilch verwenden). Mit »Spirit Gum« verarbeitetes Kunsthaar, Kollodium, Modelliermasse und Latex-«Ersatzteile« werden grundsätzlich auf die trockene, unge-

Sogar Laura Gemser, Superstar des Sex-Kinos, muß vor jedem Drehtermin eine Totalbehandlung mit »Body Make-up« über sich ergehen lassen.
Foto: Jugendfilm

schminkte Gesichtshaus aufgetragen, damit man sie »spurlos« in die Maske integrieren kann. Das gleiche gilt für die Beseitigung von Unregelmäßigkeiten der Haut durch Deckcreme. Die Ränder aufgeklebter Extras müssen im Grundton der Haut eingefärbt und sorgfältig verschminkt werden. In der ersten Schminkphase betupft man das Gesicht mit geringen Mengen Teint-Grundierung, die nach der Behandlung wie ein dünner Film auf der Haut liegen soll. In jedem Fall muß das färbende Präparat verlaufend in Richtung Haaransatz, Hals und Ohren aufgetragen werden. Bei starker Abweichung vom natürlichen Farbton der Haut (exotische Damen, Naturburschen, Indianerhäuptlinge, Chinesen, blaue oder grüne Besucherinnen von fernen Planeten) darf man keinesfalls vergessen, alle zeitweise unter den Kostümen sichtbaren Körperpartien mit »Liquid Body Make-up« entsprechender Tönung zu behandeln. Das gilt in besonderem Maße für die Körperbemalung mehr oder weniger nackter Amazonas-Indianer, Striptease-Tänzerinnen, Phantasiegeschöpfe, Südsee-Insulanerinnen oder gänzlich tätowierter Jahrmarktsattraktionen nach dem Vorbild von Rod Steiger in dem Kinofilm »Der Tätowierte« (Tätowierungen mit Schminkstift vom Typ »Adernblau« oder mit »Tattoos«, also speziellen Abziehbildern, vortäuschen). – Grundierte Haut bedarf der Ergänzung durch raffinierte Nachbehandlung mit natürlich wirkenden Unregelmäßigkeiten. Vom Farbton der Teint-Grundierung ausgehend, können bestimmte Gesichtspartien mit hellerer Schminke hervorgehoben (Stirn, Wangenknochen, Kinn), mit dunklerer Schminke hingegen zurückgedrängt werden (Augenhöhlen, Schläfen, Wangen, Kinn-Grübchen). Mit solchen Kniffen läßt man runde Gesichter schmaler, hagere voller und kantige weicher erscheinen (oder umgekehrt). Breite Nasen wirken schmaler, wenn der Nasenrükken heller und die Nasenflügel in einem dunkleren Schattenton geschminkt werden. Überlange Riechorgane lassen sich optisch verkürzen, indem man die Spitze mit einem dunklen Fleck, den Nasenrücken mit einem helleren Streifen versieht. Vorgetäuschte Altersrunzeln entstehen durch Nachbearbeitung natürlicher Falten mit parallel angebrachten dunklen und hellen Schminkstreifen. Grundsätzlich müssen sämtliche Flächen und Linien der Maske mit sorgsam verwischten Rändern angelegt werden, damit sie konturenlos in den angrenzenden Farbton übergehen.

Wenn nicht ausnahmsweise »schweißfeuchte« Gesichter erwünscht sind und kein modernes Matt-Make-up zur Verfügung steht, bestäubt man die Grundierung mit einem reichlich bemessenen Quantum Spezialtrokkenpuder harmonierender Tönung. Überschüssiger Make-up-Staub wird mit der Puderbürste entfernt, damit das Zweitgesicht einen natürlichen Mattglanz bekommt. Augenbrauen, Wimpern und Lippen erhalten erst nach dem Abpudern ihre endgültige Form. Augenbrauen werden in der Regel mit Fettstiften oder »Dermatographen« intensiviert. Schmalere Brauen lassen sich durch Verwendung von Deckcreme oder Modelliermasse erzielen; Verstärkung oder Korrektur der Brauenform ist nur durch Anbringung von Kunsthaar möglich. Die Wimpern schauspielernder Damen werden entweder nach der üblichen Methode getuscht oder – rollenbedingt – durch künstliche ersetzt. Die Ausdruckskraft der Augen läßt sich gelegentlich mit dunkler geschminkten Augenhöhlen oder sehr feinen schwarzen Schminkstrichen entlang der Lidränder unterstützen. Die Lippenform weiblicher Stars verdient insofern besondere Beachtung, als sie den Typ unterstreicht und Rückschlüsse auf den Charakter der Handlungsfigur zuläßt. Die Skala der Möglichkeiten reicht von den sinnlich vollen Lippen des Vamps über den Schmollmund des Teenagers bis zu den runzligen Lippen betagter Urgroßmütter. Die Lippen-Konturen werden mit einem roten »Eyebrow Pencil« vorgezeichnet und alsdann mit üblichem oder Speziallippenstift (Stage Lipstick) ausgefüllt. Schmale Lippen kann man nach dieser Methode ein wenig vergrößern; zu breite Lippen behandelt man vor dem Schminken mit Deckcreme. Männliche Münder bleiben für gewöhnlich ungeschminkt. Nur bei künstlich gealterten Damen und Herren wird das natürliche Lippenrot unter Deckcreme verborgen, im Grundton der Haut überschminkt und durch verwischt nebeneinandergesetzte weiße und bräunliche Schminkstriche mit Runzeln versehen. Künstlich hervorgerufene Alterungsprozesse gehören von jeher zu den faszinierendsten Aufgaben des Make-up-Artisten, weil man sie durch Abschminken wieder rückgängig machen kann. Zwar hat jeder namhafte Maskenbildner seine eigenen Tricks entwickelt, aber dennoch existieren einige grundsätzliche Kniffe, die mit etwas Übung und fertig bezogenen Hilfsmitteln sogar von Amateuren angewandt werden können. Allerdings besteht eine der wichtigsten Voraussetzungen für das Gelingen darin, daß der betreffende Akteur »mitspielt«, das vorgetäuschte Alter also auch mit Haltung, Gesten und Sprache glaubhaft macht. Die Darstellung von Patriarchen, Wurzelhexen, Indianerhäuptlingen, vergreisten Extraterrestriern oder dreihundertjährigen Vampir-Damen bedeutet also auch im Hobbyfilm kein unlösbares Problem. Allerdings sind Physiognomien mit aufgeschminkten Altersmerkmalen nur selten für Großaufnahmen geeignet! Deshalb haben die Zauberkünstler der Kosmetikindustrie (speziell Kryolan-Brändel) gewisse Präparate entwickelt, die Gesichter, Hälse und Hände

Leicht derangierte oder handlungsgerecht »angeschmutzte« Gesichter entstehen durch Behandlung mit Fettschminke und »Stoppelpaste«.
Fotos: Centfox

mit elastischer und obendrein haltbarer Greisenhaut überziehen. Nach Methode A wird faltige Altershaut mit kleinen Zellstoff-Fetzen gestaltet, die man in Gummimilch taucht, auf der leicht eingefetteten Haut formt und trocknen läßt. Das gleiche gilt für Methode B, bei der eine verbesserte Gummimilch mit der Bezeichnung »Old Skin Stipple« zur Anwendung gelangt. Die besten Runzeleffekte gelingen jedoch nach Methode C mit »Old Skin Plast« oder »OSP matt«, das unmittelbar auf die leicht gespannte Haut aufgetragen und nach der Aufnahme mit OSP-Entferner oder Aceton wieder beseitigt wird. – Zum Abschluß noch ein nützlicher »Geheimtip«: Fotografieren Sie während der Sitzung am Schminktisch Color-Porträts mit der Sofortbildkamera! Die Fotos ermöglichen eine optische Kontrolle der Maske vor der eigentlichen Filmaufnahme und verhindern Make-up-Fehler bei Unterbrechung der Dreharbeiten.

Haarpracht aus dem Zauberkasten

Damen lassen sich infolge variabler Haarfülle besser umgestalten als ihre männlichen Kollegen. Außerdem sind tiefgreifende Verwandlungsaktionen schauspielernder Herren nur bei glattrasierten Gesichtern möglich. Abgesehen davon kommen Toupets und Vollperücken allenfalls dann für Filmzwecke in Frage, wenn sie fachmännisch geknüpft sind und ausgezeichnet passen. Wegen der hohen Anschaffungskosten verzichtet der Hobbyfilmer im allgemeinen auf die Anschaffung solcher »Hairdresser«-Erzeugnisse. Es gibt nämlich derart viele überraschende Möglichkeiten, Naturfrisuren rollengemäß umzuformen, daß Kopfhaar-Prothesen vielfach gar nicht erforderlich sind. Langes Haar läßt sich wahlweise zu Hochfrisuren, Teenager-Mähnen, »Pony Tails« oder Zöpfen (Wikinger, Indianer) verarbeiten. Kurzes Haar kann entsprechend dem Typ in die Stirn oder zurückgekämmt, kunstvoll zerzaust und mit Seiten- oder Mittelscheitel ausgestattet werden. Glattes Haar lockert sich durch Toupieren, krauses Haar bändigt man mit Bartwachs und Fixierspray, schüt-

Mit »Nasenkitt«, Haarersatz und verschiedenartigen Schminken verwandelt sich Christopher Lee in Sherlock Holmes und Dr. Fu Manchu.
Fotos: Constantin/Columbia

teres Haar erscheint voller nach der Behandlung mit »Top Cover«-Substanz. Für die Herstellung täuschend echter Glatzen bieten sich einerseits die bewährten »Glatzan«-Kunststoffe oder fertige Gummi-Glatzen-Monturen aus dem Hause Kryolan-Brändel, andererseits flüssige Latex-Präparate an. Für die Änderung der natürlichen Haarfarbe benutzen Maskenbildner in der Regel speziellen Haarpuder oder Color-Spray, die in zahlreichen Farbtönen erhältlich sind und nach Verwendung mühelos wieder aus Natur- oder Synthetik-Frisuren entfernt werden können. Silberfarbene Haarsträhnen oder graue Schläfen sind das Ergebnis sorgsamer Behandlung mit »Schläfenweiß« (Temple White). Wenn ein Hobbyfilmstar nur für kurze Zeit ergrauen soll, behilft sich der Filmfriseur mit weißem Trockenshampoo aus der Sprühdose. Bei künstlich herbeigeführten Alterungsprozessen müssen natürlich auch Augenbrauen, Wimpern und eventuelle Bärte eingefärbt werden (Haarpuder oder weißen Schminkstift verwenden).
Aufgeschminkte Gesichtshaare kommen für Filmzwecke allein deshalb nicht in Frage, weil schon die erste Großaufnahme solche »Malerarbeiten« erbarmungslos entlarvt und somit alle Bemühungen um ein glaubwürdiges Make-up zunichte macht. Als einzige Ausnahme gelten Bartstoppeln, die mit den neuartigen »Stoppelschwämmen« imitiert werden. Sogenannte Stoppelpaste dient der Befestigung echter Kurzschnitthaare, die eine unrasierte Gesichtshaut vortäuschen sollen. Fertige Kinn-, Backen- und Oberlippenbärte sind nur dann akzeptabel, wenn sie garantiert handgeknüpft sind oder aus der Produktion erfahrener Fachhändler und Theaterfriseure stammen. In der Regel werden ergänzende Bärte, Koteletten, Brauen und dergleichen mit Hilfe eines »Tuffy Head« (plastischer Modellierkopf aus Gummi) in der eigenen Werkstatt des Maskenbildners angefertigt. Sie bestehen aus »Echthaar-Krepp«, »Wollkrepp« oder Synthetik-Haar, die in vielen Farbtönen zur Verfügung stehen. Da natürliche Gesichtsbehaarung niemals einheitlich gefärbt ist, muß man die künstlichen Haarteile aus »Krepp« unterschiedlicher Farbnuancen zusammenfügen. Für den einmaligen Gebrauch wird das Haar vor dem Schminken unmittelbar auf die Haut geklebt. Bessere Ergebnisse verspricht das professionelle Verfahren, nach dem man die Härchen auf einem entsprechend zurechtgeschnittenen Stück steifer Gaze befestigt (Knüpfen oder Kleben möglich). Brauen und Bärte dieser Machart wirken echter und lassen sich bei sorgsamer Behandlung mehrmals verwenden. Der Visagist bestreicht die betreffenden Hautpartien mit »Mastix« oder »Spirit Gum«, läßt kurz antrocknen, trägt erneut Spezialkleber auf und drückt den Ersatzbart mit einem Tuch fest an. Anschließend wird das Kunstprodukt mit der Schere gestutzt und an den Rändern sorgfältig verschminkt. Für Märchenfiguren oder Bewohner utopischer Regionen notwendiger Haarzierrat in Blau, Grün oder Violett stellt kein Problem dar, denn Farbpuder und -sprays sind auch in ausgefallenen Tönungen lieferbar.

Monstermaker & Co.

Die Realisierung von Action-Filmen und Lichtspielen phantastischen Inhalts stellt den Hobby-Maskenbildner vor außergewöhnliche Aufgaben, die durch übliche Gesichtsmaskerade kaum bewältigt werden können. Die folgenden »Geheimrezepte« aus den Hexenküchen versierter Kino-Visagisten ermöglichen eine mehr oder weniger radikale Umgestaltung harmloser Damen und Herren in Werwölfe, Fu-Manchu-Typen, Vampir-Bräute, Berggeister, außerirdische Lebewesen, Frankenstein-Monstren, Sagengestalten und Teilnehmer filmwirksamer Raufereien. Ich verweise in diesem Zusammenhang auf zwei raffinierte aufnahmetechnische Verwandlungseffekte à la »Jekyll and Hyde«, die in den Kapiteln 8 (Farbfilterung) und 14 (Überblendung) beschrieben sind.

Dekorative Blutspuren trägt man mit Pinsel oder Spachtel und speziellem »Filmblut« auf, das in flüssiger, geleeartiger und pastöser Form erhältlich ist. Bei der Anwendung sollte stets zwischen Präparaten für die äußerliche (Haut, Kleidung) und für die innerliche Anwendung (Nase, Mund) unterschieden werden. Für Schußeffekte während der Aufnahme stehen kleine Blutkapseln und -kissen zur Verfügung. –

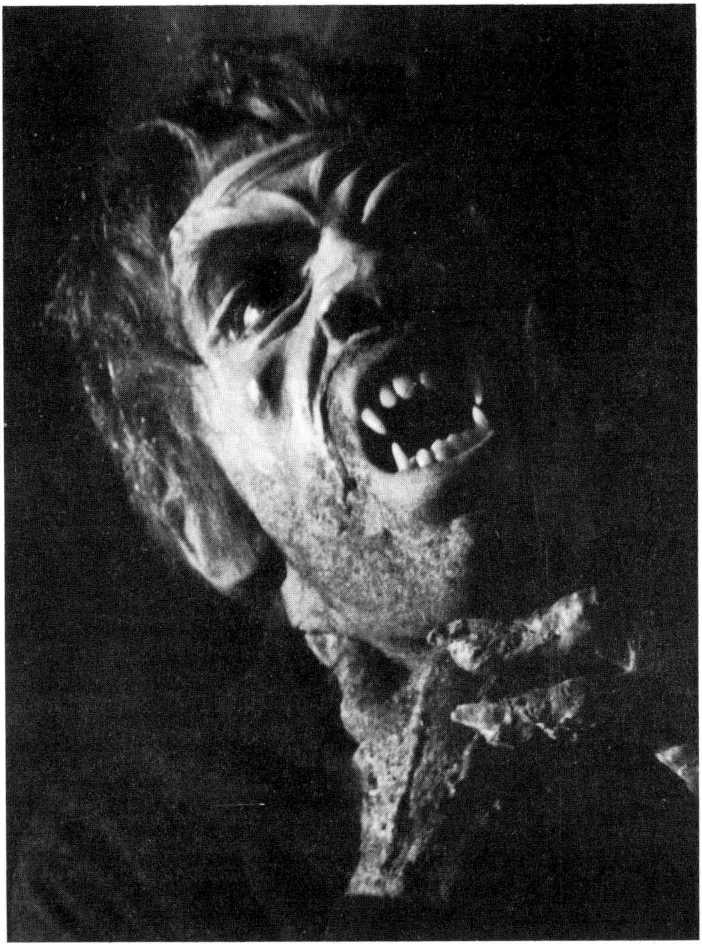

Für die Gestaltung dieses Herrn im Werwolf-Look waren beträchtliche Portionen Gummischaum, Plastikum und Spezialschminke erforderlich.
Foto: Austria-Film

Spitzenleistungen der Maskenbildnerei in »Planet der Affen« (Roddy McDowall, links) und »Raumschiff Enterprise (Leonard Nimoy, rechts).
Fotos: Centfox/Paramount-TV

Schweißtröpfchen stammen aus einer mit Wasser gefüllten Zerstäuberflasche; Tränen bestehen aus Glyzerin, das man mit einer Pipette unter (also niemals in) die Augen praktiziert. Mitunter wird der gleiche Effekt mit einer aufgeschnittenen Zwiebel erreicht . . . – In den Mund unter die Wangen geschobene halbierte Gummibällchen lassen ein Gesicht bei entsprechender Make-up-Unterstützung voller oder gar aufgedunsen erscheinen. Dauerhaft verzerrte Gesichtszüge entstehen durch Heftpflaster mit glatter Kunststoff-Oberfläche oder durch hauchdünnes Perükken-Spezialklebeband, das man straff gespannt auf der Haut fixiert und durch Schminke unsichtbar macht (auch für die Narbenimitation geeignet). – Farbiger Flitter-Puder (auf flüssiger Grundierung) und gold-, silber- oder kupferfarbenes Metallic-Make-up verhelfen Meerjungfrauen, Elfen, Gottheiten, Strip-Girls, Märchenfeen, Androiden und Weltraumgeschöpfen zu »übernatürlichem« Aussehen. Moderne kosmetische Mittel dieser Art sind völlig unschädlich, beeinträchtigen also die Hautatmung in keiner Weise (Interferenzschminken, Glanzliquide). – Die Imitation von plastischen Schrammen, Wunden, Brandmalen und Narben stellt dem Maskenbilner besonders knifflige und deshalb um so reizvollere Aufgaben. Das gilt unter anderen für die Präparation der geplagten »Opfer« mannigfacher Tiermonster-Attacken im Stil von »Moby Dick«, »Die Vögel«, »Der weiße Hai« oder »Piranhas«. Für die Darstellung frischer oder vernarbter Verletzungen verwendet man in der Regel altbewährtes Kollodium (Klebäther), das auf die ungeschminkte Haut aufgetragen, mit einem kleinen Spatel modelliert, naturgetreu bemalt und randlos überschminkt wird. Ähnlichen Zwecken dienen entsprechend vorbereitete Substanzen vom Typ Old-Skin-Plast oder Glatzan. Speziell für vorgetäuschte Hautverletzungen wurde jedoch das flexible und obendrein transparente »Tuplast« entwickelt, das einerseits äußerst plastisch wirkt und andererseits aufgeschminkte Konturen oder aufgetragenes Filmblut durchscheinen läßt. Es entsteht eine wasser- und abriebfeste Miniaturhautplastik, die sich mühelos mit anderen Make-up-Utensilien kombinieren läßt. Obwohl manche Phantasiegestalten nach geringfügigen kosmetischen Eingriffen besonders unheimlich wirken (blau geschminkte Haut, »unmenschlicher« Haaransatz, veränderte Ohrform), sind bei gewissen Filmthemen totale Metamorphosen erwünscht. Wenn das Originalgesicht trotz heftiger Bearbeitung erkennbar bleiben soll, greift der Visagist zu elastischer Modelliermasse, die der Fachhändler in unterschiedlichen Ausführungen bereithält. Mit solchen Spezialpräparaten betreibt man erschreckende, aber ungefährliche und schmerzlose »Gesichtschirurgie«. Unter den geschickten Händen talentierter Maskenbildner entstehen verblüffend echt aussehende Applikationen: Warzen, kantige Kinnpartien, asiatische Augenlider, Spitzohren, überdimensionale Hakennasen, monströse Faltengebilde, prähistorische Augenbrauenwülste und allerlei animalische Gesichtsmerkmale (Riechorgane, Mäuler, Kiemen usw.). Die Modelliermasse wird auf geeignetem Trägermaterial (Fish Skin oder Gaze) in die gewünschte Form gebracht, der natürlichen Gesichtspartie angepaßt und erst nach dem Aufkleben endgültig modelliert. Die Masse läßt sich schminken und bei Bedarf durch Kunsthaar vervollständigen. Hollywoods »Monstermaker« bevorzugen für größere Korrekturen die besser haltbaren Latex-Produkte und das von Dick Smith entwickelte »Flex Flesh«. Diese pulverförmige Substanz wird mit Wasser angerührt und in entsprechende Formen gefüllt. Nach dem Trocknen entstehen flexible, äußerst realistische und mehrmals verwendbare »Hautplastiken« (Flex Flesh, Formen und Zubehör sind unter anderem auch in den Hobby-Make-up-Sets von Pressman enthalten). Über den Fachhandel können sogar fertige Gesichtsersatzteile aus Gummi bezogen werden (Nasen, Wangen, geschlossene Augen usw.), die man hervorragend zu Phantasie- und Horror-Physiognomien verarbeiten kann. Kunststoff-Gebisse für Werwölfe, Vampire und ähnliches Gelichter sind ebenfalls verfügbar, erfordern aber eine Nachbehandlung mit gelblicher oder bräunlicher Plastikfarbe. Notfalls schnitzt man verlängerte Reißzähne in entsprechender Paßform aus Weichholz, hellen Kunststoff-Radiergummis oder Paranüssen und schiebt sie über die natürlichen Beißwerkzeuge. Überlange, grüne, schwarze oder silberfarbene Fingernägel komplettieren die Ausstattung der Sagengestalt.

Phantastische Handlungsfiguren, für die der Schauspieler von Kopf bis Fuß in eine dauerhafte »zweite Haut« aus flexiblem Material gehüllt werden muß, gehören seit eh und je zu den Lieblingskreationen der Kino-Visagisten. Als berühmteste Schöpfungen dieser Art gelten: der Mutant aus »Metaluna 4 antwortet nicht«, das mystische Wesen in »Der Manitou«, die Tiermenschen in »Die Insel des Dr. Moreau«, der Titelheld aus dem »King-Kong«-Remake von 1976, der Roboter »C3PO« und der Wookie Chewbacca aus »Krieg der Sterne« und mehrere Versionen des Amphibienmenschen von Bud Westmore, die immerhin fünfzehntausend Dollars kosteten, aber mit der Film-Trilogie »Der Schrecken vom Amazonas« Millionen einspielten. Berufsmaskenbildner mit eigenen Hexenküchen können bei Einsatz spezieller Zwei- und Dreikomponenten-Kunststoffe ihre Kunden in starre oder flexible Totalmasken einhüllen, um sie vorübergehend zu »unmenschlichen« Fabelwesen umzugestalten. Diese aufwendige Arbeitsweise für die Ausstattung phantastischer Leinwandfiguren mit Zweitköpfen und Hautkostümen ist Hob-

Außerirdische Invasoren stecken für gewöhnlich in einer »zweiten Haut« aus Latex und Weichplastik (Entwurf: Kevan und Westmore). Foto: Universal

Horror-Gestalten à la Mumie werden in ein haltbares »Kostüm« aus Bandagen, Mastix und Gummimilch eingehüllt.
Foto: Columbia

bymaskenbildnern im allgemeinen nicht zugänglich (Latex-Abgüsse und Schaumstoff-Preßteile nach Gipsformen der Darstellerköpfe oder -körperteile). Um dennoch mit Vollmasken schocken zu können, bedient man sich des Lieferprogramms jener regen amerikanischen Sekundärindustrie, die Kopfmasken nach berühmten Entwürfen von Bud Westmore, Don Post, Dick Smith und anderen Hollywood-Magiern auf den Markt bringt. Diese »Hollywood de Luxe Monster Masks« können vom Verbraucher direkt importiert werden. Der relativ hohe Preis von zwanzig bis vierzig Dollar je Exemplar erscheint im Hinblick auf die Ausstattung der bizarren »Sammlerstücke« durchaus gerechtfertigt. Interessenten haben die Wahl zwischen nachgebildeten Köpfen bekannter Filmfiguren (z. B. Quasimodo, Phantom der Oper, Werwolf, Cyclops) und frei erfundenen Gesichtern von Dämonen, Ungeheuern oder außerirdischen Lebewesen. Die Masken bedecken den ganzen Kopf einschließlich Halspartie und sind derart naturgetreu ausgeführt, daß sie sogar Großaufnahmen standhalten. Solche Zweitgesichter bestehen aus

schwerem, aber flexiblem Latex oder Vinyl; sie sind handbemalt und teilweise mit Kunsthaar, Zähnen oder eingesetzten Augen-Imitationen ausgestattet (Pressman liefert sogar »Bausätze« für schaurig-schöne Weltraum-Monster-Masken mit beweglichen Mündern). Nachdem die Augenpartie des Schauspielers entsprechend geschminkt wurde, braucht die Vollmaske nur noch über den Kopf gestülpt zu werden. Rollkragenpullover und ähnliche Kostümteile verbergen den Halsansatz. Als ergänzende Horror-Requisiten stehen Klauen und andere Greifwerkzeuge in Form von Latex-Handschuhen zur Verfügung. Im übrigen läßt sich das weiche Material durch Spezialschminke oder Modelliermasse nach eigenen Vorstellungen variieren.
Als Ergänzung der konkreten Tips werden in der folgenden Tabelle einige wichtige Make-up-Spezialitäten für die Herstellung von Trick-Masken zusammengefaßt. Die Produkt-Auswahl basiert zum größten Teil auf Informationen des international bekannten Unternehmens Kryolan-Brändel, das in vierundzwanzig Länder exportiert. Einige der erwähnten Produkte stammen aus den Lieferprogrammen von Brandt, Factor, Leichner und Pressman.
Ich möchte nicht versäumen, ausdrücklich darauf hinzuweisen, daß mas-

Oscar-Preisträger John Chambers schuf die synthetischen, aber voll beweglichen Tiermenschen-Gesichter für »Die Insel des Dr. Moreau«.
Foto: Neue Constantin

Internationale Produkt-Bezeichnung
Luminous Make-up
Phosphorescent Make-up
Golden Tan/Gold Make-up
Liquid Brightness
Tooth Enamel
Fairy Powder
Plastici/Soft Putty/ Derma Wax
Plasticum elastic Flex Flesh
Kaliplast
Xantalgin
Cast Substance Tuplast
Old Skin Plast/OSP matt
Fish Skin
Spirit Gum/Film Spirit/Gum/ Mastix
Clebematique
Hair Piece Adhesive Color Spray
Synthetic Fibre
Glatzan L/SL matt

Artikel	Verwendungszweck	Bemerkungen
fluoreszierende Leuchtschminke	Hautfarbe für Märchen-, Horror- und Science-fiction-Gestalten	ultraviolettes Licht erforderlich
phosphoreszierende Leuchtschminke	Hautfarbe für Sagengestalten und Extraterrestrier	–.–
goldfarbenes Creme-Make-up	Hautfarbe für Elfen, antike Götter usw.	ohne Beeinträchtigung der Hautatmung
Schminke mit Silber-, Gold- oder Kupfer-Effekt	wie oben	frei von schädlichen Metall-Bronzen
flüssiger Zahnlack in mehreren Farben	Veränderung des Gebisses, Vortäuschung von Zahnlücken	–.–
Metallic-Staub in Gold, Silber, Violett, Blau, Grün	Anbringung glitzernder Haareffekte	Leichner-Feenpuder
plastische Modelliermasse	Umgestaltung von Gesichtern, Herstellung von Narben und »Monster«-Make-up	–.–
elastische Modelliermasse	wie oben	–.–
elastische Modelliermasse	wie oben	für die Eigenherstellung (pulverförmig)
Masse für Abdrücke	Gesichts- und Handabdrücke als Grundlage für Latex-Ganzmasken	von Indio/Brandt
Abformmasse	Herstellung von Formen für Latex-Abgüsse	von Bayer (Dentalbedarf)
gipsfreie Abdruckmasse	wie oben	–.–
transparente Modelliermasse (Hautplastik)	Narben und Gesichtsveränderungen	auf Trägermaterial wie »Fischhaut« mehrmals verwendbar/ elastisch
Spezialpräparat zur künstlichen Hautveränderung	Gestaltung faltiger »Altershaut« u. ä.	–.–
natürliche Fischhaut	Trägermaterial für Narben und Gesichtsplastiken	–.–
spezielles Klebemittel in glänzend oder matt, normal und schnell trocknend, mit Kurz- und Langzeitwirkung	Befestigung von Bärten, Toupets, Perücken, plastischen Teilen	spezielle »Remover« (Entfernungsmittel) erhältlich
halbflüssiger Maskenkleber	Befestigung größerer Maskenteile	–.–
mattes Klebemittel	Befestigung von Haarteilen	von Max Factor/Brandt
Sprühmittel in vielen Farbtönen	Färbung von Echthaar und Perücken	kann ausgewaschen werden
synthetisches Haar in 10 Farben	Gesichts- und Kopfhaar-Ersatz aller Art	mit Gaze und »Spirit Gum« zu verarbeiten
flüssiger Kunststoff (auch als Spray)	Herstellung täuschend echter Glatzen und Trägermaterial für plastische Teile	auf speziellem Modellierkopf anzuwenden

Unentbehrlich für die anspruchsvolle Make-up-Hexenküche: Kosmetik-Spezialitäten von Brandt, Kryolan und Leichner.

»Monster Maker« benutzen mit Vorliebe Vinyl-Masken, Plastikum, Mastix und künstliche Vampir-Gebisse.

kenbildnerische Bemühungen nur dann von Erfolg gekrönt sind, wenn eine weitgehende Übereinstimmung sämtlicher Merkmale der Rolle und aller Ausstattungsmittel des Akteurs gewährleistet ist. Obwohl heftige Kontraste in bestimmten Handlungssituationen überaus reizvoll sein können, muß der Darsteller auch durch Harmonie von Haltung, Gestik und Mimik den seiner Maske entsprechenden Typ glaubhaft zu machen versuchen (jung oder alt, gutmütig oder bösartig, labil oder entschlossen, naiv oder verschlagen). Im übrigen trägt ein sorgfältig auf das Zweitgesicht abgestimmtes Kostüm wesentlich zur überzeugenden Rollengestaltung bei. Die (Schock-)Wirkung der Maske kann natürlich auch durch gewagte Aufnahmetechnik und raffinierte Beleuchtung (Kap. 10) intensiviert werden.

Internationale Produkt-Bezeichnung
Latex (Rubber Milk)
Old Skin Stipple
Latex S
Gum I/Gum II
Rubber Pieces (Latex)
Make-up Kits (Horror/Monster/Gorilla) Hollywood DeLuxe Whole Head Masks Space Creatures (Megathon/Vorkan/Zordius) Rubber Mask Make-up
Special Grease-Paint Panchromatic Blood
Technicolor Blood Special Blood/ Blood A/Fix Blood Transparent Blood
Blood Capsules/ Blood Sackets

Artikel	Verwendungszweck	Bemerkungen
flüssige Gummi-Milch	Herstellung von Glatzen, Gesichtsersatzteilen und Vollmasken	auch in Verbindung mit Modellierformen verwendbar
Gummimilch mit speziellen Zusätzen	Gestaltung faltiger Hautpartien	–.–
Kunststoff aus drei Komponenten	Herstellung von Schaumgummi-Maskenteilen mit künstlicher Hautstruktur	Formen erforderlich
flüssige Kunststoffe	Guß von festen und flexiblen Masken in Negativ-Formen	Gußformen erforderlich
Fertigteile aus Weichgummi	Glatzen, Nasen, Kinnteile, Tränensäcke, Teufelshörner usw.	Verarbeitung in Verbindung mit dem Gesamt-Make-up
Maskenkästen von Dick Smith	Herstellung plastischer Maskenteile aus Flex Flesh	von Pressman, USA (Formen und Zubehör enthalten)
Fertigmasken aus Latex und Kunsthaar	Köpfe von Horror- und Science-fiction-Gestalten	von Don Post Studies
»Bausatz«-Masken von Dick Smith	Herstellung von Kopfmasken	von Pressman, USA
Spezialschminken	Nachbearbeitung von Gummi-(Latex-) Masken	von Max Factor
Spezialschminken	wie oben	–.–
flüssiges Filmblut (Schwarzweißfilm)	Make-up und Schußeffekte	von Max Factor
flüssiges Filmblut (Farbfilm)	wie oben	von Max Factor
flüssiges, geleeförmiges, pastenartiges Filmblut	Make-up, Schußeffekte, präparierte Props	in unterschiedlicher Konfektionierung erhältlich
durchscheinendes Filmblut in zwei Tönungen	Bluteffekte aller Art	nicht trocknend/auswaschbar
Filmblut in Gelatine-Kapseln oder dünnen Folien-Kissen	Einschuß- und Aufprall-Effekte	fertig und für eigene Herstellung lieferbar

17 Tricktitel, Titeltricks

Wer das Kino-Hobby als beglückende Liebhaberei betrachtet und an die Produkte seiner Factory gewisse Ansprüche stellt, betrachtet die Titel-Gestaltung keinesfalls als nebensächlich. Er ist sich stets der psychologischen Wirkung des Vorspanns bewußt und hat längst erkannt, daß durch gänzlich fehlende oder dilettantisch ausgeführte Titel sogar erstklassige Filme einen Teil ihrer Anziehungskraft verlieren. Bei Besuchen in den Lichtspielhäusern läßt sich an zahlreichen aufwendigen Beispielen aus professionellen Werkstätten ablesen, daß unkonventionelle Aufnahmetechnik und gutes Design den Aufmerksamkeitswert der Titeltexte, aber auch des eigentlichen Filminhalts in erheblichem Maße zu steigern vermögen. Das war durchaus nicht immer so! Selbst in den Berufsfilm-Studios, wo man mit audiovisuellen »Konserven« Geld verdienen muß, wurde den Titeln lange Zeit keine besondere Bedeutung beigemessen. Erst um die Mitte der fünfziger Jahre zeichnete sich ein Trend zum »künstlerischen Vorspann« ab, der wenig später eine wahre Renaissance der Titel-Gestaltung einleitete. Mit besonders eindrucksvollen Leistungen traten vor allem die Top-Designer Saul Bass («Eine total, total verrückte Welt«, »Vertigo«, »Bonjour Tristesse«) und Maurice Binder («Charade«, The Grass is Greener«, »Noch einmal mit Gefühl«) hervor. Während Bass inzwischen mit dem phantastischen Thriller »Phase IV« sein Regie-Debüt lieferte, überraschte Binder in erster Linie durch die außergewöhnlichen Vorspann-Effekte zu Filmen der »James-Bond-007«-Serie. Die Titel dieser erfolgreichen Action-Lichtspiele bieten insofern sehenswertes Anschauungsmaterial, als sie fast schon selbständige Kurztrickfilme darstellen, in denen sich Überlagerungen, Farbeffekte, Matte-Spezialitäten und dergleichen pausenlos abwechseln. Bekanntestes Beispiel für den Publikumserfolg eines Film-Vorspanns ist und bleibt jedoch die Titelei zur Kriminal-Persiflage »Der rosarote Panther«, aus der sich eine unerhört populäre Zeichenfilm-Serie für das Fernsehen entwickelte.

Die erstaunliche Vielzahl möglicher Mittel und Methoden veranlaßt vor allem Trickfreunde, ihren Lichtspielen durch überraschende Vorspanneffekte den letzten Schliff zu verleihen. Im Bereich des Realfilms bietet der Vorspann dem Kinomagier mitunter die einzige Möglichkeit, alle Register seines Könnens zu ziehen. Im beruflichen wie im privaten Filmschaffen gelten Titel-Entwurf und -Gestaltung als Teilbereiche des Sachgebietes »Spezialeffekte«. Um das unerschöpfliche Trick-Reservoir auch für die Vorspann-Gestaltung nutzbar zu machen, habe ich aus gesammelten Erfahrungswerten einige der wichtigsten Tips und Kniffe zusammengestellt.

Keine Show ohne Vorspann!

Vor dreieinhalb Jahrzehnten prägte ein bedeutender Theoretiker des professionellen Kinos den Begriff vom Titel als »Visitenkarte« des Films (und des Filmers). Mit diesem Schlagwort traf er genau ins Schwarze. Titel sind nämlich integrierende Bestandteile des Films mit konkreter

Funktion. Sie sollen einerseits über das Thema und die Filmemacher informieren, andererseits die Zuschauer einstimmen und Vorfreude vermitteln. Der Vorspann wird seinen diversen Funktionen allerdings nur dann wirklich gerecht, wenn man auf statische Titel stereotyper Machart verzichtet, die Entwürfe also bei optimaler Harmonie mit dem Filmthema durch allerlei aufnahmetechnische und gestalterische Kunstgriffe zu beleben versteht. Trotz ungebändigter Experimentierfreude wird der kluge Titeldesigner die Vorspanntexte jedoch nicht unnötig in die Länge ziehen, damit sie in einem vernünftigen Verhältnis zur relativ geringen Gesamtlänge des Hobbyfilms stehen und als abwechslungsreiches Schauvergnügen aufmerksam vom Publikum registriert werden.

Die fachgerechte Titelei setzt sich aus Vor- und Nachspann in Form einer optisch attraktiven »Verpackung« des eigentlichen Filminhalts zusammen. In der Regel enthält der Vorspann die Mehrzahl informativer Texte, während der Nachspann lediglich die Beendigung der Kino-Show signalisiert (Ende, Schluß, Finis, Fortsetzung folgt, Auf Wiedersehen usw.). Natürlich darf der konventionelle Ende-Titel gelegentlich durch allmähliche Abblendung des letzten Bildes oder durch eine unmißverständliche Bemerkung des Kommentators ersetzt werden. Für die Plazierung des »Titelblocks« gibt es drei Möglichkeiten: als einleitender Vorspann nach herkömmlicher Manier, als spannungssteigernder Einschub zwischen Einleitungs- und Haupthandlung (speziell bei Spielfilmen) oder als Nachspann im TV-Stil (»Sie sahen . . .«, »Das war . . .«). Zünftige Lichtspiele werden durch ein unverwechselbares Autoren-Signet (»Logo«) eingeleitet, das wahlweise als trickreiches Emblem nach professioneller Machart (Universal-Globus, Paramount-Bergspitze, MGM-Löwe, Columbia-Statue, Centfox-Hochhaus, Warner-Wappen), als grafisch originell aufgemachter Schriftzug oder mit Anpassung an die übrigen Texte ausgeführt werden kann. Namen oder Initialen des Filme-

Nach der Flachmodell-Methode lassen sich Foto-Ausschnitt, Schrift und Hintergrund-Grafik auf drei Acetatfolien gegeneinander verschieben.

machers lassen sich ebenso in das Design einbeziehen wie charakteristische Symbole oder einprägsame Phantasiebezeichnungen. Die Produktionsmarke wird unmittelbar vom Haupttitel (Main Title) abgelöst, den man durch aufnahmetechnische Kniffe optisch akzentuieren, vor allem aber konkret und pointiert formulieren sollte. Zwei bis fünf anschließende Untertitel (Credit Titles/Credits) stellen die Mitwirkenden vor und vermitteln in knapper Form alle bildmäßig nicht darstellbaren Informationen wie Daten, Zeit- oder Ortsangaben. Im weiteren Filmverlauf notwendige Erläuterungen werden trotz der mannigfaltigen Möglichkeiten verblüffender Tricktechnik in der Regel durch »Live-Titel« (Ortsschilder, Wegweiser, Zifferblätter von Uhren aller Art), also nur ausnahmsweise durch Textzwischentitel vermittelt (Episoden-, Montage-, Experimentalfilm).

Technik im Titel-Workshop

Eine unumstößliche kinematografische Regel schreibt bei der Mehrzahl aller Trick- und Effektaufnahmen ein solides Dreibeinstativ als Mittel der Kamerastabilisierung (Kap. 1) und einen Draht- oder elektromagnetischen Fernauslöser als Garanten für einen extrem ruhigen Bildstand vor. Diese Empfehlung darf ohne Einschränkung auf beliebige Formen der Titel-Herstellung übertragen werden, denn vibrierende oder gar »tanzende« Bilder sind hier auch als Ausdruck künstlerischer Freiheit kaum akzeptabel! Ein Aufnahmegerät mit geeigneter optischer (Spiegelreflex-Sucher, Zoom-Optik) und mechanischer Ausstattung (Einzelbildschaltung und andere tricktechnische Vorrichtungen) setze ich als selbstverständlich voraus. Da Vor- und Nachspann für gewöhnlich in der »Werkstatt« entstehen, muß man über eine entsprechende Beleuchtungseinrichtung verfügen können (Kap. 10).
Leser dieses Buches stellen in der Regel auch an die Vorspanngestaltung höchste Ansprüche. Sie legen besonderen Wert auf komplizierte Effekte und aufwendige Tricks, so daß ich ihnen die Anschaffung eines Spezialtitelgerätes empfehle, das durchaus nicht nur für die optimale Visualisierung erläuternder Texte, sondern auch für die Ausführung von Zeichen-, Flachmodell-, Rückprojektions- und anderen Kombinationstricks geeignet ist. Die handelsüblichen Gerätetypen sind in Kap. 2 derart ausführlich beschrieben, daß ich mich an dieser Stelle mit einem kurzen Überblick und wenigen Zusatzinformationen begnügen kann. Wenn man das Kompendium (Kap. 15) einmal ausklammert, gibt es im wesentlichen vier Arten einschlägiger Apparaturen, die entweder als Universalgeräte (mit separat erhältlichem Zubehör) konzipiert sind oder in Form von System-Bausteinen nach und nach zu vielseitig verwendbaren Tricktischen ausgebaut werden können. Das Titelgerät mit »klassischen« Konstruktionsmerkmalen weist eine starre Verbindung zur Kamera auf und ermöglicht infolgedessen sowohl vertikale als auch horizontale Arbeitsweise ohne umständliche Manipulationen. Es setzt sich aus variabler Vorlagenhalterung, Verbindungsgestänge, verstellbarem Kameraschlitten und Beleuchtungseinrichtung zusammen. Kinomagier interessieren sich in erster Linie für jene ausgeklügelten Zusatzapparaturen, mit denen verschiedenartige Bewegungseffekte ausgeführt werden können (auch in Verbindung mit anderen Process Shots). Ich erinnere hier nur an manuell oder motorisch angetriebene Walzen für die

Realisierung der beliebten Lauf- und Wandertitel (Creeping Titles), an waagerecht und senkrecht angeordnete Drehscheiben für reizvolle Rotationstitel oder an transparente Scheiben unterschiedlicher Art für Supereffekte mit der durchlässigen Titelbühne. – Als Varianten des traditionellen Gerätetyps offeriert die Zubehörindustrie selbständige Allzweckapparaturen ohne starre Verbindung zur Kamera. Eine solche »Titelmaschine« besteht in der Regel aus einer veränderlichen Vorlagenhalterung, die als »Mehrebeneneinrichtung« (Multiplan) für die Ausführung gleichzeitiger Bewegungseffekte in unterschiedlichen Richtungen konstruiert ist. – Bei den sogenannten Makro-Sets handelt es sich um Spezialhalterungen für (Zoom-) Objekte, deren Makrobereiche extreme Nahaufnahmen zulassen. Die Vorsätze ermöglichen imitierte Titel-«Einblendungen« mit transparenten Miniatur-Entwürfen im Foto-Kleinbild-Format von 24 × 36 mm (Kap. 9). – Die neuartigen Umkopiergeräte (Cinegraphica/Lexibeam) sind ebenfalls für die Bewältigung von Sonderaufgaben auf dem Sektor Titel-Gestaltung bestimmt. Sie ermöglichen durch einen kombinierten Rückprojektionsprozeß die nachträgliche Herstellung von Doppelbelichtungen, Text-Einblendungen oder Schriftverfremdungen (Kap. 2 und 15).

Design und Kulissen

Wenn man die Schriftzeilen nicht unmittelbar ins lebende Bild einbelichtet oder im Makro-Stil aufnimmt, gewinnt der statische Titelhintergrund eine besondere Bedeutung. Da seine Beschaffenheit durchaus zur gezielten Publikumsbeeinflussung beitragen kann, sollte er sorgfältig auf Filmthema und -inhalt abgestimmt werden. Während bei Einsatz von Titelgeräten, Tricktischen und Makro-Sets das Vorlagenformat weitgehend vorgeschrieben ist, spielt es bei Aufnahmen mit der Stativ-Kamera eine untergeordnete Rolle. Man muß den Entwurf jedoch mühelos beschriften und außerdem einen »Sicherheitsrand« einkalkulieren können. Neutrale Flächen und Strukturen lassen sich mit unterschiedlichen Filminhalten in Übereinstimmung bringen und bieten sich deshalb als

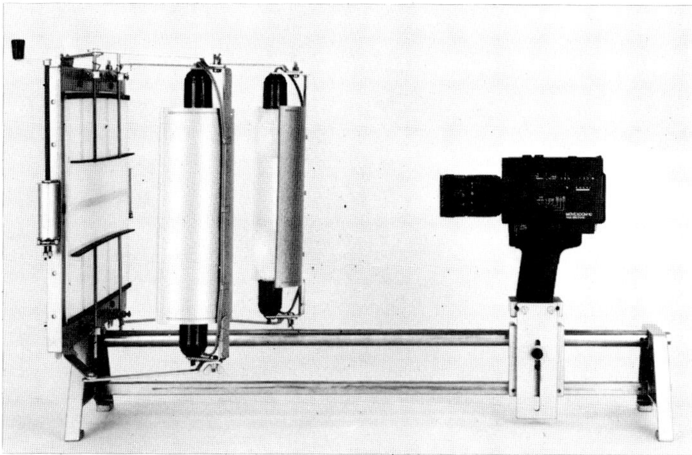

Die raffiniertesten Vorspanntricks gelingen bei Einsatz eines ausbaufähigen Spezialtitelgerätes.
Foto: HKS

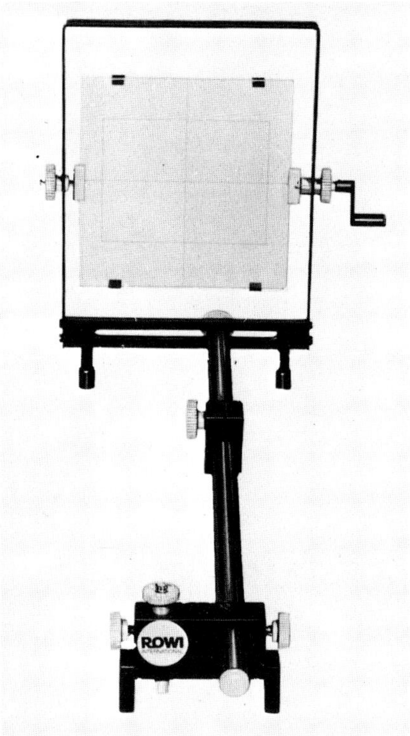

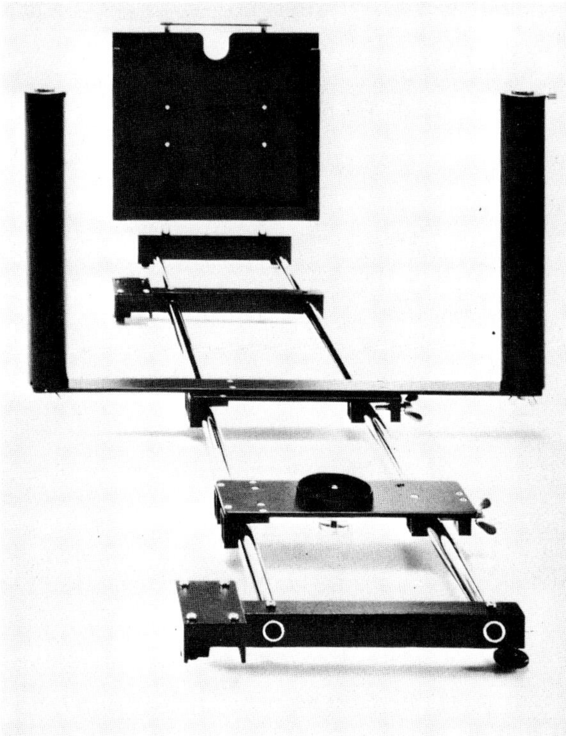

»Universaltitelgeräte« lassen sich mit beliebigen Kameramodellen und Zubehörteilen koppeln. Fotos: Rowi und Erno

universell verwendbare Titel-Backgrounds an: Plakatkarton, fein gemusterte Dekorationspapiere, gemasertes Holz oder Furnier, Schiefer, Marmor, Kunststein, Wollstoff, Samt, Filz, grobes Leinen. Eine mehr gezielte Vorlagengestaltung ist mit Tapetenresten, farbig bedruckten Selbstklebefolien, Transfer- und Kleberastern möglich. Auch »Wechselbilder« (Kap. 2) eignen sich hervorragend als Titel-Backgrounds.
Fotografische Kulissen werden von Titel-Designern außerordentlich geschätzt, weil sie sich sowohl im Urzustand als auch in Collagen-Form mühelos auf das Filmthema abstimmen lassen. (Star-Porträts/Schlüsselszenen). Trickfilmer bevorzugen raffinierte fotografische Verfremdungen, wie sie beispielsweise in meinem Buch »Fototricks als Hobby« vorgestellt werden. Eine Wirkungssteigerung geeigneter Fotomotive läßt sich einerseits durch Aufnahmetricks, andererseits durch Nachbearbeitung in der Dunkelkammer erreichen. Interessant sind natürlich vor allem solche Sonderverfahren, die man zwar mit fotografischen, aber nicht mit kinematografischen Mitteln realisieren kann. Stellvertretend für die Unzahl möglicher Foto-Effekte erwähne ich hier nur die spektakulärsten Verfremdungsmethoden: totale Verwandlung einzelner Objektfarben durch den Kleinbild-Infrarot-Umkehrfarbfilm »Kodak Ektachrome Infrared«, der bei entsprechender Filterung die grüne Vegetation leuchtend rot, das Himmelsblau türkisfarben erscheinen läßt usw.;

Bewegungsverwischung durch Langzeit-Belichtung (Objektbewegung, »mitgezogene« Kamera, Zooming); Negativdruck mit »umgekehrten« Farben und Tonwerten (Direktvergrößerung vom Dia auf normalem Color-Fotopapier) oder Reliefdruck (gemeinsame Vergrößerung von leicht gegeneinander verschobenem Dia und Negativ des gleichen Motivs): Fotografiken durch Strukturierung (zusammen mit Negativen oder Dias vergrößerte Foto- und Autotypieraster), Strichumsetzung (Löschung aller Halbtöne des Originalmotivs). Außerdem empfehlen sich Experimente mit Phasenfotos und »Color Key«-Kopien, die im Zusammenhang mit Flachmodelltricks beschrieben sind (Kap. 12).

Texte für das Lichtspiel

Speziell für Titelzwecke entworfene Buchstabensätze stehen in reicher Auswahl zur Verfügung. Tricktitel lassen sich einerseits mit Legebuchstaben (Einzelbild-Animation und andere Bewegungseffekte), andererseits mit selbstklebenden Lettern (bei notwendiger Fixierung der Texte) realisieren. Beide Buchstaben-Typen bestehen aus Kunststoff; sie sind als Sortimente mit großen oder/und kleinen Buchstaben sowie Zahlen und Zeichen in mehreren Größen und gängigen Schrifttypen erhältlich (weiße oder einfarbige Ausführung). Als interessanteste und vielseitigste Methode der Beschriftung von Titel-Vorlagen bietet sich jedoch das Transfer-Verfahren an. Unter den Markenbezeichnungen Alfac, Decadry, Dymo-Transplus, Edding-R41-Transfer, Letraset, Mecanorma und Transotype offeriert der Fachhandel für Grafiker-Bedarf Hunderte unterschiedlicher Schrifttypen und -größen in Schwarz, Weiß und mehreren Farben, so daß man das Schriftbild stets präzise auf den Filminhalt abstimmen kann. Jedes Buchstaben-Sortiment befindet sich samt passenden Ziffern und Zeichen auf einer halbtransparenten Trägerfolie. Außerdem gibt es Spezialbogen mit Symbolen, Ornamenten, Zierbändern, Rastern und kleinen figürlichen Zeichnungen für die grafische Ausschmückung der Titel-Entwürfe. Einige Schriftarten und Symbole

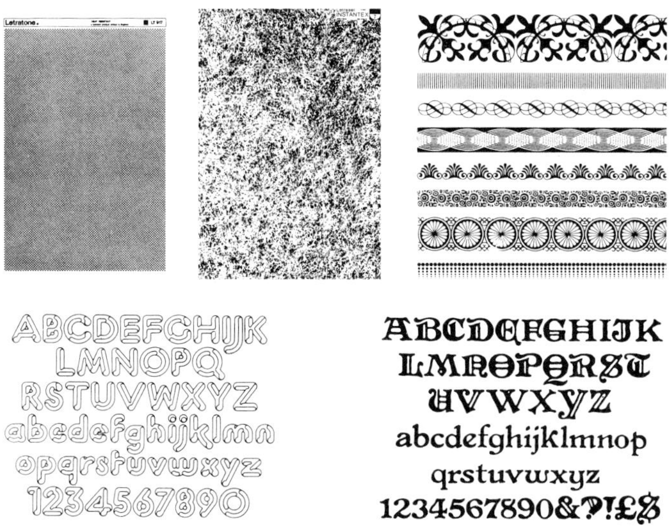

**Meister der Trickgestaltung konstruieren ihre Titeltexte mit Transfer-Buchstaben, -Ornamenten und -Rastern.
Zeichnung: Letraset**

sind sogar in blauer, grüner, gelber und roter Transparent-Ausführung lieferbar, damit man bei Bedarf Glasscheiben, Klarfolien, Dias und andere Makro-Vorlagen für Durchlicht-Effekte beschriften kann. Der Titel-Designer legt eine solche Transfer-Folie einfach auf seinen Entwurf und überträgt den gewünschten Buchstaben durch leichtes Anreiben mit einem Holz- oder Plastik-Griffel. Die hauchdünnen Lettern haften ohne Nachbehandlung auf jedem glatten Material, sind gestochen scharf und wirken wie gedruckt. Die universelle Verwendbarkeit wiegt den Nachteil auf, daß Transfer-Buchstaben nur für den einmaligen Gebrauch bestimmt sind. Effektspezialisten benutzen sie nämlich nicht nur für die Herstellung von Titel-Entwürfen, sondern auch für die Verbesserung des Realitätseindrucks von Props und anderen Ausstattungsmitteln durch sachgemäße Beschriftung (Schilder, Hinweistafeln, Posters, Pakkungen, Apparaturen, Fahrzeuge, Miniaturmodelle usw.). Übrigens ist eine optimale Wiedergabe von Filmtiteln auf der Leinwand nur dann gewährleistet, wenn man die beschriftete Original-Vorlage (!) bei DIN A 4 aus 2 m, bei DIN A 5 aus 1 m und bei DIN A 6 aus ½ m Entfernung mühelos lesen kann.

Special Effects Shop

Trick-Experten begnügen sich keineswegs mit »einfachen« Bewegungseffekten durch mechanisches Zubehör ihres Titelgerätes. Sie wenden zusätzliche aufnahmetechnische Raffinessen an, um den Aufmerksamkeitswert von Vor- und Nachspann bei höchstmöglicher Anpassung an den Filminhalt bis zum äußersten zu steigern. Dieses Buch enthält derart viele Hinweise auf geeignete Titel-Tricks, daß ich hier nur einige markante Beispiele mit ergänzenden Tips aus meiner eigenen Praxis anführen möchte.

Stopptrick (Kap. 2): einfachste Methode, Buchstaben, Textzeilen und komplette Titel-Vorlagen erscheinen, verschwinden oder wechseln zu lassen.

Stehkader oder »Freeze Frame« (Kap. 2): direkt aus dem Filmstreifen auf Color-Fotopapier vergrößerte Einzelbildchen dienen als ideale Vorlagen für Zwischentitel mit »abgestoppten« Bewegungen.

Mechanische Blenden (Kap. 2/15): unentbehrlich für die Auf- oder Abblendung von Vor- und Nachspann sowie für Einblendungseffekte bei Doppelbelichtungen, sofern die Kamera keine verstellbare Sektorenblende oder entsprechende Automatik enthält.

Rotierende Kamera (Kap. 3): in Doppelbelichtung aufgenommener Text kommt nach einer kurzen Drehphase zum Stillstand oder beginnt nach einer Stillstandsphase zu rotieren.

Glasscheiben (Kap. 4): in klarer und strukturierter Form bei vielen Titeltricks als Buchstaben-Träger oder für Blendeneffekte verwendbar (unerläßlich bei der Einblendung schwarzer oder dunkler Schrift).

Spiegel-Effekte (Kap. 4): vor allem in Verbindung mit Objekt- oder Kamerabewegung und anderen Aufnahmetechniken interessant (bei Einsatz von Einzelspiegeln sind seitenverkehrt angebrachte Legebuchstaben oder spiegelbildliche Transfer-Schriften erforderlich).

Optische Verzerrung (Kap. 7/18): als reizvollste Möglichkeiten gelten Nahaufnahmen kompletter Titel-Entwürfe mit echtem »Fish-Eye«-Kon-

Der »Glasscheiben-Kniff« ermöglicht sogar Einblendungen schwarzer und anderer dunkler Texte. Hintergrundfoto: Centfox

verter und Doppelbelichtungen von Schriftzeilen, die durch Drehung eines anamorphotischen Objektivs während der Aufnahme verfremdet wurden.

Tricklinsen (Kap. 8): Mehrfachprismen vervielfältigen einzelne Haupttitel-Wörter, Spot-Linsen versehen sie mit einem attraktiven Rahmen; »Colorflow«-Filter ermöglichen bei Abstimmung von Buchstaben- und Vorlagen-Farben auf die Filtertönung verblüffende Farbwechseleffekte.

Rückwärtsgang oder kopfstehende Kamera (Kap. 11): Umkehrung von Bewegungseffekten bei Beachtung der besonderen Aufnahmebedingungen mit kopfstehender Kamera und einseitig perforierten Filmen (z. B. spiegelbildlich angebrachte und anschließend mit dem Ventilator weggeblasene Legebuchstaben).

Einzelbild-Animation (Kap. 12): scheinbar selbsttätige Formierung oder Auflösung von Texten durch Belebung im Stop-motion-Stil.

Überblendung, Insichblende, Doppel- und Mehrfachbelichtung (Kap. 14): wichtigste, häufig auch kombiniert angewendete Trick-Verfahren für Überlagerungseffekte mit kompletten Titel-Entwürfen und separat aufgenommenen Texten oder Kulissen (helle Schrift normal, überlagerndes Motiv ½ Blendenstufe unterbelichten).

Rückprojektion (Kap. 15): Kombination rückprojizierter Steh- oder Laufbild-Motive mit Titel-Texten auf einem halbtransparenten Bildschirm (zusätzliche Effekte mit Umkopiergeräten möglich).

Matte-Tricks (Kap. 15): wichtigste Varianten für die Titel-Herstellung sind imitierte Doppelbelichtungen mit Hilfe beschrifteter Klarglasscheiben, Einblendungen heller Schrift in schwarz vignettierte Bildpartien, von einer unsichtbaren horizontalen Trennungslinie »verschluckte« Lauftitel-Texte (Split Screen).

18 Das Spezialitäten-Kino

In den Grenzbereichen der konventionellen Kinematographie gibt es eine Reihe hochinteressanter aufnahmetechnischer Sonderverfahren und außergewöhnlicher Motivgruppen. Zwar handelt es sich dabei nicht um Spezialeffekte im üblichen Sinne, doch die Techniken und Themenkreise sind erstaunlich genug, um mit Vorliebe von vielseitig engagierten Filmtrick-Freunden angewandt zu werden. Der Vollständigkeit halber möchte ich in diesem Kapitel vor allem jene Methoden skizzieren, die dem Freizeitfilmer ohne weiteres zugänglich sind und obendrein mit Dutzenden »echter« Process Shots kombiniert werden können. Wer das Extravagante schätzt, findet gewiß auch an den folgenden Anregungen Gefallen und nimmt gerne die günstige Gelegenheit wahr, seinem Publikum auf der Leinwand des privaten Lichtspieltheaters neue visuelle Erlebnisse zu vermitteln.

Auf den Spuren Cousteaus

Eingeweihte betrachten Unterwasser-Szenen stets als Höhepunkte einschlägigen Kino-Vergnügens. Dabei spielt es gar keine Rolle, ob solche Aufnahmen als Bestandteile von Reise-, Dokumentar- oder Spielfilmen fungieren (Beispiele aus dem Profibereich: »Die schweigende Welt«, »Der weiße Hai«, »Die Tiefe«). Tatsächlich vermittelt das Reich der Meeresbewohner auch dem »Nichttaucher« eine ganz eigenartige, geheimnisvolle Stimmung. Wer die unsinnige Jagd mit der Harpune gegen wesentlich aufregendere Abenteuer mit der Kamera eintauscht, Gefahren oder Enttäuschungen aber von vornherein ausschließen will, macht sich rechtzeitig mit gewissen tauchsportlichen und aufnahmetechnischen Regeln vertraut (oberstes Gebot: Safety first!).

**Dokumentarische und abenteuerliche Unterwasserszenen wirken auf der Kinoleinwand gleichermaßen faszinierend.
Foto: M-G-M**

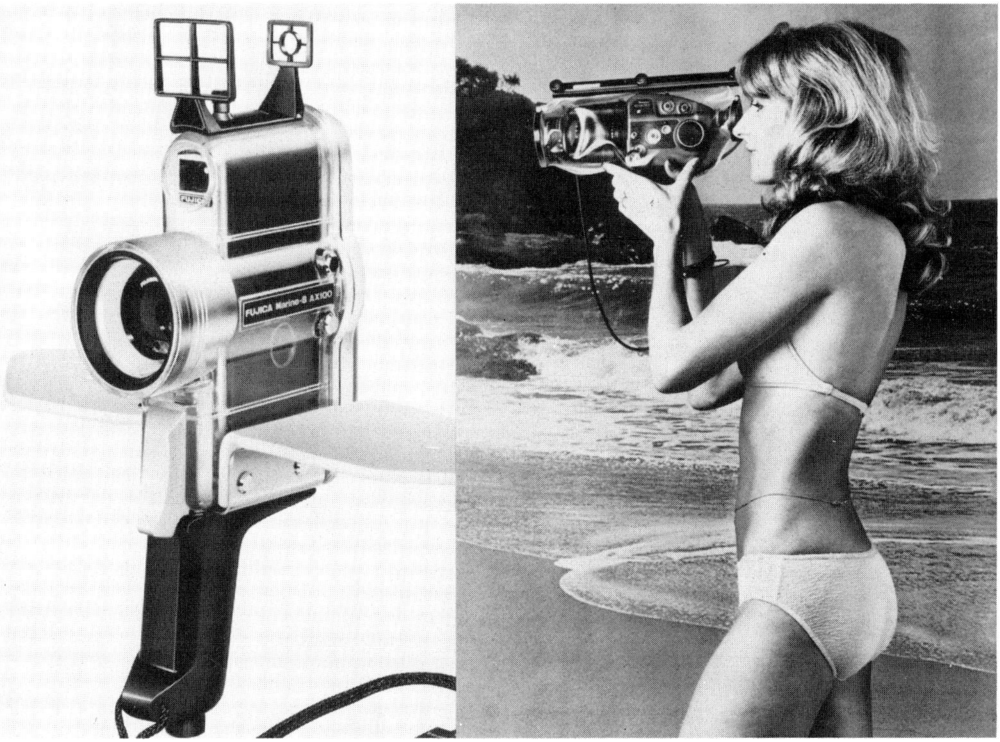

Für die »feuchte« Motivjagd entwickelt: Spezialgehäuse zu einer Single-8-Kamera (links) und »ewa«-Universalschutztasche. Fotos: Fuji/Goedecke

Der Unterwasser-Filmer zeichnet sich durch gründliche Ausbildung, tauchsportliche Erfahrung und eine fachgerechte Ausrüstung aus. Er experimentiert zunächst mit geringen Tauchtiefen und verzichtet bei keiner seiner Exkursionen auf eine fähige und zuverlässige Begleitperson. Zu den wichtigsten Ausrüstungsgegenständen gehört ein Unterwasser-Gehäuse, das die Aufnahmeapparatur hermetisch gegen Feuchtigkeit und höheren Druck abschirmt. Unterwasser-Gehäuse für Filmkameras sind in zahlreichen Ausführungen mit unterschiedlichem Bedienungskomfort erhältlich. Bei Schnorchel-Tauchaktionen dicht unter der Wasseroberfläche reicht eine wasserdichte, transparente Spezialkunststofftasche aus, für größere Tiefen und ambitioniertere Vorhaben empfiehlt sich ein stabiles Gehäuse aus Aluminiumguß, Hartgummi oder schlagfestem Plastik und optisch einwandfreier Frontscheibe. Solche Unterwasser-Gehäuse kommen einerseits als Bestandteile bestimmter Kamera-Systeme (z. B. Bauer-Aquarius, Eumig-Nautica oder Fujica-Marine-8), andererseits in Universalausführung für die Kombination mit unterschiedlichen Kameramodellen auf den Markt (von Barrakuda, Bopp, Deniz, Ewa, Hugyfot, Vogelmann usw.). Je nach Typ weisen die Gehäuse Stabilisierungsflossen, Beleuchtungseinrichtung oder Anschlußmöglichkeit für externe Scheinwerfer, Fadenkreuz- oder optischen Zusatz-Sucher und diverse Bedienungselemente auf. Für Unterwasser-Aufnahmen ist grundsätzlich die Belichtungsautomatik der verwendeten Kamera (TTL) maßgebend; höchstempfindliches Farbfilmmaterial (Ektachrome 160 oder 160 G) kompensiert die manchmal ungünstigen Beleuchtungsverhältnisse. Für Tiefen ab 3 bis 6 Meter empfiehlt sich der Einsatz einer netzunabhängigen Unterwasser-Filmleuchte (von Bopp oder Deniz), wobei das Konversionsfilter der Kamera eingeschwenkt bleibt (im Tageslicht sind »warme« Farbtöne wie Rot, Orange und Gelb schon ab 3 bis 5 m Wassertiefe nicht mehr wahrnehmbar). Als ideal erweist sich der netzunabhängige, sehr leichte Halogenzusatzscheinwerfer in Taschenlampenform (Marin Solar). Durch die veränderte Lichtbrechung unter Wasser ergibt sich eine scheinbare Verkürzung der Objektdistanzen um ⅓, aus der eine scheinbare Verlängerung der Objektivbrennweite in gleicher Größenordnung resultiert. Da die Augen von Taucher und Kamera gleichermaßen überlistet werden, kann man unbesorgt die angenommene Entfernung einstellen beziehungsweise in gewohnter Weise mit dem Spiegelreflex-System der Kamera arbeiten, sollte aber stets so nahe wie möglich an wichtige Motive heranrükken (automatische Korrektur dieser optischen Täuschung durch »Dome«-Frontscheiben gewisser Gehäuse-Fabrikate). Als besondere visuelle Delikatesse empfiehlt sich der »Unterseeboot-Effekt«, der durch langsames Auf- oder Untertauchen während der Aufnahme mit parallel zur Wasseroberfläche ausgerichteter Kamera erreicht wird. – Für echte, aber dennoch in gewissem Sinne simulierte Unterwasser-Aufnahmen haben die Hersteller der Super-8-Wechselobjektiv-Kameras »Carena« und »Nalcom« eine »Aqua-Lens« (1:4,5/10 mm) entwickelt. Es handelt sich um ein Objektivrohr von 600 mm Länge und 40 mm Durchmesser, das man in Aquarien und seichte Gewässer eintauchen kann, um trockenen Fußes Fische und anderes Wassergetier, Pflanzen, Miniaturmodelle oder Taucher-Puppen in stilechter Umgebung zu filmen. Darüber hinaus erweist sich das Spezialobjektiv als äußerst nützlich bei Aufnahmen durch Maschendraht und dichtes Gestrüpp oder im Innern von Maschinen, Miniaturmodellen und dergleichen.

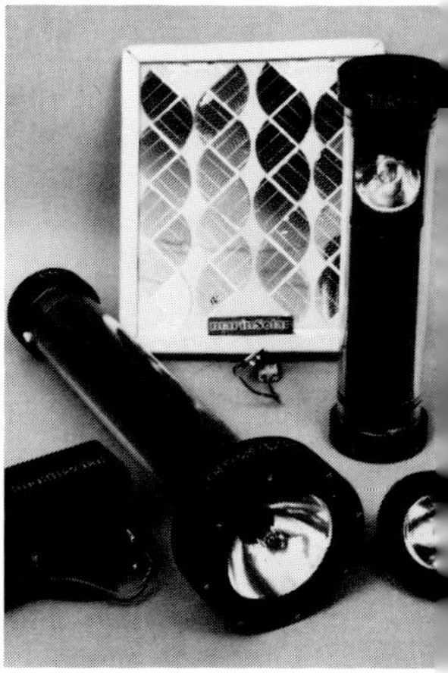

Eigens für Unterwasser-Filmaufnahmen wurde dieser netzunabhängige Zusatzscheinwerfer mit Solargenerator konstruiert. Foto: marinSolar

Die »geflügelten« Kamera

Im Zeitalter des Massen-Tourismus sind die meisten Reisefilme ebensowenig ohne ergänzende und auflockernde Flugaufnahmen denkbar wie die Mehrzahl der Dokumentarberichte über ferne Länder. Das gilt aber auch für moderne Abenteuer- und Kriminalfilme, die fast ausnahmslos mit attraktiven Luftfahrt-Szenen angereichert werden. Im übrigen benutzt man neutrale Flugaufnahmen für allerlei Rückprojektions- oder Frontprojektionstricks mit miniaturisierten Superhelden, UFOs und anderen utopischen Luftfahrzeugen. Solche Aufnahmen sind wesentlich leichter zu realisieren als gemeinhin angenommen wird. Im Gegensatz zu Unterwasser-Aktionen ist nämlich weder eine besondere Ausbildung des Operateurs noch Spezialzubehör für die Kamera erforderlich. Allerdings müssen auch hier gewisse Regeln eingehalten werden, wenn man erstklassige Bildresultate erwartet. Übrigens sind in den meisten Ländern Luftaufnahmen in und aus Verkehrsmaschinen im Liniendienst prinzipiell gestattet.

Sofern nicht ausdrücklich neutrale Bildinhalte erwünscht sind, (vorüberziehende Wolkenfelder, unidentifizierbare Landschaftsfragmente), die am besten aus Jets gefilmt werden, gelingen die reizvollsten Szenen bei Flügen mit relativ langsamen Propellerflugzeugen und Helikoptern. Die günstigsten Plätze für Kameraleute befinden sich an den Kabinenfenstern unmittelbar vor oder hinter den Tragflächen. Aus dieser Position kann man wahlweise neutrale Einstellungen filmen oder Teile von Tragfläche und Triebwerken als statische Bezugspunkte für das Zuschauerauge in den Bildvordergrund einbeziehen. Gefilmt wird (auch bei Gegenlicht) mit der Belichtungsautomatik; ein UV-, Skylight-, Haze- oder Polarisationsfilter verbessert die Motivwiedergabe durch Eliminierung von atmosphärischem Dunst und durch Intensivierung der Farben. Das Objektiv wird so nahe wie möglich an die Scheibe des Kabinenfensters herangeführt, ohne diese zu berühren, damit sich die Vibrationen der Maschine nicht auf die Kamera übertragen. Gemäßigte Zeitdehnung (z. B. mit 24 oder 36 B/Sek.) verhilft in manchen Aufnahmesituationen zu hübschen »Schwebeeffekten« mit äußerst ruhigem Bildstand. Die visuell ergiebigsten Motive bieten sich dem Kameramann während des Starts, beim Kurswechsel und während der Landung. Für Innenaufnahmen empfehlen sich XL-Vorrichtung und kurze Objektivbrennweiten.

Panorama-Faszination

Ursprünglich nur als zugkräftige Neuerung für den Konkurrenzkampf des professionellen Kinofilms gegen das übermächtige Fernsehen gedacht, entwickelte die optische Industrie in den fünfziger Jahren zahlreiche »Breitbild«-Systeme, die dem Zuschauer auf der Leinwand des Lichtspieltheaters einen nie zuvor erlebten pseudoplastischen Panorama-Effekt vermittelten. Das breite Bild gewann die Sympathie des Publikums, so daß sich die leistungsfähigsten Aufnahme- und Wiedergabe-Verfahren durchsetzen konnten. Heute kann man sich einen Kino-Alltag ohne ». . . -Scope« oder ». . . -Rama« - Filme kaum noch vorstellen.

Im Reigen der optischen Spezialtechniken nehmen »anamorphotische« Systeme in Form von Objektiven oder Konvertern insofern eine Sonderstellung ein, als sie bei maximaler Wirkung nur minimalen technischen und finanziellen Aufwand erfordern. Der älteste praktikable »Wide-Screen«-Prozeß dieser Art trägt die Bezeichnung »CinemaScope«. Er wurde 1937 von Henri Chrétien erfunden, aber erst sechzehn Jahre später durch die Centfox einer staunenden Öffentlichkeit präsentiert. Sämtliche vergleichbaren Techniken (Panavision, SuperScope, Totalvision usw.) basieren auf dem meistgebräuchlichen CinemaScope-Verfahren. Der entscheidende Vorteil des anamorphotischen Prinzips gegenüber »Cinerama«, »Todd-AO«, »VistaVision« und ähnlichen Breitbild-Systemen (Kap. 1) besteht darin, daß lediglich eine Veränderung des *Bild*formates eintritt, während das *Film*format unbeeinflußt bleibt. Nach internationaler Norm (Academy Aperture) weist das Standardbild unabhängig von der verwendeten Filmbreite ein Seitenverhältnis von 1,33:1 auf (Ausnahme: 70-mm-Format). Der Panorama-Effekt des »Scope«-Bildes kommt dadurch zustande, daß man das Kameraobjektiv mit einem »Anamorphot« koppelt, der die Motive in horizontaler Richtung optisch »zusammenpreßt« und für die Projektion wieder entzerrt.

Bei seitlich erweitertem Blickfeld, aber unveränderter Bildhöhe und gleichbleibender Abbildungsgröße wird auf der Leinwand – je nach Vorsatz-Typ – ein Breitbild im Seitenverhältnis von mindestens 2:1 sichtbar (die Bildbreite entspricht der doppelten Bildhöhe). Für Hobbyfilmer ist vor allem die Tatsache maßgebend, daß nach langer Pause gegenwärtig wieder mehrere anamorphotische Systeme für die Anpassung an Super-8-, Single-8- und 16-mm-Geräte erhältlich sind. Mit entsprechenden Adaptern oder Halterungen ausgestattet, lassen sich solche Vorsätze sowohl mit den Zoom-Objektiven der meisten Kameras (mittlere und verlängerte Brennweiten) als auch mit beliebigen Projektionsoptiken kombinieren. Außerdem wird für Aufnahme und Wiedergabe derselbe Breitbild-Vorsatz verwendet. Verfügbar sind Anamorphote mit Dehnungsfaktor 1,5 (z. B. »Super-80-Magnum« für ein Seitenverhältnis von 2:1 bei 50 % zusätzlicher Bildbreite) oder Dehnungsfaktor 2 (z. B. »Kowa-Prominar 8Z« für das echte CinemaScopeFormat im Seitenverhältnis 2,66:1 bei einem Bildbreiten-Gewinn von 100 %).
Über das umfangreichste Lieferprogramm neuer anamorphotischer Objektive verfügt jedoch die Firma Isco, eine Tochtergesellschaft der Schneider-Optik. Sie offeriert mehrere Typen mit unterschiedlichen Dehnungsfaktoren, wobei die Konzeption auf moderne Aufnahme- und Wiedergabegeräte mit großen Objektivdurchmessern abgestimmt ist. Mit Ausnahme eines einzigen Modells sind sämtliche *Aufnahme*-Anamorphote als Vorsätze ausgebildet, die sich durch entsprechende Adapter mit allen handelsüblichen Objektiv-Fabrikaten koppeln lassen. Im *Projektions*bereich gibt es einen anamorphotischen Vorsatz und zwei Breitbild-Vollobjektive (1,3/320 mm). »Iscorama«-Anamorphote setzen sich stets aus vier Zylinderlinsen in zwei Gliedern zusammen, die je nach Ausführung und Verwendungszweck durch ein mehrlinsiges Grundobjektiv beziehungsweise durch Fokussiereinrichtung und Einstellsystem für die Achsenausrichtung ergänzt werden. Gegenwärtig stehen folgende Super-8-*Aufnahme*-Anamorphote für ein Seitenverhältnis von 2:1 (1,5x/50 % zusätzliche Bildbreite) mit Anpassung an entsprechende Kamera-Objektiv-Durchmesser zur Verfügung: Iscorama-Vorsätze 1,5x – 29, 1,5x – 36, 1,5x – 49 und 1,5x – 54 (insbesondere für die Kombination mit funktionsfähigen Zoom-Objektiven); Iscorama-Objektiv 1,8/310 mm – 1,5x mit C-Mount-Anschluß für Wechselobjektiv-Filmkameras. Für die *Wiedergabe* selbst aufgenommener Breitbild-Filme wurde das Projektionsobjektiv Iscorama S83/31,5x entwickelt, das mit Adaptern für alle gängigen Stumm- und Tonfilm-Projektoren lieferbar ist. Der stilechten und optisch vollkommenen Wiedergabe von Super-8-Kauffilmen, die nach dem »Cineavision«-Verfahren von echten CinemaScope-Kinofilmen umkopiert wurden, dienen der Projektionsvorsatz Iscomorphot S8/32x und das Projektionsobjektiv Iscorama S8/2x. Beide Optiken liefern ein Breitbild im Seitenverhältnis von 2,35:1 (Bildbreitengewinn von etwa 89 % gegenüber dem Normalformat). Nach dem »Cineavision«-System entstandene Super-8-Tonfilmkopien werden unter anderem von Centfox, Columbia, MGM und Paramount (alle USA) produziert; andere anamorphotisch aufgenommene Breitbild-Filmkopien sind bei Iver-Film (England) und ähnlichen Vertriebsunternehmen erhältlich.

Die optische Industrie offeriert unter anderem ein Breitbild-Aufnahmeobjektiv für Super-8-Kameras (Cinegon 1,8/10 mm/1,5x) und ein Projektionsobjektiv für das »Cineavision«-System (Iscorama S8/2x).
Fotos: Isco

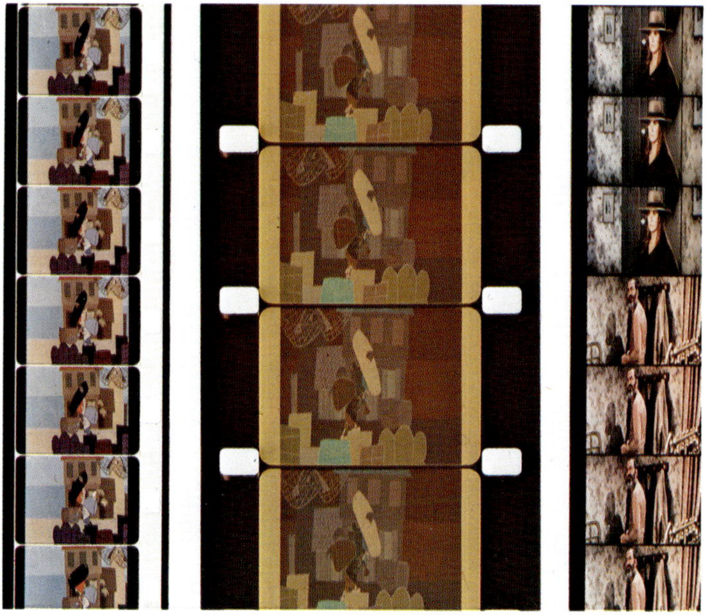

Das »Cineavision«-Breitbild-System: bisher übliches Kopierverfahren mit seitlichem Bildverlust (links); von 35 mm auf 16 mm umkopiertes Cineavision-Bild (Mitte); endgültige Super-8-Kopie (rechts).
Abbildungen: Animex

Natur-, Ausstattungs- und Action-Filme sind für breite Bildformate förmlich prädestiniert. Um Panorama-Motive voll zur Geltung zu bringen, sollte man die pseudoplastische Wirkung durch entsprechende Bildkomposition und geeignete Bewegungsvorgänge unterstützen: maximaler Schärfentiefenbereich, ausgewogene Verteilung der Bildschwerpunkte, Tiefen-Staffelung der Motive mit auffälligen Vordergrund-Details, Durchblicke, Objektbewegungen in Aufnahmerichtung, echte Fahraufnahmen usw. (Stative für die Kamerastabilisierung dringend empfohlen). – Bei Filmen im normalen Bildformat läßt sich »Anamorphose« als Mittel optischer Verzerrung auswerten. Mit feststehendem oder langsam rotierendem Objektivvorsatz werden Gags erzeugt, Titeltexte verfremdet, Träume und Visionen visualisiert oder Naturkatastrophen dargestellt (Wirkungssteigerung bei freistehenden Aufnahmeobjekten vor einfarbigen Kulissen möglich).

Mit dem »U.S. Scope«-System macht Kowa als erster und bisher einziger Hersteller das anamorphotische Prinzip für einen ganz anderen Zweck, nämlich für die Verdoppelung der Bildkapazität von Super-8-Kassettenfilmen, nutzbar. Das patentierte Verfahren kehrt den üblichen Vorgang gewissermaßen um, indem es die Motive bei der Aufnahme in vertikaler (!) Richtung zusammenpreßt und somit die Bildhöhe um 50% verringert. Durch anamorphotische Entzerrung bei der Wiedergabe erfolgt eine Umwandlung der Bilder auf das Standard-Seitenverhältnis von 1,33:1. Der eigentliche Nutzen dieses sogenannten Halbformat-Systems besteht darin, daß man auf einem normalen Kassettenfilm die zweifache Anzahl Einzelbildchen speichern, also die Aufnahmedauer bei gleichbleibendem Materialverbrauch verdoppeln kann (Nachsynchronisation auf Magnettonrandspur möglich). Die Anwendung des »U.S. Scope«-Verfahrens ist allerdings nur mit einer speziellen Super-8-Spiegelreflex-

Die »U. S. Scope«-Spezialkamera erzeugt durch »umgekehrte« Anamorphose die doppelte Anzahl Super-8-Bildchen.
Fotos: Kowa

kamera und einem besonderen Tageslicht-Tonfilmprojektor möglich (für U.S. Scope und normal aufgenommene Super-8- oder Single-8-Filme geeignet).

Action in drei Dimensionen

Nachdem der Kino-Pionier Friese-Greene bereits vor der Jahrhundertwende die erste Kamera für steroskopische Filmaufnahmen konstruiert hatte, tauchten im Laufe der Zeit regelmäßig kinematografische Systeme für die Aufnahme und Wiedergabe plastischer, also räumlich wirkender Bilder auf. Endlich konnten sich zwei Versionen der gleichen Technik, wie sie schon von Daguerre und seinen Zeitgenossen für stereoskopische Fotos angewandt worden war, auch im Bereich der Filmtechnik durchsetzen. Als sich die amerikanische Kino-Industrie in den frühen fünfziger Jahren ernsthaft gegen die TV-Konkurrenz zur Wehr zu setzen begann, wurden »3-D Movies« – ähnlich wie die verschiedenen Breitbild-Verfahren – prompt zu Waffen im Wettstreit um die Gunst des Publikums umfunktioniert. So war es kaum verwunderlich, daß Hollywood und die restliche Welt mit Verfahren wie »Natural Vision«, »Metrovision« oder »Paravision« einen wahren Stereo-Boom erlebten. Damals gehörten vor allem Action-Filme wie »Der Schrecken vom Amazonas«, Hitchcocks »Bei Anruf Mord«, »Fort Ti«, »Der Mann im Dunkel« oder »Das Kabinett des Professor Bondi« zu den Kassenschlagern. Ge-

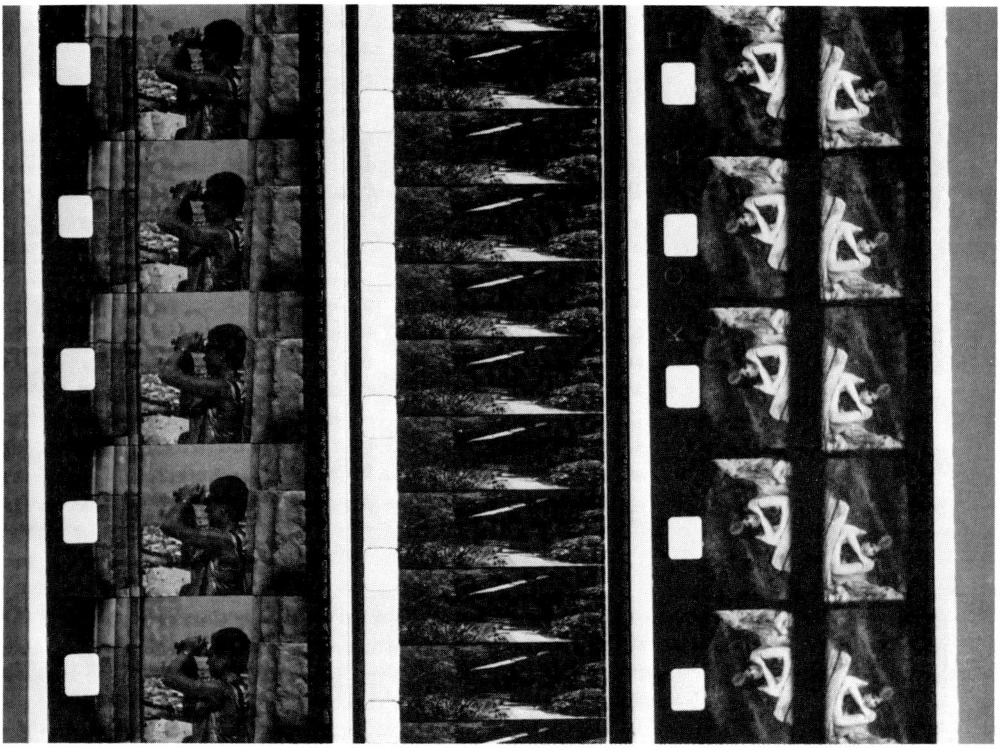

Super-8-Sonderverfahren im Vergleich: Normalformat (links), U.S. Scope-System (Mitte), Elmo-3-D-Film (rechts).

genwärtig feiert der dreidimensionale Kinofilm nicht nur auf dem Jahrmarkt, sondern auch in Lichtspieltheatern ein beachtliches Comeback. Außer Wiederaufführungen älterer Produktionen gibt es zahlreiche neue Spielfilme, die mit eingestreuten 3-D-Szenen vorwiegend erotischen Inhalts angereichert sind (z. B. »Four Dimensions of Greta«, »Bellboy and the Playgirls«, »Andy Warhol's Frankenstein«). Für die Zukunft zeichnet sich eine Entwicklung ab, die mit Dennis Gabors Erfindung des »holographischen« Prozesses für die Herstellung dreidimensionaler »Rundum«-Bilder durch kohärentes Laser-Licht anstelle von Kamera und Objektiv begann. Waren zunächst nur einfarbige und statische Aufnahmen realisierbar, so hat man inzwischen mehrfarbige »Multiplex Holograms« entwickelt, die in einer transparenten Plastiktrommel bei allmählichem Positionswechsel des Betrachters echte Bewegungsabläufe zeigen. Diese Vorläufer der künftigen »Cineholography« sind bereits heute zum Stückpreis von etwa hundert U. S. Dollars auf dem Versandwege erhältlich (bei Edmund Scientific Co.).
Alle bisher produzierten Filme entstanden jedoch nach der traditionellen Methode zur Herstellung von Stereo-Abbildungen. Dieses Verfahren imitiert das Prinzip des Sehvorgangs, indem es mit jeweils zwei Bildern des gleichen Motivs in geringfügiger seitlicher Verschiebung operiert. Die Aufnahme erfolgt in der Regel mit zwei gekoppelten, synchron arbeitenden Kameras, deren Objektive im menschlichen Augenabstand von etwa 65 mm nebeneinander angeordnet sind. Bei fortschrittlichen Systemen werden die Doppelbilder für die Wiedergabe über- oder nebeneinander auf einen gebräuchlichen Filmstreifen beliebiger Breite kopiert. Bei der Vorführung von 3-D-Filmen darf jedes unserer Augen nur eines der beiden Bilder wahrnehmen, denn erst durch die Verschmelzung zweier geringfügig differierender und getrennt empfangener visueller Reize läßt sich der Eindruck räumlicher Tiefe im Gehirn rekonstruieren. Da beide Teilbilder gleichzeitig, aber seitlich versetzt auf der Leinwand erscheinen, muß die Trennung durch optische Hilfsmittel in Form von Projektionsfiltern und entsprechenden Betrachtungsbrillen erfolgen. Das ältere »Anaglyphenverfahren« bedient sich zur Erzeugung schwarzweißer Bilder je eines roten und blaugrünen Filters. Es dürfte interessant sein zu erfahren, daß bei Universal/Piccolo erstmals 1978 Super-8-Tonfilm-Ausschnittkopien von Jack Arnolds 3-D-Schockern »Gefahr aus dem Weltall« und »Der Schrecken vom Amazonas« erschienen sind (kopiert im Anaglyphenverfahren). Beim moderneren »Polarisationsverfahren«, das die Verwendung beliebigen Farbfilmmaterials erlaubt, stattet man Kameras, Projektor und Betrachtungsbrillen mit jeweils zwei unterschiedlichen Polfiltern aus, damit das Licht der beiden Teilbilder durch Polarisation in entgegengesetzten Richtungen schwingt (Projektion nur auf metallisierter Bildwand möglich). Für den Freizeitfilmer hat die Firma Elmo ein Gerätesystem entwickelt, das auf dem Polarisationsverfahren beruht und in Verbindung mit Kameras und Projektoren des gleichen Fabrikats die Herstellung und Vorführung echter 3-D-Filme im Super-8-Format gestattet. Anstelle der professionellen Doppelkamera benötigt man hier lediglich eine einzige Aufnahmeapparatur aus der Serienproduktion, die mit einem strahlenteilenden Spiegelvorsatz ausgestattet ist. Dieser »Stereo Motion

Echte Stereo-Filme werden mit dem gleichen strahlenteilenden Spiegelvorsatz aufgenommen und projiziert.
Fotos: Elmo

Picture Adapter« wird sowohl für die Aufnahme als auch für die Wiedergabe verwendet. Er zeichnet jeweils zwei Querformat-Bilder zwar nebeneinander, aber um 90^0 verdreht auf einer Super-8-Einzelbildfläche auf und bringt sie bei der Vorführung wieder in die richtige Lage. Diese Anordnung verhindert jeglichen Verlust an Filmmaterial. Für Aufnahmetechnik und Bildkomposition gelten in etwa die gleichen Regeln wie bei der Gestaltung von Breitbild-Filmen (ausgedehnte Schärfenzone, ausgeprägte Staffelung der Motivebenen in Aufnahmerichtung, gegen

Das »Anaglyphen-Verfahren« liefert durch verschiedenfarbige Filterung der zusammenkopierten Stereo-Bilder den beabsichtigten 3-D-Effekt.
Foto: Columbia

Mit anamorphotischen Objektiven wird das Bild bei der Aufnahme horizontal komprimiert (unten) und durch Projektion wieder entzerrt.
Fotos: Isco

die Kamera gerichtete Aktionen als besondere Effekte und optische Schocks).

Hochfrequenz-Effekte

In vielen wissenschaftlichen Bereichen dient der Film seit Jahrzehnten als unentbehrliches Instrument der Forschung und Analyse. Außer der Einzelbild-Zeitraffung wendet man hier besonders häufig die »Hochfrequenz-Kinematographie« an, mit der Experten ganz erstaunliche Resultate erzielen. Unter diesem Sammelbegriff sind alle jene aufnahmetechnischen Sonderverfahren zusammengefaßt, die durch übersteigerte Zeitdehnung extrem schnell ablaufende Vorgänge für das Auge erkennbar machen, sobald der Filmstreifen mit normaler Projektionsfrequenz von 24 oder 18 B/Sek. wiedergegeben wird. Durch drastisch erhöhte Bildwechselgeschwindigkeiten bei der Aufnahme ermöglicht man die Untersuchung und Kontrolle technischer Abläufe, medizinischer Ent-

wicklungen, industrieller Fertigungsprozesse, sportlicher Leistungen usw.
Für die professionelle Anwendung stehen spezielle Aufnahmegeräte unterschiedlicher Bauart zur Verfügung, die auf nahezu unglaubliche Bildfrequenzen eingestellt werden können. Als »schnellste« Apparatur gilt die elektronische »Imacon«Kamera mit ihren Bildwechselgeschwindigkeiten von 75 bis 600 Millionen (!) Bildern je Sekunde. »Normale« 16-mm-Hochfrequenz-Kameras, bei denen herkömmliche Filmtransportsysteme aus konstruktiven Gründen durch rotierende Prismen ersetzt sind, bringen es aber immerhin noch auf 20000 Bilder je Sekunde. Überall dort, wo aus finanziellen Gründen auf den Einsatz dieser teuren Gerätschaften verzichtet werden muß, bewährt sich eine konkurrenzlose Hochfrequenz-Kamera für beliebige Super-8-Kassetten aus der Serienproduktion. Unter der Bezeichnung »Cine 8 Model SP-1R« bringt die Visual Instrumentation Corp. ein Aufnahmegerät auf den Markt, das nicht nur für wissenschaftliche Zwecke, sondern auch für die bildmäßige Anwendung geeignet ist (ästhetische Bewegungsstudien, visuelle Symbolik). Zeitdehnungs- und andere Filmtransporttricks werden in Kap. 11 dieses Buches ausführlich behandelt. Die »SP-1R« kann zwar maximal »nur« 250 B/Sek. aufzeichnen, das bedeutet jedoch im Vergleich zu den gebräuchlichen Zeitdehner-Gängen von Super-8-Kassettenkameras (in der Regel bis zu 54 B/Sek.) eine enorme Steigerung. Wenn man die übliche Projektionsfrequenz von 18 B/Sek. zugrunde legt, läßt sich eine fast vierzehnfache Verlangsamung aller dargestellten Bewegungsvorgänge erzielen (15 m Kassettenfilm laufen während der Aufnahme in knapp 14 Sek. ab). Die kompakte Spezialkamera läßt – bei präziser Digitalanzeige – eine stufenlose Frequenz-Regelung von 20 bis 250 B/Sek. zu (Varioverschluß 10^0 bis 160^0 für Einzelbild-Belichtungszeiten zwischen $^1/_{20}$ und $^1/_{9000}$ Sek.). Mit zusätzlichem Impulsgeber sind Aufnahmen mit 1 bis 20 B/Sek. möglich. Das Gerät ist für Objektivwechsel eingerichtet (C-Mount); es verfügt über ein Reflexsucher-System und elektromotorischen Antrieb (28-Volt-Batterie).

Die einzige Hochfrequenzkamera für handelsübliche Super-8-Kassettenfilme liefert bis zu 250 B/Sek.
Foto: Weinberger

19 Geheimnisvolle Profi-Werkstatt

Zwar prophezeit man der kommerziellen Filmindustrie seit vielen Jahren einen raschen Untergang, doch die »Dream-Factories« verzeichnen heute trotz pausenloser Kassandrarufe größere Erfolge und Profite als zu irgendeinem früheren Zeitpunkt. Die hohe Beteiligung tricktechnisch angereicherter Filme an den Top-Kassenschlagern dürfte lediglich für Außenstehende überraschend sein, denn speziell auf diesem Sektor hat es in jüngster Vergangenheit zahlreiche echte Innovationen gegeben. Hollywood schläft nämlich keineswegs, und seine Techniker ruhen sich durchaus nicht auf ihrem Lorbeer aus! Jene Filmemacher, die dem anhaltenden Trend zum Action-Abenteuer oder zur Fantasy-Story folgen, haben die ursprüngliche Funktion des Kinos als großes, schönes, unterhaltsames und (ent-)spannendes Schauvergnügen wiederentdeckt. Sie wissen aber auch, daß totale Visualisierung nur bei konsequenter Anwendung aller erdenklichen Tricks und Sonderverfahren möglich ist. Perfekte optische Illusionen besitzen nämlich von jeher eine ganz eigenartige Faszination, die das Publikum voller Vorfreude und gespannter Erwartung in die Lichtspielhäuser lockt. George Pal, ehemaliger Puppenfilmer, »Oscar«-Preisträger und Schöpfer weltbekannter Filme wie »Endstation Mond«, »Kampf der Welten«, »Der kleine Däumling«, »Die Zeitmaschine«, »Die Wunderwelt der Gebrüder Grimm«, hat also durchaus recht, wenn er behauptet: »Spezialeffekte können ebensolche Spitzenstars sein wie irgend jemand oder irgend etwas in diesem Geschäft.«

Das Gaukelspiel der Kino-Magie erreicht dort seinen Höhepunkt, wo man jene Tricktechniken anwendet, die für Berufsfilmer »reserviert«, dem Amateur also in der Regel nicht zugänglich sind. Das darf aber keinen Freizeitfilmer daran hindern, diese bravourös inszenierten Täuschungsmanöver zu studieren, zu analysieren und gewonnene Erkenntnisse für die eigene Praxis auszuwerten. Deshalb beschäftigt sich dieses Kapitel in erster Linie mit Fakten und Tendenzen aus der Welt des Berufsfilms, gewährt also einen Blick hinter die Kulissen professioneller »Special Effects Shops«. Sein Inhalt hat vorwiegend informativen Charakter, trägt aber zum besseren Verständnis der Materie bei, beflügelt die Phantasie und regt die Experimentierfreude an, indem er gewisse »Ersatzlösungen« für den Hobbybereich offeriert.

Maschinen für Spezialeffekte

Im Atelier und »on location«, im Trick-Studio und im Labor umgibt sich der professionelle Filmemacher mit einer Vielzahl unentbehrlicher »Roboter«, die in Form von Maschinen, Hilfsapparaten und mechanischem Zubehör dazu beitragen, daß viele große und kleine Sensationen auf der Leinwand Gestalt annehmen.

Im Film- und TV-Alltag bewähren sich unablässig jene nützlichen Elektrogeräte, mit denen man synthetisches Wetter und andere »atmosphärische« Tricks realisiert (Kap. 5). Bei Mole-Richardson, Stiers und anderen Unternehmen können die gewünschten Apparaturen entweder im Leasing-Verfahren oder aber käuflich erworben werden. Als bevorzugtes Requisit der Wettermacher fungiert die sogenannte Windmaschine. Das ist ein überdimensionaler, durch Halterung und Fahrstativ beweglich gemachter Ventilator, dessen Luftstrom beliebig gesteuert und stufenlos auf jede Windstärke zwischen »Brise« und »Orkan« eingestellt werden kann. »Nebelmaschinen« (Fog Makers) erzeugen wahlweise Dunst, Nebelschwaden oder Rauch und sind infolgedessen besonders vielseitig verwendbar. Ein solches Gerät funktioniert nach dem Dampfkessel-Prinzip; es besteht im wesentlichen aus Aggregat (Elektro- oder Verbrennungsmotor), Regelmechanismus und Tank für flüssige Chemikalien (Fog Juice, Fog Chaser u. ä.). Der Erzeugung schweren Bodennebels dienen spezielle Trockeneis-Nebelmaschinen. Eine Sonderstellung nimmt die »Spinnwebmaschine« (Cobweb Spinner von Mole oder Stiers) ein, denn sie produziert tatsächlich beim Druck auf einen Schalter beliebige Mengen täuschend echten Spinnengewebes für die Vervollständigung von Kriminal- oder Horror-Film-Sets. Die handliche Maschinerie setzt sich aus Elektromotor mit Pistolengriff, angesetztem Ventila-

Die Hochfrequenzkamera mit dem ausgefallenen Design registriert auf 16-mm-Film bis zu 10000 Bilder je Sekunde.
Foto: JHPI

Der elektronisch gesteuerte »Animation Stand« kombiniert mit einem »Aerial Image Projector«, zaubert nachträglich verblüffende Bildkombinationen.
Foto: Neilson-Hordell

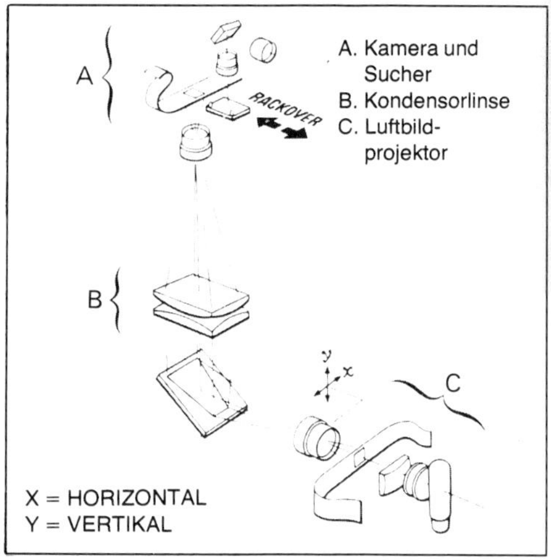

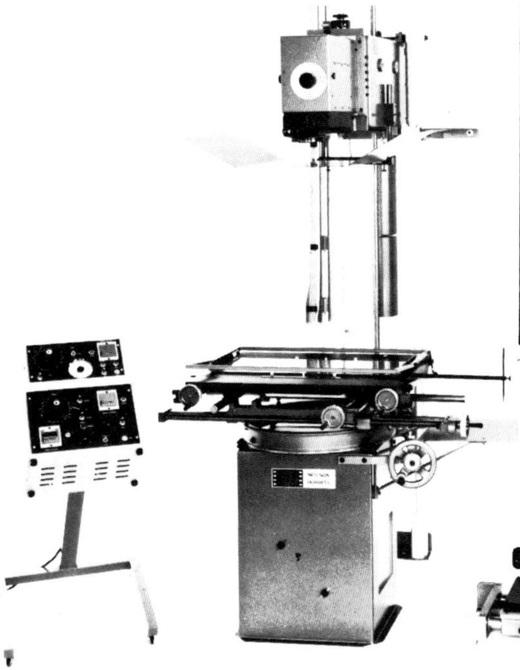

Stark vereinfachte Darstellung der zahlreichen Kopiervorgänge auf dem Wege vom Urmotiv bis zur Wandermasken-Kombination.

tor und integriertem Miniaturtank zusammen. Ihr ganzes Geheimnis besteht in der Verwendung einer latexähnlichen Flüssigkeit, die aus einer feinen Düse des Behälters austritt und durch die Rotation des Ventilatos in etwa 1 bis 3 m Entfernung zu dünnen, flexiblen Fäden erstarrt.

Herzstück des professionellen Trick-Studios ist der »Animation Stand« (z. B. von Neilson-Hordell), auf dem einerseits komplette Zeichenfilme hergestellt werden, andererseits aber auch alle jene »zweidimensionalen« Ergänzungstricks entstehen, die man nicht auf andere Weise realisieren kann. Dazu gehören beispielsweise Filmreproduktionen, Flachmodell-Tricks, Titel-Effekte oder Kombinationsaufnahmen von Realmotiven und Flachmodellen durch Einzelbild-Rückprojektion. Die drei wichtigsten Bestandteile des robust konstruierten und äußerst präzise funktionierenden »Animation Stand« sind: der Kameraträger (Basic Stand) aus stabilen Säulen mit voll beweglichem Schlitten, der ebenfalls in mehreren Richtungen bewegliche tischförmige Unterbau samt Rückprojektionseinrichtung und Drehkranz (Base/Rotation Unit) und der eigentliche Arbeitstisch-Aufsatz mit verschiedenartigen Zusatzmechanismen (Table Top/Compound Assembly). Besonders aufwendige Modelle lassen sich sogar für elektronische Steuerung einrichten. Im Hobby-Bereich kann man den »Animation Stand« vollwertig durch ausbaufähige Titelgeräte oder Tricktische ersetzen, die speziell für Schmalfilm-Kameras entwickelt wurden und ganz ähnliche Möglichkeiten bieten (Kap. 2, 12, 17). Der »Animation Stand« des Berufsfilmers wird im allgemeinen durch eine besondere Kamera ergänzt, deren Konstruktionsmerkmale gänzlich auf Animationstricks ausgerichtet sind: Einzelbild-Motor, starres Sperrgreifer-System für extrem ruhigen Bildstand, verstellbare Sektorenblende, Schaltpult, »Rotoscope«-Vorrichtung für die exakte Koordinierung mehrerer Bildelemente (Hilfsmittel für die Projektion belichteter Filmstreifen durch das Aufnahmebildfenster der Kamera auf den Tricktisch, um handgemalte »Matte Paintings« nahtlos mit »Live Action«-Bildpartien verbinden zu können) usw. Einem ähnlichen Zweck, nämlich der Einzelbild-Projektion von Realszenen für die präzise Ergänzung durch Zeichentrick-Elemente im Stil von »Elliott, das Schmunzelmonster«, dient eine Zusatzapparatur des »Animation Stand« mit der Bezeichnung »Aerial Image Projector«. Hier handelt es sich um eine ausgeklügelte Projektionsanlage, die folgendermaßen funktioniert: der horizontale Lichtstrahl mit den Realaufnahmen des Einzelbildprojektors wird durch einen schrägstehenden Spiegel (45^0) rechtwinklig nach oben abgelenkt, so daß auf der Oberfläche des Kondensorsystems im Tricktisch ein »Luftbild« entsteht. Auf gleicher Ebene sind die inhaltsgerecht bemalten »Cels« (Klarfolien) angeordnet. Die lotrecht über der be- und durchleuchteten Bildfläche angebrachte Animationskamera kann nun das Kombinationsmotiv aus Luftbild (Live Action) und integrierter Phasenzeichnung im Einzelbild-Verfahren reproduzieren: es entsteht die Illusion eines perfekten Zusammenspiels von Aktionen und Reaktionen! Kinobastler können durchaus eine vereinfachte Version dieser Anlage für Schmalfilmzwecke nachbauen, müssen allerdings statt der Kondensorlinsen eine der handelsüblichen Rückprojektionsscheiben verwenden (Kap. 15). – In diesem Zusammenhang erinnere ich an 16-mm- und 35-mm-Spezialkameras für die Hochfrequenz-Kinematographie oder für Aufnahmen mit automatischer Einzelbild-Zeitraffung (Avia – Air Ocean, JHPI, Visual Instrumentations u. a.). Moderne Super-8- und Single-8-Kameras vereinen viele Vorzüge solcher Spezialgeräte, so daß die meisten professionellen Effekte in nahezu gleichwertiger Form nachvollzogen werden können (Kap. 11, 18).

Eine ähnliche Betrachtungsweise empfieht sich für den Vergleich apparativer Voraussetzungen im Hobby-Bereich mit jenem technischen »Wunderwerk« des Berufsfilms, das als Trick-Kopiermaschine oder »Special Effects Step Optical Printer« bekannt ist (z. B. von Oxberry oder Bell & Howell). Der Schmalfilm-Anwender sollte sich nämlich stets der erfreulichen Tatsache bewußt sein, daß er jeden beliebigen aufnahmetechnischen Trick nicht nur selbst konzipieren, sondern auch mit der eigenen Kamera in »hautnaher« Praxis realisieren kann. Der profesionelle Filmemacher genießt dieses Vergnügen oft nur in Teilbereichen, denn er kann bestimmte Effekte zwar detailliert planen, muß ihre Ausführung aber wegen der spezifischen Aufnahmebedingungen dem Fach-

Die faszinierenden Modelltricks im »Krieg der Sterne« entstanden durch »Travelling Matte« mit präziser Computer-Steuerung.
Foto: Centfox

mann im Kopierwerk übertragen. Der »Optical Printer« ist ein sehr komplexes und außerordentlich kompliziertes Gebilde von imposanter Größe. Er verfügt über konstruktive Merkmale mehrerer Kameras und Projektoren sowie über Dutzende integrierter Zusatzgeräte optischer und mechanischer Art; neuere Modelle weisen sogar Computer-Steuerung auf. Eine solche Apparatur ermöglicht unter anderem die nachträgliche (!) Herstellung von Ausschnitt-, »Blow-up«- oder Reduktionskopien; sie ist eingerichtet für Stehkader-Effekte (Freeze Frame), Blendentricks aller Art, Vignettierung, Tonumkehrung (negative Motivwiedergabe), Veränderung des Bildformats oder Anamorphose, Montage getrennt entstandener Bildpartien, Kombination zusammengehöriger Matte-Aufnahmen, Verlängerung oder Verkürzung und sogar Umkehrung von Bewegungsvorgängen . . . Die meisten dieser Tricks sind mit abgewandelten Mitteln auch im Super-8-, Single-8- oder 16-mm-Format, und zwar unmittelbar bei der Aufnahme, realisierbar (vgl. Kap. 2, 4, 8, 11, 14, 15, 18).

Der Film- und TV-Supertrick

Anspruchsvolle Filmemacher, die mit (prä-)historischen, futuristischen, skurrilen, mysteriösen, märchenhaften, phantastischen oder surrealistischen Bildinhalten optimale Wirkung erzielen wollen, bedienen sich mit Vorliebe des »Travelling Matte«- oder »Wandermasken«-Verfahrens. Auffalend viele Spezialeffekte dieses Typs sind beispielsweise in den

Mammutproduktionen »2001: Odyssee im Weltraum«, »King Kong« (Remake), »Krieg der Sterne«, »Straße der Verdammnis«, »Sindbad und das Auge des Tigers« oder »Kampfstern Galactica« enthalten. Die Handhabung der wichtigsten und anspruchsvollsten professionellen Tricktechnik ist sehr kompliziert und erfordert höchste Präzision, man kann aber stets mit Resultaten von überdurchschnittlicher Qualität rechnen. Das Prinzip dieser faszinierenden Kombinationsmethode besteht darin, daß man zwei oder mehrere Motivpartien (z. B. Schauspieler in exotischer Landschaft oder Menschen als Partner scheinbar riesenhafter Dinosaurier-Puppen), die zu beliebigen Zeitpunkten an verschiedenen Drehorten entstanden sind, nahtlos »ineinanderkopiert«. Natürlich ist bei der Aufnahme jedes einzelnen Fragments des Motiv-Puzzles eine äußerst sorgfältige Koordinierung von Proportionen, Perspektiven, Bewegungsabläufen und Ausleuchtung erforderlich. Im Gegensatz zu üblichen »Matte Shots« (mit starren Masken) läßt jetzt der spezielle optische Prozeß eine »wandernde« Maske entstehen, die jederzeit zwangsläufig

WIPE-EFFEKTE für die Kombination zweier Bilder

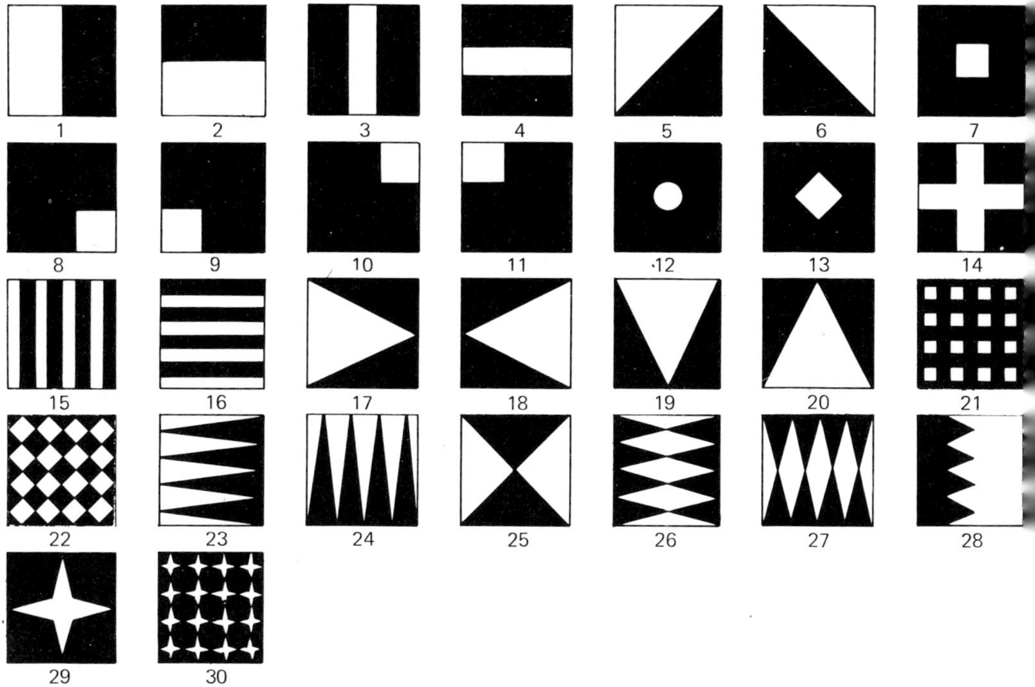

RING- UND POINTERS-EFFEKTE

SPOTLIGHT-EFFEKTE

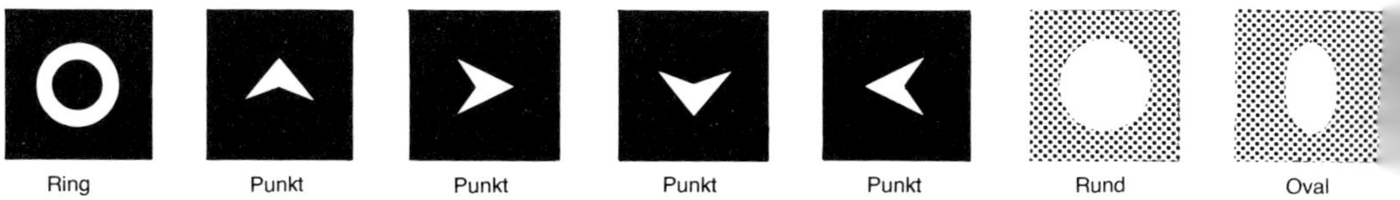

Solche »endlosen« Vervielfältigungseffekte kommen ausschließlich durch elektronisches Feedback zustande.
Foto: ARD/RB

mit den Konturen der beweglichen Aufnahmeobjekte übereinstimmt. Dabei dürfen beliebige Objekt- und Kamerabewegungen stattfinden (einschließlich Zooming für vorgetäuschte Aktionen von Miniaturmodellen in Aufnahmerichtung oder für die Darstellung von kontinuierlichen Vergrößerungs- und Verkleinerungseffekten in gleichbleibender Umgebung). Allerdings sind in wesentlichen Entstehungsphasen der Bildkombination ganz bestimmte Kopiervorgänge maßgebend.

Waren früher schon für die erste Stufe in der Entwicklung eines Wandermasken-Paars mehrere Kopierprozesse mit umständlicher Farbfilterung notwendig, so konnte das »Travelling Matte«-Verfahren durch die Erfindung der heute allgemein gebräuchlichen »Split-Beam«-Kamera wesentlich vereinfacht und abgekürzt werden. Hinter dem Objektiv dieses Aufnahmegeräts befindet sich ein strahlenteilendes Prisma, das auf verschiedenartigen, aber synchron ablaufenden Filmstreifen zwei Bilder mit identischen Motiv-Umrissen aufzeichnet. Nach dem altbewährten »Blue Screen Travelling Matte« oder »Blue Backing«-System (auch »Colour Difference«-Verfahren genannt), läuft der Vorgang folgendermaßen ab (vereinfachte Darstellung): Normal beleuchtete Personen, Miniaturmodelle, Puppen oder andere Objekte agieren vor einem reinblauen Hintergrund (z. B. durchleuchtete Rückprojektionswand). Die strahlenteilende Kamera belichtet nun gleichzeitig einen üblichen Farbnegativfilm und einen speziellen Schwarzweißfilm, der aufgrund seiner besonderen Sensibilisierung und Kontrastwiedergabe automatisch die passende »Travelling Matte« entstehen läßt. Von diesem Wandermasken-Original (»Male« oder »Window Matte«), auf dem der Hintergrund lichtundurchlässig und die Vordergrundobjekte als völlig transparente Zonen erscheinen, wird eine Gegenmaske (»Female« oder »Hold-out Matte«) mit umgekehrten Tonwerten angefertigt (durchsichtige Hintergrundfläche mit opak wiedergegebenen Silhouetten der Aufnahmeob-

Mit einem einzigen TV-Trickmischgerät sind alle diese Video-Versionen der »Travelling Matte« realisierbar.
Zeichnung: Prowest

jekte). Im nächsten Arbeitsgang kombiniert die Kopiermaschine das Original-Color-Negativ mit der ersten Matte und erzeugt somit ein farbiges Duplikat-Negativ, das lediglich die Abbildungen der Vordergrundobjekte in glasklarer Umgebung enthält. Inzwischen hat eine konventionelle Filmkamera irgendwo das zweite Motiv (z. B. Hintergrund) aufgenommen. Dieses Farbnegativ läuft zusammen mit der Gegenmaske durch den »Optical Printer«, so daß ein Duplikat mit durchsichtigen Silhouetten der Vordergrund-Motive entsteht. Der Rest ist einfach: Die Kopiermaschine vereinigt die beiden Duplikate zum endgültigen Color-Negativ, auf dem Personen oder Miniaturen unmittelbar in der vorgesehenen Umgebung zu agieren scheinen.

Die Anwendung des »Blue Backing« erfordert besondere Sorgfalt, denn jede Ungenauigkeit verdirbt den Effekt durch auffällige Bildfehler: reinblaue Details der Vordergrundmotive verursachen »Löcher«, die den einkopierten Hintergrund durchschimmern lassen; feine Einzelheiten wie Haare, dünne Netze oder halbtransparente Textilien erfahren unter Umständen häßliche Farbverfälschungen; nachlässig kopierte Masken umgeben die Aufnahmeobjekte mit leuchtend blauen oder doppelbelichteten Konturen (»Blue Fringes« oder »Matte Lines«). Deshalb bevorzugt man heute vielfach den »Sodium Matte«- oder »Sodium Light«-Prozeß (»Yellow Backing«), der sich zwar nicht in den einzelnen Herstellungsphasen, aber in gewissen aufnahmetechnischen Details vom »Blue Backing« unterscheidet. Der ausschlaggebende Vorteil besteht darin, daß Fehler der beschriebenen Art praktisch ausgeschlossen sind. Beim »Yellow Backing« dient eine Reflexionswand, die mit reingelbem Sodium-Licht (Natriumdampflampen) angestrahlt ist, als neutralisierende Kulisse. Vor dieser Fläche plazierte Objekte werden mit üblichem Kunstlicht beleuchtet, dem man durch Filterung die Gelbanteile entzogen hat. In seiner zusätzlichen Filterfunktion läßt das Prisma der modifi-

Von Unterwasser-Basen aufsteigende Raumschiffe sind das Ergebnis komplizierter »Blue Screen Shots«.
Foto: Bavaria-Film

zierten »Split-Beam«-Kamera für den Negativfarbfilm nur das reflektierte Licht der Vordergrundobjekte durch, für den schwarzweißen Matte-Film hingegen nur das gelbe Hintergrundlicht. Die Weiterverarbeitung erfolgt in gleicher Weise wie bei der »Blue Screen Travelling Matte«-Methode. – In der Praxis hat sich herausgestellt, daß man mit Schmalfilm-Geräten zwar nicht die gleichen, aber doch sehr ähnliche Ergebnisse erzielen kann. Empfohlen werden sowohl »Matte Shots« (mit starren Masken) als auch Rückprojektion und Frontprojektion (Kap. 15), in Ausnahmefällen sogar Flachmodelltricks (Kap. 12). – TV-Magier bedienen sich übrigens zahlreicher elektronischer Versionen der beschriebenen Sonderverfahren, die sie »Blue Box«, »Cox Box« oder »Chromakey« nennen. Ihre Video-Mixer, Signal-Generatoren und Farbsynthesizer bieten den unschätzbaren Vorteil, sämtliche Tricks unmittelbar nach der Realisierung beurteilen und schon während ihrer Entstehung ohne weitere Bearbeitungsphasen auf Magnetband speichern zu können. Mit solchen elektronischen Spezialanlagen lassen sich keineswegs nur Effekte im »Travelling Matte«-Stil ausführen. Bei entsprechender Programmierung sind zahlreiche andere Tricks realisierbar: statische oder bewegliche Vignetten-Effekte, Überblendungen, Mehrfachbelichtungen, Vervielfältigung durch optisches »Feedback«, nachträgliche Zeitdehnung, spiralförmige »Bildverdrängung«, Umwandlung realer Motive nach Art von Strichzeichnungen oder fotografischen Reliefdrucken usw.

Ray Harryhausen entwickelte mit der »Dynarama«-Technik das Zusammenspiel von Trickfiguren und Menschen zu äußerster Perfektion.
Foto: Warner Bos.

Fünfmal Kino-Magie

Ray Harryhausen, Top-»Animator« des internationalen Fantasy-Films, begann seine Karriere gegen Ende der dreißiger Jahre als Mitarbeiter von George Pal, der damals noch Kurztrickfilme (»Puppetoons«) produzierte. Später stellte er zahlreiche Puppenfilme in eigener Regie her. Die große Chance kam jedoch erst Anno 1946, als Harryhausen bei der

Herstellung von »Mighty Joe Young« als Assistent des legendären »King Kong«-Schöpfers Willis O'Brien fungierte und schließlich achtzig Prozent der erforderlichen Animationstricks selbständig ausführte. Der endgültige Durchbruch gelang dem phantasiebegabten und erfindungsreichen Effektspezialisten 1953 mit dem Spielfilm »Panik in New York«. Im Mittelpunkt der Handlung stand ein gigantisches prähistorisches Lebewesen, das die Einwohner einer amerikanischen Großstadt tyrannisierte. Um die Konfrontation lebender Menschen mit dem Ungeheuer einigermaßen glaubhaft darstellen zu können, wandte Harryhausen erstmals eine von ihm entwickelte, inzwischen bis zur Perfektion ausgereifte Methode für die optische Kombination zusammengesetzter Motive aus »Live Action« (Realaufnahmen) und »Stop-motion« (durch Einzelbild-Animation belebte plastische Trickfiguren und Miniaturmodelle) an. Nach diesem Verfahren, das zunächst »Dynamation« oder »Superdynamation« hieß und neuerdings »Dynarama« genannt wird, entstanden jene wunderbaren, sogar für Fachleute verblüffenden Fantasy-Filme wie »Fliegende Untertassen greifen an«, »Herr der drei Welten: Gulliver«, »Die Bestie aus dem Weltraum«, vor allem aber die berühmte »Sindbad«-Trilogie (allesamt mit erstaunlichen Fabelwesen aus Harryhausens eigenem Workshop bevölkert). Wichtigstes und interessantestes Merkmal der »Dynarama«-Szenen ist das gemeinsame Auftreten realer Personen und künstlich belebter Trickfiguren, die nicht nur wechselseitig agieren und reagieren, sondern auch einander umkreisen können. Die vorbildliche Koordinierung und das erstaunlich präzise Zusammenwirken aller Teile des Bild-Puzzles ist unter anderem darauf zurückzuführen, daß Harryhausen bei den zuerst entstehenden Realaufnahmen alle

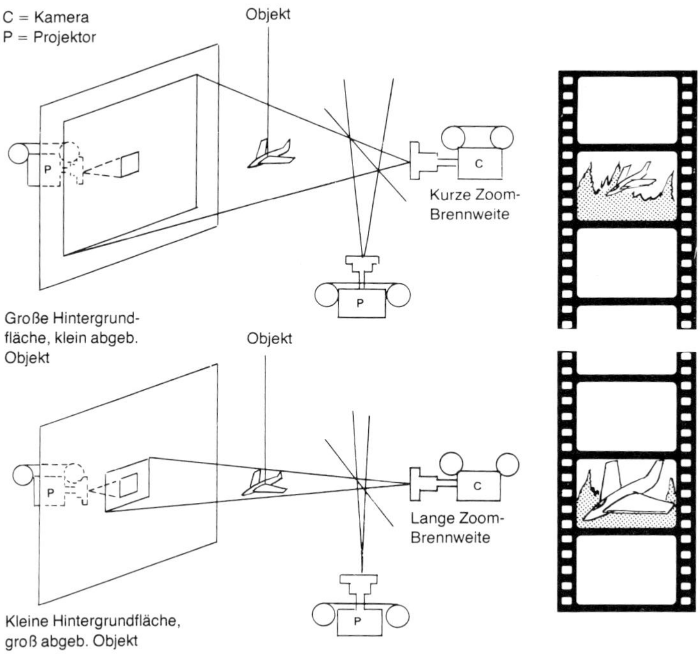

Doppelte »Front Matte« plus »Zoptic« lassen beliebige Größenveränderungen zweier »zusammenkopierter« Motivpartien zu. Zeichnung: Neilson-Hordell

Mögliche optische Bewegungen des Aufnahmeobjekts: nach rechts oder links, nach oben oder unten, ins Bildfeld hinein oder aus dem Bildfeld heraus.

Aktionen der Schauspieler genau auf die minuziös geplanten Puppentricks abstimmt. Im Mittelpunkt des »Dynarama«-Verfahrens steht jedoch ein komplexes System modifizierter aufnahme- und kopiertechnischer Prozesse, die bei manchen Motiven gleichzeitig oder wechselweise angewandt werden. Obwohl der Erfinder nur einen Teil seiner Geheimnisse preisgegeben hat, gilt als erwiesen, daß »Dynarama«-Tricks in erster Linie durch eine Kombination von »Sodium Matte«-Verfahren, »Split Screen«-Technik, Frontprojektion und Einzelbild-Rückprojektion zustande kommen.
In diesem Zusammenhang ist eine neuartige Geräte-Kombination von Neilson-Hordell erwähnenswert, die 1976 patentiert wurde, und die man beispielsweise für die Realisierung der perfekten Flugmanöver im neuen »Superman«-Film verwendete. Der »Dual Screen Front Matte Projector« läßt in Verbindung mit der »Zoptic«-Vorrichtung in einem einzigen Arbeitsgang die Ausführung von Supertricks zu, wie man sie sonst nur auf dem Umweg über einen der »Travelling Matte«-Prozesse realisieren kann. Die wichtigsten technischen Elemente des Systems, also Kamera, Projektor, zwei Zoom-Objektive mit zwanzigfachem Brennweitenbereich, »Beam Splitter« und zusätzlicher (!) Reflexschirm sind in eine fahrbare Anlage integriert. Das »Dual Screen«-Verfahren basiert auf zweifacher »Front Axial Projection« in Verbindung mit einer abgewandelten Form der »Split Screen«-Technik (Kap. 15). Dank zusätzlicher Teilung des Projektionsbildes erlaubt es einerseits die Verwendung kleinerer Reflexionsschirme, andererseits die Ausführung ergänzender Spezialeffekte. Durch synchronisiertes Zooming mit der »Zoptic«-Vorrichtung können Vordergrundobjekte oder projizierte Motiv-Partien scheinbar in Aufnahmerichtung bewegt werden, ohne daß sich die Größenverhältnisse des ebenfalls projizierten Hintergrundes verändern (ideal für schwebende oder fliegende Miniaturmodelle und für sichtbare Metamorphosen von Riesen oder Zwergen).
Spätestens nach der Ausstrahlung von »Thunderbirds« («Feuervögel startbereit«), einer ungeheuer populären utopischen TV-Serie im Gefolge ihrer Vorläufer »Supercar«, »Fireball XL 5«, »Stingray« oder »Joe 90«, galt als sicher, daß der »pure« Trickfilm keineswegs stagniert, sondern durchaus in zeitgemäßer Form realisiert werden kann. Seitdem arbeitet das englische Filmer-Ehepaar Gerry und Sylvia Anderson, das durch die Kombination naturalistischer Miniaturmodelle mit hypermodernen Marionetten bekannt wurde, ständig an der Erfindung und Verbesserung unterschiedlicher Sonderverfahren. Ihre tricktechnischen Innovationen, zusammengefaßt unter dem Sammelbegriff »Supermarionation«, blieben natürlich nicht auf Marionetten-Filme beschränkt. Mit gleichem Erfolg produzierte das Anderson-Team TV-Serien (z. B. »UFO« oder »Mondbasis Alpha 1«) und Kinofilme (z. B »Unfall im Weltraum«), die nach einem neuartigen Konzept aus Miniaturmodelltricks und »Live Action«-Szenen (mit menschlichen Darstellern) zusammengesetzt wurden. Die Stars der ursprünglichen »Supermarionation«-Filme hingegen sind Puppen von 50 cm Größe mit auswechselbaren Köpfen und Händen. Speziell ausgebildete »Puppeteers« verhelfen den Minidarstellern durch haarfeine Stahldrähte zu verblüffend lebensechten Bewegungen. Mit den Suchersystemen der Filmkameras gekoppelte

TV-Monitoren erlauben den Puppenführern eine ständige Kontrolle aller Bewegungsvorgänge. Zu den spektakulärsten Erfindungen der Andersons gehört jedoch die elektronische Steuerung der Mundbewegungen sämtlicher Puppen synchron zu den vorher mitgeschnittenen Dialogen versierter Sprecher. Die komplette Akustik eines solchen Films setzt sich übrigens aus zwölf Tonspuren zusammen. Ebenso bemerkenswert ist die speziell auf Miniaturmodelltricks zugeschnittene Vervollkommnung der Rückprojektionstechnik durch transportable Anlagen, die eine absolut exakte Synchronisation von Kameras und Projektoren bei unterschiedlichen Bildfrequenzen im Vor- oder Rücklauf zulassen. Effekte mit detaillierten Miniaturlandschaften, speziellen Props (z. B. vielseitige Fahr- oder Flugzeugmodelle) und eigens entwickelten pyrotechnischen Hilfsmitteln (z. B. echte Kleinstraketen für Raumschiff-Miniaturen) ergänzen das Repertoire der Puppenfilmemacher.

Zwei kinematografische Meisterstücke lösten 1977/78 weltweit einen Trick-Boom in den professionellen Traumfabriken aus. – Das hinreißende Science-fiction-Märchen »Krieg der Sterne« von George Lucas gehört zu den sensationellsten Kino-Hits unserer Zeit. Der außergewöhnliche Erfolg dieses Films ist in erster Linie auf Miniaturmodelltricks von nie zuvor erreichter Qualität und Dynamik zurückzuführen, für deren Realisierung der Effektspezialist John Dykstra eine völlig neue aufnahme- und kopiertechnische Konzeption entwarf. Mit diesem Konzept und

Gerry Andersons erstaunlich vielseitige »Supermarionation«-Methode verbindet perfekte Modell- und Puppentricks.
Foto: A. P. Films

einer ganzen Reihe ausgeklügelter Hilfsmittel wurden diesem Bereich der Trick-Gestaltung neue Dimensionen erschlossen, gleichzeitig aber auch Maßstäbe gesetzt, an denen sich künftig alle Filmemacher mit ähnlichen Ambitionen orientieren müssen. Als Herzstück der überaus komplizierten Aufnahme-Anlage fungiert die »Dykstraflex«, eine eigens für dieses Filmprojekt entwickelte und in ein elektronisch gesteuertes System mechanischer Vorrichtungen integrierte Aufnahmekamera. Für die Trick-Szenen wurde das »VistaVision«Prinzip gewählt (vgl. Kap. 1), um durch ein größeres Ausgangsformat den Schärfentiefenbereich zu erweitern und trotz der Vielzahl notwendiger Kopiervorgänge (Travelling Matte) eine ausgezeichnete Bildqualität zu erzielen. Ein zusätzliches Plus bietet die beliebige Verwendbarkeit von Wechselobjektiven fotografischer SLR-Systeme. Die unübertreffliche Perfektion der Modelltrick-Illusionen hängt allerdings noch von vielen anderen Konstruktionsmerkmalen dieser bemerkenswerten Spezialapparatur ab. So enthält beispielsweise das optische System der Kamera folgende Vorrichtungen: »Tilt« für die Dehnung der Schärfenzone, »Follow-focus« für den automatischen Schärfenausgleich bei Bewegungen in Aufnahmerichtung, »Rotoscope« für die Koordinierung mehrerer Motivpartien bei Projektion fertiger Filmstreifen durch das Aufnahmeobjektiv. Entscheidend ist jedoch ein voll integrierter, präzise funktionierender Bewegungsmechanismus, mit dem die »Dykstraflex« abwechselnd oder in kombinierten Aktionen horizontal und vertikal, vorwärts und rückwärts, linear und parabolisch »gefahren« werden kann (auch mit zusätzlicher Rotation). Auf diese Weise ist es möglich, bei kontinuierlicher Veränderung des Aufnahmeblickwinkels gezielte Eigenbewegungen drehbarer, ansonsten aber statischer Miniaturmodelle vorzutäuschen. Scheinbar extrem hohe Modellgeschwindigkeiten lassen sich erzielen, indem man das Trägheitsgesetz, dem auch der Bewegungsmechanismus dieser Kamera unterliegt, durch halbierte Aufnahmefrequenz (12 B/Sek.) oder Einzelbild-Zeitraffung umgeht. »Dykstraflex«-Tricks entstehen größtenteils in Verbindung mit dem »Blue Backing«-Prozeß, der für diesen Zweck modifiziert und derart vervollkommnet wurde, daß man im Bedarfsfall bis zu 28 (!) einander ergänzende, aber getrennt aufgenommene Teilmotive nahtlos zu einer einzigen Bildeinheit zusammenfügen kann (z. B. mehrere Raumschiffe, verschiedenartige Laser-Strahlen, Planeten-Oberfläche, bestirnte Weltraum-Kulisse). Präzise Synchronisation sämtlicher Bildelemente ist allerdings nur deshalb möglich, weil Aufnahmeapparatur und Kopiermaschine mit einem Spezial-Computer gekoppelt sind. Der Elektronenrechner übernimmt bei entsprechender Programmierung die Steuerung und Kontrolle aller Entstehungsphasen einer Trick-Szene einschließlich der Datenspeicherung für eventuell notwendige Wiederholungen von Aufnahmevorgängen oder Matte-Kombinationen.

Fast parallel zu »Star Wars« entstand das packende Science-fiction-Epos »Unheimliche Begegnung der dritten Art« von Steven Spielberg mit den überwältigenden, größtenteils neuartigen optischen Effekten von Douglas Trumbull, der bereits mit Trickspezialitäten für Kubricks »2001: Odyssee im Weltraum« und mit seinem Regie-Debüt »Lautlos im Weltraum« Aufsehen erregt hatte. Der entscheidende Unterschied zum

»Krieg der Sterne« bestand darin, daß hier die überwiegende Mehrzahl der »Process Shots« als Kombinationsaufnahmen aus »Live Action« und optischen Effekten konzipiert waren. Im Mittelpunkt des komplexen Gefüges verschiedenartiger Aufnahmemethoden stand eine von Don und Douglas Trumbull entwickelte, erstmals für diesen Film eingesetzte Geräte-Einheit. Es handelt sich um das sogenannte MTS (Motion Trakking System): ein ausgeklügeltes System elektromagnetisch gesteuerter Servomechanismen und simultan funktionierender Elektromotoren ermöglicht die perfekte Synchronisation sämtlicher Bewegungen von Kamera, Schienen-Dolly und Miniaturmodellen unter Berücksichtigung der dazugehörigen realen Motivpartien, die später durch einen Kopierprozeß nahtlos ins Bild integriert werden, wobei unter anderem sorgfältig ausgeführte »Matte Paintings« (Vorsatzmalerei) Verwendung finden. Im Handlungshöhepunkt, vor und während der Landung des gewaltigen UFO-»Mutterschiffs«, das glaubhaft eine leuchtende Weltraumstadt von anderthalb Kilometern Durchmesser vortäuscht, sind manche Bilder aus fünfzig und mehr aufeinander abgestimmten Motiv-Details zusammengesetzt (Landeplatz, Modell des »Devil's Tower« samt Umgebung, Riesenraumschiff, mehrere UFOs, bewegliche Lichter in wechselnden Farben, Sternenhimmel, Wolken usw.). Die hierfür erforderliche extreme Genauigkeit wird durch einen mit den Aufnahmeapparaturen gekoppelten transportablen Computer gewährleistet, der sich für sämtliche Phasen eines bestimmten Aufnahmevorgangs programmieren läßt und die Daten zur beliebigen Wiederholung auf einem achtspurigen Kassettenband speichert. Die hohe Qualität der Kombinationsaufnahmen ist auch hier unter anderem darauf zurückzuführen, daß Trumbull bei Trick-Szenen ausnahmslos mit 65-mm-Rohfilmmaterial arbeitet und dieses später auf das Normformat (35 mm) umkopieren läßt. Für die Darstellung extraterrestrischer Flugobjekte entstand ein komplettes Arsenal komplizierter Miniaturmodelle aus Plexiglas, Holz und Aluminum (zumeist im Maßstab 1:20). Die erforderlichen Bewegungsaktionen stellte man größtenteils durch Einzelbild-Animation dar, wobei die erforderliche Schärfentiefe mitunter erst bei Abblendung auf Blende 22 und Einzelbild-Langzeitbelichtung bis zu 90 Sekunden je Bildchen erreicht werden konnte. Darüber hinaus entstanden Miniaturnachbildungen des »Devil's Tower«-Geländes und anderer Realszenerien (Vortäuschung großer Raumtiefe durch perspektivische Bauweise), weil durch UFOs erzeugte und vom Terrain reflektierte Lichtphänomene nicht an Originalschauplätzen darstellbar waren. Die außerirdischen Illuminationsschauspiele entstanden durch den Einsatz spezieller Farblicht-Spots, Halogenleuchten mit Glasfiber-Strängen und miniaturisierter Neonröhren. Das Geheimnis der »strahlenden« Lichter bestand einerseits in gezielter Überbelichtung und Ausnutzung optischer Abbildungsfehler, andererseits in einem durch Nebelmaschinen hervorgerufenen, mit Infrarotsonden kontrollierten und gesteuerten Diffusionseffekt. Überall dort, wo Trumbull seine »Licht-Skulpturen« in Verbindung mit bewölktem Himmel in Erscheinung treten ließ, stellte er glaubhafte »Wolken« durch Farbinjektionen in wassergefüllte und beheizte Glastanks dar, um sie mit doppelter oder dreifacher Zeitdehnung zu filmen. Einer der entscheidenden Faktoren bei der Trickgestaltung war jedoch die Anwendung einer neuartigen, verbesserten Variante der Frontprojektion (Kap. 15). Top-Effekte dieses Typs, für die Douglas Trumbull Color-Diapositive (Format 200 × 250 mm) von Real- und Miniaturschauplätzen verwendete, entstanden in einem riesigen Flugzeug-Hangar, der durch Realbauten und technische Installationen zum größten Tonfilm-Atelier aller Zeiten umfunktioniert worden war. Um die Kollektion der Superlative zu vervollständigen, benutzte man einen transportablen Frontprojektionsschirm, der mit seinen Maßen von 30 × 11 Metern alle seine Vorläufer in den Schatten stellte.

Zauberei mit der Akustik

Drahtlose Tonübertragung ist keineswegs neu; sie wird seit langem mit Spezialmikrophonen bei Interviews und ähnlichen Gelegenheiten praktiziert, ist aber auch in anderen Bereichen bekannt. Zu den jüngsten Entwicklungen gehört die drahtlose Signalübertragung durch Infrarot-Licht, mit der die Industrie inzwischen mehrere Lautsprecher- und (Stereo-) Kopfhörer-Modelle (auch für TV-Empfänger) ausgerüstet hat. Die Übertragung des Tonsignals erfolgt mit unsichtbarem Licht von einem Infrarot-Sender am Verstärker zu einem entsprechenden Empfänger am Wiedergabegerät. Für den Berufsfilmer ist diese relativ neue Technik vor allem deshalb interessant, weil man bereits ernsthaft mit einem Verfahren experimentiert, das die drahtlose Übertragung des Filmtons in Lichtspieltheatern ermöglicht (Sennheiser). In Verbindung mit geeigneten Tonaufzeichnungssystemen könnte also das Filmerlebnis für den Zuschauer schon in naher Zukunft durch Stereo- oder gar Kunstkopf-Akustik beträchtlich intensiviert werden.
Ein tontechnisches Kuriosum, das nichtsdestoweniger in den »Sound Stages« von Hollywood und in anderen Tonfilm-Ateliers häufig benutzt wird, erscheint mit an dieser Stelle erwähnenswert. Es handelt sich um eine elektrisch angetriebene Geräuschimitationsmaschine mit dem Namen »Windhowler Moleffect«. Das tragbare Gerät enthält fünfzehn einzeln oder kombiniert verwendbare Resonatoren, mit denen man tatsächlich täuschend echte Windgeräusche erzeugen kann. Die Skala der akustischen Variationsmöglichkeiten reicht vom säuselnden Lufthauch über monotone Wüstenwinde und anheimelndes Rauschen in Laubwäldern bis zum brausenden Tosen eines Hurrikans oder wütendem Heulen nächtlicher Böen (die Resonatoren 11 + 12 + 14 + 15 ahmen das ohrenbetäubend schrille Pfeifen von Düsentriebwerken nach . . .). Die Imitation von Unwettern ist also bei Live-Tonfilm-Aufnahmen im Freien ebenso unproblematisch wie bei simulierten Außenszenen im Studio.

Stereo-Tonübertragung durch Infrarotlicht befindet sich noch im experimentellen Stadium. Fotos: Sennheiser

Seit der Erfindung des Mehrkanal-Stero-Magnettons in Verbindung mit »CinemaScope« und anderen Breitbild-Systemen hat es nur eine einzige spektakuläre Innovation auf dem Gebiet akustischer Filmeffekte gegeben. Das patentierte Verfahren wurde 1974 von W. O. Watson und Dick Stumpf für den MCA-Universal-Konzern entwickelt, der es »Sensurround« nannte (abgeleitet von »sense« = Gefühl und »surround« = umgeben). Diese erste echte tontechnische Neuerung nach annähernd zwei Jahrzehnten verwirklichte endlich die Idee des »Fühlkinos«. Sie wurde erstmals bei der Großproduktion »Erdbeben« von Mark Robson angewandt, begeisterte das Publikum inzwischen aber auch in »Schlacht um Midway« von Jack Smight, »Achterbahn« von James Goldstone und »Kampfstern Galactica« von Richard Colla. Bei »Sensurround« handelt es sich um einen reinen Wiedergabe-Effekt, den man dem konventionellen Filmton bei der nachträglichen Synchronisation hinzufügt. Er äußert sich durch intensives Dröhnen und Donnern, das in passenden Handlungssituationen von deutlich spürbaren Erschütterungen begleitet wird. Die Vibrationen des Zuschauerraums vermitteln dem Publikum bei der Darstellung von Erdstößen, Kanonenschüssen, Achterbahn-Fahrten und dergleichen die Illusion physischer Teilnahme an den Bildinhalten. Vereinfacht ausgedrückt, entsteht der »Sensurround«-Effekt durch die Schwingungen von Schallwellen, die mit niedriger Frequenz, aber sehr hohem Pegel ausgestrahlt werden, also Menschen und Gegenstände buchstäblich erzittern lassen. Die ergänzenden akustischen Signale befinden sich trotz separater Wiedergabe auf der üblichen Lichttonspur; bei Vierkanal-Magnetton-Technik sind sie auf einer zusätzlichen Lichttonspur enthalten. Allerdings funktioniert das »Sensurround«-Verfahren nur bei Einsatz spezieller Doppellautsprecher von mehreren tausend Watt Leistung, die durch einen Impulsgeber (Control Box) aktiviert werden. Inhaber europäischer Lichtspielhäuser können das transportable Geräte-Set im Bedarfsfall bei der holländischen MCA-Niederlassung ausleihen. – Gewissermaßen als »Antwort« auf das »Sensurround«-Verfahren kreierte Burt Perry für Centfox ebenfalls ein akustisches Effektsystem, das die Bezeichnung »Sound 360^0« erhielt. An die Stelle spürbarer Schallwellen tritt hier das totale Tonfilm-Erlebnis durch ständig wechselnde akustische Eindrücke, die scheinbar an allen Punkten des Zuschauerraums gleichzeitig entstehen, das Publikum also tatsächlich kreisförmig umgeben. Dabei »wandern« sämtliche akustischen Signale wie Geräusche, Sprache oder Musik kontinuierlich und in perfekter Synchronisation mit den Vorgängen auf der Leinwand oder außerhalb des Bildes von rechts nach links und von vorne nach hinten durch den imaginären Raum. Das »Sound 360^0«-Verfahren wird im Gegensatz zu »Sensurround« teilweise schon bei der Aufnahme angewandt. Für die Wiedergabe der Sechskanal-Magnettonfilme ist ein »Rundum«-Lautsprecher-System erforderlich, wie es auch bei der Vorführung bestimmter »CinemaScope«- oder »Cinerama«-Filme benötigt wird. Die tontechnische Novität feierte Premiere als Bestandteil des Science-fiction-Thrillers »Straße der Verdammnis« (wiederum von Jack Smight, dem »Midway«-Regisseur, inszeniert). – Leider gibt es im Hobbybereich noch keinen »Ersatz« für derartige Tonverfahren.

20 Phantasie und Montage

Mehrfarbige Super-8-Zwischenschnittblenden mit Bewegungseffekten dienen als nachträglich eingebaute Szenenübergänge.
Foto: Hama

Wer sich intensiv mit dem Medium Film auseinandersetzt und von der Beschäftigung mit dieser kreativen Liebhaberei überdurchschnittliche Resultate erwartet, darf den Gestaltungsvorgang unter keinen Umständen bei der Aufnahme enden lassen! Er betrachtet Schnitt und Montage als wichtige Entstehungsphasen des kinematografischen Produkts und ist sich stets der Tatsache bewußt, daß erst die Nachbearbeitung des belichteten Rohmaterials seine Filme optimal zur Geltung bringt und ihnen eine endgültige individuelle Prägung verleiht. Das gilt in besonderem Maße für jene Filme, die ihre Wirkung mehr oder weniger aus ergänzenden Trickaufnahmen beziehen. Es gibt nämlich zahlreiche echte Montage-Effekte, mit denen man erst bei nachgestalterischen Eingriffen in die ungeordneten Film-Sequenzen operiert. In jahrzehntelanger Kino-Praxis bewährt, vermögen solche Kniffe nachträglich eine bestimmte Atmosphäre zu vermitteln, visuelle Poesie auszudrücken, Spannung zu erzeugen, Assoziationen auszulösen oder unvollständige Handlungsabschnitte optisch zu ergänzen. Durch raffinierte Montage lassen sich gewisse Trickaufnahmen so erfolgreich in den dazugehörigen Szenen »verstecken«, daß dem Zuschauer auch dort reales Geschehen suggeriert wird, wo man die Wirklichkeit lediglich durch »Process Shots« vortäuscht. In Ausnahmefällen kann sich die Montage sogar zum dominierenden Stilmittel entwickeln. Ich erwähne hier nur den »Kompilationsfilm«, der sich vorwiegend aus (historischem) Archivmaterial zusammensetzt und durch selektive Montage in eine neue, übergeordnete Form gebracht wird (Dokumentation eines bestimmten Zeitabschnitts, Rückschau auf Spielfilme wichtiger Epochen, Porträts von Künstlern oder Wissenschaftlern, Analysen gesellschaftlicher oder technischer Entwicklungsprozesse usw.).

Unter Filmschnitt (»Cutting«) versteht man einen rein mechanischen Vorgang, der jedoch als handwerkliche Basis der Nachgestaltung äußerste Sauberkeit und Sorgfalt erfordert. Die »durcheinander« aufgenommenen Szenen werden zerlegt und in der gewünschten Reihenfolge wieder zusammengefügt. Mit Montage (»Editing«) hingegen bezeichnet man einen echten Gestaltungsprozeß, durch den der »Bildrohstoff« infolge überlegter Kürzungen, Umstellungen und Kombinationen zu gesteigerter optischer und inhaltlicher Substanz verdichtet wird. Schnittmeister(innen) verfahren stets nach folgenden Grundsätzen: 1. Jeder Film soll eine Geschichte erzählen, die vom Zuschauer mühelos verstanden wird, aber auch zu intellektueller und/oder emotioneller Anteilnahme herausfordert. – 2. Montage ist eine »Kunst des Weglassens«. Durch mutigen Umgang mit der Schere läßt sich der Filminhalt konkretisieren und somit für das Publikum attraktiver machen. – 3. Der Film stellt in erster Linie ein visuelles Medium dar. Deshalb rangiert Optik stets vor Akustik. Das trifft sowohl auf nachsynchronisierte Lichtspiele als auch auf Filme mit Live-Ton-Szenen zu, deren Ablauf und Länge mitunter durch das Schallereignis vorgeschrieben sind.

Tips aus der Cutter-Werkstatt

Anwender der Formate Super-8 und 16 mm können zwischen zwei unterschiedlichen Bearbeitungsverfahren wählen. Beide sind für »unsichtbaren« Schnitt auf dem Bildstrich eingerichtet. Bei Einsatz handelsüblichen Acetatfilms entscheidet man sich entweder für die altbewährte »Naßklebemethode« (Doppelkeilschliff, überlappende Film-Enden, flüssiger Kleber) oder für die neuzeitliche »Trockenklebemethode« (Stumpfklebeverfahren, aneinanderstoßende Film-Enden, Selbstklebefolien). Filme mit Polyester-Schichtträger (Single-8 und vereinzelt auch Super-8-Materialien) kommen ausschließlich für »trockenes« Kleben in Frage. Sobald das Filmmaterial mit Magnettonrandspur und Balance-Spur versehen ist (z. B. in Super-8-»Sound«-Kassetten), läßt sich das Trockenklebeverfahren nur in Verbindung mit besonderen Hilfsmitteln wie Spezialklebeband und entsprechender Klebevorrichtung anwenden.

Die beiden Verfahren unterscheiden sich einerseits durch das Bearbeitungsgerät (Splicer für speziellen Filmkitt oder Presse für transparentes und perforiertes Selbstklebeband), andererseits durch den Klebevorgang, der in der jeweiligen Bedienungsanleitung beschrieben ist. Ungeachtet der bevorzugten Klebemethode enthält der Hobby-Schneidetisch einen Laufbildbetrachter (Editor) mit Bildschirm, Markierungsvorrichtung und Umroller für Spulen mit maximalem Fassungsvermögen. Fortschrittliche Gerätemodelle für Super-8/Single 8 weisen integrierte Tonteile auf oder/und lassen sich nach dem Baukasten-Prinzip durch separat erhältliches Zubehör ergänzen: Einzelbildzählwerk, Filmreiniger, Tonkopf und Tonblende (Synchronschnitt/nachträgliche akustische Korrekturen). In einer ersten Nachbearbeitungsphase werden die Teile des Films geordnet und in der voraussichtlichen Reihenfolge auf einer Spule entsprechender Größe zusammengefaßt (bei nachträglich vorgesehener Magnetton-Bespurung zusätzlich etwa 20 % des Gesamtumfangs einkalkulieren). Außerdem versieht man den Film mit zünftigem Vor- und Nachspann, um eine fachgerechte und schonende Projektion zu gewährleisten. Der Vorspann setzt sich aus je 50 bis 100 cm grüner Blankfilm-Allonge und neutralem Schwarzfilm zusammen (Vervollständigung durch Schärfe-Test-Streifen und optisches Startband für Tonfilme erlaubt); der Nachspann besteht aus Schwarzfilm und roter Allonge entsprechender Länge. Wenn Live-Tonfilm-Szenen nachträglich geschnitten werden sollen, muß man im voraus den Normabstand zwischen Bildfenster und Tonkopf berücksichtigen, um störende »Dropouts« zu vermeiden (18 Einzelbildchen = 1 Sek. bei Super-8 und Single-8). Man darf die Aufnahme also weder unmittelbar mit wichtigen akustischen Informationen beginnen noch abrupt beenden. Bei komplizierten Filmvorhaben mit einer größeren Anzahl separat entstehender Trick-Szenen empfiehlt sich der Einsatz einer Synchronklappe (»Clapperboard«), die zu Beginn jeder Aufnahme vor der Kamera »geschlagen« wird. Die Klappe besteht aus schwarzer Holztafel und -leiste, die durch ein Scharnier verbunden sind. Ihre Beschriftung mit der betreffenden Einstellungsnummer erleichtert die Montage vorausgeplanter Filme (Drehbuch). Bei Live-Ton-Aufnahmen markiert das Geräusch der zuschlagenden Leiste den Toneinsatz (die kurzen Filmstücke mit der abgebildeten Klappe werden beim Schnitt entfernt).

Sequenz eines historischen Antikriegsfilms, montiert aus Dokumentareinstellung, Spielszene, Filmreproduktion und Modelltrickaufnahme.

In dieser »Kompilationsszene« werden durch Trick-Montage Zusammenhänge hergestellt: Studio-Aufnahme, Modelltrick, »Stock Shot«, Modelltrick.
Foto (3): NASA

Смерть фашизму!

Filmschnitt ist Gestaltung

Nachgestaltende Montage erfolgt in mindestens zwei Etappen. Dabei unterscheiden sich Stumm- und Tonfilm-Montage grundsätzlich nur insoweit, als bei akustisch vervollständigten Lichtspielen die Kontinuität vorausgeplanter Dialoge und zusammenhängender Live-Ton-Mitschnitte erhalten bleiben muß. In der »Rohschnitt«-Phase fügt man die Sequenzen in chronologischer oder handlungsgerechter Reihenfolge zusammen und entfernt alle überflüssigen oder unbrauchbaren Szenen. Die »Feinschnitt«-Phase erfordert doppelt kritische Beurteilung der eigenen Leistung. Der bereits bearbeitete Film wird noch einmal redigiert und erhält auf diese Weise den letzten Schliff. Man verleiht ihm seine endgültige Form durch erneute Kürzungen (wichtig bei auffälligen Spezialeffekten), Umstellungen einzelner Aufnahmen oder kompletter Szenen, Veränderung des Bild-Rhythmus und des »Timing« als Folge von Raffung oder Dehnung einzelner Sequenzen. Die Umformung kann und soll – bei Spielfilmen oder verwandten Genres – bis zu aussagesteigernder Manipulation der Wirklichkeit führen. Entscheidend ist, daß man auch abstrakte Zusammenhänge durch gezielte Montage von Real- und Trickaufnahmen zu visualisieren versucht. Im übrigen sollte man stets bedenken, daß im Film die »Echtzeit« prinzipiell komprimiert dargestellt wird, um einen zähflüssigen Ablauf der Handlung zu vermeiden. Bei der filmischen Umsetzung eines ununterbrochenen Vorgangs kann das folgendermaßen aussehen: Person setzt sich in ein Fahrzeug/Fahrzeug startet / Fahrzeug trifft am Ziel ein/Person steigt aus (in entsprechend veränderter Umgebung). Die Fahrtdauer läßt sich bei Bedarf durch zusätzlich eingefügte Bilder subjektiv in die Länge ziehen (Fahrszenen, Großaufnahmen von Gesichtern oder Armaturen, Einstellungen der Schilder mit den Ortsnamen von Start und Ziel). Sinnvolle Raffung gefilmter Aktionen ist übrigens ein Charakteristikum des »dramatischen Stils«, der mit konzentrierten Inhalten und flottem Handlungstempo für den weitaus größten Teil aller Lichtspiele maßgebend ist.

Montage-Tricks par excellence

Markante Beispiele aus der zeitgenössischen (Action-)Filmgeschichte haben sogar skeptische Medien-Kenner von den faszinierenden Möglichkeiten des effektvollen »Editing« überzeugt. Ich erinnere in diesem Zusammenhang an die hervorragenden Wechselmontagen von Trick- und Realaufnahmen in »King Kong« von John Guillermin, »Der weiße Büffel« von Lee J. Thompson oder »Krieg der Sterne« von George Lucas; an die vorbildliche Kombination historischer und neu entstandener Szenen in »Uhrwerk Orange« von Stanley Kubrick und »Die Hindenburg« von Robert Wise; an die aufregenden »Stakkato-Schnitte« in »Familiengrab« von Alfred Hitchcock; an die atemberaubende Abfolge der Bilder in der Mord-Sequenz von Hitchcocks »Psycho« und an den klassischen Szenenübergang mit formal ähnlichen Motiven (Abfluß/Auge) im gleichen Film; an die Rückblenden in »Spiel mir das Lied vom Tod« von Sergio Leone; an den berühmten »Zeitsprung«-Schnitt vom emporgeschleuderten Knochen zur schwebenden Weltraumfähre in Kubricks »2001: Odyssee im Weltraum«; an die meisterhaften »Suspense«-Montagen in so vielen Filmen von Hitchcock (u. a. »Der Mann, der zuviel wußte«, »Der falsche Mann«, »Die Vögel«). Trotz dieser auf-

schlußreichen Hommage an illustre Namen dürften noch einige konkrete Tips für die tägliche Filmpraxis erforderlich sein . . .
Wenn in Kombinationsszenen mit »verborgenen« Spezialeffekten Wirklichkeit vorgetäuscht werden soll, müssen Real- und Trickaufnahmen ständig abwechseln (das gleiche gilt für zusammengesetzte Sequenzen aus eigenen Aufnahmen und »Stock Shots«). Dabei läßt man die Tricks so kurz wie möglich ausfallen und achtet darauf, daß während der Aufnahme geschaffene gemeinsame Merkmale der zusammengehörigen Bilder gut zur Geltung kommen (Ausleuchtung, Witterung, übereinstimmende Ausstattungsmittel, fortgesetzte Bewegungsvorgänge). Beide Maßnahmen erschweren dem Zuschauer die Identifizierung von Tricks und Effekten. – Gewisse historische, futuristische, abenteuerliche und dramatische Spielfilme sind nur mit »Stock Shots« realisierbar, durch die man selbst hergestellte Szenen themen- oder milieugerecht vervollständigt. Es handelt sich um fertig bezogene Zwischenschnitt-Aufnahmen von exotischen Schauplätzen, Tieren und Pflanzen ferner Länder, historischen oder Kriegsereignissen, technischen Geräten, Industrieanlagen und außergewöhnlichen Verkehrsmitteln. Als wichtigste Bezugsquellen fungieren farbige Kauffilme (umkopierte Ausschnitte aus professionellen Produktionen). Um solche illustrativen »Inserts« erfolgreich in die betreffenden Szenen einschmuggeln zu können, muß man eigene Aufnahmen weitgehend auf das Fremdmaterial abstimmen, aber auch durch höchstempfindlichen Farbfilm (Ektachrome 160) eine Anpassung an die vergröberte Bildstruktur der Kopien herbeiführen. – Die »Wirbelmontage« (Quick Cutting) dient sowohl der Spannungssteigerung als auch der Milieuschilderung und der gerafften Darstellung längerer Zeitabschnitte. Sie setzt sich aus mehreren sehr kurzen, manchmal mit verkanteter Kamera gefilmten Großaufnahmen charakteristischer Motiv-Fragmente zusammen. Mit einer ähnlichen Form des »Stakkato-Schnitts« täuscht man gleichzeitiges Geschehen am selben Ort (imitierte Doppelgänger, scheinbare Konfrontation von Schauspielern mit Raubtieren und gefährlichen Vorgängen) oder gleichzeitig ablaufende Ereignisse an verschiedenen Schauplätzen vor (Parallelmontage abwechselnder Szenen-Teile bei Wettkämpfen und Verfolgungsjagden). – Bei entsprechenden Bildinhalten kann man allein durch »Suspense«-Montage eine intensive visuelle Spannungssteigerung erzielen. Es bieten sich im wesentlichen drei Methoden an: a) allmähliche Verkürzung der Filmeinstellungen bis zum Handlungshöhepunkt (gleichzeitige Verringerung der Aufnahmedistanzen erwünscht); b) innerhalb einer bestimmten Szene mehrmals wiederkehrendes suggestives Zwischenschnitt-Motiv (z. B. Zifferblatt einer Uhr, brennende Zündschnur, startbereites Flugzeug, allmählich überlaufende Badewanne); c) künstliche Verzögerung des Handlungsablaufs bis zu einem Schock-Ereignis durch überlange (aber nicht langweilige) Einstellungen oder eine Vielzahl eingefügter Inserts. – Wenn Szenenübergänge nicht ohnehin bei der Aufnahme geschaffen wurden, kann man solche optischen Signale nachträglich durch Montage-Tricks konstruieren. Eine besonders elegante Lösung für die Andeutung von Ortswechsel, Zeitsprung oder simultanen Ereignissen bieten unmittelbar aufeinanderfolgende Aufnahmen mit inhaltsbezogenen, aber dennoch formal ähnlichen Motiven (Mädchenlippen/

Als Super-8-Kauffilmkopien erhältliche Dokumentarfilme (z. B. von den Mond-Expeditionen) vervollständigen eigene Spiel- und Trickszenen.
Foto: NASA/Hasselblad

Blüte, Steuerrad/Propeller, Spielzeugauto/reales Gegenstück, durchleuchtetes Weinglas/Schiffslaterne usw.). Die brutalere, aber in manchen Handlungssituationen durchaus akzeptable Methode besteht in der Verwendung mehrfarbiger Zwischenschnittblenden. Die kurzen Filmstreifen zeigen abstrakte Ornamente mit reizvollen Bewegungseffekten; sie können käuflich erworben oder nach unterschiedlichen Methoden in der eigenen Factory des Filmers angefertigt werden. – Durch nachträglichen Synchronschnitt lassen sich inhaltlich geeignete Bilder derart genau auf den Rhythmus eines Musikstücks oder die Verszeile eines Schlagers abstimmen, daß Bild- und Taktwechsel hundertprozentig übereinstimmen. Der Synchronisationsvorgang läuft nach einem relativ einfachen Schema ab. Man erwirbt eine ausreichende Menge weißen Super-8-Vorspannfilms mit Magnettonrandspur. Nach dem Mitschnitt der Musik von einer Schallplatte oder Bandcassette wird dieser Blindfilm in den Tonprojektor eingelegt. Man wählt eine leicht zugängliche Stelle am Vorführgerät aus und markiert dort während des Durchlaufs jeden einzelnen Bild(Takt-)Wechsel durch leichte Berührung des Filmstreifens mit einem Filzstift. Die Aufnahmen lassen sich nun anhand der deutlichen Markierungen auf dem weißen Blindfilm in exakter Länge aneinanderfügen. Wenn man beide Filmstreifen schon während der Montage gemeinsam durch einen zweiten »Editor« führt, ist die Übereinstimmung der Klebestellen des Bildfilms mit den Markierungen auf dem Blindfilm jederzeit gewährleistet. Das fertig montierte Lichtspiel braucht jetzt nur noch mit einer Magnettonrandspur versehen zu werden; bei genauer Startmarkierung läuft die anschließend überspielte Musik stets völlig synchron mit dem Bild ab . . . Dieser Montage- und Synchronisationseffekt dient als ideale Überleitung zum nächsten und letzten Kapitel, das für Tontrick-Experten reserviert ist.

21 Zauberei im Tonstudio

Filmer von Format beweisen stets aufs neue, daß sie die vorrangige Bedeutung visueller Gestaltungsmittel erkannt haben. Sie wissen, daß beim Menschen die optische Wahrnehmung wesentlich stärker entwikkelt ist als die akustische, drücken sich also vorwiegend durch Bilder aus und bewerten den Ton als willkommenes, aber lediglich unterstützendes Gestaltungselement (vereinzelt zulässige Ausnahmen: Live-Tonfilm-Szenen mit auftretenden Künstlern, Interview-Partnern, Rednern u. ä.). Diese Einschränkung ändert natürlich nichts an der Tatsache, daß längst die Mehrzahl aller ambitionierten Amateurfilm-Vorhaben »audiovisuell« konzipiert und realisiert werden. Um mich nicht zu wiederholen, verweise ich auf die generellen Bemerkungen zum Thema Tonfilm in Kap. 1.
Trotz totaler Visualisierung kinematografischer Spitzenerzeugnisse durch ergänzende Spezialeffekte aller Art wird der »Stummfilm« samt »Erklärer« allmählich aus den Wohnstuben und Privatkinos verdrängt. Täglicher Umgang mit dem Fernsehen sowie neue akustische Sonderverfahren der kommerziellen Traumfabrik (Kap. 19) begünstigen im Hobbybereich den Trend zum voll synchronisierten Film. Die untermalende Tonkulisse kann sich allerdings erst dann zu ihrer idealen Form als selbstverständlicher, unaufdringlicher Bestandteil der »Show« entwikkeln, wenn man auch auf diesem Sektor alle gebotenen Möglichkeiten ausnutzt. Inzwischen hat die Industrie beste apparative Voraussetzungen für eine professionelle Vertonung von Super-8- und Single-8-Filmen geschaffen; ausgeklügeltes Zubehör ermöglicht raffinierte akustische Manipulationen. Dazu gehört die variable Live-Tonfilm-Aufzeichnung ebenso wie Stereoton oder Duoplay (Vertonung auf zwei getrennten Spuren). Darüber hinaus gibt es jedoch zahlreiche echte Tontricks (»Sound Effects«), die ich vielseitig interessierten Filmemachern nicht vorenthalten möchte. Allerdings können solche akustischen Effekte in einem Buch über die speziellen optischen Aspekte der Kinematografie nur in ihren wesentlichen Punkten skizziert werden. Bleibt zu erwähnen, daß die ausgewählten Tontricks in erster Linie auf das sogenannte Einbandverfahren abgestimmt sind. Tonaufnahme und -wiedergabe erfolgen hier bekanntlich mittels einer Magnettonrandspur (plus Balance-Spur), die sich unmittelbar auf dem Filmstreifen befindet; sie ist bei »Sound«-Kassetten bereits vorhanden und wird bei herkömmlichen Materialien im Anschluß an den Schnitt aufgetragen. Die meisten akustischen Effekte lassen sich übrigens erst bei der Nachsynchronisation anwenden; einige sind jedoch auch für Live-Tonfilm-Aufnahmen oder für die Ergänzung des Originaltons bei der nachträglichen Überarbeitung geeignet.

Tricks mit Ton-Geräten

Im professionellen Bereich werden akustische Effekte seit der Erfindung des »echten« Tonfilms im Jahre 1927 angewandt, obwohl man damals häufig mit unzureichenden Mitteln auskommen mußte. So berichten beispielsweise Goldner und Turner in ihrem Buch »The Making of King

Kong« über eine interessante Eintragung im Notizbuch des Tontechnikers Murray Spivack vom 19. Juli 1932. Sie enthält eine detaillierte Aufstellung sämtlicher Toneffekte der »King-Kong«-Erstverfilmung (87 Positionen) und eine Kostenberechnung für die verwendeten Hilfsmittel ($ 430.00 bei 11 Positionen) . . . Inzwischen hat nicht nur der professionelle, sondern auch der Hobby-Tonfilm die meisten Kinderkrankheiten überwunden, und der Anwender kann sich seine Wünsche mit modernsten Aufnahme- und Wiedergabegeräten erfüllen. Außerdem ist sowohl systemgebundenes als auch universell verwendbares Zubehör aller Art erhältlich. Die folgende Auswahl bietet einen Querschnitt durch das umfangreiche Angebot, erhebt aber keinen Anspruch auf Vollständigkeit. Soweit es Kameras und Projektoren betrifft, verfügen natürlich nicht sämtliche Fabrikate über die gleiche Sonderausstattung!
»Live-Ton«- oder »Direct Sound«-Kameras für Super-8 und Single-8, die eine synchrone Bild- und Tonaufzeichnung nach dem Einbandverfahren zulassen, enthalten beispielsweise folgende serienmäßig eingebauten Trick-Vorrichtungen: Anschlußmöglichkeit für zwei gleichzeitig verwendbare Mikrophone, Automatik für die Ein- und Ausblendung des Tons (bei einigen Modellen mit dem optischen »Fader« gekoppelt), Mischautomatik und zusätzliche Eingänge für externe Tonquellen (Recorder, Phono-Gerät, Radio, TV). – Beim Aufnahmezubehör interessiert sich der Tricktechniker in erster Linie für Spezialmikrophone, die sowohl in Verbindung mit Live-Tonfilm-Kameras als auch bei der nachträglichen Vertonung eingesetzt werden können. Drahtlose UKW-Mikrophon-Anlagen ermöglichen die getrennte Plazierung von Kamera und Mikrophon bei größeren Distanzen oder beweglichen Aufnahmeobjekten (Beaulieu, Chinon, Minolta). Hochwertige Rohrrichtmikrophone vom Typ »Telemike« (Sennheiser) bieten optimale Abschirmung gegen Störgeräusche bei maximalen Anwendungsmöglichkeiten durch auswechselbare Mikrophon-Moduln, Speiseteil und Teleskop-Einrichtung. Elektronische Parabolspiegel-Mikrophone (Edmund Co.) haben bei enormer Reichweite eine derart extreme »Tele«-Richtwirkung, daß man beispielsweise die Laute fliegender Vögel oder die Stimmen einzelner Personen in einer Menschenmenge »herausfiltern« kann. Die Hobby-Version eines Lavalier-Ansteckmikrophons mit der Bezeichnung »Micromike« (Sennheiser) läßt sich wegen ihrer geringen Abmessungen von 9 × 18 mm bei Live-Tonfilm-Aufnahmen unauffällig an der Kleidung befestigen. – Trotz gleichzeitiger Aufnahmemöglichkeiten für Bild und Ton werden die meisten Hobbyfilme nachsynchronisiert, also erst im Anschluß an Schnitt und Montage vertont, zumindest aber akustisch überarbeitet und vervollständigt. Deshalb sind Super-8-Magnettonprojektoren mit besonders vielseitigen konstruktiven Finessen für die Realisierung verschiedenartiger Tontricks ausgestattet. Vorführgeräte unterschiedlicher Fabrikate lassen unter anderem die Ausführung folgender Effekte zu: nachträgliche Einblendungen bei gleichzeitiger Dämpfung des Originaltons; automatische Aus-, Ein- und Überblendungen durch eingebauten Trickregler; präzise Korrekturen und Ergänzungen vorhandener Originalton-Aufzeichnungen ohne Löschung; beliebige Mischung von Mikrophon-Aufnahmen und anderen Aufzeichnungen auf externen Tonträgern (Schallplatte, Tonband, Radio); Mitschnitt zusätzlicher aku-

Das »Micromike« ist ein idealer, weil unauffälliger Begleiter bei Live-Tonfilm-Aufnahmen. Foto: Sennheiser

Ein Mischpult ermöglicht perfekte akustische Mixturen aus mehreren unterschiedlichen Tonquellen.
Foto: Noris

stischer Informationen auf der zweiten (Balance-)Tonspur (z. B. auch synchrone Gesangsaufnahmen nach dem »Playback«-Prinzip); wechselseitige Aufnahme verschiedenartiger Tonquellen auf den beiden Randspuren des Filmstreifens («Multiplay«-Technik).
Die umfangreichen Zubehör-Programme der Geräte-Hersteller enthalten ebenfalls willkommene Hilfsmittel für die Realisierung akustischer Effekte. Einfachere Tonprojektoren lassen sich durch separate »Mischpulte« ergänzen, mit denen man über mehrere Anschlußbuchsen (Mikrophon, Recorder, Phonogerät) und entsprechende Regler alle erdenklichen Mischvorgänge sowie Ein-, Aus- oder Überblendungen durchführen kann. Als neueste Errungenschaft der Tontechnik präsentieren sich separat erhältliche Zusatzelemente bestimmter »Editor«-Typen (Bolex, Erno, Hähnel-Feliton, Metz), die nicht nur für den Synchronschnitt von Live-Tonfilmen prädestiniert sind, sondern auch nach-

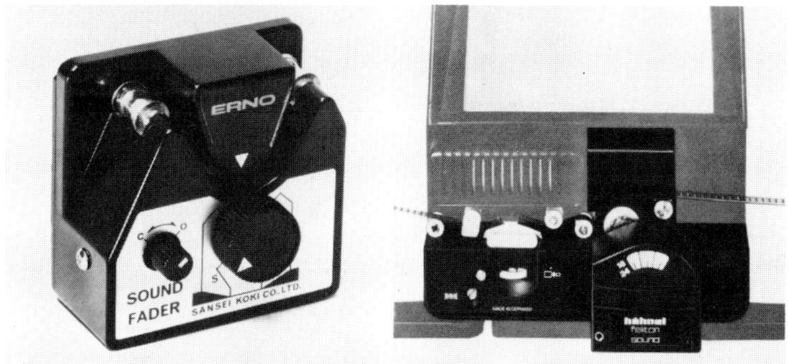

Zusatzgeräte zum »Editor« lassen nachträgliche Eingriffe in die Tonkulisse des Films zu.
Fotos: Erno/Hähnel

gestalterische Eingriffe in den Originalton zulassen (präzise Löschung und Nachsynchronisation, Ein- oder Ausblendungen zusätzlicher akustischer Signale ohne Löschung usw.). Filmemacher mit einem Faible für unheimliche, phantastische und irreale Szenen ergänzen ihre Ausrüstung durch ein »Nachhallgerät« (Reverberator), das zwischen Mikrophon (Plattenspieler, Tonbandmaschine) und Projektor (oder Mischpult) angebracht wird und Sprache, Geräusche oder Musik mit einem »überirdischen« Nachhall-Effekt ausstattet.

Geräusch-Fabrik für Filmemacher

Als wichtigste Komponente des Filmtons fungiert das Geräusch. Es intensiviert den Realitätseindruck der Bilder ungeachtet ihres Inhalts, präzisiert bestimmte Vorgänge oder Zeitpunkte, verfeinert die Wirklichkeitsillusion bei naturalistischen Spezialeffekten oder täuscht Zusammenhänge zwischen Real- und Trickaufnahmen vor. Das gilt einerseits für »on«, also synchron mit der sichtbaren Schallquelle ertönende Geräusche, andererseits für jene Laute, die »offscreen« (= »off«), also asynchron von imaginären Quellen außerhalb der Bildfeldbegrenzung erzeugt werden. Entscheidend ist, daß man Geräusche weder ununterbrochen noch in aufdringlicher Lautstärke wiedergibt (Ausnahme: absichtliche Übertreibung von Suspense- und Psycho-Geräuschen wie tikkende Uhr, klopfendes Herz, tropfender Wasserhahn, raschelnde Klei-

Zwei Toneffekte aus der Trickkiste: Synchronisation einer Gelenkpuppe durch menschliche Sprecherin; nachträgliche Einblendung verstärkter Originalgeräusche.

dung usw.). In der Regel sind pointierte Geräusche ohnehin nur bei sichtbaren Schallquellen im Nahbereich notwendig. Motive in größeren Distanzen erfordern lediglich eine allgemeine, aber identifizierbare Geräuschkulisse (Hauptverkehrsstraße, Fabrikhalle, Hafengegend, Restaurant, Sportplatz u. ä.).
»Live« aufgezeichnete Originalgeräusche sind, vor allem bei Verwendung einfacher Mikrophone, vielfach von allen möglichen Störungen überlagert. Deshalb verwenden erfahrene Tontechniker mit Vorliebe Geräusch-»Konserven« auf Schallplatten, Cassetten oder Tonbändern, die für alle erdenklichen Themenbereiche angeboten werden (z. B. Tiere, Alltag, Ferien und Reisen, Verkehrsmittel, Sportveranstaltungen, Industrie, Komplexe Kriminal- und Science-fiction-Film). Vorgefertigte Geräusche wie Telefonklingel, Hammerschlag, Schuß, Reifenquietschen, Türenschlagen, Hupton oder Raketenstart lassen sich übrigens »punktgenau« synchronisieren, wenn man das betreffende Einzelbildchen (sichtbarer Effekt) im Bildfenster des Projektors plaziert und das Vorführgerät gleichzeitig mit dem Ertönen des passenden Lauteffekts startet (Anlauf-Verzerrungen machen sich hier ausnahmsweise nicht störend bemerkbar). – Der Effektspezialist schätzt in besonderem Maße jene synthetischen Geräusche, die mit kuriosen Hilfsmitteln entstehen, aber verblüffend echt wirken. Sie werden vor dem Mikrophon produziert, so daß kaum jemals Synchronisationsschwierigkeiten auftreten. Die folgende Auswahl bewährter Geräusch-Imitationen soll experimentierfreudige Tonfilmer zu zahlreichen eigenen Entdeckungen anregen. – Schritte im Schnee oder im feuchten Sand: rhythmisch gekneteter Beutel mit Stärkemehl oder zusammengepreßte »Styropor«-Schaumstoff-Brocken; Donner: kräftig geschüttelte Blech- oder Kartontafel; Wind und Sturm: in Mikrophonnähe angeblasener, straff gespannter Papierstreifen oder über einen Karton gezogener Seidenstoff; Antriebs-

geräusche bei Weltraumfahrzeugen, Jets, elektrischen Bahnen: an- und abschwellender Motorenlärm von Staubsaugern, Trockenrasierern und anderen Elektrogeräten; Feuersbrunst/Kaminfeuer: in unterschiedlichen Entfernungen vom Mikrophon zerknülltes Holzfurnier oder Cellophan; Regen und Hagelschlag: mit variabler Intensität in eine Plastikschüssel rinnende Reiskörner; Pistolen-, Revolver- oder Gewehrschuß: mit erhöhter Bildfrequenz (z. B. 24 statt 18 B/Sek.) aufgezeichneter Schlag mit einem Holz-Lineal auf die Tischplatte; Gag-Faustkampf im »Spencer-und-Hill-Stil«: Schläge auf ein prall gefülltes Leder-Kissen; Nebelhorn/Schiffssirene: in Mikrophonnähe angeblasene Öffnung einer teilweise gefüllten Glasflasche; Brandung: kreisförmige Bewegungen harter Bürsten auf einem großen Blech. Um Telefon-Stimmen oder verzerrte Lautsprecher-Durchsagen zu imitieren, hält man beim Sprechen wahlweise ein Metall- oder Kunststoff-Gefäß vor den Mund.

Damit sind die Möglichkeiten akustischer Magie aber keineswegs erschöpft. Spektakuläre Effekte ergeben sich sowohl für Geräusch- als auch für Sprach- und Musik-Aufnahmen aus verfälschten Laufgeschwindigkeiten von Tonbändern und Schallplatten. Die reizvollen Verfremdungen sind das Ergebnis akustischer Raffung oder Dehnung durch das Wiedergabegerät beim Mitschnitt auf die Magnettonrandspur. Als berühmtestes Beispiel aus der professionellen Hexenküche gilt die Stimme von »King Kong« (Erstverfilmung), eine Mixtur aus Tiger-Gebrüll und Elefanten-Schreien, die rückwärts abgespielt und obendrein verlangsamt wiedergegeben wurden. In der Hobby-Praxis imitieren mit 9,5 cm/Sek. Standardgeschwindigkeit aufgenommene, aber mit 19 cm/Sek. abgespielte Sprachbänder das Zirpen, Wispern und Schnattern von winzigen Gnomen, Elfen, Trollen, Nymphen, Meerjungfrauen, Nachtmahren, UFO-Insassen oder anderen Phantasiegeschöpfen (auch mit Solo-Instrumenten realisierbar). Bei normalem Aufnahme- (9,5 cm/Sek.)

Der Phonomarkt bietet echte und synthetische Geräusche für beliebige Filmthemen auf Schallplatten (oder Bandkassetten) an.

und verringertem Wiedergabetempo (4,75 cm/Sek.) tritt eine erhebliche Verlangsamung von Sprache oder Geräuschen ein (»Stimmen« von Robotern, sprechenden Computern, Gruselgestalten, Gespenstern, Riesen, Drachen und anderen überdimensionalen Fabelwesen). Rückwärts ablaufende Sprach- und Musikbänder erzeugen verblüffend fremdartige Idiome und Kompositionen außerirdischer Lebewesen. Ähnliche Verzerrungseffekte lassen sich mit Schallplatten ausführen. Donner-Geräusche auf 33 Rpm verwandeln sich durch ein Wiedergabetempo von 78 Rpm in effektvolle Detonationen (für Explosionen, Kanonenschüsse und dergleichen). Mit 33 oder 45 Rpm aufgenommene elektronische Musik entwickelt sich durch Abspielgeschwindigkeit von 16 oder 78 Rpm zu geheimnisvollen Äußerungen von Maschinenwesen. Mit 45 Rpm aufgezeichnete Tierstimmen (Enten, Hühner, Papageien, Frösche, Schafe, Hunde) simulieren bei der Wiedergabe mit 33 oder 16 Rpm das Grunzen und Fauchen von Drachen, Seeschlangen, Sauriern, Werwölfen oder »Frankenstein«-Geschöpfen.

Spielerei mit Sprache und Musik

Die Sprache nimmt den zweiten Platz in der Rangfolge akustischer Komponenten ein. Sie vervollständigt die Bild-Informationen (ohne diese ersetzen zu wollen), vermittelt optisch nicht darstellbare Fakten, differenziert oder dechiffriert visuelle Inhalte und fungiert als ideales akustisches Bindeglied für zusammengehörige Real- und Trickaufnahmen. Das betrifft »off« ertönende Sprache (erläuternder Kommentar oder »innere Stimme« einer auftretenden Person) in gleichem Maße wie »lippensynchrone« Mono- und Dialoge in Spielfilmen oder Reportagen. Abgesehen von der bereits beschriebenen Verfremdung durch divergierende Aufnahme- und Wiedergabe-Geschwindigkeiten verschiedenartiger Tonträger sind bei der Film-Synchronisation nur sehr wenige sprachliche und musikalische Tricks realisierbar. Im Bereich der Sprache ergibt sich die interessanteste Möglichkeit aus der Nachvertonung. Bei diesem Verfahren kann man nämlich schauspielernde Damen und Herren mit mangelhafter Sprachgewandtheit oder ungeeigneter Stimmlage nach professionellem Vorbild durch versierte Sprecher(innen) ersetzen. Die Stimme eines solchen »Synchronsprechers« verhilft der Handlungsfigur nachträglich zu perfekter Sprechweise; sie erlaubt die Herstellung fremdsprachiger Fassungen des betreffenden Lichtspiels und dient in gewissen Kriminalfilmen der spannungssteigernden Irreführung des Publikums. Ganz ähnlich verfährt man bei Anwendung der »Playback«-Technik, die den Durchschnittsakteur mit der Stimme eines berühmten Gesangsstars ausstattet.
Filmmusik hat zwar vorwiegend illustrativen Charakter, übt aber bei gezieltem Einsatz und weitgehender Übereinstimmung mit den Szeneninhalten einen starken Einfluß auf das Unterbewußtsein des Zuschauers aus. Sie vermag im Zusammenspiel mit dem Bild Atmosphäre zu vermitteln, Stimmungen zu intensivieren, Emotionen zu erzeugen und Assoziationen auszulösen. Da der Freizeitfilmer im Gegensatz zum Professional keine passende Programmusik komponieren lassen kann, beschränkt sich seine musikalische Aktivität auf die Auswahl geeigneter Tonkonserven aus dem Angebot des Phonofachhandels. Und hier bewährt sich ein

häufig angewandter Kunstgriff. Man setzt nämlich in erster Linie solche Kompositionen ein, die eigens für professionelle Lichtspiele geschaffen wurden, also von vornherein auf assoziative Wirkung abzielen. Die folgende Auswahl vermittelt einen kurzgefaßten Überblick über Langspielplatten und Bandcassetten mit Original-Soundtracks zeitgenössischer Filmkomponisten: G. & M. de Angelis (»Piú forte ragazzi«, »Zorro«, »Il corsaro nero«), John Barry (»The Day of the Locust«, »The Man with the Golden Gun«, »King Kong«), Jerry Goldsmith (»Planet of the Apes«, »Papillon«, »The Omen«), Bernard Herrmann (»The Seventh Voyage of Sinbad«, »Psycho«, »Fahrenheit 451«), Ennio Morricone (»Once Upon a Time in the West«, »1900«, »Exorcist 2: The Heretic«), John Williams (»Earthquake«, »Jaws«, »Star Wars«). – Extratip: Die ausschließliche Verwendung elektronischer, also durch »Synthesizer« erzeugter Musik hat sich unter anderem glänzend bei Stanley Kubricks »Uhrwerk Orange« (Interpret: Walter Carlos) und bei William Friedkins »Atemlos vor Angst« bewährt (Interpreten: Tangerine Dream). Dank ihrer fast unglaublichen akustischen Vielfalt harmoniert Lautmalerei dieses Typs, speziell aus der Factory des Japaners Isao Tomita, ausgezeichnet mit trickreichen Sujets der Themenkreise Märchen, Fantasy und Science-fiction . . .
Am Ziel des Streifzuges durch die faszinierende Welt der Kino-Magie angelangt, kann ich nur hoffen, ein wenig von meiner eigenen Begeisterung für das Medium Film und seine wunderbaren Möglichkeiten auf die Leserinnen und Leser dieses Buchs übertragen zu haben. Filme im allgemeinen und Spezialeffekte im besonderen schenken uns jene beglückende Freude an der eigenen schöpferischen Leistung, die mitunter sogar – für wenige Augenblicke – den spielerischen Zauber einer unbeschwerten Kindheit wiedererweckt. Für alle Cineasten, die sich einen Sinn für das Abenteuer Phantasie sowie ihre Fähigkeit zu staunen bewahrt haben, zitiere ich Lewis Carroll mit zwei Versen aus »Alice im Wunderland« (1865):

So trat das Wunderland gemach
Ans Tageslicht heraus,
Ward Stück für Stück euch vorgestellt:
Nun ist das Märchen aus,
Und fröhlich schaukelt jetzt das Boot
Im Abendlicht nach Haus.

Alice! Ein kindlich Märchen nimm
Und leg's mit sanfter Hand
Dorthin, wo sich um Kinderträum'
Geheim' Erinn'rung wand,
Wie um den welken Pilgerstrauß,
Gepflückt im fernen Land.

Nachbemerkungen

* Die Verse wurden mit freundlicher Genehmigung des Insel-Verlags, Frankfurt, dem Taschenbuch »Alice im Wunderland« von Lewis Carroll, übersetzt und herausgegeben von Christian Enzensberger, entnommen.
* Der Verfasser dankt folgenden Filmverleih- und Produktionsgesellschaften für die Bereitstellung von Bildmaterial:

A.P. Films
Austria-Film
Bavaria-Ateliergesellschaft
Ceres-Film
Cinema International Corporation (CIC)
Columbia Pictures Corporation
Constantin
Hammer Films
Jugendfilm
Metro-Goldwyn-Mayer (MGM)
Neue Constantin-Film
Paramount Films/Paramount-TV
Tobis-Filmkunst
Toei Co.
Toho Co.
Twentieth Century-Fox (Centfox)
Universal City Studios
Walt Disney Productions
Warner Bros.
Warner-Columbia

Register

Abbildungsmaßstab 111
Abblendung 42, 173
Abbott, L. B. 9
Academy Aperture 231
Action-Film 18, 25, 84, 128, 161, 165, 211, 258
Adam, Ken 80
Aerial Image 39, 192, 195, 242
Allen, Irwin 10
Anaglyphenverfahren 235
Alterung, künstliche 209
Anamorphose 227, 233
Anamorphot 231
Anderson, Gerry 9, 143, 249
Anderson, Sylvia 249
Angelis, G. & M. de 267
Animation 12, 129, 138, 227
Animationsfilm 12, 138
Animation Stand 38, 241
Arnold, Jack 235
Ashton, Roy 202
Aspheron-Vorsatz 90
Aufblendung 42, 173
Aufnahmefrequenz 122
Aufnahmeperspektiven 40
Aufprojektion 196
Ausstattungstricks 80

Background-Tricks 46, 191, 196
Backwinder 176
Baker, Rick 83
Balgenkompendium 32, 185
Barry, John 267
Bass, Saul 106, 220
Bau, Gordon 207
Bava, Mario 119
Beam-Splitter 68, 178, 197
Belebung 138
Beleuchtungseffekte 113, 149, 157, 198
Beleuchtungsrichtungen 115
Belichtung 25, 27, 93, 176
Belichtungszeit 123, 128, 174
Beugungsgitter 99
Bewegung 31, 140
Bewegungsbegleitung 89
Bewegungsbeschleunigung 126
Bewegungsillusionen 138, 182
Bewegungsphasen 140, 155, 159
Bewegungsverlangsamung 125
Biegepuppen 152
Bifokallinsen 100
Bildfrequenzen 122
Bildkombinationen 184, 190
Bildteilung 184, 190
Bildverdrängung 191
Binder, Maurice 220
Birds-Eye 91
Blendeneffekte 41, 173, 180, 188, 226
Blitzgenerator 194
Blitzlicht 129, 139
Blue Backing 245, 251
Blue Box 247
Blue Screen 245, 251
Bogdanovich, Peter 10
Bounce Light 108, 115
Brandeffekte 164
Breakaways 75
Breitbild 231
Breitwand 231
Brennweite 87
Brooks, Mel 10, 19, 128

Caches 186
Cagney, James 203
Caine, Michael 203
Canutt, Yakima 85
Carlos, Walter 267
Carroll, Lewis 267
Cascadeurs 85
Castle, William 10
Chaffey, Don 19
Chambers, John 203
Chaney sen., Lon 202
Chiffre, Yvan 85
Chrétien, Henri 231
Chromakey 247
Cineavision 232
CinemaScope 24, 231, 254
Clair, René 31
Colla, Richard 19, 119, 254
Collagen-Trick 156
Color-Key 159, 225
Colour Difference 245
Connor, Kevin 19
Coppola, Francis Ford 8, 153
Cyclorama 152

Danforth, Jim 9, 138
Day-for-Night 96
Day-Verfahren 63
Day, Richard 80
Dekorationstricks 80
DePalma, Brian 10, 20, 126
Diaprojektor 120, 193, 196, 200
Dia-Reproduktion 111
Dietrich, Marlene 203
Diffraktionsgitter 99
Diffusionsfilter 101
Disney, Walt 8
Dolly 53, 252
Donner, Richard 18, 196
Doppelbelichtung 8, 175
Doppelgänger 178, 190, 194
Doubles 86
Dreibeinstativ 27, 44, 111, 129, 163, 173, 185, 222, 233
3-D-Film 234
Dual-Screen 249
Dummy 84, 203
Dykstra, John 9, 143, 147, 250
Dykstraflex 251
Dynarama 248

Effektfilter 93
Einbandverfahren 20
Einergang 138
Einzelbildschaltung 31, 47, 123, 138
Einzelbild-Zeitraffung 129, 242
Elektronenblitz 129, 139
Entmaterialisation 181
Explosionen 162, 165

Fading 42, 173
Fäden 150
Fahraufnahmen, mechanische 53
Fahraufnahmen, optische 88
Farbeffektfilter 96
Farbfilter 95, 119
Farblicht 117
Farbpsychologie 49
Farbwechseleffekte 97, 160, 227
Fernsehschirmbilder 47
Feuerwerkstricks 161
Filmblut 212, 218
Filmformate 22
Filmreproduktion 45, 47, 111
Filmtransporttricks 122, 150
Filter 93
Filterfaktor 93
Fish-Eye 90, 226
Flachmodell-Trick 13, 156, 190, 194
Flammeneffekte 166
Fleischer, Richard 10
Flowers, A. D. 9

Fluoreszenzeffekt 119
Fog-Filter 78, 101
Fotografie 45, 156, 224
Freeborn, Stuart 202
Freeze Frame 46
Fresnel-Scheiben 69
Friedkin, William 19, 267
Friese-Greene, William 8, 234
Front Axial Projection 196
Frontprojektion 196, 249, 253
Froschperspektive 40
Full Animation 140, 155
Fulton, John P. 9

Gabor, Dennis 235
Gänge 122
Gebrauchsspuren 148
Gegenlicht 115
Geistereffekt 176
Gelenkpuppen 152
Geräusch-Imitationen 264
Gibbons, Cedric 80
Gillespie, A. Arnold 9
Gitterfilter 102
Glaseffekte 59, 188
Glasimitationen 75
Glass Shots 62
Gliederpuppen 152
Goldsmith, Jerry 267
Goldstone, James 254
Gordon, Bert I. 105
Grammatzki, H. J. 88
Guillermin, John 10, 19, 258
Guinness, Alec 191

Haarersatz 210
Haarkrepp 211
Hamer, Robert 191
Handbelichtungsmesser 27, 185
Harryhausen, Ray 9, 119, 138, 152, 247
Hautplastiken 213
Head, Edith 83
Herrmann, Bernard 267
Hessler, Gordon 119
Hill, Terence 85
Hintergrundprojektion 120
Hitchcock, Alfred 10, 20, 54, 191, 258
Hochfrequenz-Kinematografie 237
Hoffman, Dustin 203
Holographie 235
Honda, Inoshiro 19, 83, 136
Hunt, Peter 196

Innenmessung 25, 93, 94, 110
Insichblende 180
Intervalometer 133
Irisblende 43

Jennings, Gordon 9
Johnson, Brian 147

Kaleidoskop 68
Kamera, bewegliche 51, 169
Kamera, entfesselte 52
Kamera, kopfstehende 136
Kamera, rotierende 56, 226
Kamera, subjektive 55, 59
Kamera, verkantete 53
Karloff, Boris 203
Keaton, Buster 8, 85
Kombinationsaufnahmen 15, 64, 184, 190, 244
Kompendium 32, 185
Kompendiummasken 186
Kopiermaschine 242
Kopiertricks 12, 13, 173, 242
Kosmetik 202
Kostüme 83, 218
Kramer, Stanley 85
Kubrick, Stanley 10, 18, 107, 119, 128, 184, 196, 251, 258, 267
Kunstlicht 114

Lancaster, Burt 85
Lang, Fritz 66
Langzeitbelichtung 131
Lapse Dissolve 180
Laser-Strahl-Effekt 177, 200
Latex 209, 214, 216, 218
Laufbild-Zeitraffung 126
Lee, Christopher 209
Leone, Sergio 54, 126, 258
Leuchtfarben 120
Lichteffekte 113, 200
Lichtmontagen 173
Live-Tonfilm 20, 255, 261
Living Camera 51
Loren, Sophia 203
Lucas, George 18, 196, 250, 258
Luftaufnahmen 230
Lugosi, Bela 203
Lumière, Gebr. 8

Macro Set 111, 223
Make-up 98, 202
Makro-Bereich 109
Mamoulian, Rouben 55
Man-in-a-Suit 83
Marais, Jean 85, 203
Maskenbildner 98, 202
Materialisation 181
Matte 189, 227
Matte Paintings 63, 242, 252
McLaren, Norman 9, 134
Meddings, Derek 9, 147
Mehrfachbelichtung 173, 175, 189
Mehrfachprismen 69, 97, 104
Méliès, Georges 8, 43, 175
Menzies, William Cameron 80
Middleham, Ken 106
Miniaturmodelle 126, 128
Miniaturmodell-Tricks 13, 143, 162, 190, 194, 249, 252
Miniaturverfahren 62
Minimallicht 107
Mischlicht 114
Mock-ups 81, 195
Modelleisenbahn 146
Modellfahrzeuge 146
Modellgeschwindigkeit 150
Modell-Maßstäbe 148, 166
Montage 15, 89, 255
Morricone, Ennio 267
Motivkombinationen 184, 190, 244, 250, 252
MTS 252

Nachsynchronisation 20, 262
Nachtaufnahmen 96, 117
Nahaufnahmen 87, 109
Nahvorsatzlinsen 87
NASA 107
Naschy, Paul 203
Naßklebemethode 256
Nebeleffektfilter 101
Nebelmaschine 240, 252
Novak, Kim 203
Nye, Ben 202

Objektive 25, 87
Objektivwechsel 92
Objektprojektion 120
O'Brien, Willis 8, 184, 195, 248
Optical Printer 242
Oscar (Academy Award) 8, 196, 203, 239
Oxberry, John 8

Pal, George 8, 239, 247
Panorama-Film 231
Panoramaschwenk 53
Perry, Burt 254
Phantasiefilm 18, 25
Phasen 140, 155, 159
Phasenfototrick 159
Pierce, Jack 202
Pixillation 134, 143
Plastikbausätze 147, 155, 164, 166
Playback 263, 266
PMA-Konverter 90

Polarisatonsfilter 94, 97
Polarisationsverfahren 235
Polanski, Roman 10
Post, Don 202, 215
Price, Vincent 203
Prinzip, kinematografisches 29
Produktionsdesigner 80
Projektionsfrequenz 122, 133
Prop-Effekte 14, 70
Props 14, 70
Puppentricks 152, 249
Pyrotechnik 161

Rasterung 60
Raucheffekte 164
Realbauten 80
Reflexfolie 145, 148, 199
Reflexionen 61
Requisiten-Herstellung 76
Requisitentricks 13, 70, 80, 140
Robinson, Glen 80
Robson, Mark 19, 254
Rocker Unit 81
Rostrum Camera 38, 157
Rotoscope 242, 251
Rückprojektion 191, 227, 249, 250
Rückspulvorrichtung 176, 180, 189
Rückwärtsgang 136

Sachtricks 14, 140
Schärfeneffekte 48, 100
Schärfen-Überblendung 112
Schärfenverlagerung 49
Scheinwerfer 113
Schminken 204
Schnitt 15, 89, 255
Schüfftan, Eugen 8, 66, 196
Schüfftan-Prozeß 67
Schußeffekte 44, 162, 219
Schwarzweißfilm 24
Schwenk 53
Sektorenblende 147, 180
Sensurround 254
Simplifilm 62, 195
Skladanowsky, Gebr. 8
Slapstick 128, 203
Slow Motion 124
Smight, Jack 254
Smith, Dick 203, 214, 215, 218
Sodium Matte 246, 249
Sofortbildfotografie 28, 210
Sound 360° 254
Soundtracks 267
Spektralfilter 99
Spencer, Bud 85
Spiegelbilder 65
Spiegeltricks 64
Spielberg, Steven 10, 18, 196, 251
Spinnwebmaschine 240
Spivack, Murray 262
Split Beam Camera 245
Split Screen 185, 189
Spotlight 120, 200
Stative 27
Stehkader 46, 226
Steiger, Rod 208
Stereo-Film 234
Sterneffektlinsen 102
Stock Shots 258
Stop-motion 31, 138, 248
Stopptrick 8, 44, 226
Strahlenteiler 68, 178, 197
Stroboskop 194
Strukturglas 60
Strumpffäden 150
Stumpf, Dick 254
Stunt-men 85
Superimposing 175
Supermarionation 249
Swift, Jonathan 143
Synchronklappe 256
Synchronschnitt 260
Synchronsprecher 266
Synthesizer 267
Szenenübergänge 42, 174, 180, 259

Table-Top 143
Tageslicht 114
Tangerine Dream 267
Tele-Objektiv 92
Thompson, Lee J. 258
Time-Lapse-Technik 129
Timer 133
Titelbuchstaben 225
Titelgeräte 36, 222
Tomita, Isao 267
Toneffekte 14, 253, 261
Tonkonserven 264
Tonverzerrung 263, 266
Tracking 54
Transfer-Schrift 225
Transporttricks 122, 150
Travelling 88
Travelling Matte 185, 243
Trickfilm 12, 138
Trick-Kameras 22
Tricklinsen 93, 227
Trick-Requisiten 70
Tricks, offensichtliche 14
Tricks, verborgene 14, 258
Trickspiegel 64, 199
Tricktisch 36, 157
Tricktitel 220, 226
Trickwaffen 72
Trockenklebemethode 256
Trucking 54
Trumbull, Don 252
Trumbull, Douglas 9, 143, 147, 251
Tsuburaya, Eiji 8, 83
TTL-Messung 25, 93, 94, 110
Tuttle, William 202
Two-way Mirror 199
Tyson, Cicely 203

Überblendung 180
Überblendungsanimation 182
Überdrehen 122
Überlagerung 175
Umkopiergeräte 39, 195, 223
Umlaufblende 108, 174
Unsichtbare 86, 140
Unterdrehen 122
Unterwasseraufnahmen 228
Urban, Charles 8

Vadim, Roger 196
Vario-Objektive 88
Variospiegel 69
Varioverschluß 174, 180
Verzeichnung 90
Vignettierung 186
VistaVision 24, 251
Vogelperspektive 40
Vorsatztricks 62, 195
Vorspann-Effekte 220
Vulkanausbrüche 169

Waffentricks 74, 162
Wandermaske 243
Watson, W. O. 254
Wechselbilder 48, 224
Wechselobjektive 92
Weichzeichner 101
Weitwinkel-Objektiv 40, 89, 149
Welles, Orson 203
Wells, H. G. 122
Westmore, Bud 203, 214, 215
Westmore, Gebr. 202
Wetter-Effekte 77, 239
Williams, John 267
Windhowler 253
Windmaschine 240
Wirbelmontage 258
Wise, Robert 10, 258

XL-Technik 107, 174, 193, 231

Yellow Backing 246

Zehetbauer, Rolf 80
Zeichenfilm 139, 156
Zeitdehnung 123, 150, 163, 231, 237
Zeitlupe 123, 150, 163, 231, 237
Zeitraffung 122, 126, 150, 163
Zeitumkehrung 136, 227
Zeman, Karel 8, 64
Zerrspiegel 65
Ziehm, Howard 19
Zoom-Objektive 88
Zoptic 249
Zweifachbelichtung 175, 178
Zwischenschnittblenden 260